U0516919

暨南大学产业经济研究院"产业转型升级"丛书

丛书主编 胡军

国家自然科学基金重点项目：推动经济发达地区产业转型升级的机制与政策研究（批准号：71333007）
国家社科基金一般项目：基于政治关联视角的中国企业跨国并购的战略选择和绩效度量研究（批准号：15BJL087） 资助
广东省高水平大学建设之"应用经济与产业转型升级"重点建设学科经费

李 杰 等编著

推动广东企业走出去的战略研究

中国财经出版传媒集团

经济科学出版社

Economic Science Press

图书在版编目（CIP）数据

推动广东企业走出去的战略研究/李杰等编著 . —北京：
经济科学出版社，2017.3

（暨南大学产业经济研究院"产业转型升级"丛书）

ISBN 978 – 7 – 5141 – 7926 – 2

Ⅰ.①推⋯ Ⅱ.①李⋯ Ⅲ.①企业 – 对外投资 – 研究 –
广东 Ⅳ.①F279.276.5

中国版本图书馆 CIP 数据核字（2017）第 073736 号

责任编辑：杜　鹏　赵　芳
责任校对：隗立娜
责任印制：邱　天

推动广东企业走出去的战略研究
李　杰　等编著
经济科学出版社出版、发行　新华书店经销
社址：北京市海淀区阜成路甲 28 号　邮编：100142
总编部电话：010 – 88191217　发行部电话：010 – 88191522
网址：www. esp. com. cn
电子邮件：esp_bj@ 163. com
天猫网店：经济科学出版社旗舰店
网址：http：//jjkxcbs. tmall. com
北京季蜂印刷有限公司印装
710 × 1000　16 开　19 印张　330000 字
2017 年 3 月第 1 版　2017 年 3 月第 1 次印刷
ISBN 978 – 7 – 5141 – 7926 – 2　定价：58.00 元
（图书出现印装问题，本社负责调换。电话：010 – 88191510）
（版权所有　侵权必究　举报电话：010 – 88191586
电子邮箱：dbts@esp. com. cn）

总　序

　　在经济全球化的进程中，发达国家的跨国公司凭借雄厚的资本实力、领先的技术和品牌控制着价值链的关键环节，同时还利用海外直接投资、离岸外包、战略联盟和研发合作等组织架构，在全球范围内扩展和延伸其战略资源的边界，保持着全球价值链治理者和利益分配者的地位。然而，发展中国家或地区如我国东南沿海地区的企业往往处于弱势地位，收益被压榨，特别是在发展中国家进行到高端工业化的进程中，广泛地出现了被"俘获"和被"锁定"的现象。

　　当前世界经济复苏乏力，全球贸易持续低迷，以保护主义、孤立主义为代表的"逆全球化"思潮抬头，进一步挤压了发展中国家制造业的国际市场空间。同时，以互联网、人工智能和新材料、新能源为先锋的新一轮科技革命，使得生产、生活方式发生深刻变化，产业链全球化延伸和再配置过程加速。为抢占新一轮经济科技竞争制高点，各先行国家纷纷推出以重构国家价值链为主要内容的产业振兴计划，试图进一步增强其国家竞争优势和调整国际分工格局。在此背景下，发展中国家参与全球竞争、向技术链和产业链高端环节攀升的难度加大，推进产业转型升级的空间被进一步挤压。

　　改革开放以来，我国东南沿海地区，特别是长三角、珠三角和环渤海三个经济圈，通过大规模承接国际产业转移，使得"中国制造"在全球价值链的参与度不断加深。目前，东南沿海地区已集中了全国80%左右的加工制造业。然而，近年来这一地区发展面临土地空间限制、能源资源短缺、人口膨胀压力、环境承载力"四个难以为继"的制约，经济发展的"瓶颈"问题日益凸显，并引起国家决策层的高度重视。我国东南沿海地区作为全球第三次产业转移的主要承接地，既是当前产业转型升级形势最为严峻的区域，也是发达国家跨国公司进行产业中高端领域投资的重要区域，在产业链全球布局调整中仍将担当重要的角色，也是我国未来推进经济结构调整的主战场。在新一轮产业革命促使全球产业链再配置加速的背景下，我国经济发达地区产业发展进入重要转型期，其能否及时而顺利地克服结构性风险加大、产业发展后劲不足、自主创新能力亟待增强、能源和环境压力加大等一系列难题，关系到我国推进经济结构战略性调整的大局能否顺利实现。

我们应该清楚地认识到，我国经济发展已经进入新常态，向形态更高级、分工更复杂、结构更合理阶段演化。为此，我们迫切需要从理论和实践上进行深入的研究和探索。近年来，我们的团队以国家自然科学基金重点项目"推动经济发达地区产业转型升级的机制与政策研究"为依托，本着"有限目标、重点突破"和"从局部到整体"的原则，立足于我国转型经济的制度背景，深入研究我国经济发达地区推进产业转型升级的内在机理、战略、模式、路径和政策。我们的团队运用多学科交叉的理论与方法，综合"阶段—要素—制度—功能"多维分析视角和"环境—战略—政策—行为—过程—结果"的一体化逻辑，重点研究"产业转型升级的相关概念与分析模型"、"产业转型升级的影响因素及运行机制"、"典型国家产业转型升级的演进模式与机制"、"中国经济发达地区产业转型升级的演进模式、水平及其影响的分析和评价"、"推动中国经济发达地区产业转型升级的战略分析与政策研究"等重要专题和方向。

产业经济学科在暨南大学有着悠久的发展历史和厚实的学术根基。该学科源于1963年我国著名工业经济学家黄德鸿教授领衔建立的工业经济专业，1981年获硕士学位授予权，1986年获博士学位授予权，是华南地区最早的经济类博士点，1996年被评为广东省A类重点学科，是原国家计委批复立项的暨南大学"211工程"重点建设项目之一。2002 年本学科被批准为国家重点学科并延续至今。为了进一步加强产业经济学国家重点学科的建设，暨南大学于 2006 年成立了产业经济研究院（以下简称产研院）。2014 年以产研院为牵头组建的"广东产业转型升级协同创新中心"入选广东省首批国家级"2011 计划"协同创新中心。2015 年该学科入选广东省高水平建设大学重点建设项目。

产研院秉承"顶天立地"的学术传统，坚持"学科交叉研究、复合型人才培养、服务地方产业转型升级"三位一体，致力于成为全国产业经济学领域顶尖学术单位和卓越智库。本学科长期聚集于中国经济的转型升级，主要研究方向包括产业结构与经济增长、产业组织与企业理论、产业布局与区域创新体系、产业政策与政府规制等。建院近 10 年来，产业经济学科团队先后承担了国家自然科学基金重点项目、教育部重大攻关课题、国家社会科学基金重点项目等国家级重大重点项目，以及国家级一般项目和其他省部级以上纵向项目 60 多项。相关科研成果主要发表在《经济研究》、《管理世界》等国内权威期刊以及 SSCI 等收录的知名国际期刊。此外，深度服务地方产业转型升级也是产研院的重要使命，近年来，在产业竞争力、产业发展规划、产业政策与企业发展战略等领域承担各类横向课题 150 多项，相关研究成果成为地方政府决策的重要依据。

暨南大学产业经济学科长期致力于进一步推进和丰富符合我国国情的产业经济理论体系。我国是一个发展中的大国，我国东南沿海地区的产业发展既有与其他国家先行地区的相似之处，又在发展任务、发展机制、发展路径和模式等方面具有鲜明的"中国特色"。以我国经济发达地区产业转型升级的机制与政策为研究对象，直面资源约束趋紧、环境污染严重、生态系统退化的严峻形势，在"产业发展"与"资源集约利用"、"环境保护"、"体制机制创新"等有效融合的基础上，构建区域产业和产业链演化的宏、微观机制模型和转型绩效评估模型等理论模型，对于在产业技术理论、产业结构理论、产业组织理论和产业区域布局理论、产业发展与生态环境互动理论等方面融入"中国元素",丰富中国特色的产业经济理论,具有重要的理论创新价值。为了更好地展示这些研究成果,贡献于国家和广东的产业转型升级的理论创新和实践探索,我们决定筛选部分成果以"产业转型升级丛书"的形式出版。

胡军

2016 年 12 月 18 日于暨南园

目　录

第一章　引　言[*]

在党的十五届五中全会上政府明确强调要将鼓励企业"走出去"战略和吸引外资的"引进来"战略共同作为我国对外开放的发展战略，特别是2013年"一带一路"倡议全面实施以来，政府更加鼓励企业在积极引进外资和先进技术的同时，通过对外投资形式利用国内和国外的生产资源、市场资源等发展经济。鼓励我国具有比较优势的产业开展对外投资，扩大经济技术合作的领域，支持有实力的企业到国外开展加工贸易或开发矿产资源，并给予其资金、税收和保险等支持。这是我国在面临经济转型升级的发展困境时，以发展的战略眼光深刻认识到企业"走出去"到海外市场投资以抢占国际市场、获得先进生产技术、廉价劳动力和丰富资源的重要性，开拓对外开放的新局面，为企业的生存和发展指明了发展的方向和重点。

伴随着全球化的发展，越来越多的国家倾向于抱团发展，即对内各成员国之间减免关税、取消或降低贸易壁垒，开放资本和产品市场，对外则实行统一的贸易政策，实施各种手段进行贸易保护。我国已经意识到，如果仍继续以出口贸易的形式进行对外合作而无视发达国家跨国集团在跨国经营中取得的成绩，将不利于我国在国际市场上的竞争，因此，实施"走出去"战略打破区域贸易壁垒，既能鼓励有竞争力的企业跨国经营，到境外开展加工贸易或开发资源，以弥补国内劳动力成本上升、资源缺乏和市场有限的不足，开拓新的经济发展空间，又能使我们更有条件引进高新技术，提高国内的整体产业结构。通过对外投资开展跨国经营，企业不仅能够有效避免汇率风险和规避贸易壁垒，而且有利于利用当地的资源和市场，就地生产就地销售，实现产销一体化，降低生产和运输成本。同时，跨国经营也有助于增加产品在海外市场上的知名度，有助于企业成长为大的有国际竞争力的跨国公司。可以说，"走出去"是我国对外开放发展到一定阶段的必然选择。

---

* 本章由暨南大学产业经济研究院王玉婷、刘娇、付利和周嘉裕共同执笔。

　　从某种程度上说我国快速的经济发展完全得益于大规模的外商投资，新中国成立初期，我国工业和农业由于受到战争的摧残发展滞缓，各行各业百废待兴，经济的发展不足以解决人民生存的基本温饱问题。但是，在中国共产党的开明领导下，我国努力引进外资，利用外国丰富的生产经验和先进的技术实现了经济的快速发展。尤其是 1978 年以来，我国凭借劳动力优势和资源优势成功吸引到大批外国投资者，成为吸引外资最多的国家。2014 年，全国批准设立外商投资企业 460699 个，实际利用外资金额 1197.05 亿美元。而广东又是我国吸收外资最多的省份，2014 年，广东省签订利用外资合同 6175 个，合同外资金额 433.94 亿美元，实际吸收外资金额 272.78 亿美元，占全国实际利用外资总额的 22.79%。伴随着我国经济实力的增强，不少企业拥有实力到国外投资，将扩张范围扩展到国外，且这种方式逐渐成为我国企业对外经济合作的主要方式。经过十几年的发展，2014 年我国对外直接投资金额已经超过了外资利用额成为资本净输出国。商务部公布的统计数据表明，2014 年，我国对外直接投资流量达到 1231.2 亿美元，其中，非金融类投资额为 1028.9 亿美元，对外直接投资存量达到 8824.6 亿美元，且加上第三地融资在投资金额之后总投资额超过 1400 亿美元，首次超过国外投资额。同期广东省境外投资额达 124.9 亿美元，实际非金融类投资金额达到 96 亿美元。

　　广东省是我国经济发展大省，在对外投资方面也首当其冲，积极开拓国外市场，充分利用国内外资源和市场进行现代化建设，并取得了巨大成效。如广东省境外投资办厂起步较早，2014 年底全省已在境外 57 个国家和地区新设境外企业 1628 家，从事贸易、金融、轻工、工程承包等若干行业。长期以来，广东省对外开放的重点一直放在出口和利用外资上，而对外投资没有得到足够的重视。对外贸易在改革开放初期对经济增长的拉动作用较为显著，但随着劳动力成本的上升和资源储量不足，出口对经济的拉动力越来越弱，对外直接投资对经济增长的拉动作用将明显超过出口。发展对外直接投资不仅有利于利用外资、开辟出口市场、扩大出口，同时，对利用国外自然资源、吸收外国先进技术和管理经验、促进国内产业结构调整等都有着重要作用。

　　现阶段广东已经成为资本过剩省份，只有通过海外市场投资才能将国内闲置资金投入到流通环节，产生附加价值。到目前为止，广东对外直接投资大致经历了三个时期。第一，改革开放以前，由于国家还没有把对外投资作为国家政策，只有对外援助、对外承包工程和劳务输出等低水平的跨国经营活动。第二，改革开放后，省、市、县各级政府及部门纷纷到港、澳地区设立对外开放

"窗口"公司，为招商引资和人员来往服务，并逐步向贸易、房地产、金融等领域拓展，与之相伴的是资本流出和外逃现象也较严重。东南亚金融危机爆发后，这些"窗口"公司令人难以置信的松弛落后管理方式、粗放低效的生产经营方式、严重的贪污腐化及国有资产流失等问题逐渐暴露出来，广东的海外投资大受打击。从某种意义上说，广东国投的破产就是这一时期广东海外投资军团窘境的缩影。第三，近两年，广东海外投资出现了另类势头，康佳、TCL、创维、中兴、华为、科龙、格力、美的等大型集团根据自身发展需要和市场规则开辟了新一轮的海外投资热潮，值得关注。但总的来看，广东对外投资和生产国际化的发展程度还不高。

中国加入 WTO 以后，作为率先发展经济的经济强省，广东省的进出口贸易总额占我国贸易总量的近 45%，可想而知广东省经济的发展在我国经济发展中有着多么重要的位置。同时，WTO 的贸易投资协定也在使各东道国放松外汇管制、降低外商持股比例限制、扩大允许外资进入行业范围等方面发挥重要作用，更有利于对外直接投资的开展。因此，全面、系统地对广东省的对外直接投资进行研究，并借鉴美、英等国家和地区发展对外直接投资的经验，构建广东省对外直接投资的战略和策略，是广东省政府必须研究的重要课题。

第一节 推动广东企业"走出去"的理解和叙述

政府提出"走出去"和"一带一路"倡议就是要通过对外经济合作，鼓励企业积极开拓国际市场，一方面利用国外的廉价劳动力和充足资源以缓解我国由于多年要素驱动型的增长方式对资源造成的耗损，另一方面缓解国内产能过剩问题，为高新技术产业的发展提供资源和空间，为我国经济的可持续发展注入动力。"走出去"是相对于"引进来"所讲的，其战略的基本内涵产生于我国产业发展的要求和结果。过去 20 多年我国基本上是以开放市场以及引进国外技术、资金和管理方法为主，如今我国具有比较优势的产业，如家电、轻纺等已经积蓄了一些产业能量，且出现了产能过剩的问题，而有些劳动力和资源丰富的国家和地区，如越南、老挝等国家技术和资本仍比较紧缺，通过对外投资可以将一些成熟技术向这些国家转移，能够弥补国内资源和市场的不足，也能够带动国内技术、设备和产品的出口，不仅能够腾出空间和资源发展新的产业，也能够带动这些国家技术水平的提高进而实现经济的发展。"走出去"

是产业的国际化转移，而不仅仅意味着资本输出。"走出去"是经济资源在全球的再优化配置过程，是绝对优势和比较优势的综合发挥。

因此，"走出去"首先是全方位的，其基础是货物商品的大规模出口，同时，包括国际服务贸易和对外投资。我国有比较优势的服务产业、工业制造业和加工工业等，都可以通过走出国门找到自己发展的更大空间。其次，"走出去"是高起点的，是着眼于经济全球化和我国发展开放型社会主义市场经济的必然要求提出来的重大战略，关系到我国经济发展的全局和前途。我们不能简单地认为到国外设一个组装厂、办事处或项目就是"走出去"了，而是要从产业转移和参与国际分工的角度把有比较优势的产业和行业骨干企业大规模推向国际市场。再次，"走出去"是长期性的，是一个长远战略，不能有短期行为。"走出去"是一个循序渐进的过程，政府和投资主体要对"走出去"进行整体规划，以企业的经济实力和长远发展目标制定"走出去"的步骤，以实现"走出去"的可持续发展。最后，"走出去"还有紧迫性，国际市场的竞争十分激烈，信息技术的快速发展使得产品和技术的生命周期缩短，我们拥有的比较优势甚至是部分绝对优势，可能会在很短的时间里变得落后甚至会被淘汰。各个国家对生产资源和国际市场的争夺已经十分激烈，所以，我们必须争取加快"走出去"的步伐，争取在新一轮的国际竞争中取得主动地位。

而广东企业"走出去"一般是从两方面来考察：一是走出省门，二是走出国门。本书的研究仅限于后者，即广东企业到海外投资。本书中，海外投资的内涵包括：海外直接投资、对外技术与人力资源的输出、海外承揽工程。推动广东企业"走出去"战略研究，是从广东省人民政府的角度出发，研究该如何制定相应的政策和法规，更好地、更快地扶持属于广东的跨国企业。"走出去"战略应与国家总体发展战略结合起来，它应是分层次的和渐进的。

第二节　推动广东企业"走出去"研究的意义

大型国有企业集团和民营中小企业，在广东的经济增长、扩大出口和解决就业上中具有重要的地位。在当今经济全球化过程中，中国加入WTO之后企业不仅面临国内企业激烈竞争，也面临着来自国际市场的竞争压力。广东企业如何应对这一挑战，走出国门实施对外投资，是省政府面临的一项重要任务。因此，应用对外投资理论，针对目前广东省企业的比较优势和所处的内外部环境的实际，借鉴国外政府和其他省份扶持和促进企业对外投资的成功经验，实施和推动广东省企业"走出去"拓展海外市场，对于完善和发展我国对外直接投资理论，构建适合广东省经济实际发展情况的政策引导体系和支持系统，完善广东省企业海外投资的策略和跨国经营机制，促进广东省经济持续、稳定增长具有重大理论意义。

与此同时，全球化带给每个国家的影响是双面的，国家既能够在参与国际分工中取得巨大经济效益，又必须经受来自全世界的经济波动冲击，可以说全球化对于每个国家来说都是收益和风险并存，机会和挑战同在。因此，对中国来说，与其被动地受到冲击，不如主动地迎接挑战，寻找机遇，在巨大的经济浪潮中谋求发展的契机。随着参与国际分工的深度和广度的增加，中国尤其是广东的综合实力比过去大为增强，在技术、生产、管理、人才等方面形成自己的比较优势，具备"走出去"的能力和条件。实施"走出去"战略，开展跨国经营，对于广东解决劳动力成本优势消失、资源不足、产业结构低下、生产能力过剩、突破国外的贸易壁垒、提高企业的整体竞争能力等，都具有十分重要的现实意义。

第三节　对外直接投资理论述评

对外直接投资是国际资本流动的基本形式之一。国内外学者从不同的角度解释企业为什么要"走出去"或对外直接投资。

一、对外直接投资理论述评

有关国际直接投资的最初理论是以纳克斯（R. Nurkse）为代表的国际资本流动学说，他们认为国际直接投资是由于国家之间资本投资的利润率不同，各国资本的不同供求关系导致了不同国家资本利息率的差别，资本的趋利性使得其从低利率国家流向高利率国家，最终实现资本供求的国际平衡。

美国学者 Stephen H. Hymer 于 1960 年最早利用垄断优势学说来解释对外直接投资，他认为有实力进行海外投资的企业必须具备有两个条件：第一，在国际市场上具有垄断优势，获得垄断利润使其具有足够的实力抵抗来自东道国本土企业的竞争等不利因素；第二，市场具有不完全性，使企业的垄断优势能够得以保持。技术、规模管理优势等都可以构成企业的垄断优势。

弗农（1966）在厂商垄断竞争理论的基础上，提出了"产品生命周期理论"，他把产品生命周期概括为导入、增长、成长和衰退期四个阶段。新产品依次经历导入、增长、成熟和衰退等四个阶段，其生产则依次在新产品创新国、较发达国家、发展中国家三类国家之间转移，而国际直接投资是这四阶段自然更替的必然结果。

巴克利和卡森在1976年提出了国际生产内部理论，后来卢克曼在1981年发展和深化了这一理论。该理论认为厂商在国内具有的优势并不构成对外直接投资的充分条件，厂商的特有优势在国内形成后，必须能使转移到国内的成本低于转移带来的收益，这时开展对外直接投资通过构建一个内部化市场来代替外部化市场以降低交易成本，对外直接投资才能成为可能。

20世纪70年代以后，产生了依据不同国家要素禀赋和生产环境的差别来阐述对外直接投资动因的国际直接投资宏观理论，这些理论以厂商垄断优势理论为其微观基础，从宏观层次上来解释国际直接投资。

日本的小岛清（1978）在国际贸易比较成本理论的基础上通过实证分析，提出了"边际产业扩张"理论，从双方国家的比较优势和投资国要素禀赋比率的动态变化来解释对外直接投资。他认为最先进行对外直接投资的产业应该是本国处于落后地位的传统产业，而那些具有竞争力优势的高新技术产业应该留在本国发展。其基本观点是投资双方成本之间的差距促进了贸易的发展，是贸易创造型的投资。同时，由于边际产业中双方生产技术和管理体制的相似性最高，两者之间的并购融合最能够实现并购后技术的有效整合，提升并购企业的技术创新能力。此外，这种边际产业对外投资、具有优势的产业本国经营的对外投资战略，能够使得投资母国将更多的生产资源集中到具有相对优势的生产中去，同时，由于投资的产业对东道国也具有比较优势，因此，对东道国也有促进产业升级的效果，从而使双方的经济都能得到持续发展。相反，如果对外投资主要集中在具有垄断优势的产业部门，那么，这种对外投资不仅会减少贸易，使双方国家的福利受损失，而且会由于比较优势产业的外移，比较劣势产业留在国内，不利于产业结构的升级，导致国内产业空心化。

20世纪70年代末，邓宁在总结海默、巴克利、弗农等理论的基础上，提出了集大成的"国际生产折衷"理论。邓宁将有关对外投资的各种理论结合起来，将影响跨国经营的各种因素归纳为所有权优势、内部化优势、区位优势这三种，并且把这些优势的拥有程度作为企业跨国经营方式选择的依据和条件。其中，所有权优势表现为企业所拥有的其他外国企业不能以相同条件拥有的专利、专有技术、知识产权等无形资产；内部化优势则是指企业通过兼并与自身产品和技术相似性强的企业扩大自身规模，将被并购目标所具有的优势内部化为自身优势实现规模经济；而区位优势则是该国和地区将生产设施转移到国外进行直接投资比出口更有利的各种因素。只有同时具备上述优势的企业才具备对外投资的能力。

20世纪70年代，发展中国家对外投开始起步。我国的国外投资活动起步较晚，但在改革开放之后也进入快速发展阶段，发展中国家的对外投资企业无论是从规模实力还是管理体制等方面，都在一定程度上与先进国家的跨国公司有差距，海默的竞争优势理论强调进行国际化经营的企业必须具备垄断性的竞争优势，对此难以作出科学解释。一些学者开始致力于研究发展中国家企业进行海外投资的动因理论。

威尔斯（1981）把发展中国家进行对外投资企业的竞争优势的产生与其自身所处的市场环境相结合，提出了"小规模技术理论"。他认为，发展中国家凭借其特殊的市场环境可能在某些生产领域具有比较优势，比如较低的劳动力成本和丰富的生产资源储备，这些优势虽然不是绝对优势，但是相对于发达国家具有比较优势，具体而言，有以下三个相对优势。①拥有服务于小规模市场的灵活的管理体制和生产技术。经济欠发达国家的产品市场的最主要特点就是需求量有限，大规模的生产技术难以获得规模收益，而发展中国家企业的小规模制造技术在这些市场上具有竞争优势。②发展中国家的民族产品在海外具有优势，具有鲜明不可模仿的民族文化特色，例如华人社团的餐饮、新闻出版等。这些产品的生产往往由于利用当地资源，而具有低生产成本优势。③低价产品营销战略。发展中国家由于劳动力成本优势生产的产品物美价廉，而发达国家的企业进行跨国经营要花费巨大的生产和广告营销成本，两者之间的鲜明对比使得发展中国家生产的产品在国际上具有竞争力。小规模技术理论打破了传统对外投资理论的限制，指出了国际市场是多元化和多层次的，即使在技术水平上没有优势、生产和经营规模不够大的发展中国家企业而言，仍有参与对外直接投资的市场空间，为发展中国家企业通过对外投资谋求发展提供了理论依据。

拉奥（1981）在深入剖析了印度跨国经营企业的竞争优势和投资驱动力之后，提出了"技术地方化理论"，他认为，发展中国家跨国企业技术特征的形成包含了企业内在的创新活动，企业的竞争优势可在跨国经营中积累获得。他指出，非发达经济体的企业可以通过以下几个方面发展自己竞争优势：①发展中国家技术地方化有着与发达国家不同的环境，这个环境是由各国的生产要素的供给和质量决定；②发展中国家对进口的技术和产品进行模仿和改造后，在此基础上进行自己的创新研发活动，生产出新的产品可以更好地满足本土或国际市场的需要；③发展中国家企业竞争优势不仅来自其生产过程，即将其生产与本国的要素禀赋和市场需求相结合，还来自于创新活动产生的技术在规模生产条件下会创造更高的经济效益；④发展中国家的企业生产的产品往往是比国际大品牌产品档次较低的消费品，物美价廉能够满足不同层次的消费需求，并具有其独特的竞争力。同时，拉奥的"技术地方化理论"强调了发展中国家通过并购、合资经营形式的对外投资能够实现对发达国家先进技术的吸收、消化和商业转化，这也是一种创新，且这种创新为发展中国家企业创造了新的竞争优势，从而合理解释了落后国家的企业逆向并购发达国家先进技术企业的投资行为。

概括而言，多数理论从利率差异、垄断优势、产品生命周期、生产内部化、区位优势这五个角度阐述对外直接投资的动因。近年来，学者结合发展中国家的特征，从低生产成本和技术地方化两个角度，证明了发展中国家能够拥有比较优势对外投资。

二、国内的对外直接投资理论述评

鲁桐（1997、1998、2000）通过对在英国的 16 家中资企业（占当年在英国的中资企业的76%）进行实证分析，发现中国企业海外投资的主要动机是谋求母体企业的长期发展，是以帮助母公司获得海外市场信息和实现国际化经营的综合化发展目标而进行的。"获得技术"、"寻求资源"、"降低成本"和"获取更高利润"均不是目前的主要目的。鲁桐通过研究发现，中国企业的海外经营水平仍处于初期阶段，在国际市场上缺乏明显的竞争优势。在资金、技术水平、管理能力、企业运行机制、人才等方面，与外资企业相比表现出明显的弱势。同时，鲁桐也认为，中国企业在英国投资经营仍有重要意义，即后发展型跨国公司的技术学习过程。他提出，政府应该下放更多的权力给企业，从各个方面来促进中国企业海外投资。鲁桐的研究局限于在英国的中资企业，对比的对象是发达国家的企业，没有注意到中国企业在发展中国家投资的动机和比较优势。而且考察的企业数量不多（仅16家），另外涉及的仅是中资企业，对合资合作企业未有涉及，因此，研究的普遍性意义有一定程度的欠缺。

程惠芳（1998）研究了不同经济发展阶段对外直接投资主体比较优势形成特点，以及在各个竞争阶段如何把比较优势转化为在国际市场上的竞争优势，并提出了比较优势评价指标体系。对外直接投资比较优势由投资主体、环境和目标主体的比较优势所构成，且分别属于三个不同层面：基础层面、宏观层面和结果性优势。因此，任何一个单一维度的比较都不能完整表述一国对外投资所具有的比较优势，只有从三个维度进行立体比较才能够得出最真实有效的结果。另外，比较优势还具有相对性、潜在性和动态性三个特点。比较优势只有在竞争过程中转变成为国际竞争力或竞争优势才能有效实现比较利益。投资主体比较优势评价指标包括生产要素配置国际化率、商品销售国际化率、全员销售率以及企业价值增长率；宏观环境比较优势构成要素包括国内经济实力、国际化程度、政府政策、资本市场与金融环境、基础设施、科研开发与技术创新以及国民素质；投资对象比较优势评价指标包括国际市场占有率、出口绩效、出口成本等。

黄晓玲（2003）认为，在对外投资双方关系的背后，投资国的影响没有受到充分的重视。本国的对外投资政策与干预措施对于海外投资规模、东道国选择、行业选择、投资方式选择等都存在重要的影响。在这种背景下，总结了国际通行的一些对外投资促进措施：为企业提供信息服务与技术支持、给予中小企业资金支持、建立完善的投资保险制度和帮助企业实现技术转移。这些措施通常为发达国家采用，发展中国家应根据自身情况增减相关措施。我国应借鉴其他国家经验，构建对外投资促进体系。

国内研究涉及了对外直接投资主题比较优势的形成与发展过程、我国企业海外投资的动因、投资国对对外投资的促进作用。这些理论证明了政府可以采取积极措施来增强企业比较优势，从而促进企业对外投资。

三、对外直接投资理论对广东"走出去"的启示

海外投资是经济发展到一定阶段的产物，当广东省经济的对外依存度达到一个稳定且相对较高的程度时，大力推行企业"走出去"是适应全球经济发展的必然要求。企业"走出去"，才能积极利用国外的资金、资源和技术，实现广东产业结构调整的战略。

一方面，广东省大型企业已经拥有一些比较优势，可以通过内部化其特有优势在国外生产；另一方面，广东省拥有全国最多的中小企业，拥有大量为小

市场服务的成熟的小规模生产适用技术，按照威尔斯的"小规模技术理论"和小岛清的"边际产业扩张论"，是非常适合往发展中国家扩张的。

第四节　本书的结构、特点、主要论点和研究方法

一、本书的结构

第一章是导言部分，阐述了本书对"走出去"战略的理解，评述了国内外对外投资的相关理论；第二章讨论了广东外向型经济的作用以及广东企业面临的挑战，并分析了广东企业"走出去"的必要性和可行性，提出了广东企业已具备的比较优势；第三章分析了广东企业"走出去"的现状，讨论了"走出去"过程中企业遇到的主要障碍；第四章比较了美、英、德、日、法等七国促进海外投资的机制，此外，还比较了浙江、江苏、山东、福建、上海和四川六省市在促进海外投资方面的做法；第五章探讨了广东促进企业"走出去"的发展战略，构建了广东对外投资政策支持体系、金融支持体系和社会服务体系。

二、本书的特点

一是从政府的角度，研究推动广东企业"走出去"，即海外投资的政策支持、金融支持体系和社会服务系统；二是从企业的角度研究广东企业海外投资的策略和跨国经营机制；三是所构建的政策引导和支持系统、跨国理论和机制是建立在广东现实环境的基础上，具有较强的地方性。

三、本书的主要论点

1. 提出了广东企业已具备的比较优势。劳动力资源的优势；轻工、电子等行业的技术比较优势；东方文化的企业管理模式；海外华侨的网络优势；与香港地区近邻的地理优势。

2. 总结了广东企业对外投资的主要特点。发展迅速、规模日益增大；投

资项目以轻工、电子等具有比较优势的行业为主；民营经济开始发力；投资效益开始显现。而造成广东省企业海外投资一直没有较大幅度增长的原因，主要是政策法规不完善、融资体系不健全、社会信息服务体系尚未发展、企业竞争力有待提高。

3. 概括了广东企业对外投资的主要障碍。政策法规体系方面：政策法规不健全、不到位，执行起来不顺畅；多头管理，难以协调各部委之间利益关系；审批手续过于烦琐；保护措施不完善；政策可执行性不强，很多政策难以落到实处。

融资贷款方面：贷款难；担保难；资金难以到位。

社会服务体系方面：信息不畅，企业不能及时了解各种政策变化、市场信息以及国际贸易规则；业内管理不顺，无序竞争。

企业竞争力方面：对海外投资认识不足；企业缺乏技术优势，创新能力不足；品牌知名度不高，营销能力较弱；人才缺乏；管理滞后，制度不规范、不完整。

4. 构建了广东对外投资的政策支持体系、金融体系和社会服务体系。在政策法规体系方面提出，应加快海外投资的立法进度，完善广东省海外投资的法律制度，加强对实施"走出去"战略的总体规划；简化审批手续，在省对外经济贸易合作厅下设置境外投资管理处；给予民营企业在对外投资上和国有企业平等的待遇；加强投资事后监管体系的建设，协调国内立法和国际立法的冲突，进一步放宽出国经商人员的外事管制。并给中央政府提出了加快海外投资立法进度和加强国际政策协调的建议。

在金融体系方面，构建了债券融资、股权融资、信用担保三重融资体系；在税收方面，从政府的角度出发，为政府提出了一系列可执行性强的税收优惠政策；金融监管方面，分析并提出了目前政府监管体系中存在的问题，并针对具体问题提出了相关的解决方案。

在社会服务体系方面，建立广东省信息咨询服务系统，为企业海外投资提供信息，协助企业开拓国际市场；充分发挥行业协会的组织和号召力，积极培训各类适用人才，如熟悉东道国语言、法律、投资环境和投资政策的专业性人才，并以政府合作和政府援助的方式来推动广东省企业"走出去"。

5. 制定了广东企业海外投资策略。对于对外投资行业的选择，作者的观点是：结合广东省经济发展情况站在战略发展的高度上制定行业选择战略，即在未来一段发展时间内，应该多鼓励引导资源寻求型的投资。结合广东省服装、电子行业的成熟技术和设备优势，以及越南、缅甸等东南亚地区和非洲等国劳动力充足且廉价、资源丰富的特点，在政策上鼓励广东省已经发展成熟具有比较优势的产业，即劳动密集型产业和标准型产业向外投资。通过在境外设立加工基地的形式，带动广东省的技术、设备和原材料的出口。对外承包工程是广东省开展时间较早且取得巨大经济效益的对外投资方式，并且对外承包工程可以拉动大型配套设备和建筑材料的出口，带动对外劳务的输出，也是政府应该大力扶持的海外投资项目。经过十几年的发展，广东省海外承包工程已经具备一定的规模，但仍然存在着海外承包工程单位实力不强且业务范围主要集中在经济欠发达经济体，因此，仍需要政府的积极支持。

对于区位选择，作者的建议是：资源投资项目的区位选择重点为东南亚、周边国家和非洲国家。这些国家资源丰富，且工业技术不高，一方面利于广东省直接获取资源；另一方面也可以在当地开展资源加工项目。劳动密集型的成熟产业应该将投资目的地选在东南亚和非洲，以充分利用其廉价的劳动力优势。总的来说，广东省的海外投资应选择在资源丰富、政局稳定、投资政策优惠的国家或地区，一方面利用当地低廉的劳动力和丰富的资源；另一方面要利用发达国家或地区对这些国家或地区较多的进口配额。海外承包工程项目应在维持和进一步开拓东南亚、中国港澳市场的基础上，开拓非洲新兴市场。对外劳务合作项目应该选择在政局稳定、社会和谐稳定的地区和国家，以保证外派劳务人员的财产和生命安全。

6. 构建了广东企业跨国经营机制。作者在广东企业"走出去"的管理上，对于广东企业在组织形式选择、融资选择和营销策略选择三方面进行了跨国经营机制的构建。

7. 本书的创新如下。

（1）构建了债务融资、股权融资、信用担保三重融资体系。设立广东进出口银行，负责按广东省的发展战略，有计划地扶持一些对外投资项目，提供低息的贷款。还要鼓励商业银行对企业对外投资活动积极提供贷款；

设立广东海外投资公司这样一个专门对进行海外投资的广东企业进行股权投资的半政府投资公司，以投资入股的形式来参与和支持广东省企业对外投资；

建立广东对外投资信用担保体系。主要为广东企业进行海外投资的融资活动提供直接担保和再担保，为广东海外投资企业提供风险保险和再保险。

（2）构建了完善且可行的对外投资社会服务体系。首先在外经贸厅名下建立海外投资信息中心，明确其信息咨询服务功能，为企业海外投资提供信息。具体措施包括：建立海外投资数据库，详细记录广东企业在海外投资的日常经营信息，为研究和分析海外投资活动提供数据支撑；设立专门的对外投资服务大厅、咨询网站、24小时电话咨询系统；定期发行新闻通讯和专题报道；发布广东省对外直接投资报告。其次，要发挥行业协会的作用，改变目前行业协会功能性不强的现状，成为真正意义上连接政府和企业的枢纽。与此同时，外经贸厅和行业协会要积极协助广东省企业开拓国际市场，根据需要培训各类人才。省政府可以以政府合作和政府援助的方式推动"走出去"。

（3）设计了广东政府引导型海外投资机制。参考我国和新加坡政府在苏州合作的苏州工业园，设计了广东海外工业园和广东海外商城，为广东省企业境外投资提供专门的工业园区。以政府合作项目的形式分批逐次的带动广东省技术成熟、存在产能过剩以及资源消耗型的劳动密集型、资源密集型和低附加值的技术密集型产业转移到这些工业园。

另外，将品牌战略与海外投资联系起来，充分发挥龙头企业的带动作用，推动广东省大型企业和中小型企业海外投资的协调发展。并且设立外派劳务救援中心和广东商务驻外办事机构，协调和解决对外经济合作过程产生的经济纠纷和劳务纠纷问题。

四、本书的研究方法

本书采取了理论研究、经验研究、采访调查相结合的研究方法。其中，采访调查由于受到企业的限制，作者多采用了和企业管理人员私人会谈的形式。

第二章 广东企业"走出去"的 必要性和可行性分析*

本章研究的是广东企业"走出去"的必要性和可行性,笔者将其分为五个部分描述。第一部分重点分析了广东省市外商直接投资发展的必要性和动机;第二部分就中央对广东企业率先"走出去",为全国探路的期望加以讲述;第三部分从广东企业实施"走出去"战略可行性的角度,分析广东省企业具备的比较优势;第四部分是小结部分。

第一节 广东发展对外直接投资的 必要性和动因分析

跨入 21 世纪以来,广东企业乃至整个中国企业不仅面临着国内产品市场竞争日趋激烈、紧张的境况,国际出口市场的日益扩大的重重压力也紧随而至。经济全球化、资源资金约束、贸易壁垒连同产业结构面临调整等因素一起构成了广东省企业"走出去"的倒逼机制,这些因素促使广东企业必须提升本土企业的国际竞争力,大力贯彻落实"走出去"战略,走向企业对外直接投资的经济可持续发展之路。广东省开展对外直接投资,正是给本土企业提供了一个充分发挥自身的比较优势、拓展新市场的难得机会,同时,有利于广东企业避开各种国际贸易中的贸易壁垒,保持甚至扩大已获得的出口市场份额,并且有助于广东企业更好地集中利用国内外各种资源,为国内产业结构升级提供助推力量。

---

* 本章由暨南大学产业经济研究院王玉婷执笔。

一、开展对外直接投资是适应经济全球化的必然要求

开展对外直接投资，实行对外开放政策，真切落实"走出去"战略是适应经济全球化的必然要求。党在第十八次人民代表大会的报告中，着重强调了新时期全面提高开放型经济水平的必要性，并且指出，面对经济全球化、全球一体化的形式，中国的开放战略必须升级、加强，使其向着互利共赢、多元平衡、安全高效的方向不断发展。当今世界经济日益呈现全球化的趋势，主要表现为生产领域、贸易领域和资本领域三方面的全球化，而进行对外直接投资的跨国公司作为经济全球化的载体，既是适应经济全球化的产物，又是经济全球化进一步完善的驱动力量之一。

1. 经济全球化是挑战，更是机遇。目前，经济全球化在广义上主要指的是生产、资本和贸易三个方面的全球化，它将企业服务和产品竞争范围从传统的一个国家或者地区扩大到全球的范围上，这也使得各种资源、生产资料在国际范围内的优化配置成为可能。中国目前还是处在发展中国家的行列，无论从地区经济还是国家发展来看，经济全球化对中国而言无疑是一个巨大的挑战，但同时，它也是推动中国快速实现经济腾飞、强化综合实力不可多得的机遇。

经济全球化意味着中国各行业的企业都将面临较之以往更加强劲、残酷的竞争和挑战。一方面，很大程度上来说发达国家实质意义上是经济全球化的主导和推动力量，其具备的信息科技、文化、经济等综合实力方面的优势是其在世界市场发展进程中的主导地位的有力保障，这使发达国家实际上控制了国际经济"游戏规则"的制定和解释权。在这样的规则之下，发达国家率先实现了财富的日益积累，与此同时，发展中国家的贫穷情况也是日益加剧，这使得整个世界经济的发展呈现越发的不平衡特点，加剧了本已存在的两极分化情况；另一方面，经济全球化强化了全球国家间的经济联系和交流，将世界各国的经济联系到了一起，无疑，这在很大程度上着实促进了全球国家间的交流合作，经济方面尤是如此，但是，随着国家间的经济关联性日益加强，一个国家的经济波动可能给其他的国家带来灾难，甚至通过对世界经济市场的转移效应影响到全球经济环境，这大大加剧了全球经济的不稳定，着实对中国这样的第三世界国家的经济安全构成了极大的威胁。

经济全球化同时为中国经济实现腾飞带来了机遇。它是生产力不断发展的产物，并且因为它与生产力之间的反馈机制是正向的，所以，随着经济全球化

水平不断提升，生产力也会受到进一步的推动发展。除此之外，更为重要的是，经济全球化进程中各种生产要素在各个贸易国家流动，助推了国际贸易的迅速壮大，它有力地提升了资源在全球范围内的配置效率，推动了各个国家生产力方面的大幅发展，同时，也使各国经济有了更为开阔的发展空间。

面对这样的机遇与挑战，中国作为发展中国家的代表之一，采取的态度是迎难而上，积极进取的。党中央在相关文件和讲话中明确指出了应对经济全球化的态度，首先，全球化带来的机遇我们必须好好把握，要积极地参与到其中，做到趋利避害，在规避风险的同时，坚定地迎接一系列可能出现的挑战；其次，为了更好地利用国内外资源和市场，对外开放必须始终坚持；再次，对于全球化进程中，中国可能面临的危险，中国必须理智看待、清醒处理，在坚持自力更生和独立自主原则之下，更应该寻求多方面的改进，提升自身应对和抵御风险的能力；最后，在投身于全球化浪潮中的同时，中国应承担其大国的责任，在构建国际政治经济新秩序的进程中行使自己的权利和义务。

2012 年，党的十大报告着重强调了应对经济全球化趋势，实施"走出去"战略的必要性，报告指出，为适应经济日益全球化的新形势，中国理应选择并执行更为积极主动的对外开放战略，不断完善当前仍存在诸多问题的经济体系，同时，切实提升我们开放型经济的高度和水平。实际上就是要一改以往"引进来"为重的对外开放情况，实行对外直接投资的"走出去"战略，更好地实现"引进来"和"走出去"的完美结合，使得开放领域不断扩大，开放结构不断升级优化，开放质量切实提升，不断改进、完善现存的开放型经济体系，积极构建新的经济大环境下中国企业自身更好地参与到国际竞争与合作中的比较优势和核心竞争力。报告强调了，在秉持独立自主、自力更生的原则下，要在以往利用外资的方式和方法的基础上进行创新，优化利用外资的结构，更进一步利用外贸在国内产业升级、自主创新以及区域协同等方面的促进和推动作用；此外，对外投资以及同国外合作的方式方法也需要一同优化创新，给予企业一定的帮助，使其尽早成功实现生产、研发、销售等领域的国际化经营，在本土培养出国际知名的品牌和跨国公司。

2. 发展对外直接投资是顺应世界经济全球化、区域经济一体化潮流，主动参与国际竞争，抢占世界市场的需要。20 世纪 90 年代以来，世界经济经历着深刻的变化，发达国家持续加速了技术开发与扩散，三次产业结构不断变迁升级，发展中国家经济发展战略普遍走向外向型，市场机制的作用得到了全球范围内的认可、认同。我们必须意识到，经济全球化以及区域经济一体化已经成为一种不可逆转的经济环境发展趋势，国际间的交往格局也向着不断深入化的方向发展，各国之间的贸易合作交流日益深化，所有这些变化都决定了对外直接投资在中国经济发展中的绝对重要地位。

对于全球各个国家，特别是发展中国家代表之一的中国而言，经济全球化问题不容忽视。诚如程恩富、朱富强（上海财经大学学者）在他们的论文《经济全球化与中国的对策思路》中指出，全球化是历史发展确确实实的趋势，并且根据"马太效应"，它将更有助于领先的国家的经济发展，然而经济全球化的进程对多数发展中国家而言实际上又何尝不是一个博弈的过程。这可以类比为博弈论中的"囚徒困境"问题。所有参与人利益最大化的决策是大家都不加入全球化而制定有利于自己的规则。然而有一部分参与人加入经济全球化，则加入的参与人会得到更大的收益，而拒绝加入的参与人就会受到更大的利益损失。所以，最终稳定的纳什均衡结果是，所有参与者都加入到全球化的进程当中。实际上具体的国际关系更加复杂多端，所以，既然我们无法制止大多数发展中国家加入全球化的进程，就应该积极主动及早加入其中，及时止损。

为了适应这种全球化的发展趋势，中国需要从战略竞争的角度出发，为防御竞争者垄断全球市场，必须在全球各个州和地区安排防御性投资。事实上，近年来中国一些大型企业和集团已经加速了对国际上重点经济国家、区域的投资，以抢占一定的国际市场份额，同时，把对重要经济区域的投资看作发展对外直接投资战略的目标及动机。

与此同时，近年来中国出口商品频频面临出口对象国设置的种种非关税壁垒及反倾销措施，贸易争端层出不穷。而对外直接投资不但可以带动国内商品、技术和原材料或半成品的出口，更可以帮助中国绕开进口国设置的各种关税壁垒和非关税壁垒，保护和扩大原有出口份额。

发展对外直接投资是融入经济全球化的绝佳方式。经济体制、规则以及经济制度方面与国际接轨并不足以成功地让中国融入经济全球化的浪潮，要想更好地融入其中，中国还需积极地"走出去"，扩大出口，加大国际交流，尽可能快地提高企业和产品在生产、贸易、资本全球化进程中的竞争优势。一方面，对外直接投资的发展对于资本回报率的提升以及国际市场的扩大具有较强的助推作用；另一方面，对外直接投资使得中国得以接触利用国际资源、技术等方面的优势，进一步地吸取、学习和引进国际上先进的技术和管理经验等。总的来说，在世界经济目前这个阶段，中国发展对外直接投资是为了满足经济全球化的需要，也是迎接其浪潮的必须。

3. 跨国公司对外直接投资的相关数据分析。当今世界经济的发展已经呈现出很明显的全球化趋势。各国皆拥有大量进行对外直接投资的跨国公司，正是这些跨国公司的海外投资行为促进了各种生产要素在国际间更大范围内的流动和高效配置。有关数据显示，在发达国家的年生产总值之中跨国公司所创造的生产总值占据了一半之多，可以说跨国公司控制了全球接近一半的国际贸易，九成以上的对外直接投资，还控制了八成以上的新技术和新工艺开发创造，以及 70% 的国际技术转让。中化集团是我国最早"走出去"的企业之一，中化集团 1950 年就开始主营国际贸易，1988 年收购美国企业并成立中化美洲集团公司，实现了中化在美洲地区的战略扩张。2015 年 3 月 22 日，中化集团又拿出 71 亿欧元收购意大利老牌轮胎制造企业——倍耐力 26.2% 的股份，成功成为其新的控股股东，倍耐力也成为中资公司在欧洲市场上的新收获。

广东省企业的海外扩张还处于起步阶段，并购数目和并购规模都不大。2008 年金融危机后，引起了大宗商品价格大幅下跌，其中，海外矿产价格跌至新低，实质上不失为广东省企业的海外并购提供了机会。广晟集团是广东省企业成功"走出去"的例子，广晟正是抓住了全球矿产资源价格大幅下跌的机遇，在我国提出推动中国企业"走出去"的大战略背景下，才成功实现了向海外市场的扩张。截至 2015 年，该集团已经实现的海外投资金额累计达 23 亿美元，其在海外的矿产资源广阔的分布在全球五大洲的九个国家里。广晟集团对外披露的信息显示，其拥有的海外矿产资源可谓丰富：包括十六亿吨的焦煤、四百多万吨的铅锌金属、一千五百多万吨的铜金属、更有总量可观的其他金属。公司内部的统计显示其拥有的这些矿产资源的价值折合人民币已经超过了万亿。除此之外，广晟还拥有近一万平方公里的探采矿权，它们大量分布在东南亚、澳洲和美洲等地区。广晟集团在行业内的地位以及其有力的国际影响力都随着其对外直接投资和海外市场的不断拓展而逐渐提高。

另外，表 2 - 1 展示了 2003 ~ 2014 年广东省 GDP（人民币）、GDP（美元）、进出口总额（人民币）以及经济对外依存度百分比的状况，从图 2 - 1 中广东省经济对外依存度的折线图的走势我们可以看出，2003 ~ 2014 年广东经济对外依存度呈现一个整体趋势，广东经济对外依存度在 2006 年达到顶峰，具体数值为 158.0%。随后逐年下降，2009 年时到了阶段最低值 105.7% 后，次年反弹上升至 115.2%。此后一直呈降低趋势，2014 年下降至 98.7%。在此期间内的平均依存度为 128.9%，相对于 20 世纪 90 年代的 146.9% 有明显的下降，这说明实行对外开放、"走出去"、对外直接投资战略以来，广东省经济的对外依存度呈现下降趋势，对他国的依赖度有所降低，经济上拥有了更多的自主性。

表2-1　　　　　　　　　　2003～2014年广东省经济对外依存度　　　　　　　　单位：亿

年份	2003	2004	2005	2006	2007	2008	2009	2010	2011	2012	2013	2014
GDP（RMB）	15844.64	18864.62	22557.37	26587.76	31777.01	36796.71	39492.52	46036.25	53246.18	57147.75	62474.79	67809.85
GDP（USD）	1914.30	2279.22	2753.69	3335.23	4178.99	5298.23	5781.37	6800.54	8243.97	9053.11	10087.64	10907.87
进出口总额（RMB）	2835.22	3571.29	4280.02	5272.07	6340.35	6834.92	6111.18	7848.96	9133.34	9839.47	10918.22	10765.84
对外依存度（%）	148.11	156.69	155.43	158.07	151.72	129.00	105.70	115.42	110.79	108.69	108.23	98.70

资料来源：《中国对外经济贸易统计年鉴》《广东统计年鉴》各年版。

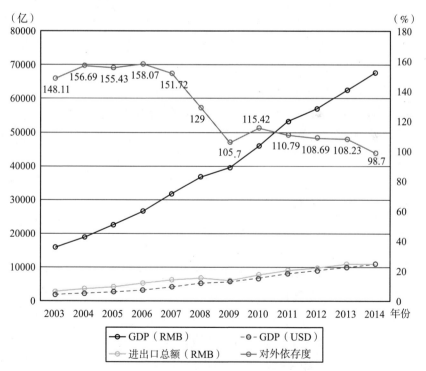

图2-1　2003～2014年广东省经济对外依存度

资料来源：《中国对外经济贸易统计年鉴》《广东统计年鉴》各年版。

从表 2 - 1 中我们明显可以看到的是，广东省的经济对外依存度数值始终较大，外向型经济的程度仍然较高。但是，在这种新的环境下，要想降低中国经济的对外依存程度，仅仅依靠对外贸易参与国际经济合作与竞争显然是不足的。并且以往中国参与到全球分工体系中主要是通过"引进来"的引进外资策略，这种方式本身也只能算是被动地顺应发达国家以及其跨国公司的全球战略布局，这对让广东乃至整个中国在经济全球化和国际分工中逐步占据有利位置和地位并没有足够的帮助。因此，在开展对外贸易、引进外资的同时，"走出去"，发展对外直接投资，全面参与国际竞争与合作对于广东经济乃至中国经济是非常重要的。

截至 2015 年末，广东省"走出去"的企业已有 1160 家，对外直接投资的企业主要分布在亚洲和北美洲两大洲，其中，亚洲是广东企业"走出去"的主战场，其"走出去"企业占总"走出去"企业的比例接近 55%。同时，企业类型方面，广东省"走出去"企业类型也是丰富多样，其中，私营企业最多，现有 546 家，占据了 46 个百分点，股份制企业紧随其后，有 220 家，其后位列第三的企业类型是国有或国有控股企业，占总企业的 11.24%。国家出台"一带一路"倡议后，"一带一路"沿线国家对广东"走出去"企业的吸引力不断提升。增量方面，就 2014 年至 2015 年 10 月这期间而言，22 个月的时间里，广东省的"走出去"企业就增加了 351 家，值得注意的是，其中 45% 的企业选择投资的国家都分布在"一带一路"的沿线。广东省科技厅的相关统计显示，广东省"走出去"企业在"一带一路"的分布主要集中在东盟地区，其次为西亚、南亚和东北非地区。具体到国家来看，在印度的"走出去"企业占据了 122 家，现已升级为广东企业"走出去"的首要选择国家，此外，广东省"走出去"企业在马来西亚、新加坡以及泰国分布的数目也是仅次于印度的。

在新一轮世界产业转移和分工中，长江三角洲地区的突然崛起，已成为外资追逐的重要领域。整体上来看，外国资本在珠江三角洲地区的投资逐渐弱化，原本占据的外资投资首位的地位这几年也被长江三角洲所取代，总的来说，长江三角洲目前已经成为继珠三角之后外资争相追逐的领域。相关数据统计显示，截至 2014 年年末，江苏省外商直接投资金额在三千万美元以上的项目数累计超过了广东省的两倍左右。可以看出，广东省的工业投资目前已经从多年的徘徊状态中恢复过来，这几年重新保持了高速增长，但较之长江三角洲地区如浙江省、江苏省来说并没有明显的在资金投入规模和速度上的优势。表

2-2和图2-2展示了长江三角洲和珠江三角洲经济开放度指数对比,将珠江三角洲的经济开放指数与长江三角洲(浙江、江苏、上海)以及全国范围的开放指数进行对比。从图2-2可以看到,各地区的经济对外依存度均呈现下降的趋势,折线图走势均呈现一定程度下降,可能是受到经济危机的影响,各

表 2-2　　　　　　　　珠江三角洲经济开放度指数比较　　　　　　单位:%

地区	2003年	2004年	2005年	2006年	2007年	2008年	2009年	2010年	2011年	2012年	2013年	2014年
长江三角洲	267.0	318.9	331.1	346.2	34601	315.2	249.1	283.5	279.9	257.4	237.5	231.8
上海	139.0	164.1	165.1	171.5	172.2	159.0	126.1	145.5	147.2	136.6	125.3	123.1
江苏	75.6	94.3	100.4	104.1	102.2	87.9	67.2	76.1	71.0	64.0	57.1	53.8
浙江	52.4	60.5	65.6	70.6	71.7	68.3	55.8	61.9	61.7	56.8	55.1	54.9
珠三角地区	173.3	182.8	184.2	186.3	180.1	152.4	123.9	134.3	129.1	124.5	121.7	111.0
全国	51.9	59.6	63.1	64.6	61.6	55.9	43.7	49.4	49.0	45.8	44.2	42.2

资料来源:《新中国五十年资料汇编》和上海、江苏、浙江、广东等统计信息。
注:长江三角洲指的是早期划分的上海市、江苏省和浙江省地区。

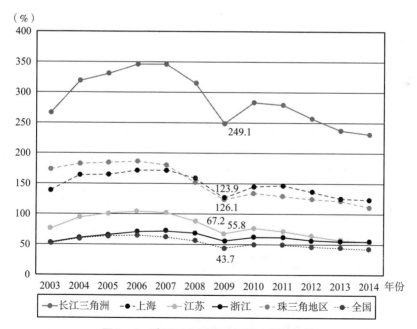

图 2-2　珠江三角洲经济开放度指数比较

资料来源:《新中国五十年资料汇编》和上海、江苏、浙江、广东等统计信息。
注:长江三角洲指的是早期划分的上海市、江苏省和浙江省地区。

地区的经济对外依存度都在 2009 年达到阶段最低，次年反弹少许，之后仍旧持续降低，并伴随下降幅度趋减的下降趋势。除此之外，随着开放的深化进行，我们可以看到珠江三角洲地区最开始具有的吸引外资的区位优势正在逐步下降，地区具有的各种政策等便利条件目前已经被长江三角洲超越，单就上海来看，自 2008 年起，上海每年的经济对外依存度已经均在珠江三角洲之上。

值得注意的是，2016 年 6 月 3 日，国家发展和改革委员会的网站发布了最新的关于长江三角洲市集团发展计划的文件说明。文件对长江三角洲的范围进行了重新定义和解释，政府首次创新性地将安徽省划入到长三角之内，重新确定的长江三角洲城市群涵盖在了上海市以及浙江、江苏、安徽三个省份内，却并不包含这一市三省的全境范围。其中，上海市，江苏省的南京、无锡、常州、苏州、南通、盐城、扬州、镇江、泰州，浙江省的杭州、宁波、嘉兴、湖州、绍兴、金华、舟山、台州，安徽省的合肥、芜湖、马鞍山、铜陵、安庆、滁州、池州、宣城等 26 市被纳入。

二、开展对外直接投资是获取我国与广东省短缺自然资源的需要

近年来，中国国内资源供需的结构和总量矛盾越发突出，部分战略资源已经严重短缺，资源是国家经济发展共同的制约因素，关键性资源的短缺常常造成一国或一个地区经济发展遭遇"瓶颈"。一方面，在本国、本地区获取所需资源的成本较高，从投入产出的角度来看，并不合算；另一方面，通过进出口贸易获取资源又会受制于国际市场的供求关系和国际市场的价格波动，议价能力低且风险性高。所以，面对这样的情况，对外直接投资就成为了获取这些关键性短缺资源的重要途径。通过对外直接投资在海外进行战略性投资可以开发国际上的资源为中国所用，以此弥补国内资源的短缺。例如，我国在国外开设的林业、采矿业和海洋渔业开发、开采，这些直接就缓解了国内这些方面资源的供给压力，满足了国内的需求。

1. 资源约束日益趋紧的现状。

（1）从全国来看。中国是一个幅员辽阔的大国，各种资源种类还算丰富多样，但与此同时，中国还是人口占全球 1/5 的人口大国，因此，中国自然资源的人均占有量较世界平均水平偏低很多，具体而言，中国人均自然资源的占有量甚至不及世界人均资源拥有量的一半。更重要的是，国内矿产资源分布不均匀，具有存量优势的矿产资源种类大多在实际生产生活中用量不大，相反，

一些具有重要的支柱性作用的矿产资源大多呈存量不足或短缺的现实，这就造成了广东乃至整个中国企业的生产制造需要长期依赖国外进口的现状。

此外，我国矿产资源的利用方式没有完成升级和更新换代，大多还是粗放式的利用方式，财富弃贫、一矿多开、大矿小开的现象仍旧普遍、严重，然而，在这样的资源利用方式之下，中国的矿产资源总回收率只有三成，矿产资源的综合利用率也只有35%，这些比例远远低于发达国家的水平，大约只有其80%。数据显示，截至2014年，中国国内原油、煤炭等主要矿产资源中，探明的储蓄量有近1/2的储量缺口的矿产资源已有45种之多。另外，虽然存在一些资源储量较丰富，但是，其利用过程中也伴有开采条件差、品位较低、开采成本较高的事实。举例来说，中国尽管拥有较为丰富的矿产资源，但是，大多矿石都是品位较低的种类，并且开采的难度很大，再加之矿山长周期的建设历程，使得中国钢铁产业的发展难以单独依靠国内有限的矿产资源进行。

随着我国经济的进一步发展，国内资源供需的总量和结构矛盾还将日益突出，国内现有的资源无论从质还是量上都难以满足保持国民经济持续高效增长的需求量。如果仅仅依靠一般贸易途径进口资源，则面对大量外汇需要的情况下，还要受到资源的国际价格波动以及资源来源不稳定等国际市场因素的影响。并且，更为重要的是，对于一些具有战略意义的资源，如果单纯依赖贸易形式的进口，就会很容易受制于人，失去国家生产乃至在国际事务中的主动性，进而出现危及国家安全方面的问题。

比如，与每家每户日常生活息息相关的石油资源，海关总署对外公布的进出口数据显示，美国2015年4月的原有进口日均量为720万桶，而同一时间阶段，中国平均煤炭的原油进口量为737万桶。2015年全年中国石油的进口量接近3.4亿，这个数字较之十年前增长了50%，中国由此也正式成为超越美国的全球最大石油进口国。2014年，我国进口3.08亿吨的石油，已成为重要的石油输入国，到2010年，我国的石油供给有一半要靠进口来满足。甚至有相关的专家指出，到2020年我国石油的价格和供给将一直受制于国际大资本和发达国家。

（2）从广东省来看。同样，广东省的自然资源状况也不容乐观，广东省是人口大省，耕地资源却很少，土地资源十分宝贵。广东省17.97万平方公里的土地面积占据了全国总土地面积的1.85%左右，从均衡可持续发展的角度而言，这样的土地面积能够容纳的人口容量不得高于3000万。但是，由2015年广东省统计数据可知，2014年末广东省常住人口10974.99万人，超过土地最大人口容量7900多万人，超载高达263%之多，已经属于严重超载之列。从统计数据可知，2014年广东省人均土地面积为3.03亩，只有全国平均数的1/3左右，而且广东省地形以山地丘陵为主，历来就有"七山一水二分田"的称号，广东省的耕地稀少，人均耕地面积仅为全国人均量的29.9%，具体为0.44亩，而在2002年的时候广东省的人均耕地面积却为全国平均的44.6%。笔者认为，这大抵是因为广东省地理位置上靠近沿海拥有相对的区位优势，以及国家为鼓励一部分地区先富起来而对广东省给予的各种政策倾斜，优惠政策多、发展机会多、接触平台广等原因使得大量的劳动力从中部和西部等地向广东聚集，这一方面推动了广东省经济的发展，在很长一段时间确实让广东省成为中国经济发展的模范；但另一方面，也着实加剧了广东省人均资源缺乏的趋紧。

2. 资源开发业也是现阶段我国对外直接投资的一项主要任务。自1991年实行对外开放、"走出去"战略以来，资源开发业一直是中国对外直接投资中占大比重的方面。统计在册的数据显示，资源开发型投资在2003年时，就已经占了中国对外直接投资流量的51%，份额之大不言而喻。究其原因，无非是以下三点。

（1）技术创新推进产业升级的理论中指出了，第三世界国家"走出去"对外直接投资的产业种类和地理分布类型会随着时间的不断推移呈现出一定规律性的变化。如对外直接投资，它的产业类型主要是以自然资源开发为主的纵向一体化生产活动，经过一定时间的发展，待这一阶段趋于成熟和稳定之后，对外直接投资的产业类型将过渡到以进口替代和出口导向为主的横向一体化生产活动中去。目前，中国的对外直接投资仍旧处于一个起步的阶段，因此，这也意味着中国对外直接投资的产业分布仍将在一段时间内表现为以资源开发为主的资源开发业。

（2）顺应了国际直接投资产业选择的递变规律，即依次经历从资源开发型递变到制造业再到服务业为主的第三产业的发展规律。从国际经验来看，对外直接投资重点产业的选择是动态变化的，初期的重点投资行业就是资源开发型行业。而中国对外直接投资仍处于基础起步阶段的基本国情也决定了资源开发投资在全部对外直接投资中的较大份额。

（3）有助于缓解、突破资源短缺这一经济发展的制约因素。这也是最为重要的一点，力求解决中国资源问题而开展的资源开发型跨国公司的经营将在很大程度上缓解国内资源供给不足的困难现状，也是切实提高中国资源拥有量的绝佳选择。目前，中国已经积极开展了对资源丰富国家如加拿大、美国、澳大利亚等国家、地区的直接投资。投资过程中尽可能在国外建立稳定的资源供应基地，这一方面有利于拉低转移资源的交易成本，另一方面对降低世界市场供需变动引起的资源价格大幅波动大有裨益。

3. 对外直接投资是缓解国内资源约束的必然选择。日益紧张的资源约束是制约一国经济发展的"瓶颈"，能够成功地摆脱这个约束将为中国经济提供强有力的支撑，并且有利于国家安全的顺利实现。资源是经济发展最为基础的要素之一，资源链条的完整性是经济、政治、外交等社会各方面稳定的必要条件，一旦资源链条出现断裂或缺损等问题，社会的各方面都将受到波及。中国是一个人均资源相对匮乏、资源结构欠合理并且分布失衡的大国，目前，国内人均能源可采储藏量也远远落后于世界水平。一项预测表明，对中国目前已经探明了的 45 种主要矿产资源中的现有储量估计数值，这些矿产资源中只有六种的储量还能在 2020 年保证生产制造需要。中国地质科学院出版的预测中国未来 20 年后的矿产资源问题的一份报告预测了 20 年后中国的石油和矿产资源的供给、需求状况，并指出，届时中国将出现大量的资源需求缺口，石油方面的数字将超过 60 亿吨，天然气将超过 2 万亿立方米，钢铁方面的缺口达 30 亿吨，这其中铜和精炼铝金属的需求缺口分别为 5000 万吨和 1 亿吨左右。目前，各国在国际上对战略性资源的争夺斗争的激烈程度持续上升，而置身其中的中国，自身资源的安全形势并不乐观。因此，加强对海外、国际资源的合作开发，推动对经济发展起战略性作用的物资进口来源的多元化，增强本国对战略性资源的保障能力，已经到了刻不容缓的地步。

早在 2004 年的时候，我国在国际市场上大量进口粮食、石油、铁砂矿等资源已经引起了国际社会的高度关注，持续下去必将导致国际社会对我国资源性扩张的担忧，引起国际市场和国外势力不确定性进一步增大，进而威胁到中国经济的安全。为了降低这种国际贸易的不确定性，中国可以实行以资源获取为目的的对外直接投资。一方面可以从国际获得价格适宜、质量上乘、供应稳定的原材资源，弥补广东省内乃至整个国内资源紧缺、自然资源禀赋欠缺的情况；另一方面可以促进省内、国内产业从以往的厚、重、粗、大向着轻、薄、短、小的方向转变，在大力发挥技术、知识、文化等软资源优势的前提下，将能进一步降低对资源的依赖度，逐渐走出资源"瓶颈"这一经济发展最为基础性的约束。

近年来，随着经济的迅猛发展，工业、交通、住房建设等项目占地数量以惊人的速度增长，再加上管理不严、工业布局不合理，城镇建设盲目发展，大量侵占良田，导致耕地数量不断减少，用地矛盾日益突出，到了剑拔弩张的地步。从全国范围看，广东省属于矿产资源贫乏的省份之一，一些对国民经济有重大意义的矿产明显不足，特别是能源严重短缺，本身所需的煤炭、石油绝大部分依靠从外省调入，从而带来交通上的巨大压力。由于矿产资源的不足造成广东省基础产业薄弱、工业结构不合理、能源紧缺，严重妨碍着经济的进一步发展。

由此看来，广东省发展对外直接投资乃是缓解广东省内经济发展的资源压力，充分利用国际上的资源，促进省内区域经济持续、快速、健康发展的必然选择。改革开放三十多年来，我国经济一直保持较为稳定的增幅快速增长，自然而然，经济的飞速发展使得对各种资源的需求变得更为迫切，然而我国资源禀赋又存在着人均低下、结构欠合理、分布不均衡等问题。因此，必须逐步把对资源的需求转移到国际市场，从国际上其他国家取得质优价廉并且供应稳定的资源，实施"走出去"的对外直接投资战略。目前，通过对外直接投资，在海外建立稳定的资源供应基地，向广东省内输送短缺的自然资源，是企业经营发展必须解决的一个重要战略问题。

三、发展对外直接投资是充分利用国外资金的需要

大部分人在对外直接投资的过程中只看到了国内资金从国内流出到国外以及本国外汇储备的使用，认为实行对外直接投资就是资金流出和外汇使用，但是，这只是对外直接投资最直观的表现而已，从一定意义上讲，发展对外直接投资也不失为利用国外资金的一种形式。

中国经济的进一步腾飞、发展实际上离不开大量外资的支撑，进行对外直接投资，到国外办公司的资金实际上并不是全部来自国内的储备，相反，资料表明，相当一部分设立国外公司的资金是在公司所处的国家、地区所筹集的。所以，从这个角度来看，对外直接投资也是在境外利用外国资本、资金，中国企业在国外设立分公司、子公司意味着中国可以充分地利用分公司当地国家完善的金融市场和庞大的金融机构服务，以更加宽松的条件和方式筹集到缓解公司资金短缺的更大规模的贷款，通过这种融资方式，可以推动并加速中国进一步开拓国际市场，更好地获取可观的投资收益。

对外直接投资一定程度上来看是在境外利用外资，从这种角度来看，它也

可以说是利用外资的一种形式。譬如，中国在哥伦比亚设立子公司的金城集团，其在哥伦比亚投资 50% 的股份设立了摩托车生产子公司，余下的股份金额都是利用外资，直接在子公司所处国家筹集的。中方投资的股份折合 84.6 万美元，都是以公司的设备等实物资产和无形资产的形式投入，中方的股份优势既保证了中国对公司的绝对控制权，又在公司运行中充分的利用了外资。另外，企业在国外投资还可以利用国外完善的金融市场进行筹资。譬如 1986 年，在中国国际信托投资公司与中国有色金属工业总公司成功取得澳大利亚波特兰炼铝厂控制主导权的案例中，中国企业充分利用国外的资金，分别在澳大利亚、英国和美国的 9 家银行筹集了大量的贷款，然后先购买其公司 12 年期权占比一成的股份，此后逐年还本付息，并最终成功地在期权结束当年获取了炼铝厂的绝对控制权。

实行对外直接投资以来，在中国香港主板市场和创业板市场上市的广东红筹股和 B 股已有多家，筹措资金早已不止千亿港元。通过上市筹资，解决了企业自身资金短缺的问题。在对外投资的实践中，广东省很多对外投资项目是与国外投资者合资经营的，此外，还有中方以技术、专利、工业产权、机器设备等折价入股的投资，这些都表现为对国外资金的使用，改革开放初期，广东从国外引入了大量的生产线和生产技术，目前，这些设备和技术在国内已经不再处在领先状态，将这些设备转移到相对落后国家并折算成投资，在开拓国外市场的同时，缓解了企业资金短缺的矛盾，取得较好的投资收益。

四、发展对外直接投资是突破各种贸易壁垒，顺利进入国际市场的要求

近年来，随着区域经济一体化的发展以及新贸易主义的抬头，中国企业的商品出口在国际市场上遇到了前所未有的巨大阻力。在中国出口贸易持续大幅增长势头的同时，中国与主要贸易伙伴之间的双边及多边贸易摩擦也不断增多。多方的数据纷纷显示，1996 年，中国首度成为全球范围内遭受到反倾销调查最多的国家，并在此后的 17 年连续的占据了这个"全球最多"的位置。并且 2007～2013 年，中国也连续 6 年位居全球所有国家中遭受到反补贴调查的首位。由此不难看出，中国企业应该更加有力地利用起自身小规模适应性技术，实行海外生产和海外直接销售，这样一来，不但大幅带动了相关技术、社保、材料和半成品产品的出口份额，而且也有效地规避了贸易国的贸易壁垒，

有利于更好地利用经济集团内的种种便利优惠的政策，有助于中国在海外形成稳定的供求市场。

1. 中国商品出口面临诸多贸易壁垒。近年来，我国的对外贸易高速发展。2014 年全年的进出口贸易总额达到了 10766 亿美元，其中，出口 6461 亿美元，进口 4305 亿美元，增长速度都在 30% 以上，进出口贸易总额暂居世界第二位，这样的出口额对我国经济的拉动作用是很大的。然而，我国商品的出口在世界市场经常受到反倾销、技术壁垒以及绿色壁垒等贸易和非贸易性壁垒的限制，严重阻碍了出口的进一步增长。因此，为了营造优质的外贸发展环境，各国必须妥帖面对和处理国际贸易中可能出现的贸易摩擦，这同时也有利于国家抓住重要的战略发展机遇。

（1）贸易救济调查方面情况。中国商务部对外公开的统计数据显示，自从 2003 年中国加入世界贸易组织直至 2012 年 9 月这九年多来，中国遭受国外贸易救济调查的案件记录在册的总计达 758 起，这些调查案件涉及的金额数字达到了 684 亿美元。同时，在此期间，各种贸易壁垒如贸易救济措施、技术性绿色贸易壁垒进出口限制等深深地抑制了中国对外经济贸易的发展脚步，可以说，中国企业目前面对的国际贸易和投资环境的局势都是稍显严峻的。我国 2004~2010 年遭到的贸易救济调查如表 2-3 所示。

表2-3　　2004~2010 年中国遭受反倾销、反补贴、保障措施和特保调查情况

年份	发起国家、地区（个）	反倾销、反补贴、保障措施和特保调查（起）	涉案金额（亿元）
2010	—	66	71.4
2009	—	116	127
2008	21	93	61.4
2007	20	81	36
2006	25	86	20.5
2005	18	63	21
2004	16	57	12.6

资料来源：《国别贸易投资环境报告》2005~2011 年。

2010 年，中国商务部统计指出，该年全年中国出口产品遭到的贸易救济调查总数达 66 个，这些案件涉及的金额为 71.4 亿美元。具体来看，这 66 个案件中，反倾销、反补贴、保障措施和特保案件呈现出 43：6：16：1 的比例特

征（见图2-3）。

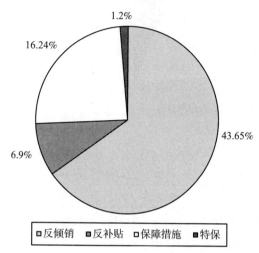

图2-3 2010年中国遭受反倾销、反补贴、保障措施和特保调查占比情况

资料来源：《国际贸易投资环境报告》2005~2011年。

2009年，中国遭受的贸易摩擦明显增多。应该是因为，受到了全球金融危机的影响，该年全球国际贸易遭受了"二战"以来最剧烈的下降，各国为保护本国利益，纷纷实行各种国际贸易保护措施和行动，所以，中国的国际贸易也受到了严重影响。统计显示，该年中国产品出口遭到的贸易调查案件累计达116起，其中，案件涉及的金额为127亿美元。具体看来，这116起案件中，反倾销、反补贴、保障措施和特保案件呈现出76：13：20：7的比例特征（见图2-4）。可以说，各种贸易壁垒的夹击大大影响了中国的出口贸易，使得该年的出口损失急剧加大。与此同时，该年中国的出口产品在海外遭遇了诸多知识产权方面的纠纷，单就美国而言，2009年就对中国出口海外的产品发起了8起337项调查。

2008年，中国商务部统计指出，中国出口产品遭到的贸易救济调查总数为93个，这些调查来自21个国家，其中，案件涉及的金额为61.4亿美元。具体来看，这93个案件中，反倾销、反补贴、保障措施和特保案件呈现出70：11：10：2的比例特征。

2007年，中国商务部统计指出，中国出口产品遭到的贸易救济调查总数为81个，分别来自全球20个国家或地区，其中，案件涉及的金额为36亿美元，比上年的数额增长了95%。

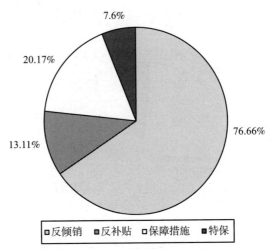

图 2 - 4 2009 年中国遭受反倾销、反补贴、保障措施和特保调查占比情况

资料来源:《国别贸易投资环境报告》2005 ~ 2011 年。

2006 年，中国商务部统计指出，中国出口产品遭到的贸易救济调查总数为 86 个，分别来自全球 25 个国家或地区，其中，案件涉及的金额为 20.5 亿美元，这个数额较 2005 年增长了 37%。

2005 年，中国商务部统计指出，中国出口产品遭到的贸易救济调查总数为 63 个，分别来自全球 18 个国家或地区，其中，案件涉及的金额为 21 亿美元。就美国来看，该年其对中国出口海外的 7 种产品发动了 337 次调查，案件涉及的金额是 12 亿美元左右。同年还对中国出口海外的 2 种产品发动了反垄断调查，调查案件涉及的金额是 1.7 亿美元。

2004 年，中国出口产品在国际上遭受到了来自 16 个国家或地区总共 57 起调查，案件见涉及的金额为 12.6 亿美元，是该年全球贸易救济调查金额最高的国家。此外，相关数据统计显示，自从 WTO 在 1995 年成立直至 2004 上半年以来，全部世贸组织成员国共遭受到了 2573 起反倾销案件的立案，而涉及中国产品调查的案件就占了全部贸易国调查案件的 1/7 之多，合计 356 起。这表明，我国已进入贸易摩擦高发期。

图 2 - 5 以折线图的形式更加直观地展示了 2004 ~ 2010 年期间 WTO 统计的中国每年遭到反倾销、反补贴、保障措施和特保调查情况，可以看出，无论是案件起数还是涉案金额在 2009 年之前都一直呈显著上升的趋势，由于受到金融危机的影响，2009 年的值纷纷达到历史最高。虽然案件起数和涉案金额此后有一定的回落，但是 2010 年的涉案金额仍然高于 2008 年，中国遭到的反

倾销、反补贴、保障措施和特保调查情况仍然不容乐观。

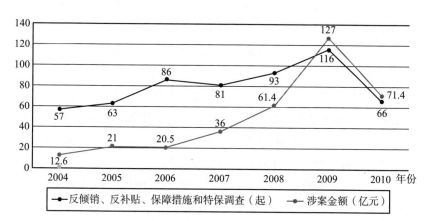

图 2 – 5 2004 ~ 2010 年中国遭受反倾销、反补贴、保障措施和特保调查情况

资料来源:《国别贸易投资环境报告》2005 ~ 2011 年。

（2）技术壁垒情况。技术性贸易壁垒是影响中国商品出口发展的又一重要贸易壁垒，中国商务部 2003 年的一份调查指出了，在 2002 年期间，中国出口的企业中遭遇到不同程度技术壁垒的占比高达 71%，并且根据世贸组织的统计显示，在全部出口贸易的中国产品之中受到各种程度的技术壁垒的占据了总数的 39%，这些不同程度的技术性贸易壁垒给中国出口企业和产品带来了严重的经济损失，该年因此损失的金额超过 170 亿美元，这个数额占据了当年中国产品出口总额的 5% 之多。该年中国遭到技术性壁垒影响的产品涵盖了普通的初级产品、中级产品以及最先进的高新技术产品。具体而言，食品和土畜产品遭受的损失最为严重，有将近九成的食品和土畜产品出口企业受到限制，禽肉产品出口数额直接下跌了三成，畜产品的出口数额降低了 4.1%，蜂蜜的出口数额也下跌了大约 16.7%，轻工产品和机电类的产品遭受的技术壁垒的影响也较之前的几年严重很多。中国出口贸易产品经常遇到国际上其他国家技术性贸易壁垒的限制、制约，中国企业损失严重，这大大影响了中国的出口贸易和国内的劳动力的就业问题。

国际上其他国家技术性壁垒的诸多限制使得一些中国出口企业面临破产或被限制产量，促使企业对劳动力需求的降低，直接造成了企业内部部分职工的下岗或者失业。其中，中国出口企业受技术性贸易壁垒限制较多的方面主要集中在以下几点：食用产品中含有的农药残余量、儿童玩具等机电产品的安全性能指标、汽车行驶的尾气排放标准、产品包装物的回收级别和性能指标、纺织产品中燃料的含量指标等。2004 年，欧盟正式发布了相关的技术性贸易壁垒的指令，指令提出，禁止任何企业销售给不超过三岁的儿童可以使用的、能塞进嘴里的、含有六种磷苯二甲酸酯类增塑剂中的一种或多种聚氯乙烯的软塑料儿童日常玩具和用品，该指令的发布直接波及了中国每年玩具出口方面 4 亿美元的出口额，同时受到影响的还有中国 150 万的劳动力，他们将不得不被失业。回看中国在 2005 年遭受的国外技术壁垒对冷冻鸡肉出口的影响，虽然涉及的金额只有 2 亿美元，但是却波及了 105 万人的就业问题。类似地，在 2006 年 1 月，欧盟检查到部分出口产品的药残含量超其标准，由此，全面停止进口来自中国的动物源性相关产品。欧盟的这个举措直接使得中国预备出口的将近 10 亿元的动物源性出口产品受到积压、缓存，此番受到影响的贸易金额高达 3.28 亿欧元，中国国内也有将近 100 家的企业遭到停产危机，与此同时，还造成了上千万劳动者失去劳动岗位。总的来说，中国出口遭到限制的产品中，劳动密集型产品占据了很大的份额，这也意味着其对劳动力就业问题的影响更加巨大。

案例：第一个是浙江某个丝绸进出口公司出口产品遭退和积压的事件。该公司的产品享誉国内外，其对外贸易的市场主要分布在日本和欧洲各国，该公司成品出口量在 2005 年时已经达到了 1.2 亿美元。然而其中的两笔业务供给金额为 20 万美元的货品遭到积压，究其原因是其在制作过程中没有考虑到贸易国限制的禁用染料。此外，还有一些纺织品因为受到贸易国生态纺织品标准体系的严格限制而使得该丝绸进出口公司遭到了部分产品的回销和很大金额的罚款。

第二个是众所周知的温州打火机事件。2001 年 10 月，欧洲拟定了针对中国打火机进口商协会的关于进口打火机的 CR 法规草案，其内容上指出，要求所有进入欧盟市场的打火机必须配备有五岁以下儿童无法开启的类似于安全锁的装置，理由是没有安全锁装置的打火机可能会危及儿童的健康安全。给成本几毛钱的中国用于出口的打火机安装安全锁将大幅度提高企业的生产成本，并且其本身也是存在一定的技术壁垒，达到安全标准后的出口打火机在成本价格上也将不再具有价格优势，其市场份额的缩小也是可想而知的。

（3）绿色壁垒情况。绿色壁垒同样也是对中国出口贸易有极大影响的一个因素。早年的数据统计显示，1997～2002 年这五年的时间内，中国国际贸易中因为遭受到绿色壁垒直接造成的产品损失的金额价值合计超过 400 亿美元,这五年期间内,年均损失大约占据了年出口贸易总额的两成左右。2003年中国加入世界贸易组织之后,贸易国的绿色壁垒对中国产品出口产生了较没加入世贸组织之前更为严重和深远的影响。大量的发达国家如美国、欧盟和较近的国家如日本、韩国等国家和地区都对中国的出口商品提出了越发严苛的技术方面的要求。

近20年来,中国企业的对外贸易面临的来自全球部分发达国家以及发展中国家的绿色贸易壁垒挑战越来越项目多样、种类繁多,总量呈稳步的上升趋势。总体上来看,中国出口贸易的市场份额、交易机会、出口产品和企业信誉等都不同程度受到了国际上绿色壁垒的影响和波及,目前,国际上的消费者对中国出口国外的一些产品特别是农产品和食品缺乏信任,觉得中国出口的产品环保和健康方面不过关,这对中国的出口造成了长期的负面影响。更加具体地来看,这些负面影响主要体现在以下四个方面。

出口产品的市场范围方面,中国出口向美国、东南亚、欧盟以及比较临近的日本、韩国的贸易总额占取了中国对外出口贸易总金额的八成,这些国家和地区仍然是中国产品出口的主要市场、方向,而稍加考究就会发现,这些国家和地区大部分都是绿色壁垒最先起源的地方,这些国家和地区的民众和政府都十分拥护环保和健康主义。所以,中国出口产品的市场范围决定了中国的出口贸易必然会十分容易受到绿色壁垒的影响。

产品的出口增长速度方面,中国目前出口市场较为单一和固定的现状决定了中国的出口增长速度受到出口产品市场销路的影响非常大,后者的降低将会引致前者的大幅下跌。特别地,目前,中国的出口产品中还存在一些面临发达国家特别设置的绿色贸易壁垒,将直接引起该出口产品的出口停滞,为免波及国内整个产业的发展,必须尽早采取积极应对的策略方法。

企业的出口成本和效益方面,绿色贸易壁垒的具体标准绝大多数都是对自然环境的形式以及标准,中国的出口产品要想满足壁垒的标准,就不得不在产品的生产制造过程中持续投入巨大数额的人力资源和资本资金以实现生产工艺和技术上的改进;同时伴随而来的还有相关达标检测、测试和认证等流程以及这些手续产生的额外费用,这两个方面费用的提高都将导致产品出口国外的成本升高,原本具有的价格方面的比较优势也将大幅削弱,产品在国际上的竞争力也会随之减弱,并最终引致中国出口企业效益日渐下降。

中国的对外贸易关系方面,近年来中国的出口贸易遭受到了越来越多的绿色壁垒,这使得中国同与之进行进出口的贸易国不断产生各样的贸易摩擦,这些贸易摩擦的处理对于中国同贸易国之间的贸易关系至关重要，因此，无论是在当前还是之后相当长的一段时间内，掌握如何恰如其分地应对和处理绿色壁垒对中国进出口对外贸易引致的冲击都是必不可少的。

综合以上所述的四个方面来看，优质的对外贸易发展环境客观上对中国合理处理各种双边、多边贸易摩擦提出了要求，国际贸易中贸易摩擦的妥善解决，也能更有效率地维护和专注中国国家发展的重要战略机遇。

案例：冻虾仁遭退货案。浙江舟山生产出来的冷冻虾仁遭受到欧洲一些进口方公司的退货和索赔，原因是在当地相关质检人员的检查下发现了冻虾仁中本不该存在的氯霉素，虽然含量很少只有十亿分之零点二克，但还是不符合欧洲贸易国制定的标准。在相关部门之后的调查中，发现了其最为根本的原因，竟然是源于少部分员工在生产过程中在手部使用的用于止痒的消毒水，这种消毒水含有氯霉素，并随着生产人员的生产操作，无意间流入冷冻虾仁这种出口产品中。

2. 发展对外直接投资可以帮助中国突破各种贸易壁垒，顺利进入国际市场。发展对外直接投资是绕开技术壁垒等贸易壁垒，获取国际先进技术设备和经营管理经验的不二之选。产品生命周期理论中指出产品、技术创新大多是由发达国家垄断的，为了获得尽可能高的超额垄断利润，它们往往会采取大量措施使其产品的生命周期尽可能长，大多数技术领先的国家往往采用各种方式、方法和做法杜绝和避免自己目前先进的技术被发展中国家所习得、掌握和使用，所以想要通过诸如引进外资或者是一些技术贸易是无法让中国真正意义上掌握和引进发达国家最先进、高级的技术的，所获得的只能是在发达国家已经落后或者濒临淘汰的技术。因此，中国如果想要获取全球各国最为先进的技术，更应该做的是直接寻求到国际优秀企业的运行的先进技术、高效设备以及相应的整套科学的经营方法，这样才能推动国内产业结构向着高级化和合理化的方向演进。同时，国内企业参与国际竞争，还可以学习世界跨国公司成功的经营管理经验，推进体制机制改革，尽快与国际接轨。

2014 年全年的进出口贸易总额达到了 10766 亿美元，其中，出口 6461 亿美元，进口 4305 亿美元，增长速度都在 30% 以上，进出口贸易总额暂居世界第二位，这样的出口额对我国经济的拉动作用是很大的。目前，中国出口局势的现状说明，仍然想要依靠加大出口贸易量来提升中国的经济发展，让中国企业抢占更多的海外市场是难以实现的，这个时候采用对外直接投资的方式就恰好能够免除进出口贸易的诸多限制。对外直接投资的方式本身就使得企业获得了投资当地国家的企业享受的国民待遇，自然而然，其生产的产品就可以不受进出口限制的影响，这一方面压缩了进行贸易的实际成本，另一方面又可以避免贸易壁垒对产品的限制作用。如此看来，当前中国商品的出口形势使得国内企业实行"走出去"对外直接投资显得尤为迫切和必要。

改革开放以来，广东省对外贸易始终保持着稳步且快速的增长，这无疑是推动广东省经济持续快速增长的首要因素，很大程度上也是促进中国经济迅猛发展的重要因素。广东省对外贸易总额从 2000 年的 1701 亿美元增长到 2014 年的 10766 亿美元，增长了 6.33 倍。2000~2014 年，广东省对外贸易总值年均增长率为 16.7%。按当年的汇率计算得知，从 2003 年，广东对外贸易依存度就已经达到 148.11%，2014 年虽然有所回落，但仍维持在 98.70% 的高水平。对外贸易依存度达到一定水平以后，一个国家和地区的对外贸易依存度将保持稳定，而要进一步发展对外贸易的空间将十分有限。但对外直接投资有利于扩大出口，在以广东企业提供机器设备、原材料与外方合营的对外投资中，促进了这些产品的出口。通过在国外投资，还可以迅速准确地了解国外市场行情，并及时反馈到省内，输出适销产品，减少出口的盲目性。因此，必须大力开展对外投资，才能有利于广东省出口的进一步增大。

广东省是中国的出口大省，受到的贸易限制和贸易壁垒也最多。又因为最容易遭受制裁的制造业正是广东的支柱产业，所以一旦遭受贸易壁垒，势必对广东经济造成很多冲击。例如，美国对中国彩电和家具的反倾销制裁，尽管仍然处在受理和法律程序阶段，但广东的彩电和家具制造都占据了全国的半壁江山，一旦通过制裁，出口肯定会下滑。因此，走出国门进行海外投资对于广东企业，具有更加紧迫的要求。

五、发展对外直接投资是学习国外先进技术、管理知识的需要

通过实行对外直接投资的方式，在技术先进的国家进行直接投资、建立跨国公司是学习国外先进技术和管理知识的需要。跨国公司可以帮助和助推中国获取公司所在国家的技术研发、开发手段，进而使得国外的子公司成为引进了先进生产工艺、生产技术、产品设计以及营销方式等的海外基地，以此为在国内的母公司或者说企业本身提供国际先进的技术和相关管理知识。同时，这可以通过共享资源，让母公司分布在全球各地的子公司工作人员在业务、文化和管理等方面得到更加全面的锻炼，迅速成长为能够独当一面的人才，而这些人

才正是公司核心竞争力形成的关键所在，这些都是对于公司来说十分宝贵的资源。

1. 技术寻求型对外直接投资是当前中国自身做出的战略选择。依靠自身研发投入的支柱技术进步是推动国内技术进步最为基本原始的内部力量，它是通过国内技术条件自身的缓慢提升来促进技术进步。诚然，国家经济发展支柱技术进步能力的配备，对于充分利用外部力量推动技术进步甚至是实现技术的进步都起着非常重要的决定性作用，然而，不可否认的是依赖国家自身研发投入推动技术进步需要耗费大量的人力、物力，并且大多都存在周期长、见效慢等不确定条件。但是，实行经济对外开放的国家还有一种推动技术进步的方法，那就是通过利用外资和实行对外直接投资来学习国外先进的技术，利用本国以外的外部力量推动国内技术进步。这种外部推动的方式有效避免了内部推动方式的弊端，现已成为发展中国家以及大多数开放经济国家促进技术进步的偏好选择。

目前，中国高新技术产业方面"走出去"对外直接投资主要包括两大类途径。第一就是在境外设立研发中心，当然这些境外的研发中心必须创建在全球技术创新非常集中、密集的地区，这对于中国企业技术水平方面的提升具有十分重要的作用。比如说海尔集团就曾本着这个原则在德国和美国等地创建了自己的海外分公司，这些企业入驻海外的目的就是获取技术以及研发的转让。第二则是跨国并购高科技企业，直接收购、买入发达国家的企业，能够获得其大量的核心技术工作人员，自然而然也就获得了其先进的生产工艺和技术，这对中国企业技术水平的提升以及中国本国内部产业升级、优化都有着积极作用。

积极引进外资、实行对外直接投资并进行技术创新的战略，很大程度上对中国原有的技术结构层次产生了冲击，并且使其沿着结构多层次性和水平不断提高的方向发展。从我国对外直接投资的实践上可以看到，我国对外直接投资的对象国家层次多样，包括亚非拉地区的落后国家和发展中国家，也包括新西兰、加拿大、美国等新兴工业国家和发达国家。截至2015年底，我国实行对外直接投资的地点已经遍布了全球139个国家和地区，并且对象呈现出从发展中国家和地区向发达国家和地区转移的态势，目前，中国对外直接投资的地区大体集中在澳大利亚、加拿大、美国、中国香港、泰国等国家和地区。可以看出，实施通过外资和对外直接投资推进国内技术进步的方式，推进了中国形成了在国际市场竞争中不同于发达国家的特别的比较竞争优势，当技术水平实现高级化、技术层次形成多样化时，它们又将产生正向的反馈作用，进一步强化中国对外直接投资和投资区位选择的能力。

2. 发展对外直接投资是广东省学习国外先进技术和管理经验的需要。广东省通过引进外资引进了很多先进技术，为广东省的经济发展和产业升级做出了巨大贡献，但是，现阶段，利用对外直接投资应该可以更好地发挥促进技术进步的作用。将两者比较起来不难发现，引进外资只能让中国企业获得那些国际上早已标准化和普遍适用的技术，而非中国需要的全球生产最为先进的技术。改革开放最初的阶段，广东省还处于对外开放的初期阶段，当时对外进行大规模投资的硬件条件也并不具备，因此，技术的提升和进步很大程度上是通过引进外资的方式达到的，通过对国外技术进行一系列的引进、消化和再吸收，为对外直接投资的开展准备了坚实的基础。相比之下，对外直接投资却没有获得先进技术的限制，广东省对外投资的企业掌握着主动权，通过对具有最先进的企业的并购和合作，可以获得最先进的技术。目前，广东省已初步具备了较大规模对外投资的条件，因此，进一步开展对外直接投资，促进广东省技术进步，缩小与发达国家的经济、技术差距，成为广东省目前的必然选择。

除此之外，企业实行对外直接投资还可以更加便利和有效地习得国外企业先进的管理经验和方法等软实力。这些无形的资产往往是关乎企业存亡、兴衰的关键因素，通过对国际企业先进管理经验和方法的学习、借鉴，并且应用于中国特色企业发展，必将促进广东经济乃至整个中国经济的进一步发展。但是，这些管理经验、方法都是不轻易流出、外泄的企业和国家内部信息，并没有普遍公开，难以直接获取，对外直接投资则使这种获取成为可能。

六、开展对外直接投资是广东实现产业结构调整的需要

开展对外直接投资是转移国内过剩生产能力，促进中国产业结构调整的助推力量。20 世纪 70 ~ 80 年代以来，中国经济的需求结构已经实现了由卖方市场向买方市场的华丽转变，这一经济需求结构的变化已然成为中国经济结构变迁的内在动力。从一定意义上来说，经济发展的过程和产业结构转移、升级和调整的过程是互为统一、齐头并进的。在当前全球经济开放的情况下，中国的产业结构调整应该要融入和统一到世界的产业结构调整框架之中来，在国内需求结构变化的条件下，大力发展对外直接投资，通过对传统老工业产业的产业转移、产业结构升级以及新兴产业的培育成长等效应来实现中国国内三次产业

结构的提升及调整。

目前，中国的国内市场同时存在需求不足和供给过剩的现象，故而，从调整和升级三次产业结构的角度来看，实施对外直接投资，在海外进行直接投资设厂，按照投资当地的需求进行相应的生产，提供相应的服务，这不但将本国成熟的技术转移到海外有需要的市场中去实现了技术效用的最大化，而且也使得国内能够有足够的市场空间来发展新兴的产业，二者协同共进，将促成国内三次产业向着结构高级化和合理化方向发展。因此，中国企业开拓更大市场的目标必须把着眼点从国内市场转向更为广阔的国际市场，把市场目标从扩大内需转向更大可能地满足国际市场需求。随着对外直接投资的进一步开展，海外市场应当成为中国企业新的着眼点。

1. 国内过剩生产力的转移能够促进本国产业结构的调整。

（1）经济发展理论表明对外直接投资对发展中国家实现经济赶超的必要性。经济发展理论的相关论断说明了，实行有效的对外直接投资是助推发展中国家和地区发挥后发优势，实现经济上赶超发达国家的必然选择。邓宁（Dunning）在他的投资发展阶段理论中提到，纵观全球各国的经验，一个国家的人均收入一旦达到 2000 美元这个点时，该国家就应该进行国内产业结构调整，具体表现为将存在生产能力过剩的产业转移至海外，在外国进行生产产品以及服务的供应，这样就能够实现用比国内生产更低的成本获取比国内销售所能获得的更多的利润。

据《2014 广东省统计年鉴》和《2014 中国全国统计年鉴》的统计显示，截至 2014 年，中国人均国民生产总值已达 46629 元，城镇居民人均可支配收入约为 28843.9 元，以人民币对美元 1∶8 汇率来看，两个数据折合美元分别为 5828.6 美元和 3605.49 美元。广东省的地区人均生产总值和城镇居民可支配收入则更高，分别为 63469 元和 32148.1 元，早已超过实行对外直接投资、实行产业结构转移和升级的人均收入标准 2000 美元，更不必说近年来人民币升值、美元贬值的实际情况。虽然从总体上来说，中国和发达国家的人均收入之间仍旧存在很大的距离，整体的人均收入水平也还是属于发展中国家的一般水平行列，但由于中国国内各个地区之间存在着显著的差异，东部沿海地区经济发展水平极为快速，可以有理有据地说，中国部分地区人均国民生产总值已经跟中等发达国家相差无几。如长江三角洲和珠江三角洲地区凭借沿海的地理优势，其地区人均收入早已超过 2000 美元，从这个角度来说，中国已经具备对外输出资本，进行对外直接投资的基本条件。

反观"引进来"中的进口替代和外资引进战略,这些实际上都不是中国主动的行为,而是被动地接收发达国家所转移的落后产业,诚然,这在一定程度上会促进后发展国家如中国很多传统产业的提升,但效果甚微,很难推动新兴产业和技术的发展,无法消除国内跟国际发达国家相比固有的产业级差。后发展国家要想真正意义上实现自身经济的发展和腾飞,必须实行"走出去"的对外直接投资战略,以尽可能快的速度提高自身的科技水平、发展中高级产业,以更加开放、积极主动的态度实现国内产业结构的转移和升级。在立足于中国自身基础条件的基础上,采取最合理的方式积极主动地实行"产业逆梯度型"的对外直接投资,将国内技术成熟、生产能力过剩的产业转移到海外地区,积极学习并应用国际上最新兴的技术,以此来推动中国三次产业的升级与发展。

(2)边际扩张理论进一步表明了在进行对外直接投资时的产业选择。据不完全统计,中国目前有很多行业存在生产能力过剩的现象,其中,更有一部分是具有成熟技术,在国内甚至国际上具有显著的比较优势的产业。早前日本的学者小岛清曾提出了著名的边际产业扩张理论,在该理论中,小岛清指出了一个产业转移的现象,即任何一个国家,其进行的对外直接投资是存在着一定的产业顺序的,也就是开始在国内处于比较劣势的边际产业,然后将按照这个排序进行下去。这里存在这么一个现象,也就是那些被转移的"边际产业"在东道国当地仍然是具有比较优势的,能够一定程度上带动起对外贸易的发展。

最为众人所知的,中国东部沿海地区的三资企业已经在引进国外技术的基础上发展了20多年,在全球新兴技术革命的推动下,这些三资企业不可避免将要进行新一轮的产业结构调整。然而,在这次的产业结构调整中,除了最为基本的将技术成熟的边际产业向内地转移之外,将这些边际产业向周边技术发展中国家,以及亚、非、拉、东欧地区进行转移的趋势也是不可抗拒的。跟技术寻求型对外直接投资相对应的,我们称这种对外直接投资为产业梯度转移型直接投资。

当前,我国纺织、家电、轻工、电子、食品等行业以及生产技术成熟的劳动密集型行业随着国家产业结构的调整,出现了生产能力过剩的趋势,而开展对外直接投资可以使这些已处于或即将处于边际产业的企业通过国际范围资源的合理配置,延长产品的生命周期和盈利时间。根据小岛清的边际产业扩张理论,对外直接投资遵循产业调整依次递进的原则,即从边际产业开始循序进行投资，通过对外直接投资调整国内产业结构。

所以，通过"走出去"进行对外直接投资，并且依照普遍适用的国际经营之中的渐变发展模式进行，实行将中国国内技术发展已经成熟并且商品供大于求的相关产业，向相对技术水平不高的国家进行产业的梯度转移，这样不但能够获得资产应该值当的价值，而且还能对中国国内的产业结构进行优化和相应的调整，借此助推中国产业成功升级。与此同时，对外直接投资的发展和推进，还有助于中国企业突破发达国家对发展中国家的技术方面的封锁，有利于获取和习得国外企业卓越、领先的管理经验和产品相关的核心生产技术等资源，这些对于中国实现国内企业生产技术水平的优化和三次产业生产结构的合理化都有着十分重要的意义。

2. 对外直接投资可以推动广东省产业结构的调整、升级。对外直接投资的发展对广东省内部产业结构具有重要的调整作用。广东一些已经较成熟、处于标准化阶段的产业，在广东甚至国内已处在生产能力过剩的阶段。但是，对于某些发展中国家来说，这些产业可能还具备比较优势和一定技术优势，把这些行业通过对外直接投资转移出去，不但可以解决广东省甚至国内市场供大于求的局面，还可以集中优势发展广东目前还具备比较优势的产业，实现产业结构的调整和升级。与此同时，发展高科技产业本身就是一个发展周期很长、见效时间缓慢的过程，而且还必须持续不断地投入大量的人力资本和物质资本，因此，如果直接进行对发达国家一些技术在国际上领先的行业、产业的投资，可以避开发达国家对我国（包括广东省）的技术封锁，节省大量的科技开发投资，迅速有效地获取国外先进技术，提高广东的技术水平，推动广东高科技产业的发展，实现产业升级。

广东省是中国实行对外开放最早的省份之一，30 多年走来，广东省逐渐在改革发展的过程中形成了自己特色的外向型经济结构，通过对外资的大量引进、利用以及进出口贸易的不断发展，广东省也完成了产业结构方面不断升级的演进。总体上讲，目前广东产业结构的特点有五方面。

（1）产业结构升级步伐加快，三次产业构成比例趋于均衡。"十二五"期间，广东省的地区生产总值完成了 2.68 亿元的增幅，实现了从 4.6 万亿元到 7.28 万亿元的增长，平均下来每一年的 GDP 较上年增长了八个百分点还多。期间三次产业增加值的比例为 4.6∶44.6∶50.8，这是第三产业第一次占比重的一半以上，至此，广东省三次产业之间基本上形成了"三二一"的发展格局。这一比例与全省 2001 年的构成比例 9∶48∶43 以及 1995 年的构成比例 15∶50∶35 相比，有了明显的提升，强有力地说明了国家计划期间广东省产业结构实现了不断的升级，向着良性方向演进。

（2）新兴产业迅速崛起，支柱产业完成更替。在这些年广东省三次产业结构的转型升级过程之中，广东省的产业结构内部也发生了一系列变化，近年来新兴产业在各种政策的支持下迅速成长起来，现已形成了电子信息、电器机械、石化、食品饮料、纺织服装、建材、森工造纸、医药、汽车等九大产业。2001 年末广东省九大产业的产值和增加值占全省工业总产值和总增加值的比重就分别达到了 72.3% 和 65.3%，此后这一比重仍在攀升，九大产业在广东经济中发挥着主导作用。

（3）高新技术产业发展迅速，整个产业科技含量提高。广东省科技厅对外公开的信息显示，截至 2015 年年末，广东省已经拥有 11105 家国家级的高新技术企业，并拥有 399 家科技企业的孵化器，在孵企业 1.8 万家，全省拥有折合为 5.3 亿元的高新技术产品，这个数值几乎是全省工业总产值的四成。2015 年全省 R&D 科研经费支出占 GDP 的比重达到 2.5%，这在总量上居全国首位。20 世纪 90 年代以来，广东省的高新技术产业以迅猛的速度发展起来，其科技对经济的共享率也从 1995 年的 39% 上升到 2002 年的 45%，并且这个比例到 2006 年已经达到了五成之多，2006 年广东省内高新技术产品的总产值为其工业总产值的 1/4，总出口值为 1044 亿美元，占全国份额的 40%，并且，广东省已经连续 12 年位居专利申请量和授权量的首位省份，其发明专利申请量也已连续两年保持全国省份第一。不难看出，高新技术产业和以高新技术改造的传统产业已成为广东第一经济增长点。

（4）第三产业得到快速发展。"十二五"期间，广东省的经济水平始终保持着 8% 以上的高增长率，五年间的年平均增长率达到了 8.5%，这一数值说明，广东省又一次保持了省内经济发展的长期优势，省内实现的经济总量已经持续 27 年排在全国各个省份的首位。第三产业发展迅猛，广东省产业结构现已形成"三二一"结构。就在"十二五"期间的 2013 年，广东省服务业的产业增加值首次超过工业成为广东经济的第一大产业，实现了对产业增加值 48.8% 的贡献，这也算是提前完成了"十二五"在三次产业方面的规划目标。2015 年，第三产业比重继续提升到 50.8%，第三产业的比重首次超过 50%，比 2001 年和 1995 年分别提升了 8 和 16 个百分点，增长可谓迅速。

（5）外贸规模不断扩大。2014 年，广东省进出口贸易总额达 10766 亿美元，其中，出口 6461 亿美元，进口 4305 亿美元，2014 年广东省的经济对外依存度为 98.7%，无论是出口、进口依存度还是总的对外贸易依存度，广东省都是明显高于全国平均水平。而在 2000 年的时候，广东省的进出口贸易总额还仅为 1701 亿美元（其中，出口和进口分别为 919 亿美元和 782 亿美元），广东省的进出口贸易发展速度可谓迅猛，这些都表明广东经济外向化程度已经达到非常高的水平。

虽然，广东省的三次产业结构在"十二五"期间进行了一系列的调整和优化，使得三次产业的结构向合理化的方向发展，但是，这仍然没有完全满足经济持续发展的内在要求，目前，广东省三次产业的结构调整和结构升级进程还不足够适应经济加快发展的需求，这说明当前广东省的三次产业结构仍然存在一些问题，亟待解决。这些问题具体表现在工业企业技术创新能力不强、高新技术产业仍处于成长期、农业结构调整比预期的慢、服务业等第三产业发展相对滞后、工业产品结构技术层次较低、农业产业化经营水平仍然不能适应农业现代化的需要以及区域发展失衡等，这些问题可以通过广东省实施"走出去"战略来解决。

七、开展对外直接投资是广东应对入世挑战的需要

入世为广东乃至整个中国带来了经济发展的机遇、机会等便利，但在享受诸多权力的同时，必须要承担的种种义务也构成了广东省乃至整个中国经济发展的巨大挑战。现阶段，中国存在外贸依存度过高的问题，这也是大多数发展中国家加入世界贸易组织最初的阶段会遇到的，而广东省作为中国的经济第一大省，其外贸依存度更是位居全国省份之最。众所周知的是，当一个国家、地区的外贸依存度过高时，其选择成本将会大大提升，这体现在制定决策时的机会成本会比不入世的情况下高出很多。

而实施对外直接投资的"走出去"战略，通过在海外发达国家设立公司（子公司）的方式，能够加强和巩固中国同海外贸易国家经济技术以及管理经验等方方面面的合作，提升企业的市场开发和高新技术开发能力，这将有力地促进产品和服务市场向多元化方向发展以及贸易方式的多样化发展，进而形成外贸增长方式的转变。发展对外直接投资是防范和化解外汇风险，调节和改善国际收支的需要。同时也是持续增加中国自身在国际贸易中的核心竞争力，实现企业自身成长和强大的需要。由此可见，实行对外直接投资对中国企业竞争力的提升大有裨益，它可谓是满足中国搏击入世的需要。

1. 入世——机遇与挑战并存。

中国加入世贸组织使得我们获得了许多国际经济发展、国际贸易中的权利，但享受权利的同时也意味着中国以及广东省需要承担一系列相应的义务。可以说，入世是一把双刃剑，它为广东省的经济发展提供了可以使用的权利和难能可贵的机遇，但同时也对广东省的经济发展提出了开放经济下需要面临的更多的挑战。入世协议中，每个加入的国家，当然中国也是，都作出了许多承诺，这里笔者列举最为重要的四点：一是逐步取消外资的低国民待遇；二是增加外资使用、流转运行的透明度；三是减少对其他国家设置的关税，减少和取消各种非关税壁垒；四是注重知识产权的保护，逐步进行服务市场的开放。

（1）入世将带来更加强烈的竞争格局。广东省以及整个中国的对外开放将随着入世承诺和协议的逐步落实达到一个崭新的高度，届时，必将有大量的海外商品和外国直接投资进入到广东省以及整个中国国内，这将激化国内市场本已严峻的竞争格局。因此，国内企业单单从国内市场着手，发挥本土优势、积极应对多方挑战仍旧难以在激烈的竞争中占据一席之地，必须发展对外直接投资，实施"走出去"战略，在海外市场中谋求企业更大的发展。唯有对国内外两个市场加以充分的利用，吸取其中的资源来充实壮大自己，才能真正提升中国企业自身的实力和核心竞争力，为企业寻得更加广阔的生存空间和更加卓越的发展蓝图。

（2）入世意味着国内中小企业战略定位的改变。纵观国内企业的发展实际状况，中小企业中的很大一部分是依靠地方保护主义以及国家的关税政策安全的生存、发展下来的。入世之后，各种非关税壁垒的逐步取消和关税的降低使得国内形成进一步开放的市场环境，许多中小企业一直依赖的便利将不复存在或者大大减弱，国内市场越加激励和残酷的竞争趋势对国内企业形成了巨大的压力。这些压力必然将驱使国内中小企业重新考虑和调整自身的发展蓝图和战略定位，在新的市场供需环境下，如何确立创新性的发展目标，如何进行更加合理的国内外市场定位，将是企业在深层市场上避开众多国内外竞争者，赢得企业长足发展的关键所在。

加入世贸组织不但引起了中国国内市场竞争格局竞争的激烈化，中国国内企业争夺出口市场的竞争也随之不断激化，中国企业纷纷寻求本国市场以外的国际市场空间势必将成为大势所趋。根据入世承诺，中国到 2010 年将基本实现投资体制自由化，到 2020 年将全面实现贸易和投资的自由化，关于投资体制的自由化现已基本实现，关于贸易和投资的自由化也在逐步地付诸实施中。

由此可以看出，那些有条件的本国企业应该更加积极地拓展国际市场，通过对外直接投资的方式更好地积累企业发展的技术和经验，使得企业能够在目前各种竞争不断激化的市场环境中，仍旧得到自己的市场空间和企业更大的生存、发展空间。

（3）入世之后国际贸易中的贸易保护主义依然存在。入世为我国以及广东产品进入国际市场提供更好的条件，但贸易保护主义依然存在。1968年联合国通过了普惠制决议，主要内容是发达国家在决议中承诺，此后将对从发展中国家和地区输入的商品，尤其是制成品和半制成品，给予普遍的、非歧视的与非互惠的优惠关税待遇。但是，1989年美国援引"毕业条款"以韩国、新加坡、中国台湾地区和中国香港地区不再是发展中国家和地区为由，而取消了他们的普惠制待遇。目前，美国还没有给中国这项待遇。中国加入世贸组织之后，尽管从原则上来说美国应该给中国以发展中国家的普惠制的待遇，但是，它也完全可以找出诸多借口如中国不再是发展中国家等而不对中国提供这种待遇，又或者是仅仅提供有效的年限。

另外，美国和欧盟均保留了在中国入世后15年以内仍将中国视为非市场经济国家的条件，入世后，中国出口商品仍将面临反倾销调查。一项来自WTO反倾销委员会的统计数据显示，在1987～1997年这十年的时期内，世贸组织成员国总共对中国出口产品发起了247起反倾销调查，其中六成以上的调查最终裁定倾销成立，不仅如此，入世前，发达国家对中国出口商品只能征收反倾销税，入世后，还可以对中国上征收反补贴税，按照美国反补贴税法，对来自世贸成员国的商品，无须证明对美国同种商品造成损害，只要能证明存在政府对它的补贴，即可向它征收反补贴税。因此，我国以及广东企业要彻底避免反倾销、反补贴等各种贸易保护主义措施，通过对外直接投资突破贸易壁垒成为必然选择。

2. 对外直接投资是增强中国企业竞争力，搏击入世挑战的需要。开展对外直接投资能够大大提高和增强中国企业竞争力，是满足中国企业搏击入世挑战的需要。笔者认为，对于处于一个开放的经济体系中的厂商或者企业来说，在其他条件给定的情况下，厂商或者企业自身核心竞争力决定了地区开放的成本和收益的大小。厂商或者企业作为中国进行对外直接投资的主体，通过对外直接投资的资本输出方式所获得的企业自身的竞争能力和对企业的提升效果，是其他所有生产销售方式难以取代的。这表现在以下三点：第一，对外直接投资迫使参与企业适应并融入到国际化的竞争规则中去，这将有助于培育企业对国际市场的强大适应能力；第二，对外直接投资意味着企业竞争范围的全球化，它打破了以往以国家为界限的竞争制约，这将有助于促进企业提升竞争力，更好地参加到国际竞争中去；第三，对外直接投资能突破以往的传统意义上的"以市场换技术"的引进外资战略带来的有限的"技术外溢"效应，它将有利于中国企业学习国际先进技术，实现技术水平和管理水平等方面的提升，进而更好地提升中国企业的竞争能力。

迈克尔·波特（M. Porter）在"钻石理论"中对国家竞争力作出了十分规范、详尽的解释，该理论指出了国家竞争力的微观基础一说，并解释了厂商竞争力正是这一微观基础基石的事实。也因此，波特（Poter）对于企业或者说厂商自身竞争力在企业产品竞争方面的作用非常重视，这也很大程度上意味着，通过对外直接投资的方式不仅仅能起到推动单个企业或者厂商的国际化的作用，更能起到强化单个厂商或者企业的竞争实力的作用，更重要的是，整个国家竞争力的微观基础在这个过程中得到的提升。随着时间的推进，中国也在不断地兑现自身的入世承诺，因此，如何引导中国的企业和厂商快速融入到更加复杂多变的国际经济体系中去，提高企业自身特定的竞争力就显得越发重要。所以，为提升整个中国的竞争力，企业或者厂商的竞争力，使得中国更好应对入世挑战，中国必须坚持贯彻落实对外直接投资战略，加大战略实施的步伐、脚步。

实行对外直接投资是国家进一步增强核心竞争力，企业自身增强其国际竞争力并不断发展壮大的需要。目前，世界各国企业纷纷加入了国际化经营的阵营，其所形成的跨国公司数量由少到多，公司规模也由小变大，这些跨国公司现已成为助推世界经济一体化的重要力量。从某种程度上来说，一个国家拥有的跨国公司的质量和数量实际上决定了这个国家在国际政治中所处的地位。如何有效地促进中国实行"走出去"的对外直接投资，大力推进和加速跨国公司的发展是目前中国经济发展中不得不面对的问题，也是不得不解决的重要问题。与此同时，随着中国对外开放的不断深化，全方位、多高度、高层次的对外开放必然使得中国企业面临的国际竞争更加激烈化，而在应对这一趋势方面必须着眼于海外市场，国际化是企业最终要选择的必然之路，企业积极有效地利用对外直接投资是企业在国际竞争中能在众多竞争者中脱颖而出的根本手段。

此外，在增强企业竞争力的同时，发展对外直接投资还能起到防范和化解外汇风险，调节和改善中国的国际收支水平的辅助作用。发展对外直接投资对于缓解我国目前外汇储备过多和国际贸易顺差的国际收支失衡状况有很好的帮助性作用，这也在一定程度上防范和化解了中国遭遇国际金融风险的可能，或者说减少、降低了中国经济受国际金融危机的波及程度。

八、开展对外直接投资是由我国以及广东对外开放的双向性决定的

开展对外直接投资是由我国以及广东对外开放的双向性决定的，回顾中华民族过往的历史，我们可以看到，无论在改革开放初期，还是在当今发展开放型经济过程中，中国实行的对外开放战略历来都是双向的，既包含"引进来"又包含"走出去"，这一点在中国加入WTO之后尤其突出，中国的对外开放更要强调"进出结合"的方针。

只有"引进来"的对外开放不是真正的、全面的对外开放，只有"走出去"的对外开放也不是真正的、全面的对外开放。只有将"引进来"和"走出去"二者辩证统一起来，才能实现真正意义上的对外开放。一方面，我们需要打开国门把外国的资本、先进技术和高效完备的管理方法引进来中国国内，以此助推本国经济的基本发展；另一方面，我们更需要结合自身的比较优势，将国内拥有比较优势的产品、技术等输出到国际市场中去，从而进一步提升中国的综合国力，更进一步地促进中国和广东省经济的发展。

在对外开放的前几十年来，中国的对外开放大部分是以"引进来"为主的，这使得中国的经济水平发展有了大幅度的提高，也使得中国的国际竞争力得到增强，这一定程度上也为中国经济"走出去"蓄积了实力。单纯依靠"引进来"并不能维持经济高速平稳的增长，因此，必须同时辅以"走出去"进行对外直接投资，在海外成立跨国公司的方式。近十多年来，随着中国的对外开放水平逐步提高，"走出去"也在有条不紊地进行中，国内企业争夺出口市场的竞争也随着中国进出口经营权的逐渐放开而更加激烈化，大力实施"走出去"战略，对外直接投资将使中国开放到更高的水平，这将与国民经济形成相互补充的作用，以促进国民经济的健康快速发展。

补充：中国对外直接投资必要性的一点理论说明

Macdougail是一位来自美国的经济学家，他在1906年创立了著名的国际投资利益分配模型。这个模型创立的本意是解释国际资本流动对东道国国家和地区带来的净收益的情况的，但同时，它还能够揭露国际上的直接投资对东道国利益分配贡献额度比例方面的情况。这个理论说明了，投资国可以通过实行

对外直接投资的方式来提高本国的资本边际产出率，这将裨益与投资国的资本优化配置，提高其资本的平均收益率。该模型中直接可以看出投资国能够获得的净收益情况，也意味着一国实行对外直接投资将对其国家自身的经济发展具有正向的助推作用。这也就为我国对外直接投资的必要性提供了理论依据。

在上面的理论和实际情况两方面的分析，我们不难看出，现阶段中国实行"走出去"对外直接投资的必要性。中国三次产业的企业应该在基于企业自身经营、技术、综合实力等情况下，结合国际市场的实时局势，稳稳地抓牢此番经济全球化以及国家多方政策扶持的有利契机，在企业自身允许范围内，大胆地进行对外直接投资。要在这个过程中积极吸取并利用全球市场范围内的各种资源和高新技术，持续让自身保持成长、吸收的状态，更好地融入到经济全球化的浪潮之中，持续加强中国在经济方面的实力。

第二节　广东企业"走出去"是中央对广东的期望，也是为全国探路的需要

广东省企业"走出去"既是党中央对广东省的期望，也是全国探路的需要。广东省是中国改革开放的先行地区，从 1978 年中国刚开始实行改革开放政策时，凭借临海的优异地理位置，广东省就被赋予了各种对外开放的优先和便利条件，过去的近四十年来广东省取得的经济成就、为全国经济带来的拉动作用是有目共睹的。截至"十二五"结束，广东全省的经济总量已经连续 27 年位居全国第一的位置。"一部分人和地区先富起来，带动剩下的人和地区一起富起来"的战略正在发挥效用。第一经济大省的实力同时也保证了广东省企业与国际接轨的力量，广东省企业正应该凭借其雄厚的经济基础，实行对外直接投资的"走出去"战略，促进广东省经济的进一步发展，同时，引领整个中国企业的"走出去"道路，成为全国的优先探路者。

一、广东省是中国改革开放的先行地区，寄托着中央的希望

广东省一直以来就是各种改革开放政策、对外开放政策的优先地区和试点地区，它是中国改革开放的先行地区。临海的地理位置为广东省提供了优异的交通便利，成为各种贸易的港口和枢纽地位，同时，也使得广东省成为各种新

兴技术和知识的传播媒介。广东省因此得以从国际上吸取这些先进的事物，然后再将其传入内地，这很大程度上奠定了广东省在国内的领头地位。

1978 年中共十一届三中全会对中国之后几十年乃至几百年的发展产生了重要影响和推动作用，它是一个重要的转折点，自此，中国开始实行改革开放政策，并且坚持这个政策"一百年不动摇"。广东省一直以来就走在中国改革开放队伍的前列，在中共十一届三中全会次年，中国共设立了四个经济特区，其中广东省内的就占了三个。之所以称为"特区"是因为，它们被赋予了在对外经济活动中实施特殊政策和灵活措施的诸多便利条件和权利。这些都对广东省经济的发展和崛起起到了至关重要、难以取代的作用，各种政策和资源的倾斜使得广东省迅速成长起来，进而成为了全国第一的经济大省。

改革开放强有力地助推了广东省内经济、社会、文化、教育等其他诸多方面的快速发展，促进了广东省综合实力的快速提升，经济基础决定上层建筑，广东省强有力的经济实力促进了社会文化等方面的全面发展，广东省在改革开放之后的几十年里取得了令人瞩目的成就。近十多年来，随着省政府对外开放工作的不断深入和全面化，广东省已形成了全方位、多层次、宽领域的对外开放崭新格局。广东经济在全国经济占有相对重要的位置，其外向性和市场化程度较高。因此，广东企业"走出去"能否成功以及成功经验对全国都有重要的示范作用。

2000 年年初的时候，中共中央总书记江泽民同志去往广东省进行各方面的考察，这期间，他多次重申了中央对广东省率先实现经济文化社会各方面的现代化，以此来带动全国各地走向现代化的美好愿景，并指出，广东省的经济结构仍需进行一定的调整，实施"走出去"的战略，加快建立社会主义市场经济体制。可以说，一直以来，广东省都被中央寄予了深厚的希望。

二、广东省第一经济大省的地位决定了其易于且有能力与国际接轨

改革开放以来，广东省经济方面取得的巨大成功也成就了其国内经济第一大省的地位，广东经济现已在中国全国经济发展中占据了十分重要地位，可以说广东已经成为全国经济发展的"风向标"。2016 年，相关单位统计了广东以及整个中国的经济发展状况，数据显示，"十二五"期间，广东经济的年均增速高达8.5%，这已经超过了国家计划的预期水平，截至2015 年底，广东省全

省的经济总量已经连续 27 年位居全国第一的位置。无论从经济的总体状况来看还是单方面从进出口贸易的表现来看，广东省的表现都是值得称道的，这些都决定了广东省易于并且有能力与国际进行接轨，有能力实行对外直接投资的"走出去"战略。

1. 广东省经济的总体情况。众所周知，广东省的经济对中国全国经济的发展和水平意义重大。广东省经济占中国全国经济总量的百分比一直都保持着较高的数值，与此同时，广东省已经连续 27 年位居中国第一经济大省的位置。

1978 ~ 2014 年，广东国内生产总值（GDP）年均的递增速度都是超过十个百分点的。2014 年，广东国内生产总值、规模以上工业增加值、固定资产投资总额、外贸出口总额、实际利用外资总额、社会消费品零售总额、地方财政收入、金融机构存款余额、进出口贸易总额等 9 项主要经济指标继续在全国保持第一的地位。

广东省的国内生产总值持续攀升，2014 年，这一数值已达 67809.85 亿元，较 2013 年的省内国民生产总值上升了约 8.54%，这一比例连续多年超过 8%，占取整个中国国内生产总值的 10.66% 左右。2014 年广东省实际利用外资额为 268.71 亿元，同年整个中国的实际利用外资额为 1197 亿元，可以看到，广东省占取了全国 22.45%，同时，广东省也已连续多年超过 20%。城镇居民人均可支配收入较 2013 年稍有回落为 32148 元，城乡居民储蓄存款余额加上企业存款均相当于全国的 1/7。广东税收大幅增长，对全国的贡献加大。2014 年广东总税收入 8065 亿元，占全国比重的 5.75%，远远高于随后的省份。与此同时，广东省的二、三次产业快速繁荣发展，对劳动力提出了更大的需求，也为国内其他省份的剩余劳动力提供了大量的就业机会。2014 年，广东省全年的 GDP 达 67809 亿元（约合 9041 亿美元），占全国全年 GDP 的 1/10之多。表 2 - 4 显示了广东省国民经济和社会发展的部分主要指标以及占全国的比重。

2014 年，广东省国内生产总值较上年增长 8.54%，全社会固定资产投资较上年增长 13.58%，进口总额较上年稍有回落，降了约 5.48%，但总体还是上升的，较 2012 年仍上升 5.25%，社会消费品零售总额较上年增长 11.85%，人均国民生产总值较上年增长 7.88%。不难看出，广东省在促进全国经济的发展和持续增长方面起到了十分重要的作用，根据相关的统计计算，2014 年，广东省对全国 GDP 的贡献率超过 10 个百分点，也给全国 GDP 带来了 0.04 个增长百分点。

表 2-4 广东省国民经济和社会发展主要指标

指标	2012 年			2013 年			2014 年		
	广东	全国	广东占全国比重（%）	广东	全国	广东占全国比重（%）	广东	全国	广东占全国比重（%）
国内生产总值（亿元）	57067.92	534123	10.68	62474.79	588018.8	10.62	67809.85	636138.7	10.66
全社会固定资产投资额（亿元）	19307.53	374694.7	5.15	22828.65	446294.1	5.12	25928.09	512020.7	5.06
财政收入（亿元）	6229.18	117253.52	5.31	7081.47	129209.6	5.48	8065.08	140370	5.75
城乡居民储蓄款余额（亿元）		399551			447602			485261	
进口总额（亿美元）	4098.88	18184.1	22.54	4554.58	19499.9	23.36	4304.97	19592.3	21.97
出口总额（亿美元）	5740.59	20487.1	28.02	6363.64	22090	28.81	6460.87	23422.9	27.58
实际利用外资（亿美元）	235.49	1133	20.78	249.52	1187.2	21.02	272.78	1197	22.45
社会消费品零售总额（亿元）	22677.11			25453.93			28471.15		
人均国民生产总值（元）	54095	38459		58833	43320		63469	46629	
城镇居民人均可支配收入（元）	30226.7	24564.7		33090	26955.1		32148.1	28843.9	

资料来源：《2014 广东统计年鉴》。

与此同时，广东第二、第三产业的快速发展，为其他省份的劳动力提供了众多的就业机会。2013 年广东省商务厅有关广东省就业情况的数据统计显示，该年在广州市实名登记的外来务工人员超过 400 万，这其中又有接近 3/4 是来自广东省以外的其他省份，而实际上广州存在很多没有记录在册的外来务工人员，所以，实际上广州市的外来务工人员只会是更多。除此之外，还有一项最新的统计指出，2016 年在广东省各个城市就业时间超过六个月的劳动者已经达到了 1.6 千万，比 2015 年的数字增长了整整 300 万，约合 23%。广东省统计在册的每年的外来务工人员数目十分直观地表现了其在缓解国内就业压力方面起到的重要作用，广东省的三次产业对社会提出了大批劳动力的需求，解决了数以千万的劳动力就业问题。

2. 广东省的利用外资情况。从外商直接投资方面来看，根据广东省商务部往年的统计，可以发现，1979 年广东省合同利用外资共计 2.29 亿美元，实际利用外资金额达 0.91 亿美元。2014 年，广东外商直接投资 430.58 亿美元，实际利用外资 272.78 亿美元。在此期间，即 1979~2014 年，广东省实际使用外资额累计达到 4869.42 亿美元，实际利用外资投资 3837.59 亿美元。表 2-5 列出了广东省 2000~2014 年的外商直接投资情况以及期间广东省实际利用外资情况，可以看到，无论是外商直接投资还是实际利用外资的总额都呈现出较为稳定的上升趋势。这一趋势在图 2-6 中更为形象明显，可以看到，外商直接投资的总额近年来始终保持高于实际利用外资的趋势，并且在两者都保持上升态势的同时，外商直接投资增长的速度较实际利用外资更高一些。

表 2-5　　　　　　　广东省 2000~2014 年利用外资总额表　　　　单位：亿美元

年份	2000	2005	2010	2011	2012	2013	2014
外商直接投资	86.84	237.44	246.01	346.92	349.94	363.13	430.58
实际利用外资	145.75	151.74	210.26	223.28	241.06	253.27	272.78

资料来源：广东省历年统计年鉴。

就 2014 年来看，广东省实际利用外资 272.78 亿美元，占全国的 22.45%，资本国际化程度高。广东省是全国各省份中对外贸易最活跃省份，现阶段与之有国际进出口贸易关系的国家和地区广泛分布在各个洲，已经超过 200 个，广东省经济的外向程度也在持续攀升。值得注意的是，一半以上的世界五百强企业选择在广东省投资设厂，并且这实际上也对其公司的经验业绩有所贡献。

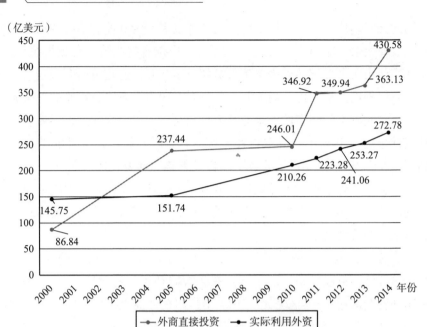

（亿美元）

图2-6 广东省2000~2014年利用外资总额趋势

资料来源：广东省历年统计年鉴。

3. 广东省的进出口情况。广东经济是典型的外向型经济。广东省进口总额和出口总额都占到全国的25%以上。外向型经济所占份额越来越重，经济的高速发展也越来越依赖于国际市场。多年来广东进出口一直名列全国第一，是名副其实的外贸大省。表2-6列出广东省1990~2014年进出口总额。

表2-6 广东省1990~2014年进出口总额 单位：亿美元

年份	1990	1995	2000	2005	2010	2012	2013	2014
进出口	419	1040	1701	4280	7849	9839	10918	10766
出口	222	566	919	2382	4532	5741	6364	6461
进口	197	474	782	1898	3317	4099	4555	4305

资料来源：广东省历年统计年鉴。

2014年，广东实际利用外资272.78亿元，占全国的22.45%，进出口总额10765.84亿美元，占全国的25.03%。2013年广东经济发展的外贸依存度高达108.23%。而同年长江三角洲地区的外贸依存度还不足60%，全国同一时期的平均外贸依存度达到46%。2014年广东的外贸依存度达98.70%，仍远远高于全国43%的水平，可以看出，广东省的外贸依存度一直都保持着比较高的水平，广东省外贸出口对全国的GDP贡献也非常大。

从图2-7广东省1990~2014年进出口总额趋势图我们可以直观地看到，广东的进出口始终保持着增长的趋势，特别是2000~2010年的增长速度更是十分的显著，从图中我们可以看到2014年无论是进口还是进出口总额都有一个小的回落，这也表明了广东经济正在走稳健的发展之路。

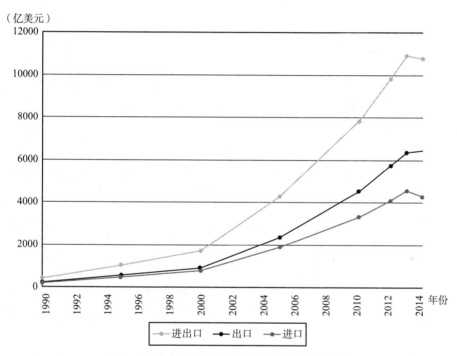

图2-7　广东省1990~2014年进出口总额趋势

资料来源：广东省历年统计年鉴。

为了更加直观地看到广东省出口在进出口总额中的情况，笔者制作了图2-8，将出口额在进出口总额之中的占比作为变量绘制的趋势图中，我们可以看到，从20世纪90年代以来，广东省进出口贸易中的出口量在进出口总量之中的占比呈现出比较明显的上升态势，出口占据的份额正在逐年攀升，这也意味着中国目前已经有越来越多的产品正在走出国门，而不再是以前多为贸易逆差的情况。

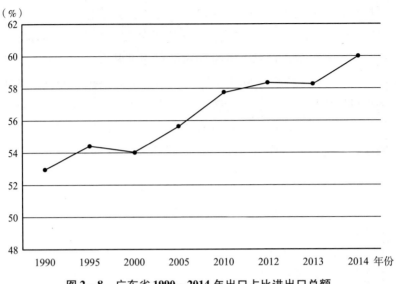

图 2 - 8　广东省 1990～2014 年出口占比进出口总额

资料来源：广东省历年统计年鉴。

　　为了进一步分析广东省的进出口数据，笔者将最为重要和基础的两类产品，即农产品和高新技术产品的进出口情况单独列举了出来。表 2 - 7 中，详细列举了 2000～2014 年广东省农产品和高新技术产品每年的进口总额和出口总额。

表 2 - 7　　　　　广东省 2000～2014 年按产品类型分的进出口额　　　　单位：亿美元

项目	2000 年	2005 年	2010 年	2012 年	2013 年	2014 年
出口总额	919.19	2381.71	4531.91	5740.59	6363.64	6460.87
农产品		24.04	56.71	75.04	81.31	84.32
高新技术产品	170.20	835.70	1753.39	2213.70	2564.07	2310.17
进口总额	781.87	1898.31	3317.05	4098.88	4554.58	4304.97
农产品		35.38	97.93	138.21	148.82	168.19
高新技术产品	183.15	183.15	1489.79	1860.68	2186.64	1932.83

资料来源：广东省历年统计年鉴。

　　图 2 - 9 显示出，广东省农产品和高新技术产品的进出口总额在全部进出口总额中的占比情况在 2000～2014 年的走势情况。从图 2 - 9 可见，农产品进出口目前在总进出口中占比超过 2%，虽然这个比例每年都在稳定的增加，但

增势并不明显。而反观高新技术产品在进出口总额中的占比表现却是十分突出的，在图中可以明显看出，占比增速在2000~2005年还是较为缓慢的，2005~2010年则是其快速增长时期，占比增加了近一倍，2010年之后趋于稳定，并保持在40%左右的位置。可以看出，高新技术产品目前已经成为广东省进出口的主力部分。

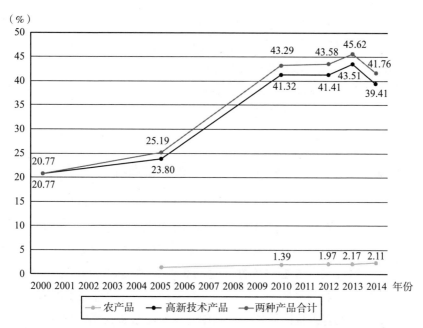

图2-9　广东省各年农产品和高新技术产品在进出口总额中的占比

资料来源：广东省历年统计年鉴。

4. 其他方面。广东省是全国市场化程度最高的省份。要素市场发育程度居全国首位，其中包括资金、劳动力、产权交易等要素。同时，广东非国有经济发展繁荣，截至2015年2月，广东省企业总户数达232.94万户，同比增长25.31%，总户数及增速均居全国首位。广东省实有私营企业203.48万户，分别比2014年和2013年同期增长45.77万户和75.86万户，年均增幅达29.72%。企业户均注册资本404.29万元，分别比2014年和2013年同期增长30.17%和62.78%。私营企业占广东省企业总数的87.35%，分别比2014年和2013年同期上升2.51%和4.98%。

占据全国外贸总值约1/4的广东，保持稳中向好的进出口态势。据海关广东分属统计，2016 年 1 ~ 5 月，广东省外贸进出口总值为 2.3 万亿元人民币，比上年同期（下同）下降 0.4%，占同期全国外贸总值的 25.1%。其中，出口 1.46 万亿元，增长 1.5%，同期全国下降 1.8%，进口 8418.7 亿元，下降 3.5%。另外，广东民营企业进出口总值为 9806.7 亿元，增长 16.6%，占同期全省外贸进出口总值的 42.7%。广东省工商局发布 2016 年第一季度各类市场主体登记数据，广东省实有各类市场主体 797.78 万户，注册资本（金）逾 20.70 万亿元，实有个体工商户 501.14 万户，比 2015 年末增长 1.65%。在知识产权保护、减少商品市场上的地方保护主义方面，广东也是做得最好的省市，国际惯例在广东普遍适用并逐渐通行。

广东经济的以上特性，使得广东企业易于且有能力与国际接轨。因此，中央对广东企业"走出去"给予厚望。

第三节　广东企业已具备的比较优势分析

事实上，广东省自身现已具备了诸多利于实行对外直接投资的比较优势。比如，强大、充足的劳动力资源；轻工、电子行业的技术也趋于成熟，出现了生产能力过剩的现象；传统的东方文化的企业管理模式也已经趋于成熟和完善，中国特色的企业管理模式也是广东省"走出去"的有力支撑力量；作为侨乡，广东省还拥有大量的海外华侨网络，这对广东省在海外投资设立公司或者厂房都是有一定帮助的；此外，地理位置上临近香港使得广东省天然具有了对外劳务输出、对外直接投资和对外工程承包的优势。这些都使广东省的对外直接投资"走出去"战略得以真正的落实和实行，是实现广东企业"走出去"的基础条件。

一、劳动力资源的优势

广东企业劳动力资源总体来说具有以下三个特征：一是劳动力总量上供给充足；二是劳动力资源单个价格低廉，使用成本不高，劳动力价格较世界平均水平仍有显著差距；三是企业员工普遍都拥有吃苦耐劳的好品性。这三个企业劳动力资源的特征其实也是整个中国劳动力资源具有的普遍特征，而且由于广东省的经济处在中国经济的前沿位置，所以，对广大内陆省份，中、西部省份的劳动力有一种天然的吸引力，为全国各地的劳动力提供了大量的就业机会。根据一项对四川外出务工人员的统计调查结果，广东是其首选的外出务工地点。

从表 2-8 中可以看到广东省从业人员人数以及平均工资情况，从业人员从 1990 年的 3118.10 万人上升到 2014 年的 6183.23 万人，广东省的从业人员人数始终保持全国居高的位置。职工的平均工资也从 1990 年的 2929 元增加到了 2014 年的 59481 元，就工资来看，不及通货膨胀率，二十几年之间涨了十几倍。

表 2-8 广东省从业人员人数及平均工资

指标	1990 年	2000 年	2005 年	2010 年	2011 年	2012 年	2013 年	2014 年
从业人员人数（万人）	3118.10	3989.32	5022.97	5870.487	5960.74	5965.95	6117.68	6183.23
职工平均工资（元）	2929	13859	24122	40432	45060	50278	53318	59481

资料来源：各年广东统计年鉴。

从图 2-10 中可以看到，广东省从业人员人数的涨幅渐渐趋于平缓和稳定，职工平均工资的上升速度却是越发明显，但这也和人民币对外升值、对内贬值不无关系，除去通货膨胀率来看，广东企业职工的平均工资还是处于较低的水平。

中国的劳动力具有总量资源丰富、单位成本低廉的特点。而发达国家在劳动力资源禀赋上是处于相对劣势的位置，这使他们逐渐放弃了劳动力密集型产业的生产，从而间接地给中国提供了发展劳动密集型对外直接投资的机会。举例来看，中国的国际工程承包业如今跻身世界十强，很大程度上就得益于中国劳动力成本低廉这个因素，劳动力是最为重要和基础的生产要素，在生产经营成本上面具有举足轻重的作用和影响。这一点在国际承包工程设计部分体现的十分明显，统计数据显示，发达国家工程承包设计部分的费用要占总设计费用的 30% 以上，而中国的设计费用平均下来只占总费用的 10%，这也是中国的承包公司能够成功地在工程投标中击败一些欧美大型跨国公司的关键所在。

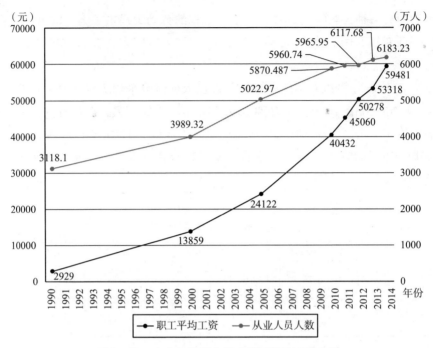

图 2-10　广东省从业人员人数及平均工资走势

资料来源：广东省历年统计年鉴。

　　中国的劳动力资源和低廉的管理成本在发展中国家的工程承包竞标中更显示出了其巨大的优势。如果将中国企业的管理人员薪酬水平与欧美、日韩等发达国家对比而言，无疑是普遍偏低很多的，因此，在总部管理企业整体运作和外派到其他国家进行管理工作的成本较之发达国家跨国企业低。管理人员较低的工资水平有利于中国企业降低企业运作成本，进而降低产品成本，较其他国家占有成本方面的相对优势。据一项 2003 年的统计数据显示，广东省的管理人员工资约为 2.78 美元/小时，而发达国家如美国、日本、英国、新加坡等的管理人员平均工资依次为 21.82 美元/小时、20.49 美元/小时、19.48 美元/小时、8.07 美元/小时，从数值上来看，中国管理人员的工资水平较发达国家还有很长的距离，而这一距离必将持续保持，在短时间内是难以缩小的。

　　相对于发展中国家而言，中国工人的薪酬水平也是偏低的，2003 年的相关统计数据显示，中国的平均工人薪酬为 0.46 美元/小时，而同样是发展中国家的印度尼西亚、菲律宾和印度的平均工人薪酬分别为 0.47 美元/小时、0.75 美元/小时、0.74 美元/小时。中国工人的平均薪酬水平低于国际平均工人薪酬水平是不得不面对的现实。

然而，目前广东珠三角地区的劳动力平均工资约是内地的 2 倍，这直接引起了大量劳动力涌入广东省，并且导致了一些工业向内地的梯度转移。事实上，很多的发展中国家劳动力资源也很丰富，工资甚至低于广东企业。因此，广东可以考虑将劳动密集型产业转移到这些劳动力资源丰富并且更加低廉的国家，这将满足生产过程中降低成本的需要。

二、轻工、电子等行业的技术比较优势

20 世纪 90 年代以来，广东成功地承接了世界性的轻工、电子产业转移，轻工、电子产业也逐渐成为广东工业经济增长的主要推动力。改革开放以来，广东省先后从发达国家引进、吸收和革新了很多的生产技术、运作设备以及产品的流程和生产线。尽管当前，这些都已经不属于世界先进水平之列，但是，广东省始终拥有很多相对于一般的中等国家或者其他发展中国家而言，较为先进的技术和领先的工艺，这些方面仍然存在着较为显著的优势。这部分技术和设备可转移至他国作为海外投资的技术投入。

在广东省二十多年的精心开发和研究之下，终于将省内的机械电子、化工、纺织、医疗和食品加工等技术和工艺水平推进至了相对高的水平。与此同时，目前还存在大量的发展中国家急需中国的国内已经成熟、完善、及时应用性的技术，我国所提供的中等水平的技术设备适合许多发展中国家的接受能力，也有助于吸收劳动力就业。因此，在发展中国家更具竞争优势。

特别是与东盟相比，广东在技术性和非技术性的劳动密集型产品上具有比较优势。从出口结构来看，目前中国制成品出口占全部出口的 75%，其中，机电产品出口占中国全部制成品出口的 24%。而东盟国家的基础工业相对薄弱，机电产品进口需求大，每年进口 400 亿~500 亿美元，且大部分为中、低档产品，尤其是大型成套设备和大型机械设备主要依赖进口。就广东省目前的经济结构来看，2014 年机电产品出口总额为 4285.59 亿美元，占到全省总出口份额的 66.33%。机电产品 2014 年进口总额为 2543.12 亿美元，占广东省全部进口总额的 59.07%。而机电产品的进出口总额占据了全省份额的63.43%，远远超过 50% 的数字充分显示了机电行业在广东省全省对外贸易中的绝对重要地位。表 2-9 是广东省机电产品 2000~2014 年的进出口总额的详细数据。

表 2 - 9　　　　　　　　　广东省机电产品进出口情况　　　　　　　单位：亿美元

年份	2000	2005	2010	2011	2012	2013	2014
出口总额	919.19	2381.71	4531.91	5317.93	5740.59	6363.64	6460.87
机电产品出口总额	499.75	1644.17	3156.84	3597.19	3894.54	4395.69	4285.59
进口总额	781.87	1898.31	3317.05	3815.41	4098.88	4554.58	4304.97
机电产品进口总额	358.34	1146.46	2055.00	2266.18	2453.31	2836.64	2543.12

资料来源：广东省历年统计年鉴。

此外，通过图 2 - 11 可以看出，进入 21 世纪以来，机电产品始终占据广东省进出口的主力地位，份额始终超过 50%，并且这个数值保持着较为稳定的上升速度，2014 年已经上升为 63.43%，近几年来，这一比例逐渐趋于平稳，稳定在 60% 以上的位置。下面是广东轻工、电子等行业的基本特征，可以看到，规模大、区域聚集度高，使得广东企业在技术创新方面具有一定的优势和持续能力。

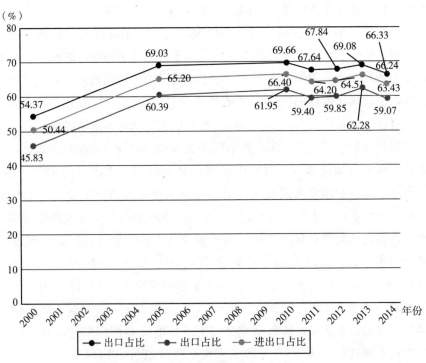

图 2 - 11　广东省机电产品进出口趋势

资料来源：广东省历年统计年鉴。

1. 规模大，增长快。2014 年广东省轻工业完成增加值 10853.38 亿元，同比上年增加了 5 个百分点。电子信息业和电气机械及专用设备行业 2014 年的产值合计 9318.35 亿美元，而同年广东省工业的增长值总计为 28188.69，三者占工业总产值高达 33.06%，值得注意的是，这一比例已经延续多年超过 30%。再看高新技术产品方面，2014 年广东省高新技术产品出口 2310.17 亿美元，占全省总出口量的 44.90%，出口产品中处于绝对的领先地位。作为改革开放的首发省份，广东省一直以来受到的各种开放经济政策扶持和政策倾斜使得其迅速成长为第一经济大省，目前，涵盖广东省在内的珠江三角洲地区已经成为中国最大的高新技术产业带和世界级电子、电器产品制造基地。广东电子信息产品产值达到 6000 亿元，已经连续二十年居全国首位，名副其实地成为全球最大的硬件生产基地。

在经济高速增长的过程中，广东成功地发展了一批全国知名品牌。2002 年全国电子工业百强企业中，广东省企业占了 24 家，2008 年全国电子工业百强企业中广东省企业占据了 26%，2015 年评出的全国电子工业百强，广东有 23 家。广东省在电子工业方面目前还是具有持续的领先优势。

2. 外向程度高。轻工、机电行业三资企业比重相对就比较大，以信息传输、计算机服务和软件业为例，2014 年外商直接投资的企业数为 5005 家，投资总额 118.56 亿美元。同年，广东省全省外商直接投资工业企业 4523 家，港澳台地区投资工业企业数 9274 家，三资企业合计达 13797 家。

三资企业的背景有力地扩大了企业产品出口渠道，出口产值方面，2013 年，广东省机电产品出口额达 4395.69 亿美元，占到出口总额的 69.08%，2014 年稍有减少 4285.59 亿美元，占比出口总额回落 66.33%，但如图 2-11 广东省机电产品进出口趋势图的折线走势显示，机电行业的出口份额逐渐趋于稳定，并始终保持在 60% 以上，计算机与通信技术以及电子技术产品出口额占出口总额的比例也比较高，2013 年是 36.89%，2014 年为 32.51%，连续多年维持在 30% 以上。

3. 区域聚集度和产业集中度高，区域产业群优势突出。广东省的区域聚集度和产业集中度都是比较高的，这就使得广东企业可以充分利用集群优势和规模经济效应，有利于地区内部技术更新的增速，有助于帮助减少不必要的重复投资。

随着改革开放的不断推进，广东省经济迅速成长起来，并且联动促进了文化、教育等方面齐头并进的发展，目前，广东省已经形成了一批具有垄断竞争优势的产业和集团。早在1997年，广东就有7个行业在全国占有率达到20%以上（分别是服装、皮革、文教体育用品、塑料、电气机械、电子及通信设备、仪器仪表），这些行业中的企业集团已经具有明显垄断优势。佛山市的陶瓷、东莞市的电子和服装、惠州市的制鞋、顺德区的家具、中山市的灯具，这些产品都在其生产的地区具有极强的区域优势，2003年中国名牌评选中建筑陶瓷业的10个名牌有8个在广东，而其中又有7个集中在佛山。

以南海市为例，有资料记录了2001年南海对其聚集度高的轻工业行业实施了五个一工程：一个行业技术研发中心，一个行业电子商务网站，一个行业物流系统，一个行业知识产权保护中心，一个企业管理信息系统。以一个市一个地区的行业为整体来发展，可以充分利用规模效应，使技术更新速度增快，重复投资减少。这些举措着实有效地提升了南海地区传统产业的素质和地区企业的竞争能力，避免了传统产业沦为"夕阳产业"的命运，同时，提升了其产品在中国国内的市场占有率。实践证明，"五个一工程"切实提高了广东省南海市的产业发展，使得经济取得了长足的进步。目前，南海已经实现了全国纺织面料市场2%的市场份额，全国建筑陶瓷市场35%的市场份额，全国铝型材料市场40%的市场份额。

以高技术制造业为例，主要集中在深圳、惠州、东莞、广州等珠三角城市，并形成了较为成熟的以广州、深圳、惠州、东莞等城市为中心的高新技术产业带，2014年这一产业带高新技术制造业总产值占全省的九成以上。

4. 科研投入相对较高，创新能力较强。

（1）广东省的科技综合实力连续多年位居全国第一的序列。如表2－10所示，R&D经费支出方面，2012年全国R&D经费支出为10298.4亿元，广东省全省R&D总经费为1236.15亿元，占全国的12%，比2011年增长18.2%，占省GDP的2.17%。2013年全国R&D经费支出11846.6亿元，其中，广东省1443.5亿元，占据全国总经费的12.18%，比例稍有上升。

国家财政科技支出方面，2012年全国总的财政科技支出达5600.1亿元，占国家总财政支出的4.45%，广东省政府科技拨款为246.71亿元，占广东省财政支出的3.34%。2013年全国总的财政科技支出达6184.9亿元，占国家总财政支出的4.41%，广东省政府科技拨款为344.94亿元，比2012年增长39.82%，占广东省财政支出的4.1%，较2012年高0.76个百分点。

表 2 – 10　　　　广东省科技活动经费增长情况（2008～2012 年）

指标	2008 年	2009 年	2010 年	2011 年	2012 年
R&D 经费（亿元）	504.57	652.98	808.75	1045.49	1236.15
#占 GDP 比重（%）	1.41	1.65	1.76	1.96	2.17
政府科技经费拨款（亿元）	132.52	168.5	214.44	203.92	246.71
#占政府财政支出的比重（%）	3.51	3.89	3.96	3.04	3.34

资料来源：广东科技年鉴 2013。

此外，全国 R&D 人员总量方面，2013 年全国的数值是 353.3 万人/年，而广东省的全省 R&D 人员为 501.7 千人/年。

广东省科技年鉴在其 2013 年的出版物中对上一年广东省的科技方面的投入、产出做出了总结，如表 2 – 11 所示，2012 年，广东省研究机构 R&D 经费 39.12 亿元、高等院校 44.01 亿元、企业 1077.86 亿元，分别占总体的 3.2%、3.6%、87.2%。按经费来源分，政府资金 107.90 亿元，占 8.7%；企业资金 1090.95 亿元，占 88.3%；国外资金 8.89 亿元，占 0.7%；其他资金 28.41 亿元，占 2.3%。

表 2 – 11　　　　广东省 R&D 经费明细情况（2012 年）　　　　单位：亿元

指标	合计	企业	科研机构	高等院校	其他
R&D 经费	1236.15	1077.86	39.12	44.01	75.16
政府资金	107.9	36.91	27.47	31.1	12.43
企业资金	1090.95	1077.8	1.79	9.54	1.81
国外资金	8.89	8.31	0.28	0.27	0.03
其他资金	28.41	13.59	9.57	3.11	2.15

资料来源：广东科技年鉴 2013。

（2）广东省科技活动机构情况。2012 年，广东省科技活动机构增至 4756 个，其中，科研机构 184 个，全日制所有制普通高校科技活动机构 600 个，企业科技活动机构 3910 个，其他类型科技活动机构 62 个，分别占总数的 3.9%、12.6%、82.2% 和 1.3%。

2012 年，全省共有科研机构 184 个，R&D 人员 1.46 万人，R&D 经费为

39.12亿元。广东省有高等院校138所，拥有研究机构600个。高等院校科技机构共有R&D人员0.71万人，R&D经费为8.39亿元。企业办研究开发机构3910个，机构R&D人员25.02万人，全年企业办研究开发机构经费596.63亿元。

（3）科研课题与科技成果。2012年，全省各类单位共开展R&D项目9.32万项，参加项目人员全时当量44.00万人，项目经费1103.30亿元。2012年，全省科技执行部门共发表科技论文88176篇，其中，科研机构7030篇、高等院校64501篇、企业10142篇。全省科技执行部门共申请专利98131件，其中，科研机构、高等院校、企业分别申请专利1467件、4682件和90209件。全省科技执行部门共出版科技著作2363种，其中，科研机构、高等院校、企业分别出版152种、2067种和47种。全省共获2012年度国家科技奖励成果26项，获2012年度省级科技奖励成果280项，省级重大科技成果登记573项。

（4）企业例证——华为。华为是广东省电子及通信设备制造业最为强劲的企业。近几年来，在国内手机市场开拓了自己的一片天地，其企业的产品享誉国内外。华为发布的2014年的财务报告中显示，企业内的各种业务在2014年均有不同程度的上升、增长，延续了前几年的不断增长态势，该年华为首次实现了465亿美元的全球销售总收入，较之上一年度增长了两成还多。同时，该年华为全球各子公司的净利润总和达到了45亿美元，较之上一年度升高了三十多个百分点。

华为在行业内的领先，很大程度上是因为华为坚持创新，每年在研发方面投入巨大。2014年，其对外公布的研发总投入约合66亿美元，同比提高了30%左右，研发投入的金额实际上已经达到了该年华为年销售总收入的14.2%。统计显示，2004～2014年，华为企业已经投入了综合307亿美元以上的研发费用，直至2014年年末，该企业已经取得的专利授权有38825件，其申请的国内外专利更是不胜枚举，则其中九成以上专利都是发明专利，这也使得华为成功入选2014年全球百强创新榜。2014年，企业内的研发工作人员接近企业内总职工人数的45%，有大约7.6万名。华为每年的研发投入都占据了其年销售收入总额的1/10以上，也就是说，从2004～2014年总计投入在研发方面的金额已经在1900亿元以上。

三、东方文化的企业管理模式

企业管理模式方面，中国自古就有"深根固本以制天下""能用众智，则无畏于圣人"和"攻心为上"等名言。中国企业的管理模式较之西方发达国家企业的管理模式而言，最为显著的特点或者区别就是中国企业更加看重人脉或者说是人际关系，这与中国一直以来信奉的"人熟好办事"是紧密相连的，所以，中国企业较发达国家的企业更加重视对于各个层次长期人际关系和人际网络的建立和维护。

东方文化的企业管理模式有其特有的优点，这些主要表现在四个方面：第一，在企业工作的员工大多数都是签订的终身的工作关系，工作人员流动性小、员工也基本稳定，这就大大降低了人力资源的开发成本；第二，东方传统的企业内部拥有较强的企业凝聚力，职工对企业拥有强烈的归属感和依赖感；第三，东方传统企业内部各类员工之间的人际关系状况良好，极少出现不和谐状况，这就使得人事纠纷以及劳资纠纷等事件发生的概率大大降低，实际上为企业节约了大量的成本；第四，很多东方传统企业是家族企业，这些老资格企业的雇佣者和雇佣人之间一般存在较为深厚的感情，员工大多对雇主有着一定的感恩思想，这有利于企业上下一体，同心同力。

正是因为东方文化的企业管理模式存在上述四个优势，而中国又是东方文化的诞生地和发扬地，这使得中国企业在进行对外直接投资的过程中，能够优先发现当地的政府、企业以及员工三个方面之间的切合点，顺利维护这三者之间彼此相互的信任和合作关系。

四、海外华侨的网络优势

广东省是中国国内的重点侨乡，其归侨的侨眷超过 2000 万之多，并且，其目前在海外也有 3000 多万乡亲。现阶段而言，广东省分布全球的华人华侨占据了中国全部华侨的 2/3，这使广东省在华侨资源方面具有了其独特的优势。实际上，在改革开放三十多年的时间内，广东省的华人华侨在"引进来"和"走出去"中已经彰显了其十分重要的作用。东南亚华侨占全部华侨的 85%，而其中又以广东籍华侨为多。因此，广东应积极发挥侨乡优势，使广东经济"走出去"。

1. 四大优势。

（1）信息优势。华侨熟悉东道国当地社会，大量的华人社团和商会形成了纵横交错的关系网络，并与我国驻外使领馆保持密切联系，能够为国内企业在东道国开展各项经济活动提供较为客观和详细的信息。

（2）营销渠道优势。海外华人长期从事工商活动，形成了较为固定的营销网络。通过建立与这些华侨商业网络的合作，正确、合理利用其在海外创业的知识和经验，可以促进中国企业"走出去"牢靠伙伴关系的建成，同时，也能更好地为中国企业进军东道国市场率先铺路搭桥。

（3）人才优势。一类是科技人才，一类是经营管理和金融方面的人才。特别是后者，他们熟悉市场经济的运作方式，通晓国际惯例，是我国稀缺的人才。

（4）市场优势。3000多万华侨华人本身就是一个潜在的市场，华人的种族产品是中国企业的投资点。种族产品是差别产品中的一种特殊情况，为特定种族的消费者所偏好并普遍使用。所有的有关民族和种族产品的工法、技艺都具有一定的民族传统性，这些都是在长期民族文化的演进中循序渐进的发展开来的，并且形成了一种延续。因此，中国企业在这一方面产品的竞争中具有不可取代的优势，拥有广阔的市场，这是因为，只有中国企业能够为市场提供出具有民族情怀、民族技艺和民族感情的民族产品。民族产品市场打开之后，将对企业其他产品在海外的销售提供一定的便利。

2. 广东与英国华人的交流合作。在英国的广东华人华侨，以及去英国之前曾经在广东省工作或者学习过，并且怀揣着对广东的关心和热爱的华人华侨学者等资源组成了英国广东华侨华人联合总会，这是一个充满对广东关注的无政府主义社会团体。它成立之初的目的就在于，促进和加强中英两国文化、经济和贸易方面的交流合作、共同促进和协同发展。

该社会团体成立于2002年的6月，到目前已经发展成为拥有超过200会员的大的华人联合会，在这里聚集了各个方面的学者、专家以及一些知名的华侨企业家，当然也不乏许多奔赴英国的留学生们，因此，大家的年龄跨度也是很大的，因而各种思想都能够在这里得到碰撞。英国广东华侨华人联合总会成立至今，虽然也面临了诸多的困难与挫折，但是其内部有效的领导、凝聚力以及崇尚民主的氛围一起推进了联合会的长足发展和成长壮大，形成了在英国当地一定的社会影响力。该联合会在推动和促进中国同英国两国之间经济、文化等方面的交流合作方面扮演了十分重要的角色。

自从 2002 年 6 月该联合会成立以来，协会积极构建中英两国的交流桥梁，积极获取广东省相关政府部门的支援和帮助，踊跃地接洽两国之间的经济和文化，目前，已经成功组织了多个广东的艺术组织或团体去英国当地进行表演和演出，这其中最为著名的要属一些歌舞团和粤剧团了，包括"中国南方歌舞团""深圳歌舞团""广州粤剧团"以及"广州芭蕾舞团"，中国南方歌舞团更是重复收到了去英国表演的邀请。这其中当然也不乏一些中国传统文化底蕴、内涵丰富的特色表演团体，如饱含中华杂技文化的"江西省少年杂技团"和气功文化的"中国气功协会表演团"之类的团体，他们的表演都是具有民族特色的表演。这些团体为英国和世界的民众奉献了许多场精彩绝伦的演出，也将来自我国的艺术和文化传递到世界各地，这些高超的表演在带给观众绝佳的视觉听觉感受的同时，也在无形中向全球传递了中华文化的秀美。该社会团体组织还积极地加入到了中华民族文化在欧洲各国传递和推广的队伍中来，比如行驶在巴黎香榭丽舍大道的第九号花车，这是一个充满了中国文化特色的花车，是由在法国和英国两地的华人联合会所共同组队制造的，因为，融入了大量的中国元素，活动过程中第九号花车越发的引人注目，引起了欧洲多家媒体和电视的广泛、大量报道。这些充满着中华民族文化的活动都为中国文化同全球文化的交流提供了机会和舞台，也增进了各国之间的友谊，使得各国对中国的认识更加深入化。

联合会不但在促进中华民族文化对外交流方面起到了积极作用，还在推进中国和英国两国之间的经济贸易合作方面作出了很多努力。在伦敦举行的"粤港—欧洲经济技术贸易合作交流会"就是联合会协助推动的，这次交流会成功地吸引了很多英国国内发展良好的企业去到广东省考察，并商讨接下来想进行的交互合作和贸易投资问题。多年来，联合会成功地组织和号召了大量的英国本国的企业家和在英国的华人企业家返回中国进行考察和合理双赢的投资，联合会积极促进英国众多全球领先的技术、工艺加入到中国进行相关有价值的建设，这些工作卓有成效地促进了中国企业在生产过程中节约能源消耗和降低污染排放方面的工艺发展和进步，并且收到了中国相关单位、部门的一致认可。此外，联合会作为东道主，还积极地对接来自中国国内各个省份和城市的有关公共事务和商业事务赴英洽谈的考察团和大量的访问团等。诸如这些活动，在推动祖国和家乡的对外经济贸易和文化方面合作方面，起到了难以取代的作用，中华文化得到了进一步的传播和理解，岭南文化也为世界所知晓，可以说联合会对中华文化的弘扬与传播起到了正向的积极作用，它极大地促进了广东企业以及整个中国企业的"走出去"局势发展。

五、与香港近邻的地理优势

1. 对外直接投资。自 1978 年中共十一届三中全会以来，广东省的总体经济水平和人均经济水平始终保持着较高的增长速度，并成为和稳居第一经济大省的位置。广东省经济水平和综合实力的飞跃不单单是内地自身作用的结果，它与之邻近的香港地区的贸易合作助推有着十分密切的关系。多年来广东省与中国香港地区的各种经济贸易活动不断，相关统计显示，自 1979～2004 年，广东全省吸引并且真正应用的来自香港地区的资本、资金数额已经超过 1000 亿美元，几乎是香港地区对中国内地企业总投资额的五成。目前，已经在珠江三角洲地区开设了加工企业或者和珠江三角洲地区的企业有产品方面的加工安排的香港地区企业数量众多，现已超过 60000 家，这些企业的开设解决了成千上万的内地劳动力就业问题，并同时吸引大批香港人去往珠江三角洲地区工作，给广东省带来了资金的同时，也带来了香港企业的技术和管理文化。目前，广东省与香港地区经济方面的联系日益紧密，具体可以变现在两个方面：一是香港在珠江三角洲地区投资的企业创造的总产值已经超过了香港地区年生产总值的五成；二是广东省商品出口贸易中有八成的产品是借由香港这个世界港口转向出口世界的。很大程度上来看，两地经济的互帮互助，紧密衔接正是由于两个地区十分临近的地理位置。

2003 年 6 月底《内地与香港关于建立更紧密经贸关系的安排》（即 CEPA）正式签署执行，相较于其他省份而言，广东省可谓是占据了天时、地利、人和的各种先发优势，这都是源于地理位置上的毗邻。在 CEPA 这个全新的经贸合作交流关系框架之下，广东政府更加应该把握机遇，更加积极主动地推进广东、中国香港和中国澳门地区企业协同拓展全球市场的工作，更加积极主动地实行对外直接投资。CEPA 指出了，此后要便利化七个方面的贸易投资环境：贸易投资促进、通关便利化、商品检验检疫和质量标准、电子商务、法律法规透明度、中小企业合作、中医药产业合作。香港地区在这几个方面都拥有较为成熟和完备的实践经验和全套模式，广东省在这个过程中正好可以借鉴香港地区，这将有利于广东省企业迅速、有效地提高之前不足的方面。

值得注意的是，CEPA 同样为中国内陆的企业去到香港地区进行投资活动提供了难得的机遇。香港地区的开放型经济模式以及其与内地零关税的贸易政策对内地企业形成了强有力的吸引，众多原材料主要依赖进口的企业已经着手或者准备着手转移高附加值的生产项目至香港地区，生产之后再将产品返销到内地市场（无须支付任何关税），与此同时，更可以对香港地区的多元化贸易渠道加以利用，更好地实现产品对全球各国的出口。充分、有效地利用香港和澳门地区的对外贸易桥梁和纽带作用必然将对内陆的出口贸易大有裨益。

广东省应当借助香港地区在国际金融和国际商贸中心的领先优势和地位，积极开展对外贸易，大力实行对外直接投资，在更大范围内优化配置各种生产资料和资源，进一步构筑和提高企业自身在国际贸易舞台上的竞争实力。此外，广东省企业在香港地区的投资也应该更有选择性，舍弃那些传统的加工产业，大力投入到新兴的技术型产业中去，凭借两地不同的便利条件实现彼此之间的优势互补。如华为公司就率先在香港设立了分公司，并且凭借企业自身的优势积极开展与美国和法国方面企业的相关合作，成功进入到通信业务的领域，这直接为企业带来了良好的发展趋势。

随着 CEPA 的进一步深入实施，珠江三角洲地区和中国香港、中国澳门地区的各层次经贸合作日益深化，广东省和香港地区政府也举办了诸多相关的活动来促进两地的贸易，这其中"广东企业投资香港考察活动"要属香港地区举办的首次广东省企业"走出去"活动，大批量的企业尤其是民营企业纷纷加入到对外直接投资的行列中来。这次的活动直接促成了多起贸易方面的合作和协商，其中和香港企业方面达成合资合作的未来贸易发展意向的企业有 30多家，这其中民营企业数目众多，达到了 21 家。具体到公司方面，华为企业此番准备对香港地区的国际资本舞台加以利用，利用这个开放的平台吸引更多的国际投资人。华为在香港确立了 2 个与国际企业的投资、合作项目：一是电讯的项目，它是斥资 9180 万美元与美国方面企业合作完成的；另一个是通信产品方面的项目，是斥资 5000 万美元与德国的西门子合作的项目。

2004 年香港地区为促进广东省与其两地的贸易交流合作而开通的 CEPA 商机专线着实给广东企业提供了诸多便利，这个商机专线对所有的广东省企业都是免费使用的，内地的企业可以通过这个渠道了解到更多的商业机会，更加便利地觅得香港地区可以合作的企业或机构。同时，香港地区的贸易发展当局为让内地企业更多地了解香港地区的金融、物流、通信等方面及时、准确、有效的讯息专门设立了一些服务类的网站，广东省的企业通过这些网站可以更便利地获取香港地区的各种贸易相关的消息和政策走向，也可以更加便捷地与香港地区的各种企业建立起相互合作的机制和各种合作联系。此外，香港地区已经在广州设立了 CEPA 营商服务中心，直接为广东企业提供了一个与香港地区企业面对面交流的平台，这一种中间媒介不单给内地也给香港地区企业了解内地市场环境好商机等提供了一个良好的机会。

2. 对外工程承包。据估算，广东在港澳地区承包工程和劳务合作合同额累计超过 30 亿美元，营业额累计超过 23 亿美元。由于多种原因，近年广东在港澳地区承包工程、劳务合作业务所占比重有所下降，目前，维持在广东全省业务总量的 30% 左右。2003 年 1～11 月，广东对外新签合同额 6.25 亿美元，营业额 5.85 亿美元，其中，在香港地区的合同额为 0.88 亿美元，完成营业额 1.03 亿美元，分别占全省的 14.07% 和 17.60%，在澳门地区的合同额为 1 亿美元，完成营业额 0.84 亿美元，分别占全省的 16.13% 和 14.32%。

随着香港经济逐渐恢复活力和 CEPA 的实施，广东企业在香港开展承包工程项目将具有很大的潜力和发展空间。广东所具有的人力成本优势，特别是普通建筑劳工的成本等优势将进一步发挥出来。一是填海、建筑工程用沙、土、石填料的供应与成本优势。广东省企业在承包港澳工程，开展填海、工程填料这方面，有可观的利润。二是普通建筑材料、配套安装用机电产品的成本优势。目前，广东已成为全国著名的建材生产基地、灯饰生产基地、配电设备及其他机电产品的生产基地，"广货"的物美价廉，无疑能对广东企业承建香港工程选择建材时提供不少方便。三是广东企业具有承建境内公用项目积累的经验。广东每年投资在高速公路、码头、城市给排水、轨道交通等公用项目方面的资金，数以百亿计，通过承建这些项目，广东省公司不但提高了施工能力，而且积累了经验，培养了人才，为进一步在港澳地区开展承包工程业务打下了良好的基础。

而港澳地区比较突出的优势是人力资源的优势、公司经营理念、运作模式的优势。港澳的建筑师一直以来都与世界各地的同行展开合作与竞争，他们的资格都能被世界大多数国家所承认，能够直接参与国际竞争。

因此，可以借助港澳地区这个与世界接轨的平台，加紧研究制定国内工程资质与香港、澳门地区工程资质之间的互相认证程序。已进入港澳地区的外经企业要加快本土化进程，以西方先进的企业管理制度规范企业运作，力争与当地有实力公司展开深入合作，合作建立国际工程技术人员培训机制，进而为将来双方携手开拓国际工程市场做好准备。

3. 对外劳务输出。2003 年 1～11 月，广东省在境外开展劳务合作新签劳务合同额 1.52 亿美元，完成营业额 1.51 亿美元，其中，香港地区新签劳务合同额 0.19 亿美元，完成营业额 0.17 亿万美元，分别占总额的 12.57% 和 10.98%，澳门地区新签劳务合作合同额 0.33 亿美元，完成营业额 0.43 亿美元，分别占总额的 21.46% 和 28.43%。

相对其他省份，在对外劳务输出方面，因为，广东与香港、澳门都使用粤语，更方便交流。

4. 深港通影响。深港通的开通对于投资者来说，是让其拥有更多的选择，大量新型投资标的的开设、打通也能着实很大程度上活跃起深圳证券交易市场目前较为疲软的市场情况。

我们知道因为实际操作的难度十分巨大，所以，对现下的沪港通进行改变并不现实，也并不符合经济效应，但是，深港通则可以在其原有的基础之上实现多方面的优化和系统上的完善，所以，也可以说深港通的重点和着力点大于一个"融"字，即促进深圳和香港两地在金融和法律等多方面、多层次、全方位的融合。深、港两地在地理位置上的条件十分便利，长久以来地理位置上的特点奠定了两个地区之间资本、信息以及一些投资经营理念之间的密切关系和联络。不难想到，在准确的依据目前的情况和局势制定好交流的规范和准则的基础上，深港通将对深圳和香港两个地区的经济发展都能起到积极、正向的推动作用。

这些规范和准则具体体现在以下两个方面。第一，必须切实改善和合理化投资者"门槛"方面的限制，一面倒的高"门槛"在保护投资者自身的同时，在很大程度上限制了一些小的投资者在完善的市场内学习的机会，而且在融入市场的过程中产生一定的损失、资本发生一定的缩减也是各行各业十分平常的事情。第二，港股通仍然有必要继续增加相关的标的，更多的标的意味着更多的选择，这样才更加有助于资金在深圳、香港两个市场上的流动和穿梭。无论怎样，深圳和香港之间要创新现有的合作方式，以双赢甚至是多赢的战略角度取代单一的恶劣竞争，并力求同存异，利用双方在多方面的区别进行差异化的发展模式，以此促进两个股票市场的交互蓬勃发展。

总的来说，此番深港通的实行和应用，预计会对深圳股票市场和港股市场产生以下几个方面的作用。第一，随着大量外来资金向深圳股市的注入，深圳股票市场的行情定会被有力地拉升一把。第二，较之香港股市各种完备的机制和全面的制度而言，深圳股票市场在这些方面还存在着诸多的不足，所以，深圳股票市场正好可以凭借此次平台和机会学习和借鉴香港那边先进和完善的地方。第三，可以将前海作为连接深圳和香港一体化的战略平台，深港通目前并不排除先在前海特事特办，先试先行。第四，短期来说，由于深圳、香港两个股票市场存在着明显的资金流动方面的差别，深圳股票市场的中小板以及创业板可能会出现短期的低迷现象，但是长期来看，随着深圳和香港一体化进程中二者之间的"藩篱"被逐渐乃至完全消除之后，深圳股票市场的中小板以及创业板一定会迎来巨大的飞跃式的提升。第五，港股一些较为稀缺的资产应该会受益于从深港通，那些被高估的资产品种也许会遭到一定的不良冲击。第六，由于粮食之间创业板的固执差别较大，在深港通实行之后很大概率会造成资金在两地市的单方向流动，港股一定程度上将会受到单方向资金流动的影响。

第四节　本章小结

随着中国经济逐渐步入"新常态"阶段，贯彻执行"走出去"战略、大力发展对外投资已经成为广东省实现经济持续稳步发展的不二选择。过去的几十年来，中国政府相继提出了积极推进"一带一路"倡议、加强周边基础设施互联互通、非洲"三网一化"、国际产能和装备制造合作等一系列关于"走出去"的重大战略措施，这些举措不但已经让中国企业"走出去"取得初步阶段性的成果，而且为广东企业加快"走出去"步伐指明了前进的方向。相对于中国其他省份区域而言，广东省企业实施"走出去"战略不仅仅是源于其自身发展考虑，更是实现中央对广东企业能够率先"走出去"成为全国探路的美好愿景和期望。广东省本身已经具备的如劳动力资源、东方文化企业管理模式以及海外华侨网络等比较优势也都为广东省企业成功实现"走出去"奠定了坚实的可行基础。总的来说，广东企业实行对外直接投资的"走出去"战略具有多方面的必要性，同时，广东企业自身具备的优势条件也使广东企业有能力"走出去"。

第三章 广东企业"走出去"的现状研究*

本章为广东省企业"走出去"的现状研究。内容安排如下:第一节从出口贸易和对外直接投资两个层面分析中国企业的"走出去"现状;第二节首先从对外贸易和对外投资两个方面考察广东省企业的"走出去"现状,其次在进行现状梳理后,对广东省和江苏省对外贸易和对外投资情况进行对比,并总结了两者之间的相似和不同之处,最后总结了广东省企业"走出去"的特点和趋势;第三节从政府和企业两个主体层面分析了广东省企业"走出去"面临的主要障碍;第四节梳理了中国和广东省对出口贸易和对外直接投资相关的政策、法规;第五节分析了广东省针对企业对外直接投资构建的税收和融资体系及其存在的各种问题;第六节分析了广东省针对企业对外投资构建的社会服务体系;第七节梳理了中国企业进行对外出口贸易和对外直接投资所面临的贸易壁垒和投资壁垒。

第一节 中国企业"走出去"发展现状

一、出口现状

改革开放以来,我国对外贸易快速发展,2014 年中国面向全世界的出口总额达到 23422.93 亿美元,同比增长 6.1%,贸易顺差达 3830.58 亿美元。图 3 - 1 描述了 2003~2014 年我国出口总量的发展情况。从对外出口地区分布来看,亚洲是中国内地的主要出口地,2014 年中国内地对亚洲国家和地区的出口额达 11883.81 亿美元,占出口总量的 50.74%,其中,对中国香港的出口额

---

* 本章由暨南大学产业经济研究院刘娇执笔。

为 3630.77 亿美元, 占总量的 15.5%。其次是欧洲和北美洲, 对欧洲和北美洲的出口总额分别占总量的 18.73% 和 18.20%, 其中, 对北美洲的出口主要集中在美国, 对美国的出口额达 3960.63 亿美元, 占出口总量的 16.91%。

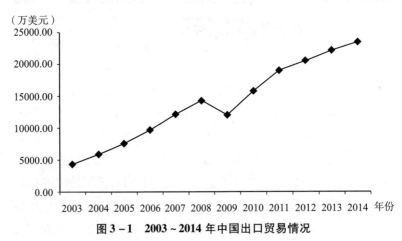

图 3 - 1 2003 ~ 2014 年中国出口贸易情况

资料来源:《2015 年中国统计年鉴》。

随着经济实力和技术水平的提高, 中国在国际贸易中的地位逐渐由简单加工组装向产品研发和销售环节提升, 出口的产品特征也由低附加值、低技术含量向高技术含量转变, 出口结构不断优化。2014 年机电产品出口 13107.57 亿美元, 占出口总量的 56%。服务出口 2234.75 亿美元, 占总量的 9.54%, 且以 7% 的速度快速增长, 超过了一些发达国家, 排名居世界第五位。高科技产品出口 6604.90 亿美元, 占出口总量的 28.20%, 居世界前列。

二、对外投资发展现状

中国企业对外直接投资萌芽于 20 世纪 80 年代, 至今已经历了三个阶段, 即试验阶段 (1980 ~ 1990 年)、起步阶段 (1990 ~ 2000 年) 和加速阶段 (2000 年至今), 目前我国企业对外直接投资正处于加速阶段。2000 年党的十六大提出要坚持"引进来"和"走出去"相结合的发展方式, 将"走出去"正式确立为中央的一项开放战略, 有了政府的战略支持, 越来越多的企业进行对外投资, 开拓国际市场, 且已经取得了令世界瞩目的成就。

2014 年，在全世界范围内（尤其是发达国家）的 FDI 整体下滑 16% 的情况下，中国对外直接投资流量仍高达 1231.2 亿美元，且比上年增长 14.2%，其中，非金融类对外直接投资占总量的 83.57%，达 1028.9 亿美元。对外直接投资存量达到 8824.6 亿美元，同比增长 33.6%，与发达国家对外直接投资萎缩形成鲜明对比。另外企业的投资范围也在不断扩大，截至 2015 年初，中国18500 家[①]企业累计在全球 186 个国家和地区设立分支结构[②]近 30000 家。

到国外投资是中国积极参与国际分工、吸收外国先进技术和管理经验的重要措施，也是积极应对全球化挑战的重大举措。一方面，经济增速放缓导致国内需求下降，而经济逐渐复苏的欧美发达国家巨大的消费市场吸引着内地企业"走出去"；另一方面，政府对企业"走出去"的政策鼓励以及宽松的备案制管理模式为企业提供了便利和支持。图 3-2 描述了 2002~2015 年中国对外直接投资流量趋势。从图中可以看出，中国对外直接投资呈现持续快速增长趋势，这种快速发展的趋势可能的原因是 2001 年加入 WTO 之后，中国的产品市场和资本市场向世界打开，大量资本和先进技术、管理理念流入的同时，中国企业逐渐积累了将自己的投资领域延伸到国外的能力，将中国品牌打入国际市场。

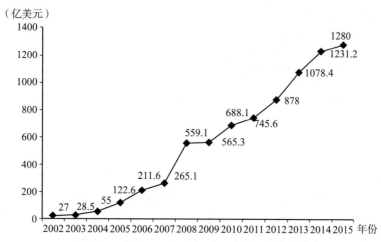

图 3-2　2002~2015 年中国对外直接投资流量

资料来源：2003~2015 年中国对外投资合作发展公报。

---

① 1.85 万家是以一级投资主体（母公司）作为统计单位的数量。
② 对外直接投资企业：境内投资者直接拥有或控股 10% 以上投票权或其他等价利益的境外企业。

过去的三十多年间，中国一直是资本输入国，凭借廉价的劳动力优势、良好的投资环境和政府政策优势吸引了大量资本来中国投资，外商投资可以说在我国的经济发展史上扮演着非常重要的角色。外商投资不仅是资本的投资，也有先进的技术和设备的投资。改革开放 30 多年来，依靠外商投资带来的先进生产技术和管理经验，我国产业结构实现不断优化和升级。2014 年我国已经实现了由资本净输入国向资本净输出国的转变，中国企业对外直接投资和第三地融资金额总量达 1400 亿美元①，首次超过外商投资金额。成为资本净输出国意味着"走出去"战略已经成为我国应对资源紧缺、劳动力成本上升、国内产能过剩等问题的关键手段。图 3 - 3 描述了 2003～2014 年中国双向投资的发展情况。从图中可以看出，中国双向投资的差距在不断缩小。

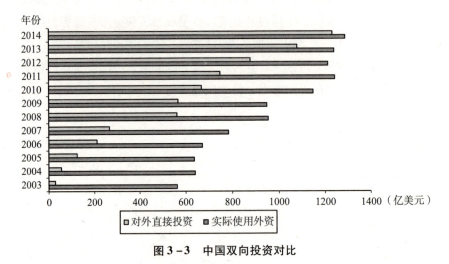

图 3 - 3　中国双向投资对比

资料来源：2003～2014 年中国对外投资公报。

从 2003②～2014 年，中国企业对外直接投资发生了很大变化，2003 年与 2014 年中国对外投资情况对比如表 3 - 1 所示。从表 3 - 1 中可以看出，中国对外直接投资发生的变化不仅体现在投资金额上，也体现在投资范围和投资主体等的变化上。2003 年中国企业对全球 139 个国家和地区进行直接投资，投资

①　由于图中只显示的是 2014 年中国对外投资的流量，不包括第三地融资再投资，因此，图中没有显示对外投资总量超过外商投资总量。

②　对比 2003 年和 2014 年有两个原因：第一，从 2003 年开始，国家有关权威部门对对外直接投资进行详细的统计；第二，2003 年也是中国加入世贸组织的第三年，其投资水平具有代表意义。

区域主要集中在亚洲、拉丁美洲和欧洲等地区,其中,亚洲最多占当年境外投资净额的 52.5%,对亚洲地区的投资主要集中在中国香港,其次是韩国、泰国等东南亚国家和地区。投资主体以国有企业为主,国有企业对外投资总额占当年对外投资金额的 98.5%,私营企业对外直接投资仅占 1.5%,累计存量中国有企业投资占比超过 90%,地方省份的对外投资净额占 26.6%。境外投资行业主要分布在制造业和批发零售业,分别占总量的 27% 和 19%。由于我国的资本市场不发达,因此,中国企业对外进行投资的方式比较单一,承包工程以及原材料、设备和劳务输出的形式还不成熟,主要以利润再投资为主,占全部投资的 35%,其次为以并购和投资入股的方式进行投资,分别占比 18% 和 14%。

表 3-1　　　　　　2003 年与 2014 年中国对外直接投资发展情况对比

	2003 年	2014 年
流量(亿美元)	28.5	1231.2
累计存量(亿美元)	334	8826.4
广东省流量占比(%)	58.92	10.15
资本内流与外流差(亿美元)	532.5	53.8
国有企业投资占比(%)	98.5	53.6
重点分布地区	亚洲(中国香港)	亚洲(中国香港)
重点分布行业	制造业	服务业
主要投资方式	利润再投资	并购

资料来源:作者根据 2003 年和 2014 年中国对外投资公报整理所得。

2014 年中国企业对全球 156 个国家和地区的 6128 家企业进行直接投资,其中仍以亚洲为主,对亚洲投资额占总量的 69%,而对亚洲地区的投资中又有 83.4% 流向中国香港。其次是欧洲和拉丁美洲,分别占比 8.8% 和 8.6%。与 2003 年相比,中国对欧洲的直接投资超过了拉丁美洲,并且对欧洲投资的增速达到了 88%,远超过对拉丁美洲投资的增速。投资主体结构得到了优化,相比于 2003 年,国有企业对外投资所占比重是在持续下降的。2014 年,私有企业的对外投资不仅是从投资金额还是投资数量上都超过国有企业,在中国对外总投资金额中占比 51.1%,据《中国企业全球化报告》(2015)数据显示,2014 年私有企业对外投资的案例数同比增长 295%,增长速度非常迅猛,一举成为中国企业"走出去"的主要力量。

从 2003 年到 2014 年广东省对外直接投资总量占全国投资总量的比例由 58.92%下降为 10.15%，说明了国内对外直接投资主体分布变得更加均衡，不再集中于东部沿海地区。2014 年东部地区对外投资虽然仍旧占据领先地位（占比 81.8%），但西部地区实现投资 65.2 亿美元，同比增长 78.4%，增长速度最快；对外投资的行业结构也不断优化升级，2014 年第三产业服务业对外投资金额占投资总量的 73.4%，高新技术产业对外直接投资也以高速不断增长；投资方式也呈现多元化的趋势，除了有绿地投资，还有以并购、股权和收益再投资、债务工具投资、对外承包工程等形式，其中并购交易额占总量的 26.4%。

第二节　广东企业"走出去"现状

"一带一路"倡议正式实施以来，广东省为响应国家号召，从基础设施建设、货运物流合作网络建设、产品出口、对外承包工程和对外劳务合作等方面加快推进与沿线国家的合作，外经贸部和省委领导班子积极访问外国签订项目合同，取得丰硕成果。2015 年，广东省与外国签订的新的投资协议中，协议金额达 295.5 亿美元，是 2014 年的 1.7 倍，对外承包工程完成营业额也比 2014 年增长了 1/3。但是增速喜人表面的现象背后，广东省企业"走出去"还任重而道远。

改革开放以来，要素驱动型的增长方式使得广东省传统制造业存在严重的产能过剩问题，通过"走出去"在海外设立生产加工厂，就近利用廉价的劳动力和丰富的资源是解决产能过剩的有效途径，TCL 和格力都先后在越南设立生产加工基地。随着我国劳动力成本优势和要素成本优势的消失，尤其是 2008 年金融危机以来，世界经济呈现"总需求量缓慢增长，经济结构深度调整"的显著特征，广东省对外贸易伙伴经济增速下降，出口贸易受到限制，劳动力密集型和生产要素密集型的企业面临着转型升级的巨大压力，而技术成为企业转型的关键动力。技术的获得可以通过自身研发，也可以通过海外并购技术先进的企业直接获得其技术和研发资源，在其研发基础上开发新的技术。面对世界经济格局快速转变的新形势，没有时间容许我们慢慢开发新技术，因此，第二种方式成为广东省实现技术进步的快捷途径，越来越多的企业通过海外直接并购的形式，获得先进专利技术和生产设备，这种做法也确实是有效的，在很大程度上提高了广东省企业的技术水平和国际竞争力。

一、出口情况

2014 年广东省对外贸易总额达 10765.84 亿美元，比 2000 年增加了 6.33 倍，比 2013 年下降 1.40%。其中，出口总值 6460.87 亿美元，同比 2013 年增长 1.53%，贸易顺差 2155.9 亿美元，扩大 19.19%。一般贸易出口额 2498.65 亿美元，占出口总量的 39%，与 2013 年相比提高了 5 个百分点，加工贸易出口额 3205.89 亿美元，占总量的 49.62%，比 2013 年下降了 0.2 个百分点，其中，来料加工出口占比仍保持递减趋势。2000 年来料加工出口额占广东省出口总额的 28.92%，到 2014 年这一比重下降到 5.94%，说明广东省的贸易方式更加合理化，政府"稳增长，调结构"的策略取得相应的成效。

从出口主体来看，对外出口主体逐渐由国有企业和外商投资企业转变为民营企业。2014 年民营企业出口额 2395.83 亿美元，比 2013 年增长 5%，占广东省出口总量的 37.08%，比 2013 年提高 1.23%。在 2000 年，民营企业对外出口量仅为 31.45 亿美元，占广东省出口总量的 3.42%，这一转变体现广东省出口主体结构的优化。

同 2013 年相比，机电产品出口额为 4285.59 亿美元，同比下降 2.5%，高新技术产品出口额为 2310.17 亿美元，同比下降 9.9%，传统的劳动力密集型和资源密集型产品如服装、家具等产品出口增长率均超过 10%。机电产品是广东省附加值和科技含量较高的产品，自 90 年代以来，一直是广东省具有出口竞争力的产品，对经济增长具有强大的促进效应，高新技术产业更是广东省政府着重扶持发展的产业，因此，机电产品和高新技术产品出口竞争力也代表了广东省在国际分工和对外贸易中所处的地位。机电产品和高新技术产品出口的下降也说明了广东省经济正处在转型升级的关键阶段，要素成本和融资成本的上升导致制造业成本优势不断减弱，再加上周边国家如越南、马来西亚等地的劳动力密集型产业的实力不断增强，因此，广东省传统优势产业和产品面临的国际竞争压力和贸易转型升级压力都比较大。

从出口分布地区来看，中国香港、东盟、美国和欧盟仍是广东省最大的贸易伙伴，但是从增速来看，广东对中国香港、中国台湾、日本的出口增长速度为负，对东盟、欧盟和美国的出口保持增长，对拉丁美洲、非洲和大洋洲等地区的出口则快速增长。2014 年，广东对亚洲出口额为 3887.16 亿美元，下降

1.53%，其中，对中国香港地区出口 2293.69 亿美元，下降 3.55%，对中国台湾地区出口 78.28 亿美元，下降 2.88%，对日本出口 259.39 亿美元，下降 1.73%，对东盟地区出口 609.99 亿美元，增长 12.43%，对欧盟地区出口 92.26 亿美元，增长 12.96%，对非洲地区 276.09 亿美元，增长 38.65%。图 3-4 描述了广东省对各大洲的出口情况。

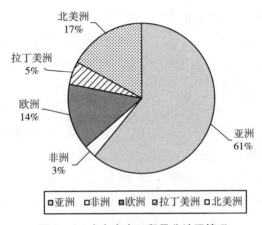

图 3-4　广东省出口贸易分地区情况

资料来源：广东省 2015 统计年鉴。

　　从区域分布来看，珠三角地区是广东省对外出口的重要力量。2014 年，珠三角地区对外出口量为 6070.93 亿美元，占全省出口总量的 93.96%，东翼次之，占比 2.43%，然后是山区地区，占比 1.24%，西翼地区最少，占比 0.85%。出口额也在一定程度上反映一个地区的经济发展情况，因此，广东省区域出口发展情况也体现了广东省区域经济发展的不平衡。

二、对外投资情况

　　据 2014 年统计资料显示，广东省企业在境外 50 多个国家和地区新设境外企业 1628 家，中方协议投资额 124.9 亿美元，实际非金融类投资金额达到 96 亿美元，位居全国首位。发展速度之快令全国瞩目，回想中国刚加入 WTO 后的 2003 年，广东省对外直接投资总量只有 14.14 亿美元，短短十年的时间内翻了 7 倍。尤其是"一带一路"倡议出台之后，广东省更加大了对"一带一路"沿线国家的投资，仅战略实施两年时间内新增"走出去"企业 351 家，到 2015 年底，广东省累计有 1160 家企业进军国际市场，在世界范围内 130 个国家和地区设立境外企业 1559 家。2015 年，广东省新签合同投资金额 295.5 亿美元，是 2014 年的 1.7 倍。可见广东省政府积极响应政府"一带一路"倡议取得了显著成效。

图 3-5 显示了 2004～2015 年广东省对外直接投资存量的发展趋势，从图中可以看出，广东省对外直接投资存量呈递增态势，从 2004 年的 22.49 亿美元到 2015 年的 790.3 亿美元，短短 12 年的时间增长了 34 倍。

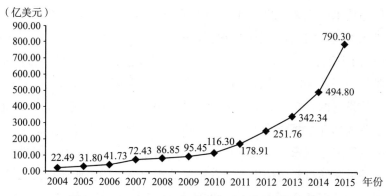

图 3-5　2004～2015 年广东省对外直接投资存量

资料来源：2004～2015 年《中国对外投资公报》。

但是这个发展水平相对世界发达国家和地区仍然很落后，根据联合国统计资料，2014 年世界平均对外投资规模与 GDP 之比平均为 1.58%，而广东省仅为 0.18%，远远落后于世界平均水平。根据 2015 年世界投资报告，2014 年发展中经济体对外投资与吸收外资之比平均为 68.72%，广东省仅为 29%，说明了与其他世界级的发达地区相比，广东省对外投资能力还有很大的发展潜力，如何科学地引导和规范广东省企业"走出去"、帮助其制定海外扩张战略、提升其对外投资和跨国经营绩效显得尤为重要。但是值得注意的是，相对于 2002 年广东省对外直接投资有很大的发展，2002 年广东省对外投资占 GDP 的比重和对外投资与吸收外资的比例分别只有 0.05% 和 0.5%。

投资特点日益多元化。投资方式由最初的出口贸易、承包工程和劳务输出扩大到建立生产基地、设立研发中心和构建营销网络等多元化投资。投资形式从最原始的形式向更加丰富多样的形式转变，例如，对渔业的投资从捕捞和简单加工形式向资源开发的形式转变。投资支付方式也由海外资本市场融资到以收购股权、直接并购、股权置换等形式开展合作投资，实现绿地投资、并购、参股形式并存的多元化格局。

民营企业对外投资持续高涨。2014年民营企业在境外新设机构1354家，签订协议金额达88.3亿美元，分别增长43.7%和108.7%，占广东省总量的83.2%和70.7%，且项目的平均交易额由449万美元上升到652万美元。民营企业对外投资涉及的领域也由能源和矿产类行业向多元化的服务行业领域延伸，越来越多的企业希望通过对外直接投资的形式走向国际市场扩大市场份额和获得核心技术。例如，2014年华为收购英国著名的物联网商Neul，利用其已有的资源和技术实施自己的全球化战略。

2015年广东省"走出去"的企业中，民营企业占主要地位，占比46.5%，其次是股份制企业和国有企业，占比分别为18.74%和11.24%。与2002年相比，在海外设立的企业中，民营企业仅占2.6%。广东"走出去"的企业中，64%的企业选择在中国香港和"一带一路"沿线国家，如越南、印度、马来西亚等一些发展中国家。中国刚加入WTO初期，广东省对外直接投资主要集中在中国香港和转型经济体中，为数不多的实力强大的企业如华为能够有能力在发达国家和地区建立研发机构。2002年从广东29家境外投资民企情况看，主要分布在越南、美国和中国香港等10多个国家和地区。到2015年底，广东省企业在境外设立的分支机构遍布亚洲、欧洲、拉丁美洲、北美洲、非洲等130个国家和地区，产业涉及服务业、制造业、建筑业等19个门类。对外投资的主要领域由原来的电讯设备、电子、电器、贸易、工程、承包等行业转变到第三产业服务业。截至2015年12月，广东省境外投资租赁和商务服务行业金额累计达到202.2亿美元，占全省总量的33.6%，对零售批发行业投资金额累计达到175.3亿美元，占全省总量的29.2%，而对制造业的投资下降为4.8%。可见，广东省企业对外投资的产业结构在不断优化。广东省企业对外投资主体结构也在不断优化，"十二五"期间，广东省开展对外直接投资的企业中，投资效率高的非国有企业占比从89.9%上升至96.1%。

三、对外经济合作情况

对外经济合作增长呈现良好态势。表3-2及图3-6显示了2003~2014年广东省对外承包工程情况。2014年新签对外承包工程、劳务合作、设计咨询合同 1139 宗，同比 2013 年增长 84.6%，合同金额 152.49 亿美元，同比 2013 年下降 35.57%，所实现的营业额为 124.11 亿美元，下降 84.23%。虽然经历了 2014 年的下降，2003~2014 年广东的对外承包工程和服务企业仍有很大的发展，不管是签订合同金额还是营业金额都有数十倍的增长，外经队伍不断壮大。截至 2015 年底，广东外经贸部批准享有对外承包工程、劳务合作、设计咨询业务的企业共有 1635 家，涉及建筑、石油化工、冶金、通信设备、水利、水电、农业和林业等行业。这些企业在对外业务中得到了锻炼，取得了明显的经济效益。例如，广东省电力设计研究院从 2005 年进军越南市场以来，在越南已经完成和正在施工的项目有 5 个，合同金额 17 亿美元，促进了中越企业间的电力合作，不仅解决了越南生活和生产中电力短缺的问题，促进越南经济发展和产业结构升级，也为我国企业带来了巨大的经济效益，实现了双方共赢的局面。

表 3-2　　　　　　　　2003~2014 年广东省对外承包工程的情况①

年份	签订合同数 （宗）	合同金额 （万美元）	营业金额 （万美元）	年末在外人数 （人）
2003	193	97055	86898	730
2004	810	168338	161287	856
2005	2061	326752	247189	606
2006	1625	458442	344170	752
2007	757	597733	546069	946
2008	331	844352	686045	886
2009	556	814859	758799	2105
2010	605	986740	820815	4554
2011	528	1343526	1134158	4017
2012	517	1905053	1605342	3863
2013	617	2366492	2286507	3243
2014	1139	1524873	1241121	3405

资料来源：《2015 年广东统计年鉴》。

---

① 2009 年以后，"对外承包工程"包含"对外设计咨询"，因此，本书不再具体阐述 2003~2014 年"对外设计咨询"的发展情况。

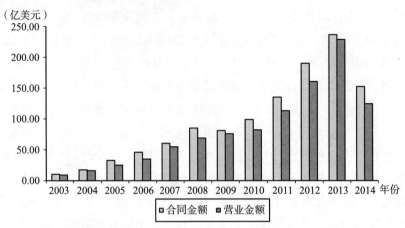

图 3 – 6   2003 ~ 2014 年广东省对外承包工程合同额和营业额增长趋势

资料来源：2015 年《广东省统计年鉴》。

如表 3 – 3 所示，2014 年全省对外劳务合作项目年末在外人数为 72788 人，合同工资总额 13.88 亿美元，实际收入总额 6.62 亿美元，增速分别为 34.12%、157.47% 和 48.15%。2003 ~ 2014 年的趋势如图 3 – 7 所示。2014 年江苏省对外劳务合作年末在外人数为 59850 人，新签合同工资总额为 12.08 亿美元，实际收入总额为 8.54 亿美元。广东省虽然对外劳务合作的规模超过江苏省，但实际收入总额却比江苏省低，说明广东省对外劳务合作的质量仍有待提升。

表 3 – 3   2003 ~ 2014 年广东省对外劳务合作情况

年份	合同工资总额（万美元）	实际收入总额（万美元）	年末在外人数（人）
2003	23132	21926	21738
2004	27392	28315	17043
2005	32762	30878	2069
2006	41898	37030	27024
2007	80824	62927	27880
2008	68209	58420	33691
2009	45718	59469	33124
2010	76575	58428	33901
2011	46578	46445	38621
2012	46643	38600	44301
2013	53917	44689	54272
2014	138820	66218	72788

资料来源：《2015 年广东省统计年鉴》。

（亿美元）

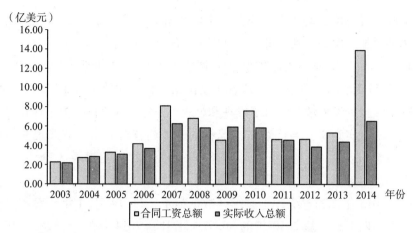

图3-7　2003～2014年广东省对外劳务合作合同额和营业额增长趋势

资料来源：2015年《广东省统计年鉴》。

四、广东省与江苏省对比

图3-8显示了2004～2014年之间广东省、江苏省、浙江省、上海市和北京市对外直接投资存量对比情况，从图3-8中能够看出，广东省对外直接投资存量一直居全国首位，且远远高于其他省市。浙江省和江苏省虽然也处于沿海地区，是我国对外开放沿海城市，经济发展速度也非常快，但是对外直接投

（亿美元）

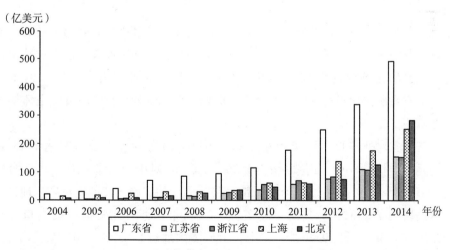

图3-8　2004～2014年广东省与江苏省、浙江省、上海市和北京市对外投资存量对比

资料来源：2004～2014年《对外投资统计年鉴》。

资金额和发展速度都赶不上广东省。上海市和北京市在"十二五"期间也有了大幅的增加，但是金额总量也只有广东省的1/2左右。

1. 出口贸易情况。江苏省经济发展水平与广东省相近，2014年江苏省GDP达6.51万亿元，仅次于广东省居全国第二位。因此，对比广东省和江苏省对外直接投资发展情况，对于发现和解决广东省对外直接投资中存在的问题具有一定的现实意义。与广东省情况相同，江苏省对外出口方式也在不断优化，2014年江苏省出口总额达到3418.69亿美元，同比增长3.96%。其中，一般贸易出口额为1583.44亿美元，占出口总量的46.32%，比2013年上升2.07%。2015年江苏省统计年鉴统计数据显示，2010~2014年一般贸易出口所占比重不断上升，从2010年的36.57%上升到2014年的46.32%。相反加工贸易形式的出口所占比重不断下降，从2010年的59.10%下降到2014年的43.66%，体现了江苏省出口贸易方式的不断优化。

相比于广东省面临的严峻形势，2014年江苏省机电产品和高科技产品对外出口额分别增长3.36%和1.09%，虽然增速有稍微下降的趋势，这也是江苏省的对外出口逐渐进入"新常态"的体现，贸易的增长速度受到转型升级的影响进入磨合阵痛期。广东省和江苏省作为我国的外贸大省，都具有非常明显的地理位置优势，并且城市群和产业集群都有很好的发展。只要充分利用自身的比较优势，抓住国家实施"一带一路"的国际化战略机遇，广东省和江苏省就可以依托国内和国外市场找到新的增长动力，缩短转型升级带来的阵痛期。

与广东省一样，江苏省对外出口主体也是由国有和外资企业为主的局面向私有企业占主导地位的局面转变。2000年外商投资企业和国有企业对外出口量占总量的比例分别为56.09%和37.98%，民营企业仅占5.53%。到2014年，这三者所占比例分别为58.15%、8.96%和32.78%，对外出口主体结构也在不断优化。

江苏省对外出口主要集中在亚洲，2014年江苏对亚洲出口额达1545.12亿美元，增长1.86%，占总量的45.2%，其中，对中国香港和日本出口分别占比10.19%和9.03%，由于"一带一路"倡议的实施，江苏省对东盟地区的出口额增长了2.33%。其次是北美洲，2014年江苏对北美地区的出口额为705.16亿美元，增长9.46%，其中，出口美国的货物金额达701.72亿美元，占江苏省对北美出口量的99.51%，同比增长7.25%。江苏对欧洲的出口主要集中在欧盟，占比超过90%，其中，荷兰和德国分别占比19.55%和16.23%。

与广东省不同的是，江苏省对非洲、拉美地区的出口不仅总量上很低，增速也低。这说明广东省对外出口的市场结构朝向更加多元化的方向发展。

从图 3-8 中也能够看出，江苏省虽然经济总量与广东接近，但是，对外直接投资水平远低于广东省。2014 年江苏省新增境外投资项目 736 个，中方协议投资金额 72.16 亿美元，居全国第 5 位，远低于外商直接投资金额。从地域分布来看，江苏省对外直接投资不管是新增项目数还是投资金额也主要集中在亚洲，分别占总量的 52.17% 和 57.48%。与广东省相比，江苏省的对外直接投资对中国香港的依赖程度并不高，2014 年江苏省对中国香港的直接投资金额占其对外投资总量的 35.80%，远低于广东省的 75%。民营企业也成为江苏省对外直接投资的主力军，2014 年江苏省对外直接投资主体中，民营企业投资项目数和投资金额分别占总量的 75.27% 和 75.90%。江苏省对外直接投资的行业主要分布在第三产业，2014 年第三产业对外直接投资金额为 46.08 亿美元，占江苏省对外直接投资总量的 63.86%，第一、二产业对外投资分别占比 35.46% 和 0.68%，与 2007 年相比，第三产业对外投资的比重不断上升而第二产业对外投资有下降趋势，这体现了江苏省对外投资产业结构不断趋于合理化。第三产业中商务服务业和批发零售业对外投资占主要地位，第二产业中制造业对外投资占比最大。

2. 对外直接投资情况。从投资方式来看，非贸易型投资逐渐占据主导地位，由贸易型逐渐向生产加工、对外承包工程和劳务合作等形式转变，但是与广东省不同的是，江苏省参股并购和开展境外加工贸易形式占比并不高。江苏省对外直接投资行业中，第三产业所占的比重越来越大，2014 年江苏省对第三行业的境外投资占比 63.73%，远高于第二产业的 35.19% 和第一产业的 1.09%。2014 年江苏省对外签订了承包工程合同 1067 个，项目实现营业额 79.54 亿美元，分别增长 4.51% 和 9.52%。2014 年末在外劳务人员达到 59850 人，劳务人员实际工资收入 8.54 亿美元，分别增长了 15.66% 和下降了 3.91%。

3. 评述。江苏省和广东省对外直接投资发展情况的共同特征主要有以下两点。

（1）对外直接投资发展迅猛，与外商直接投资和对外贸易增长乏力形成鲜明对比。正如前面提到的，对外直接投资和出口是两种"走出去"的形式，改革开放初期，企业"走出去"的最主要的途径就是对外出口，对外投资规模较小。从广东省对外直接投资存量趋势图可以看出，2009 年以后广东省对外直接投资开始快速增长,江苏省的对外直接投资发展趋势也是如此。对外直接投资不仅在投资金额和投资领域上都有很大发展,而且投资主体结构、投资行业结构和投资方式不断优化,逐渐成为拉动经济增长的新动力。由 Melitz 的生产率异质性贸易理论可知,企业"走出去"的方式由出口产品向对外投资转变,体现了我国企业生产率水平的提高和经营规模、盈利能力的提升,也与我国经济步入"新常态"的发展状况相符。

(2)动机相同。两者都是以资源寻求型和市场寻求型的对外投资为主,"走出去"的动机不仅仅是发挥自身的优势,更重要的是弥补自身的劣势。广东省和江苏省对外投资的行业都是其具有比较优势的产业,这些产业在国内已经具有一定的发展水平,生产技术已经相当成熟,设备也非常先进。但是,由于改革开放三十多年的"计划经济为主,市场经济为辅"的经济体制的实行,严重阻碍了市场资源配置效用的发挥,导致了严重的产能过剩,再加上生产要素的限制,如劳动力成本上升、资源紧缺,国内的生产优势正在逐渐被削弱。寻求国外的资源、廉价劳动力、先进的生产技术和潜力巨大的市场成为国内企业"走出去"的主要动机,纵观广东省和江苏省企业对外直接投资,主要集中在东南亚和非洲资源丰富、劳动力成本低的国家以及美国、日本技术先进的国家和欧洲、拉丁美洲市场需求巨大的国家。

五、广东省企业"走出去"的特点

作为经济发展的龙头省份,广东省的对外投资在经济发展中占据重要地位,尤其是 2008 年金融危机以后,对外直接投资成为帮助企业走出金融危机阴影的主要方式。本部分通过广东省对外投资数据分析,归纳和总结现阶段广东省企业"走出去"的现状和特点。

1. 发展迅速,投资规模逐年增长。2014 年底,地方企业对外非金融类投资存量达到 2354.4 亿美元,占全国非金融类投资总量的将近 1/3,"走出去"规模逐年扩大。随着经济实力的不断增强,广东省进行海外投资的规模在全国 31 个省自治区直辖市中居首位,具体情况见商务部统计的《2014 年中国对外直接投资统计公报》,如表 3 - 4 所示。

表 3 – 4　　　　　　截至 2014 年末累计对外直接投资净额按
省、市、区排名情况

名次	省、市、区	累计对外直接投资（亿美元）	占全国百分比（%）
01	广东省	494.8	21.02
02	北京市	284.9	12.10
03	上海市	254.8	10.82
04	山东省	197	8.37
05	江苏省	156.1	6.63
06	浙江省	153.7	6.53
07	辽宁省	92.6	3.93
08	天津市	92.3	3.92
09	云南省	55.2	2.34
10	湖南省	51.4	2.18
	全国合计	2354.4	77.85

资料来源：《2015 年对外投资公报》。

　　早在 2000 年，广东省已经出台《积极发展境外加工贸易业务的若干意见》等一系列政策鼓励企业到海外投资建厂，利用当地庞大的需求市场和廉价的生产资料，实现产销一体化。境外加工贸易是以现有技术、设备、原材料等优势在海外进行加工组装生产，不仅弥补了我国劳动力成本逐渐上升的劣势，更带动了我国大型机械设备、零配件和原材料的出口，成为境外投资的一个重要方面，也是适合我国目前经济发展水平的一条"走出去"途径。目前，我国在技术、设备和原材料上具有比较优势的产业如服装、纺织、家用电器等行业是适宜开展境外加工贸易的重点行业，广东省也正是结合自身的制造业产业优势，抓住政府鼓励企业到境外开展加工贸易的机遇，加快自身国际化战略进程。例如，深圳的康佳集团和珠海的格力集团等企业先后在越南、非洲等地建立生产加工基地，海外投资模式多为开展境外加工贸易。

　　大项目逐步增多。总的看来，20 世纪 90 年代以来广东省境外非贸易型企业的投资规模基本上是呈逐步加大的趋势，大项目的增加导致项目平均规模不断扩大。到 2014 年，广东省对外投资项目的平均金额达到 652 万美元，远远高于全国 252 万美元的平均水平，达到发达国家的平均水平。例如，广东猛狮新能源科技股份有限公司将于 2017 年花费 1 亿欧元在德国建设一座储能发电站，发电量将远超欧洲目前发电站水平。广东振戎能源有限公司投资 30 亿美元在缅甸设立的石油炼厂是其政府批准成立的单体投资最大的外资项目，将带动数万人就业，每年为东道国创造数亿美元的税收。广东东方精工科技股份有限公司以 945 万欧元全资收购 DEF，并将 DEF 打造为其在欧洲的设备研发、生产基地。华为将斥资 1.7 亿美元在被誉为印度"硅谷"之称的班加罗尔建立其最大的海外研发机构。

2. 以贸易企业为主逐步过渡到以生产企业为主。广东省的对外经济合作已经由传统对外贸易扩展到境外加工贸易、资源合作开发、境外承包工程、咨询服务、交通运输和农产品加工等领域。随着对外投资方式的转变，广东省对外投资的主体经历了以贸易企业为主到以生产企业为主的过程，即从事简单货物贸易向出口设备、技术在境外建设工厂过程的转变。对外开放前 15 年，广东省企业"走出去"最初的形式是在海外设立贸易公司接单，海外企业主要是贸易型公司，据有关资料统计，广东省境外投资的行业分布上，境外企业以单一的贸易型企业为主，占 50% 左右，其次是资源开发型，占 19%，生产型企业较少。2000 年以来，生产型企业就成为境外投资办厂的中坚力量，到海外建立生产基地成为生产性企业进行海外投资的主要方式。一批掌握先进技术、资金雄厚、有产品优势的工贸结合的企业纷纷在国外投资办厂，投身国际竞争，谋求更广阔的发展空间。如，列入电子百强的华为、康佳、美的以及出口创汇大户中航技等企业。

3. 投资项目以机电、轻纺等具有比较优势的劳动密集型和资源密集型行业为主。尽管投资项目不断增多，投资领域不断扩大，但广东省对外投资领域仍集中在劳动力密集型和资源密集型产业中，例如，广东省具有比较优势的轻工、电子行业，对外投资超过千亿美元的 117 家企业中，有 54% 的企业属于制造业、采矿业、建筑业等传统产业。这些行业已经具有成熟的生产技术和先进的生产设备，经过长期的快速发展，在国内已经出现明显的产能过剩问题，故家电制造业（电视机、冰箱、空调、程控交换机）和传统产业（服装、箱包加工）成为海外投资的主要行业。特别是最早不受政府保护、市场化程度最高、拥有较多自主知识产权的家电行业，成为"走出去"的先锋。这些投资项目的实施不仅能够弥补我国资源短缺和劳动力成本逐渐上升的劣势，还能够凭借高水平的技术输出、设备输出创造大量的外汇收入。例如，最先"走出去"的广东企业格力电器、TCL 集团和美的集团都是传统的家电生产企业，如今这些企业已经成长为年销售额超千亿、业务范围遍布全球的超级跨国企业了。

近年来，随着我国经济实力的增强和产业结构的升级，除了上述传统轻纺织业和家电制造业，广东省境外投资的行业开始涉及创新性的高科技产业和能源类产业。最具代表性的地方是深圳,深圳对外投资的主体以高新技术型的民营企业为主力军,且投资区域也以发达国家为主,其中,"走出去"最成功的企业当属华为,华为是广东省乃至全国"走出去"最成功的企业,从 1998 年开拓海外市场以来,华为已经在世界各地建立了 23 个研发机构,产品在非洲、拉美洲等地甚至是欧洲等经济发达地区的销售表现都非常突出,海外市场已经成为华为销售的主战场。

4. 投资区域主要集中在周边地区和发展中国家。虽然广东省企业的投资区域已经遍布世界各地,但是周边发展中国家和地区仍是企业投资办厂的首要选择。目前,广东境外投资仍主要集中于港澳地区、亚太地区、非洲和拉美等发展中国家和地区,到 2015 年,广东省企业在境外设立的 6492 家分支机构有近七成分布在亚洲,尤其是香港地区,广东对香港地区的投资金额占广东对全球投资总额的 70.6%,占对亚洲投资总量的 93.2%。除香港外的地区资源丰富,劳动力成本低,并且工业水平低,产业梯度低于广东,投资于这些地方不仅可以就地取材利用资源,还能够利用当地廉价的劳动力,低成本使得产品更容易打入欧美等发达国家市场。尤其是"一带一路"倡议实施之后,广东省增加了对向"一带一路"沿线国家投资项目的优惠政策,直接导致了广东省对越南、泰国、马来西亚等国家的投资数额的大幅增加。例如,美的在越南和泰国建立的分公司,珠海格力集团在巴西的空调组装厂,康佳集团在印度的彩电组装厂,TCL 在越南的彩电组装厂,深圳佩奇毛毯公司在南非的毛毯厂等。

近年来广东省对外投资范围开始向欧美国家扩张,如,东莞建陶企业投资亿元在美国设立工厂;为了加快业务国际化的进程,2016 年广东雪莱特将出资 50 万美元在美国加州设立分公司,推动公司向北美市场进军;雅美集团为解决被动配额指标问题在美国费城开办毛毯加工厂。

5. 投资主体从以国有大型企业为主过渡到以民营企业为主。境外投资主体不仅有国有企业,还有各种非国有企业。不仅有独资企业,而且有合资企业、股份制企业。国有企业不再作为"走出去"的主力军,民营企业开始在海外投资中占据主导作用,作为"走出去"的生力军,显示出非常强大的生命力和竞争优势。2014 年广东省私有企业对外投资规模远远超过国有企业,投资金额占全省总量的 70% 以上,成为广东省企业"走出去"的主力军。2015 年华为、美的、比亚迪等民营企业在海外投资经营中取得优异成绩,据广东省商务厅统计,2015 年民营企业对外投资占总量的 90% 以上。民营企业在海外投资方式既有境外加工贸易方式,又有参股、并购等形式,并且参股、并购形式逐渐占据主导地位，2014 年以并购形式实施的投资项目占其对外投资项目总数的 7.6%。民营企业境外投资涉及行业也由制造业等传统优势产业更多地向农、林、矿产业转变。

美的集团的对外投资形式主要是开展海外加工贸易，并且海外生产加工基地主要选址在东盟和非洲等地区。从 2006 年美的在越南设立首家海外生产基地起到 2015 年，美的已经通过直接投资、参股合资、并购等形式在越南、巴西、印度等地设立 7 个海外生产基地，在全球拥有 60 多家分公司和代表处，产品远销世界各地，并在非洲、东盟等地区占据主要市场份额。依靠东盟地区和非洲地区廉价的劳动力优势、巨大的市场优势、优惠的政策优势以及地理优势，美的对外投资取得巨大的成功，不仅实现了巨额的经济效应，也取得丰富的海外扩张经验，为美的集团的发展打下了坚实的基础。2013 年南方石化以 1.4 亿美元收购的油田项目是广东省首个境外石化开采项目，也打开了中国民营能源企业走向国际市场的大门。2016 年广东猛狮新能源科技股份有限公司以 4391 万元人民币收购欧洲储能电站公司 55% 的股权，成为其最大股东。2015 年湛江华大集团以 30 万元人民币投资拿下了菲律宾甘蔗种植和制糖项目，这也是广东省对外投资史上交易金额最多的农业项目。

6. 投资效益开始显现。近年来，企业进行对外投资又取得了新的进展，不少企业创造了良好的经济效益。如深圳康佳和华为、珠海格力、广州卷烟一厂等企业。广州卷烟一厂在柬埔寨投资建厂，建厂短短 4 年时间，实现 3 亿元人民币的销售收入，带动了一系列生产设备和原材料的出口，创造大量外汇收入，企业资本在 3 年内就翻了 3 倍。

格力电器于 1999 年在巴西建立生产基地，到 2015 年，格力在巴西已经拥有年产量为 30 万台的生产线，年销售额超过 2 亿美元，累计为巴西创造 3.2 亿美元税收，在巴西的市场占有率居第二位，已经成为巴西三大空调品牌之一。

TCL 越南公司于 1999 年 10 月注册成立，不仅为越南市场提供了物美价廉的现代化电子产品，还给当地带来了大量的税收收入，为当地经济注入了新的活力。为把握"一带一路"倡议实施带来的机遇，TCL 将越南作为其重要市场，到 2015 年，TCL 在越南的销售收入达到 3 亿元人民币，市场占有率达到 16%，打破了韩国、日本在越南电视行业的垄断地位，成为越南最受欢迎的中国品牌之一。同时，还为当地创造了大量的就业岗位，减轻了当地政府的就业压力。

7. 其他特点。

境外投资作为企业的重大经营、投资行为，一定要以经济效益为中心，与企业的整个发展战略相结合。目前，随着企业经济实力的增强以及对兼并、收购方式的熟悉，广东企业对外投资方式呈现多元化趋势，主要的投资方式有直接投资建厂、合资合作和兼并控股形式等，并且并购形式越来越占据主要地位。

(1) 基本形成跨国公司雏形。TCL、格力、美的、华为等企业通过海外扩张活动已经成为经济实力超强的跨国公司。TCL 在海外扩张过程中一直致力于建立具有国际竞争力的跨国公司，到 2015 年 TCL 已经先后在泰国、墨西哥等地建立自己的生产基地。越南是 TCL 开拓国际市场的首站，1999 年 TCL 正在越南建立其第一个海外子公司，2009 年又建立一个年产彩电 50 万台的生产基地。2004 年 TCL 收购法国规模最大的彩电生产厂商——汤姆逊，虽然这并不是一个成功的收购案例，但这次收购标志着 TCL 正式进军欧洲市场，接着 TCL 又在波兰设立生产基地，年平均产电视 450 万台，是中国在波兰投资规模最大的项目。经过几年的发展，TCL 在欧洲市场的占有率达到 10%。2014 年在国内需求下降的情况下，TCL 的海外业务增长了 28%，1000 亿元的收入中有近 50% 是来自海外市场。除了电视，TCL 通讯也是 TCL 打入国际市场的一个重要业务，TCL 通讯在 2010 年进入北美市场后，利用自身的技术专利优势以及海外运营优势在海外市场取得了巨大成功，2015 年在美国整体手机市场同比增长 9% 的情况下，TCL 的手机销售却增长了 123%，可见其在北美市场的出色表现。2016 年 5 月 19 日 TCL 与埃及家电企业 ELARABY 签订合作协议，意味着 TCL 将其战略扩张范围延伸到非洲。

(2) 以推销自有品牌为目标，通过设置分公司、代表处、设立海外生产基地等方式建立自己全球化运营体系。康佳在其国际化进程拒绝使用"OEM"贴牌加工生产方式，主打自主品牌，虽然在进入外国市场初期比较艰难，但经过十多年的努力，最终将康佳打造成世界知名品牌。另外，康佳注重自主研发，在美国硅谷设立研发中心，彩电生产技术在国际上处于领先地位，且通过多项质量管理体系认证，康佳每年的新产品产值率在 90% 以上。格力电器在海外建立生产基地和营销中心，产品网络辐射世界各地，其自主品牌产品占海外市场销量的 30%，其中，在沙特阿拉伯市场上销售的产品全部是其自主研发的，在马尔代夫市场上这一比重也达到 75% 以上，格力也被誉为中国"走出去"企业的典范。

（3）为了获得当地资源，或者为了规避某些贸易壁垒，企业会到境外投资办厂。美的、格力等企业均在海外设立自己的加工厂，不仅可以凭借当地丰富的资源和廉价劳动力降低生产成本，也有利于企业规避东道国对其设置的贸易壁垒。近年来，由于我国制造业的环保意识薄弱、技术落后、劳工标准问题以及对本地企业的贸易保护措施，发达国家和地区对我国制造业出口设置了一系列的贸易壁垒和关税壁垒，严重影响了我国国际贸易的发展，因此，规避贸易壁垒也成为企业"走出去"的主要动力。例如，广东雅美集团为解决配额指标问题，降低出口成本，提高企业效益，到美国办厂，开展带料加工贸易，同时，也节省了大量的后勤和运输成本提高了自身的竞争力。华为2015年底也计划在印度设立加工厂。TCL也在匈牙利建立了一个工厂，这样可以突破欧盟对中国彩电进入欧洲的配额限制。另外，TCL收购德国老牌电视企业——施耐德，并设立加工厂，也巧妙规避了欧盟对中国设置的贸易壁垒。

（4）在目标市场设立代表处，开展对外承包工程。对外承包工程的开展拉动了更多机械设备、原材料、技术和劳动力资源的出口，是推动国际产能合作的主要力量。积极发展与对外承包工程相关的投资项目，是实现产业结构升级、促进经济健康可持续发展的重要方式。广东海外集团有限公司先后承建了澳门国际中心、也门萨那市一组一号通道项目工程等10多个工程。广东长大集团旗下的海外工程有限公司从成立至今已经承办越南河内—海防高速公路项目、柬埔寨56-68号国道改建项目、刚果首都金沙萨解放大道改扩建项目。

（5）以提升企业技术实力为目标，在国外设立研发机构。深圳华为在美国和印度都设立了研发机构，康佳也在美国设立研发中心。企业在海外技术密集的地区设立研发机构可以充分利用当地的技术资源和人才资源，在此基础上进行自主研发产品。华为在印度投资1.7亿美元建立其最大的海外研发中心，中心选址于被誉为"亚洲的硅谷"的班加罗尔，班加罗尔的科技基础和人才基础将为华为的创新注入新的动力。美的在美国和日本都设立了研发中心，研发真正能够抓住消费者需求的智能创新产品，不断扩大其海外市场。康佳的彩电生产技术领先世界与其在美国硅谷设立研发中心是分不开的。

（6）部分公司以在香港地区设立窗口公司为跳板开拓海外市场。利用香港地区作为国际金融中心的优势，企业可以获得国际信贷，进行境外融资。另外，可以通过香港公司为跳板进入欧美市场进而获得欧美移民机会。广东在香港地区设立了100多家窗口公司。

六、广东省企业"走出去"的发展趋势

国家和广东省政府都大力推行"走出去"政策,尤其是 2013 年政府推动实施"一带一路"倡议之后,政府加大对企业"走出去"的扶持力度。海外投资将呈现以下态势。

1. "技术回流型"投资增加。近年来,广东省企业海外投资出现了境内低技术水平企业并购海外技术先进企业的"技术回流型"逆向并购现象,这一并购类型主要集中在创新资源丰富、技术密集型产业发达的北美、欧盟地区,设立研发中心和生产基地也是这类投资的主要方式。这种逆向并购也成为企业实现转型升级的快速有效的途径。为了鼓励企业"走出去",2016 年 3 月中山市发布《加快"走出去"发展战略的实施意见》着力培养大型跨国企业,引导装备制造业等高新技术产业通过并购欧美、日韩等发达国家的研发部门、销售渠道等,利用国外的先进技术和创新资源提高企业的创新能力和技术水平。典型的案例是中山市大洋机电的海外并购,从 2013 年到 2015 年,大洋机电每年以超过 25% 的增长速率在增长,这得益于 2011 年以来,大洋机电几次大手笔的并购重组,实现了产业链的延伸和技术水平的提升,若仅仅依靠传统的发展方式,必然不会这么快速地实现产业的转型升级。除了大洋机电,广东全通教育和棕榈股份也通过并购海外的高新技术企业获得了领先的技术和管理理念,完美实现了产业技术创新升级。

2. 投资项目行业分布多元化。经过改革开放 30 多年的发展,广东对外投资已经由贸易、资源开发项目向生产、服务、工程等领域拓展,能够促进省内经济结构调整的制造业特别是高新技术产业项目逐渐增多。随着广东企业对研发的重视程度提高,更多企业海外投资的目的之一就是获取高科技。广东资源并不充裕,因此,往国外寻求资源开发成为一条行之有效的道路。资源型开发、高科技开发都将取得进展,不再局限于劳动密集型行业。

3. 投资范围不断扩大。广东企业海外投资分布区域更加广泛,到 2015 年广东企业"走出去"的足迹已经遍布全球 157 多个国家和地区。对外经济合作方面,在继续巩固港澳市场的同时也加大了对国际市场的调整力度,2014 年对外承包工程完成营业额 152.49 亿美元,比 2013 年增长 37 个百分点。

4. 投资主体更加多元化。广东省对外投资主体由国有企业一枝独秀向以私有企业为主、国有企业和外资企业势均力敌的形势转变。经过 30 多年的积

累,私有企业也具备了向海外扩张的经济实力,2014年广东省私有企业与境外1354家企业签订合作协议,协议投资金额88.3亿美元,分别占广东省总量的80%和70%以上,2015年,私有企业对外投资占广东省总量的比例上升到96.1%。民营企业中华为、美的、比亚迪等民营企业在海外投资经营中取得优异成绩。

5. 投资方式中资本运作和国际并购开始增多。广东省对外投资初期的形式是在海外设立贸易公司接单,随着广东企业规模和实力的提升,实施对外承包工程、合资经营、收购股权和国际并购将成为企业进入国际市场、绕开贸易壁垒的主要手段,特别是进入欧美市场,这将大大降低营运费用和市场风险。而对于大多数实力不是很充足的企业来说,采取合资的经营方式能够使得企业无须太多资金投资,便可以充分利用合作伙伴的技术、市场、销售渠道等资源,迅速占领当地市场。并购方式也越来越成为广东企业进军海外市场的重要方式,海外并购不仅能够帮助中国企业快速进入国际市场,提高国际影响力,还能够帮助中国企业延伸国际供给链、获得国外先进技术。从日本、德国到美国、英国,广东企业正在以跨国并购的方式向制造业强国扩张,并且致力于利用被收购对象的技术资源实现自身的创新转型升级。

从2016年3月到6月三个月时间内,美的先后实施三起海外并购,加速海外扩张步伐,分别以33.2亿元收购日本东芝白电业务80.1%的股权、增资40亿欧元收购德国库卡、收购意大利中央空调80%的股份。海外并购的实施,使得美的自主品牌的出口量大幅上升。

"十二五"期间,从2011年收购美国西瑞公司100%的股权开始,中航通用集团在海外实施了14起并购案,投资金额达149.5亿元人民币,并且将在接下来的5年内继续通过并购来扩展海外市场。海外并购活动使得集团收入大幅上升,2015年中航的海外业务收入753亿元,增幅75%。

中集集团的海外势力已经遍布全球各大洲,拥有海外企业300余家。继2013年以5亿港元收购齐格勒之后,2016年6月,中集集团以8亿元并购了英国的半挂车生产企业——Retlan集团,使得其迅速挤进欧洲市场,这场收购也打破了我国消防车进口难、国际定价高的困局。

6. 反思。改革开放后,省、市、县各级政府及部门纷纷到港、澳地区设立对外开放"窗口"公司,为招商引资和人员来往服务,并逐步向贸易、房地产、金融等领域拓展,与之相伴的是资本流出和外逃现象也较严重。东南亚金融危机爆发后,这些"窗口"公司令人难以置信的松弛落后管理方式、粗放低效的生产经营方式、严重的贪污腐化及国有资产流失等问题逐渐暴露出来，广东的海外投资大受打击。从某种意义上说，广东国投的破产就是这一时期广东海外投资大军窘境的缩影。对失败经验的反思，能够帮助我们找到障碍之所在，进而能够找到解决问题的办法。

在改革开放初相当长的一段时间里，国有企业都是"走出去"的主力，得到政府的大力协助。国有企业作为政府宏观调控市场经济的工具，在海外投资中受到政府的大力扶持，需要什么资源政府都尽力满足，这在我国是有历史原因的，新中国成立以来，国有企业作为国家扶持新兴产业、接管和救济病态的私人企业，是维持经济稳定快速发展的重要机构，一直受到政府的高度关注，国内一些机械设备制造、石油化工行业的国有企业在政府的扶持下拥有同外国大公司展开竞争的实力，例如，财政补贴、贷款优惠和税收优惠政策使其具有雄厚的资金实力，也给了他们"走出去"的勇气。国有企业不仅享受着资金上的支持也享受着制度上的支持，其进行对外投资的项目只需经过简单的审核即可，而民营企业的投资项目不管什么行业、什么规模必须经历层层审批，且审核标准远高于国有企业。政府组织的展销会、投资洽谈会等的受益主体也是国有企业。

但是，也正是由于政府的过度关注，导致国有企业运营效率低下、盈利能力弱等问题，长期缺乏有效竞争的市场环境，也导致我国大中型国有企业在国际上很难与发达国家的大公司进行持续竞争，近年来持续不断的向国有企业输血导致政府严重的财务负担，政府无法再向国有企业提供强有力的扶持，此时的国有企业在国际市场上就很难与国外企业抗衡。甚至有些国有企业，在国内就敌不过民营企业的竞争，却寄希望于通过"走出去"的发展方式，这种情况下制定的海外扩展战略并非站在战略高度积极主动的扩张市场，势必会造成投资资源的浪费和海外投资的低效率。因此，近几年有关国有企业改革在全国不断上演，并且取得了相当的成效。2015 年，中国有 106 家企业进入《财富》全球 500 强企业排名，其中，有 47 家是具有国有性质的企业，占比不到一半，而这个比值在 2000 年的时候是 100%。

第三节　广东企业"走出去"的主要障碍

目前广东企业海外投资过程中存在着不少的障碍，大体而言，可以从政策法规、社会支持体系、企业主体三个层面来进行具体分析。这一节仅进行概括性的框架分析，详细的讨论将在以后章节展开。

一、目前政策法规对海外投资的障碍

1. 政策法规不健全，不到位，执行起来不顺畅。"走出去"开展境外业务不仅是企业行为，更是一种国家行为，是我国参与经济全球化的重要途径，应由国家立法来保证它的正常开展。无论是对外投资水平极高的西方发达国家还是新兴经济体国家，都建立起了国家层面上的对外投资法律支持体系和多层次的社会服务体系，为企业对外投资提供支持。但到目前为止，我国还没有形成一套系统的完整的关于境内企业在海外投资的法规体系。近年来，国家各部门和省政府虽然制定了一系列的政策法规，例如，2004 年 10 月颁布的《境外投资项目核准暂行管理办法》（2014 年废止）、2006 年颁布的《境外投资产业政策》、2009 年颁布的《境外投资管理办法》以及《境内机构境外直接投资外汇管理规定》、2011 年通过并生效的《对外投资国别产业指引》、2012 年颁布的《"十二五"利用外资和境外投资规划》以及《关于鼓励和引导民营企业积极开展境外投资的实施意见》、2014 年颁布的《境外投资管理办法》以及《境外投资项目核准和备案管理办法》。其中，2009 年颁布的《境外投资管理办法》整合了之前分散的对外投资立法，提供了比较全面的对外投资法律文件，但这些都以部门规章和政策性措施的形式为主，没有国家立法的保证，立法层级低而且分散，再加上宣传力度不够，落实起来比较困难。由于国家和广东省没有一个统一的、整体性的对外投资政策和规章设计，因此，难以有效地指导和协调企业的对外投资行为。

此外，国家目前对非国有制经济对外投资的管理缺位，没有相应的政策法规。近年来，民营企业越来越成为广东省对外直接投资的主体，政府直到2009 年才出台适用于境内非国有企业境外投资行为的政策。随着经济的发展，越来越多的境内富裕阶层到海外投资，自然人在境外设立分公司形式越来越普遍，但是，目前除了自然人在境外设立特殊目的企业及其返程投资行为有法律依据以外，政府对于自然人在境外的投资行为的相关规范法律非常缺乏，而且关于自然人的境外投资行为的规范缺少专门的规定，很多方面的管理是参照相关业务的管理办法。2014 年颁布的《境外投资项目核准和备案管理办法》仅对各类法人境外投资行为进行了规范，但是，对于自然人境外投资行为只是说将另行制定具体的管理办法，到目前为止仍没有具体的管理办法出台。政策的模糊严重阻碍了自然人境外投资行为。

2. 多头管理，难以协调各部委之间利益关系。在国家层面上，管理部门包括商务部、国家计委、国家外汇管制局、财政部等部门，在省级层面上，管理部门涉及外经贸厅、省计委、省经委、省财政厅等单位。在这样的管理体制下，表面上各个部门各司其职，实际上各个部门从自己的管理权限和部门利益出发制定出各自的管理办法，又缺乏一个能够统一协调的权威部门，容易造成管理体系的混乱。包括境外投资政策的制定，也都是这样的多部门管理制度，使得企业难以及时了解政策法规，从而容易在实际工作中出现偏差。

3. 虽然由"核准制"改为"备案制"，变相审批仍然存在。虽然 2013 年出台的《政府核准的投资项目目录》规定企业只要不涉及敏感领域和地区，10 亿美元以下金额的项目就可以不用上报各级发改委单位进行审批，只交表格备案即可，即将对外投资的监管机制由"核准制"改为"备案制"，但是，在实际操作中备案制只是统计意义上的，有些地方仍然会有"变相审批"的存在。并且监管部门仍然"习惯"沿用原来的审查做法，因此，新的核准备案制仍然面对审批部门多、审批合计时间长、审批过程非透明的问题。这样的审查制度仍然不能够完全适应企业国际化经营的需要，因此，进一步改革的空间仍然很大。

4. 保护措施不完善。企业进行海外投资面临着各种各样的风险，例如，来自东道国投资环境、政治环境的风险，需要有来自母国的投资保障，发达国家完善的投资保险制度可以为企业提供应对各种风险的投资保障。近年来，我国对外直接投资规模虽然发展很快，但是有近 60% 对外投资是处在亏损状态的，这与海外投资保险制度的发展与对外投资发展不匹配有关，截至目前，我国还没有建立起完善的海外投资保险制度。对外投资保险制度是国际投资保护的重要法制之一，能够为企业在海外投资可能遇到的风险提供保障。由于投资保险制度的缺失，不能帮助对外投资者规避对外投资过程中遇到的各种风险，并且由于政治风险、自然风险等企业无力抵抗的风险遭受的损失不能得到赔付，极大地打击了企业进行对外投资的能力和积极性。例如，中兴在刚果的投资项目，合作协议达成后，刚果发生政变，导致项目两年没有结果，由于没有海外投资保险制度，该损失得不到补偿。2016 年 6 月中远集团和比雷埃夫斯港签订的收购协议就因希腊政变差点让中远蒙受巨额损失。

二、未形成社会支持体系，不能有力支持企业海外投资

1. 信息不畅，企业不能及时了解各种政策变化、市场信息以及国际贸易规则。一是虽然目前的信息网络已经十分发达，但在国内仍缺少一个能够提供全面、最新信息咨询的权威机构，企业仍不能全面地、及时地获得相关政策信息。相应的部门机构服务质量有待提高。例如，由于无法了解同行的计划，缺少事前的统筹安排，几个同行业的企业同时去同一个国家开展同类型的工程，导致用工缺口增大，成本上升。二是相互认证制度阻碍着国际贸易的发展。近年来，产品认证体系形成的贸易壁垒成为我国企业出口面临的主要障碍，中国出口产品达不到知识产权标准和环境标准都构成了中国企业出口的技术性障碍。其中，广东省企业受技术贸易壁垒的影响最为严重，2014 年广东省由于认证遭受影响的企业占全国总数的 1/4。因此，政府应该加强国内外认证相关法律的普及，指导企业按照国际标准和规则生产质量标准、环境标准和技术标准合格的产品和服务，增强企业认证意识。三是企业对目标国的市场前景、投资环境以及东道国对外商投资的管理办法知之甚少，在遇到经济纠纷的时候很难合理地运用法律武器保护自己的权益，白白遭受了不明损失，这也是影响企业成功进行对外投资的一个障碍。例如，中铁建 2009 年在沙特涉及 100 亿元人民币的铁路项目工程，由于沙特当地的风俗习惯禁止非穆斯林人进入工程区域，中铁建不得不招募穆斯林工人远赴中东，严重阻碍了工程进程，让中铁建蒙受高达 41.53 亿元人民币的损失。再比如 TCL 收购法国汤姆逊彩电业务，不仅没有达到预期效果，反而遭受巨额索赔。四是企业进行海外投资尤其是海外并购时缺乏战略前瞻性是影响企业海外并购成功率的一个主要因素。企业在进行跨国并购的过程中，需要制定正确的战略部署，而战略部署的核心在于选择正确的行业以及确定其市场竞争地位，并依据企业自身的经营规模、市场地位等，确定合适的并购对象。而中国企业在这一点上做得很不够，对并购对象的选择不够慎重，往往对行业前景错误判断，盲目进行跨国并购，战略部署缺乏前瞻性。所选择的对象大多是面临破产的、绩效差的外国企业。典型的案例如 TCL 收购阿尔卡特手机。

2. 行业内管理不顺，无序竞争。政策引导、协调不利。我国企业进行海外投资缺乏战略高度上的统筹和规划，也缺乏清楚全面的产业政策的引导，政府制定的产业政策和对外直接投资政策都是根据本部门利益为主制定，政策之

间缺乏协调性，缺乏对企业的投资行为进行有效的监管。政府部门各自为政、企业之间缺乏沟通，导致了企业盲目的开展对外投资，境外投资市场秩序混乱，在同一地区、同一行业重复投资、同业间恶性竞争的现象时有发生，例如，一些公司在国外市场上自相削价竞争，互相挖墙脚，严重威胁着境外企业的生存和发展。为提高对外投资的成功率和保证企业良好的投资环境，政府应该制定严格的监管制度和统一的协调机制，统筹规划，避免资源浪费和恶性竞争。

3. 融资困难。企业实力不足也是制约企业"走出去"的一个因素。广东省企业以专业镇中的中小型企业为主，规模小实力弱的企业很难获得政府和金融机构的资金支持，而进行对外投资最关键的因素就是资金，那些拥有先进技术的中小型企业也有对外投资的想法，但是，由于资金限制而难以实现。

（1）贷款难。广东省企业进行对外投资，往往缺乏有效的贷款途径。中国本土银行的全球网络尚未形成，例如，经过十多年的博弈，2008年美国才向中资银行发布营业牌照，导致中国企业在境外向中资银行融资困难。但如果在东道国贷款，由于企业对于东道国而言属于"新客户"，难以获得贷款优惠，利率高且贷款极少，偿还期短。若在国内贷款，则银行要以资产作抵押，因资产都在境外，无法落实，企业缺乏经济实力，对外投资资金不足。并且国内对于"走出去"的企业也有融资限制，例如，若贷款用作为企业资本金，则不予贷款。境内企业非常缺乏资本金，仅仅依靠自身的能力去筹得对外投资所需的金额，往往会错失很多良好的投资机会，而我国尚未形成发达的资本融资市场，银行和证券融资体系尚不能与国际接轨，且中资银行的海外网点设置网络尚未形成，还不适应企业大规模海外投资的需要，企业很难通过在国内和国际资本市场融资贷款来解决资金缺乏问题。

（2）信用担保难。企业的信用担保渠道比较单一，并且担保额度有限。传统的信贷模式使得企业在融资担保方面面临"瓶颈"，要承接境外工程则需要前期垫支大量资金，国家虽然设立了一系列基金支持，但对于对外承包工程融资现状杯水车薪，一些企业仍是自负盈亏，负债经营，企业资产负债率高居不下。加之广东省国有或私人的担保公司由于政府管控比较严格，担保公司的担保产品范围和额度比较小，对于金额比较大的海外投资担保业务和对外承包工程业务无法提供信用担保，导致许多公司失去了投标机会，2014年多个企业的海外投资项目因为融资担保问题而以失败告终，企业由此蒙受巨大损失。

但是值得一提的是，广东省在利用出口信用保险推动企业"走出去"也取得了一定的成效。中国信保广东分公司与广东省商务厅共同设立的"广东省中小外贸信用融资平台"等是为出口企业提供一体化服务的综合融资服务平台，助力广东企业国际贸易和海外投资的发展。2014 年广东信保累计为 4190 家企业的"走出去"提供融资担保，承保的交易金额达 558 亿美元，出口信用保险金额占贸易总额的 31.6%。并且广东信保也加大了对新兴市场、重点行业和后发地区如粤、东、西、北地区企业的支持力度。

三、企业竞争力有待提高

1. 对海外投资认识不足。不少企业海外投资战略不明确，海外投资并不是经过深思熟虑的市场行为，而仅仅是一种随机行为。这样的投资行为，一方面在投资前缺乏系统的市场调研和分析；另一方面在投资后的管理和生产上难以有长期保证，进而导致没有效益，或者干脆造成资产流失。另外一部分企业则缺少风险意识，相对国内投资，海外投资多了几重风险，例如，汇率风险、国外政治风险等，这也需要企业在投资前期考察和签署各项合同时要综合各种因素权衡。有的企业进行海外投资仅仅是因为这一届政府提出比较优惠的吸引外资政策而贸然进入，这样政府换届导致的政策变化就会给企业的经营带来很大的困难。

2. 企业缺乏技术优势，创新能力不足。目前广东省政府重视科技研发经费的投入，经过十几年的发展，广东省研发投入增长了近十倍，可见，广东省对科技创新的重视程度，但区域创新体系建设仍不完善。据了解，2014 年，广东省研发经费为 1605.45 亿元，占地区生产总值的 2.37%，同比 2013 年增长了 11.22%，仅次于江苏省，超过了北京、上海等省市，位列全国第二位。2000 年广东省研发经费只有 170 亿元，比美国的 IBM、英特尔和摩托罗拉三家公司的研发费用还低，仅占全省 GDP 的 1.59%，居全国第六位。据《中国区域创新能力评价报告（2015）》数据显示，广东省综合创新能力仅次于江苏省居全国第二位，并且在广东省各项创新能力指标中，企业的创新绩效在全国排名第一，位于综合创新能力最强的江苏省的创新绩效仅居全国第五位，但是，由于创新环境欠佳和企业创新能力不强，广东省的综合创新能力并不强。在创新潜力方面，广东省在全国 30 个省市中排 26 位，实力相当的江苏省则排在第 16 位。图 3-9 显示了 2015 年主要城市的区域创新能力综合效用值。

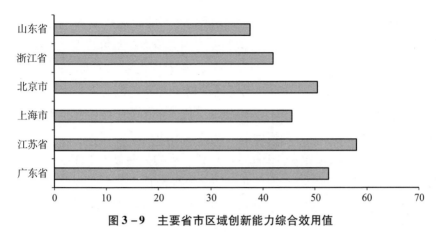

图 3 - 9　主要省市区域创新能力综合效用值

资料来源：《中国区域创新能力评价报告（2015）》。

　　相比发达国家和地区，我国对科技研发的投入强度还不足，2014 年我国研发投入占 GDP 的比重是 2.05%，低于发达国家的水平。广东省作为经济大省，深知科技对经济发展的作用，近年来，广东省不断加大对科技研发的投入强度，科研投入占 GDP 的比重由 2007 年的 1.27% 上升到 2.37%，高于全国平均水平，且广东省参与技术研发的人已经超过江苏、北京、上海等地位居全国第一。科研投入取得了一定的成效，到 2014 年，广东省拥有的有效专利数为 67 万件，科技实力不断增强，科技带动经济发展的成效也非常显著。然而与北京、上海等地相比，广东省科研活动的投入还不足，2014 年北京和上海的研发投入占 GDP 的比重分别为 5.95% 和 3.66%，远高于广东省，且在广东省的有效专利中，发明型的专利仅占 16.7%，而北京和上海的这一比例分别为 37.7% 和 25.9%，也都是高于广东省。虽然，广东省的综合创新能力比北京和上海强，政府还是应该加大对科研活动的投入，尤其是广东省正处在转型升级的关键时刻，应该大力发挥科技创新这一生产力的作用。

　　另外，广东省的很多企业没有自己的研发团队，企业不具备自主研发的能力，也缺乏积极创新的意识，再加上中国对产品知识产权保护不够，企业的生产多是模仿和山寨，这种现象在深圳尤其严重。这种做法不利于对创新的激励，阻碍创新对经济增长促进作用的充分发挥。没有自主创新的驱动，"广东制造"更多的是来料加工的形式，主导产业缺乏竞争优势，所谓的高新技术产业发展质量不高，即使发展最早、产值最大的电子设备制造业和电气器械制造业仍是以 OEM 型生产模式为主，核心技术、关键技术掌握在别人手中，导致企业在竞争中处于被动局面，利润率较低。这样的企业严重依靠要素成本优势，一旦这一优势不存在，企业的盈利能力和竞争力将不可持续。例如，近年来由于生产成本的上升和需求量的下降，广东省彩电业的利润率由 2010 年的 2.2% 下降到 2014 年的 1.9%。进行低附加值生产环节也使得企业的盈利能力不强，如一部苹果手机的生产，只进行加工组装环节的广东企业获得的利润不到 4%，而仅负责产品设计的美国能够得到一半的利润。

广东省虽然科技人员数多于江苏，但科研机构数明显少于江苏省，仅是江苏省的 1/3。广东专利申请量取胜北京和上海等地是因为广东省专利申请主要以外观设计和实用型专利为主，而经济效益巨大的发明性专利仅占专利申请总量的 16.7%，占授权专利总量的 12.78%，远远落后于北京、上海地区。但这不仅仅只是广东省的问题，江苏省、浙江省的专利授权也都是以外观设计项目为主，发明专利项目所占比重均不到 10%。从 2015 年《中国科技统计年鉴》数据可知，美国、日本等发达国家的专利如表 3 - 5 所示，均是以发明专利项目为主。这也凸显了广东省研发创新存在的问题：国家虽然投入大量人力物力进行研发，但是对关键的中间试验环节重视不够、投入不足，这导致了在实验室产生的成果不能够及时有效地投入到工业试验中，许多具有广阔市场前景的研发成果难以转化为商品，商业价值不能实现。表 3 - 5 是中国与发达国家专利有效数对比情况。

表 3 - 5   世界主要国家专利情况对比

国家	总计（项）	发明（项）	实用新型（项）	外观设计（项）	发明型专利占比（%）
德国	57399	44796	2481	10122	78.04
日本	244247	200736	9960	33551	82.19
韩国	48866	38925	1151	8790	79.66
美国	129563	106009	6663	16891	81.82
英国	9554	6886	427	2264	72.07
中国	4032362	708690	2265224	1058448	17.58

资料来源：2015 年《中国科技统计年鉴》。

从表 3 - 5 中能够看出，从专利总量上虽然我国的专利数量遥遥领先于世界发达国家，但发达国家的发明型专利基本上占专利总数的 70% 以上，而中国的这一比例仅仅为 17.58%，远远低于发达国家。这也体现了我国创新资源配置效率不高，虽然有大量的人力、物力和财力投入，但是真正能够促进经济发展的有效成果不多。

表 3-6 显示 2014 年北京、上海、江苏省和广东省等全国主要省市科技活动的有关指标，从表中数据可以看出，广东省虽然拥有的绝对有效专利数最多，但发明型专利占比远远低于北京和上海。广东省发表科技论文①数目最少，这与广东省高水平的高校数目少有关，目前广东省仅有 2 所 985 工程高校和 2 所 211 工程高校，远远低于北京、上海等地。此外，广东省研发经费投入占 GDP 的比重仅为 2.37%，低于同等经济发展水平的江苏。因此，广东省应该加大对研发经费的投入，并加大对发明型专利的研发投入。

表 3-6　　　　　　　　　　2014 年主要省市科技活动的有关指标

省市	科技成果统计数			注册商标数（个）	发表科技论文（篇）	研发经费/GDP（%）
	专利有效数（件）	发明专利数（件）	发明专利占比（%）			
北京	274667	103638	37.73	91252	118965	5.95
上海	218156	56515	25.91	76482	77165	3.66
江苏	594186	81114	13.65	79943	114340	2.54
广东	670131	111878	16.69	223470	62515	2.37

资料来源：国家统计局、2015 年《中国科技统计年鉴》。

创新能力的缺乏导致企业没有形成自身的技术优势，即便是企业通过海外并购具有先进技术的企业想要快速获取先进技术，在并购后的整合过程中也不能够充分的消化吸收和利用，因此，广东省的境外投资项目多集中在价值链低端、技术含量低的劳动密集型和资源密集型源行业。即使是占比较优势的家电行业，一些产品，特别是高档产品的核心技术仍然依靠引进。创新能力的形成需要国家在资金和人才等方面继续加大投入，广东省的支柱产业——电子行业的创新能力虽然目前有华为、中兴等一批创新能力强的公司支撑，但技术革新能力也是每况愈下，尤其是广东与长三角、京津地区相比缺乏电子产业的比较优势，再加上新的技术使得电子产业市场格局面临重新洗牌，更使得广东省电子行业的发展困难重重。家电产业是广东省的又一支柱产业，由于缺乏具有竞争力的技术再加上 2013 年以来互联网视频网站对传统电视行业产生的冲击，

---

① 科技论文包括研发机构和高校发表的论文数目总和。

2014年彩电的销售额和销售量均出现下滑，家电厂商已经不能再依靠传统的价格优势来谋求生存和发展而必须进行技术转型升级。当然，可以看到广东政府和企业都正视了这个问题，深圳市充分发挥其开放型城市的优势和敢闯敢拼的创新精神，努力将自身打造成全国领先的创新性城市典范。广东省政府也制订了促进工业转型升级计划，但要全面有效地实现广东省制造业的转型升级需要技术创新、体制机制创新的要素来增强发展动力，因此，广东省工业转型升级仍任重而道远。

3. 品牌知名度不高，营销能力较弱。多年生产经验的积累使得广东企业拥有制造高质量产品的能力，但长期以来，企业作为世界的加工厂，都是给国外知名品牌做代工生产，在国际上没有形成自有品牌。在欧美等成熟市场，消费者较难以接受新品牌；在新兴市场，虽然新品牌进入的成本要低，成功率要高，但需要很强的营销能力和营销网络作为支持。麦肯锡调查研究发现，中国企业在海外还未建立完善的销售和售后服务体系，专业营销团队的缺失导致企业对国外市场的需求了解不够，难以应对市场需求变动产生的冲击，另外，对于定价和销售方面的技巧的缺乏导致中国品牌产品很难与本土产品或其他国产品竞争，与外国的文化差异使得企业也不能了解客户的偏好，无法针对外国客户在设计和性能方面的个性化偏好进行设计和生产，不能够提供迎合市场需求的产品和服务。这些问题同样是广东企业"走出去"遇到的困难。

4. 人才缺乏。目前广东省的高水平大学有中山大学、华南理工大学、暨南大学等，其中，属于985工程院校的只有2所，211工程院校也只有2所，相对于北京、上海，高素质人才供应量明显不足。很多管理技术人员都来自外地，难产生归属感，并且长期以来，产生重商轻学的思想，企业注重短期利益，导致基础研究不够。由于缺乏对人才重视导致人才培训跟不上外经业务的发展，现行的用人制度和分配制度也不能帮助企业留在人才，人才的缺乏严重阻碍了企业对国际市场的进一步开拓。企业需要专业从事组织和管理对外投资活动的人才，因为对外投资意味着企业在海外经营要面临复杂的经济环境和法律环境，对东道国经济、法律政策的熟悉能够帮助企业避免很多不必要的损失，因此，这些人才必须既要懂经营管理又要懂法律法规，而广东省这方面的人才非常匮乏，不能满足境外投资的需要。

5. 管理滞后，制度不规范、不完整。一是在人的管理上，特别是国有企业外派人员的选拔机制和培训机制都不完善，因而造成一些外派人员不能适应外经业务的发展，违规交易、非法经营、决策失误时有发生。二是在财、物和经营管理上，一些企业制度不健全或有章不循，制度不落实，经营监管不到位。外派人员携款出逃，以权谋私的现象亦有发生，给外经业务的开拓带来了不良影响。三是在文化的管理上，企业到海外经营必须要遵循当地的文化习俗，很多企业在经营过程中不尊重当地的文化，甚至是不遵守当地的法律，损害了中国企业的形象，给其他在外经营的企业利益造成损失，也破坏了中国企业在海外的可持续经营环境。

第四节　中国与广东企业海外投资的政策、法规分析

一、中国企业"走出去"的政策环境现状

我国关于企业"走出去"的政策体系，主要包括政府管制体制、有关政策法规、境外投资的审批和跨国投资的国际法规四个方面。

1. 政府管制体制。

从管理体制看，归口管理部门是商务部（原外经贸部）。专业性管理部门则包括国家发展和改革委员会（简称发改委）、国家外汇管制局、财政部、中国证监会、银监会和保监会等，而省自治区直辖市也各自设立了相应的监管部门。各级政府相应出台了符合自身实际发展情况的若干管理办法或相关政策措施。我国驻外使馆的经济商务参赞处具有协调我国跨国投资企业与所在国关系的功能。以下内容是中央政府各部门有关"走出去"方面的管理职能概述。

（1）商务部（原外经贸部）：专门设立了国际经济合作司具体实施"走出去"战略，其他相关机构还有对外援助司、国际经贸关系司和各地区司。主要职能有以下六点。

第一，研究、制定推动企业"走出去"的总体规划和政策措施；研究和制定海外投资的战略、方针，拟订管理办法和政策；研究鼓励企业开拓国际市场的税收和财政政策，引导银行、证券市场为企业通过贷款融资和上市发行股票融资提供支持，充分发挥国家政策性金融机构的职能；对境外投资案例进行分析，总结和归纳企业投资过程中存在的问题，并根据问题制定境外投资政策；分析不同国家的投资环境和市场竞争前景，开展重点国别投资环境及市场

调研，根据调研结果制定境外投资产业目录与国别导向；组织参与多、双边政府间经贸活动，会同国外签订投资保护协定、避免双重征税协定、领事保护协定等；最关键的也是目前商务部亟待解决的，与国际组织和国外保险机构合作，构建完善的"走出去"保险体系，充分发挥政策性保险机构的作用，降低企业在海外投资的风险，让企业无后顾之忧，放心大胆地进行海外投资。

第二，研究制定管理办法，对各类境外企业和经济机构实施监督管理，组织实施年检工作；制定统一的对外经济合作的管理办法，对企业在外经营进行严格管控，让企业对外投资活动有法可依、有法必依，同时引导境内投资主体加强对其境外经营机构的管理和监督；联合其他管理部门制定境外经营机构规章制度、年度会计核算、成本汇出和收入汇回等重要经济活动应该遵守的规则；研究制定境外企业综合绩效评价办法及对境外企业进行绩效评价；制定境内投资主体到境外开设经营机构应该符合的标准；负责对企业外派管理人员的招聘和培训等工作。

第三，管理全国对外承包工程及设计咨询方面的业务，研究制定政策的管理办法；促进重点与国家承包市场的开发、大项目的推进；拟订并组织实施大型对外承包工程的投标许可制度，完善法规和监管措施，维护市场秩序；研究制定承揽世界银行、亚洲银行等国际金融机构出资的项目管理办法；制定对外承包工程经营资格的审定、批准制度以及对违规企业的处罚规定，核准审批经营资格，实施对企业行为的监督规范并依法对违规企业进行处罚；制定承接工程项目的经营资格的审核标准，并负责具体的审核工作；参与国际工程管理人员执业资格培训工作；联系中国对外工程承包商会和中国国际工程咨询协会。

第四，会同各有关部门研究、制定推动企业"走出去"的政策措施，包括财政、金融等方面的促进措施，建立相关的激励机制。"走出去"的政策法规都是由商务部、国家发改委和外交部等部门的联合制定的。多部门联合制定不仅能够实现政策资源配置的优化，还通过责任捆绑，避免某个部门以自身利益为出发点制定政策法规，并且很多政策涉及了各个方面的细节，超出单个部门的职能范围，因此，联合制定保障了政策的科学性、合理性和可执行性。

第五，商务部是处理我国与外国经济关系的主要部门，依据政府的授权可以代表政府与各国商务部门直接接触，处理我国与各国、各经济团体之间的双边或多边贸易纠纷，并且作为我国企业与外国企业沟通的桥梁，及时为企业的对外经济合作提供指导和帮助；作为我国企业在国际贸易中的利益守护者，商务部承担着我国在国际贸易中的谈判代表，为我国企业在贸易纠纷、合作谈判和争端解决等方面提供帮助。

第六，广东省商务厅负责执行商务部制定的有关法规政策，并根据广东省具体情况起草管理和规范对外经济合作的地方性政策法规。广东省是对外贸易大省，商务厅应着力构建公平的贸易环境，监管和整顿外贸出口风气，协助国外对我国出口商品的反倾销、反补贴、保障措施的应诉工作，为广东省对外贸易营造良好的环境；负责监督和规范境外经营机构的行为，保护被外派人员的合法权益；负责管理出口和加工贸易以及对外投资项目、对外承包工程和对外劳务的资格审批和监管；总的来说，广东省商务厅是切实为企业"走出去"提供服务、解决问题的政府主体。

（2）对外经济与投资合作司：是商务部内设机构，负责组织、协调实施"走出去"战略。具体职责可以分为几类：起草有关国内企业开展对外贸易、对外投资等形式的对外经济合作的法律、法规；制定对外经济合作发展战略及规划，并组织实施；制定企业实施对外投资的资格标准并依法实施审核职能；保障实施对外经济合作的企业、个人在境外的合法权益。

（3）国家发展与改革委员会：是统筹全国经济发展、宏观调控资源配置的重要部门，因此，发展与改革委员会对对外经济合作的管理职能是制定企业境外投资的总体战略规划，具体表现为投资目的国的选择、投资行业的选择、投资金额的总量平衡和投资结构的把握等；组织和管理重大项目稽查特派员工作。在国外资金利用司的职能中有"提出境外投资的总量和方向，安排境外投资的重大项目"的职能。

（4）国家外汇管理局：管理和规范对外投资过程中境外经营机构的汇兑行为，加强境内外外汇账户管理；依法监督管理资本项目下的交易和外汇的汇入、汇出及兑付，不断完善外汇管理工作；负责国家外汇储备、黄金储备和其他外汇资产的收支管理。企业"走出去"离不开外汇管理的支持，外汇储备将直接决定我国企业对外直接投资的能力。

（5）中国证监会：监督和管理投资主体到外国资本市场上通过发行股票、债券等方式的融资行为，并且监管在国外上市中资企业的日常经营活动；监督和规范境内企业到国外开设金融性机构。为了加大扶持企业"走出去"力度，证监会简化了企业申请境外上市的申请和审核程序，并且减少了企业在境外首次公开发行股票的所需要的审核材料。通过提高监管效率而不是复杂的核准程序来监管企业境外上市，极大地便利了境内企业境外融资。

（6）国家财政部：有关机构包括企业司、税政司，主要职能为以下两点。

一是负责研究关税以及涉外税收政策，拟定具体的实施方案；提出减免税、出口退税以及海关关税税率调整、关税配额、特别关税、进出口税则税目和税号修订以及优惠税率方案等重大事项的建议；应对处理有关国外对中国企业反倾销的调查，与外国进行有关涉外税收和关税的谈判。二是负责拟订境外企业和外商投资企业财务管理制度，负责国有资产产权管理。为了支持企业"走出去"，财政部不仅设立专项扶持基金对境内投资主体对外投资需要预先垫付的费用进行直接补贴，更对其贷款给予利息优惠。

2. 政府相关政策。

我国对企业进行境外投资制定的管理办法综合性政策法规和专项政策法规，主要文件有以下两方面。

（1）综合性政策法规，即具有全面指导意义的政策法规。2004 年第十届人民代表大会通过的《中华人民共和国对外贸易法》是政府实施对外开放战略的一部基本法律，对对外贸易经营者行为和对外贸易秩序进行了明确的规范，主要用以维护和规范对外贸易秩序，保护对外贸易经营者合法权益。2004 年 8 月 31 日商务部发布《关于内地企业赴香港、澳门特别行政区投资开办企业核准事项的规定》，公布了政府对企业到香港、澳门等地区开设工厂的审核标准、可投资行业、投资形式以及应该承担的法律责任。2004 年商务部通过的《关于境外投资开办企业核准事项的规定》详细规定了企业到国外开办企业应满足的资格条件以及资格核准程序、审核时需要的审核材料和政府审核重点，且规定了企业可以从事的境外经营活动范围。2006 年发布的《境外投资开办企业核准工作细则》规定各级部门在审核企业设立国外分公司时应该对东道国的投资环境、与我国的政治关系、地区安全状况、是否符合我国的政策导向、投资的地区布局以及东道国对外商投资的政策法规等方面作为核准重点，并制定了企业对外投资的审核办法。2010 年 7 个政府部门联合中国驻外使馆联共同发布的《境外中资企业机构和人员安全管理规定》明确规定了境外投资企业要加强对其外派人员的安全教育，增强企业和员工安全风险意识及应对安全突发事件的能力，尤其是对高风险国家和地区的投资企业必须严格遵守有关管理规定切实保护好其外派人员的财产和生命安全，最后明确指出对外投资主体对其派出的劳务人员的生命财产安全负有责任。2013 年通过并生效的《规范对外投资合作领域竞争行为的规定》规定了企业在海外经营过程中要遵循公平公正的原则，杜绝一切以不正当手段谋取利益和破坏对外经济合作良好秩序的行为，严厉打击在国外市场上不尊重当地文化和违反当地法律的行为，旨在为企业营造一个良好可持续的经营环境。2013 年开始生效的《支持境外经济贸易合作区建设发展有关问题的通知》明确了各部门应该对企业"走出去"提供的服务，目的在于加强境外经济贸易合作区的建设，支持企业"走出去"。2014 年发布的《境外投资管理办法》明确规定了企业进行境外投资应遵守的准则以及企业进行境外投资的资格审查方式即备案和核准方式，规定企业在境外投资活动中应该遵守的规范准则以及承担相应的法律责任。

（2）专向法规，即在某一方面政策的具体法规。境内审批方面。《国务院关于投资体制改革的决定》（2004）针对投资管理体制和审批制度中仍存在的一些问题提出一系列的改革措施。为充分实现企业投资的自主选择权，如目的国选择和投资金额的选择权等，该决定改革项目审批制度，针对不同规模不同性质的投资分别实施备案制和核准制，具体的改革内容也包括规范核准制和健全备案制，避免以备案和核准的名义实施变相审批，另外，该决定也规定要简化各个审批程序，划分中央与地方之间、各部门之间的审批权限。《境外投资项目核准和备案管理办法》（2014）是一部详细规定投资项目核准、项目信息备案程序的法律，该办法具体规定了政府的审核程序、核准时间和审核所需的相关材料。《境外投资项目备案证明》（2014）正式启动《境外投资项目核准暂行管理办法》（2007）中规定的对国有企业投资金额低于 3000 万美元和境内投资主体用汇低于 1000 万美元的项目实施核准制的决定。《完善境外投资项目管理的有关问题的通知》（2009）规定企业在与目标企业签订协议、向东道国审批部门提出申请或者正式竞标之前应该向发改委汇报合作项目的详细报告，包括投资主体情况、被收购目标情况、行业前景以及收购方案和收购时间等，发改委对于符合条件的投资项目于 7 个工作日之内给出核准意见，不符合要求的给出修改和完善意见。

对外承包工程方面：2008 年通过的《对外承包工程资格管理条例》是一部专门规范和管理海外承包工程活动的法律，是政府为了加强对海外承包工程管理制定的，所有在海外承包工程项目的企业的投标、施工和管理活动都必须遵循该法律的规定，该条例明确规定了境内企业从事境外工程承包活动应该具有的资格条件，规范了境外承包工程活动，明确了企业承包境外工程所要承担的法律责任；2009 年商务部通过的《对外承包工程管理办法》进一步具体公布了进行境外承包工程的单位应该具备的资格条件，规定了企业申请对外承包工程资格的申请流程，阐明了对境外承包工程实施监督管理的监管部门和监管办法，进一步重申了进行境外承包工程的单位应承担的法律责任，进一步加强和规范了对外承包工程管理。

对外投资方面。2011 年 8 月 30 日商务部等部门联合发布的《对外投资国别产业指引》，重点介绍了有关国家的产业政策、投资环境、市场前景以及政府重点扶持的产业和区域，协调和指导企业开展对外投资。为了凝聚企业核心价值，重塑中国企业的新形象，实现我国企业在境外的健康可持续发展，2012 年商务部等部门联合发布了《中国境外企业文化建设若干意见》的通知，规定企业在海外经营过程中要加强境外文化建设，在弘扬我国传统文化的基础上尊重并融入当地的文化风俗，尊重当地的风俗习惯，树立中国企业在当地市场上的良好形象，为中国企业在海外的可持续经营创造条件。人员管理方面有商务部等部门共同发布的《境外中资企业（机构）员工管理指引》（2013 年 3 月 29 日），这是一部致力于规范境外企业员工行为，加强企业员工管理的法律，该法律不仅规范了企业外派人员的选拔和海外用工行为，也强调了有关部门要加强对企业对员工管理方面的指导。商务部 2014 年第 3 号令《境外投资管理办法》也规定企业要作好外派人员的行前安全教育培训、纪律教育培训工作，负责其人身和财产安全。

企业财务管理方面有财政部自 90 年代以来发布的系列规定，如《对外经济合作企业财务制度》（1993 年）、《境外投资财务管理暂行办法》（1996 年）、财政部与国家税务总局共同发布《境外所得计征所得税暂行办法》（1995 年）及其修订办法（1997 年）、与劳动部联合发布的《关于改革境外企业工资管理制度的通知》（1995 年）、与外经贸部联合发布的《对外经济合作企业外派人员工资管理办法》（1995 年）、与劳动部联合发布的《境外企业工资总量宏观调控和社会保险制度改革办法》（1995 年）、2015 年国家统计局联合外经贸部发布的《对外直接投资统计制度》、外汇管理局和商务部印发的《关于境外投资联合年检工作有关事项的通知》（2009 年 12 月 28 日）等。从法律的演变过程来看，政府对企业财务的管理办法逐步由成熟度不高、合理性不强和可执行性不高向成熟完善系统合理的方向转变，例如，税收政策的改革更有利于减轻企业的税赋负担，进而帮助企业更好地在海外经营。

境外上市方面：国务院 1997 年发布的《关于进一步加强境外发行股票和上市管理的通知》，中国证监会发布的《关于企业申请境外上市有关问题的通知》（1999 年）和《关于涉及境内权益的境外公司在境外发行股票和上市有关问题的通知》（2000 年），这两部法律都对申请在境外上市的企业资格条件进行规定，企业境外上市必须符合我国产业政策、使用外资政策等的要求，且规定了具体的申请程序和申请资料；2013 年外汇管理局发布的《关于境外上市外汇管理有关问题的通知》是一部有关企业在境外上市过程中的外汇管理问题的法律，规定了境内公司在国际资本市场上市的过程以及其相关信息变更之后向外汇部门的报告程序；2014 年修改的《中华人民共和国证券法》对企业在境外证券交易公司上市、融资、发行股票行为进行了详细说明。

　　境外投资管理方面：2005 年颁布的《企业境外并购事项前期报告制度》（2005 年 3 月 1 日）规定了企业在海外实施投资前期应该及时将其拟并购对象的规模、盈利能力和市场前景等基本情况及其用汇资金来源向国家和地方外汇管理部门汇报；2009 年通过的《关于完善境外投资项目管理有关问题的通知》（2009 年 6 月 8 日）规定了企业开展境外收购和投标项目应该遵守的行为规范，在开展投资项目之前，企业应该对目标对象的基本情况进行充分的调查论证，在此基础上制定合理的收购战略，且企业实施的投资项目必须要符合国家的产业政策和相关境外投资管理规定；2014 年商务部颁布的《境外投资管理办法》（2014 年 9 月 6 日）规定了对企业境外投资的核准程序、行为规范以及企业应该承担的法律责任；2014 年通过的《境外投资项目核准和备案管理办法》（2014 年 10 月 9 日）进一步规范了境外投资项目的核准管理制度，明确了涉及不同行业、不同国家的投资项目以及不同交易规模、不同交易方式的投资项目的审核管理制度，即备案制和核准制的适用范围。

　　财税金融方面：2005 年颁布的《对外经济技术合作专项资金管理办法》（2005 年 12 月 9 日）规定了专项资金的使用规则以及申请专项资金的企业应具备的资格条件、申报过程以及相应的审批程序；2005 年发布的《关于实行出口信用保险专项优惠措施支持个体私营等非公有制企业开拓国际市场的通知》（2005 年 8 月 10 日）是政府为建立健全非公有制企业出口促进体系，积极推动非公有制企业"走出去"实施国际战略的政策措施，该通知明确规定了中国信保和有关管理部门必须为非公有制企业提供出口信用保险服务，帮助企业建立风险管理体系以规避和应对出口风险，进而能够更好的经营；2007 年国家税务总局发布的《关于做好我国企业境外投资税收服务与管理工作的意见》（2007 年 3 月 20 日）加强我国企业境外投资税收服务与管理工作，制定合理的税收政策为企业提供高质量的税收服务，为企业"走出去"营造良好的税收环境；2010 年国家财政部发布了《国外矿产资源风险勘查专项资金管理办法》（2010 年 5 月 1 日）规定了申请专项资金的企业应该具备的资格条件、申报程序以及所需要的申报资料；2015 年银监会印发的《商业银行并购贷款风险管理指引》（2015年2月10日）规定了金融机构要不断调整贷款方向，加大对有市场潜力的中小型企业的资金扶持力度，将更多的资金用于扶持有先进技术和管理理念的企业开展境外投资，不断完善企业海外投资贷款风险管理体系，鼓励和扶持有实力的企业"走出去"，帮助企业提升海外投资成功率和提高国际竞争力。

外汇管理方面有国家外汇管理局及其联合其他管理部门发布的一系列政策措施：2006年的《关于调整部分境外投资外汇管理政策的通知》逐步放宽了对境外投资的外汇管理，提高境外投资购汇额度，加强对购付汇行为的审核监督力度，防范境外投资风险；2009年的《境内企业内部成员外汇资金集中运营管理规定》是为方便境内投资主体境外投资的外汇使用，提高外汇资金使用效率而制定，规定了相互拆放外汇资金业务和外币资金池业务以及企业通过财务公司开展即期结售业务的管理办法；2009年发布的《境内机构境外直接投资外汇管理规定》规定了对境内企业资金汇出的管理制度、资格申请方法以及核准方法。

境外放款方面有2004年发布的《关于跨国公司外汇资金内部运营管理有关问题的通知》（2004年11月1日）规定符合管理规定的境内企业可以通过直接放款的方式向其境外拥有或控股的机构放款，但对放款主体和资金来源都有严格限制，其后外汇局又出一系列政策逐渐放宽这些限制，如2009年制定的《关于境内企业境外放款外汇管理有关问题的通知》（2009年8月1日）将投资主体扩大到了各类所有制企业，资金来源增加了人民币购汇和其他国家货币资金池；2012年发布的《关于鼓励和引导民间投资健康发展有关外汇管理问题的通知》（2012年6月11日）允许境内投资主体使用境内外汇贷款对其境外分公司进行资金支持；《关于进一步改进和调整直接投资外汇管理政策的通知》（2012年12月7日）允许外资企业向其境外母公司放款，但放款总金额不能超过其能够自由支配的利润总和；2014年发布的《关于进一步改进和调整资本项目外汇管理政策的通知》进一步放松对境内放款主体的限制，同时取消境外放款额度两年有效的使用期限。

对外劳务合作方面：2004年商务发布的《对外劳务合作经营资格管理办法》和《对外劳务合作经营资格证书管理办法》对申请开展境外劳务合作的企业应具备的资格进行限制，并规定了具有资格的企业的申请程序以及相应的审核程序，加强了对外劳务合作规范力度，促进对外劳务合作规范有序发展；2005年颁布的《关于加强境外劳务人员安全保障工作的通知》（2005年1月6

日）规定企业加强对外派劳务人员的安全培训，建立外派劳务突发预警机制，建立健全内部防范机制，同时规定各管理部门要加大对企业的监督和指导；2009 年颁布的《防范和处置境外劳务事件的规定》规定了应对外派劳务突发事件的处理程序和处理规则；2009 年颁布的《关于做好境外就业管理工作的通知》对境外就业中介机构的经营资格及其经营范围进行明确的规定，同时规定了企业提供中介服务时应该遵循的规则；2011 年财政部、商务部关于《做好 2011 年对外劳务合作服务平台支持资金管理工作的通知》规定了对服务平台的支持内容、申请资金支持的服务平台应该具备的资格条件以及管理部门对其资格的审核程序和支持资金的拨付程序；2012 年国务院通过的《对外劳务合作管理条例》规定了申请开展对外劳务合作的单位应具备的资格及其经营范围，即企业不得违反法律规定从事损害国家形象和利益的活动，规范了合作前签订的合同形式以及合同内容，明确了管理部门应对开展对外劳务合作企业的监管和服务工作，明确了开展对外劳务合作企业应当承担的法律责任；2013 年商务部分别颁布了《对外承包业务统计制度》和《对外劳务合作业务统计制度》规定了地方商务部门必须对企业开展对外承包工程和对外劳务合作项目的盈利情况、外派人员情况和雇佣情况等进行详细统计，以便有关部门对其进行监管；2016 年有商务部、外交部等部门联合发布的《涉外劳务纠纷投诉举报处置办法》规定了涉外劳务纠纷的处置程序及应遵循的原则，进一步规范了外派劳务市场秩序。

3. 有关政策的主要内容简要概述。

（1）外汇管理方面。近年来，"走出去"外汇政策支持体系不断完善，主要表现在以下四方面。

第一，逐步取消境外投资审批制度，放松企业进行境外投资方面的限制，对大部分项目实施以备案为主、核准为辅的管理新机制。但有以下情况需要经过核准：

①再投资项目只有涉及境内公司提供信用担保；

②涉及敏感国家、敏感行业的境外投资项目；

③中方投资额为 20 亿美元以上；

④被列入"负面清单"的公司进行境外投资。

第二，进行外汇制度改革，简政放权，逐步建立起以事前备案、事后核准为核心的外汇管理制度，即由事前审批改为事后监管，现在政府对企业在境外设立分支机构的外汇管理已经相当简单透明，企业也不会因为复杂的审批程序而错失投资机会蒙受损失。

第三，放松境内外母公司和子公司之间的资金往来限制，取消境内投资主体不得向其拥有或控股的境外机构放款的限制。

第四，为了境外投资企业融资便利，放宽了被担保人的资格条件，简化了对外担保程序管理，并且丰富了跨境担保，改善了境内企业的投融资跨境担保政策环境，便于"走出去"的企业在国际资本市场上也能够获得信用融资支持。特别是在目前中资银行海外分支机构网络尚未建成，中资企业在投资东道国融资渠道少、成本高的情况下，这样的措施能够帮助境外经营的企业也能够获得国内信用担保机构的支持，更好地促进了企业"走出去"。

2012 年外汇管理局《关于进一步改进和调整直接投资外汇管理政策的通知》的主要内容包括以下三方面。

第一，开展境外经营业务的企业开设外汇账户和将资金存入账户不需再经过外汇管理部门的事前审核，开户手续和入账审核均由银行根据国家外汇管理部门规定实施，并且不再对资产变现账户和资本金流入账户实施限制。

第二，企业在境外经营过程中如需购买外汇和使用外汇偿还债务，不需要经过外汇管理部门的审核，企业和个人在国内购买外资企业的股票时需要购买外汇也不需审核，企业汇出设立境外分公司所需要提前支付的费用也不需要经过审核，企业通过专用的放款账户向其境外机构汇出资金也不需要经过审核。

第三，放松境外放款管理，并且增加了用于对外放款的资金渠道，国内投资主体不仅可以用其自有资金向外放款，也可以通过境内外汇贷款来对其国外分公司进行放款，且在我国境内经营的公司可以向其母体公司放款，但是，对放款金额有限制，不能够超过其总利润。

2015 年外汇局发布的最新政策《国家外汇管理局关于进一步简化和改进直接投资外汇管理政策的通知》进一步深化外汇体制改革，取消了一些外汇业务的审核，主要内容包括以下两方面。

第一，取消外汇管理局关于境外直接投资外汇登记核准审批项，改由银行直接审核，外汇管理局间接监督。

第二，简化部分外汇业务办理手续，除需要境内企业（母公司）提供信用担保的境外投资项目外，其他项目不再需要进行再投资外汇备案。取消对外直接投资外汇年检制度，对企业的投资权益通过网上信息系统进行监管，年末企业必须自行或者委托相关机构将其年末投资权益及获取收益数据上报外汇局，对于没有按时上报的企业，外汇局将会对其实施业务管控。企业对其境外投资项目进行再投资时不用再向外汇局登记备案，这里的再投资不仅包括企业对其原来投资对象的追加投资，也包括企业对新的境外机构的投资。

（2）产业政策方面。一些发达国家尤其是美国、日本，甚至是经济发展不如我国的发展中国家都制定了相应的政策措施促进本国企业的全球化战略发展，我国也根据企业自身情况制定了促进企业"走出去"的产业政策体系，鉴于我国劳动力优势的消失和自然资源的缺乏，政府主要鼓励企业到境外开展资源开发和加工贸易等方面的投资，主要有石油、矿产、家电、机电、轻纺、加工制造业、高新技术、工程承包等领域。然而现有政策仍存在着一些问题。

第一，大多产业政策的目的是增加出口和利用外资，而针对对外投资的相关鼓励政策却很少。我国进行对外投资的企业多为制造业企业，并且是以比较优势对外投资为主，其他类型如学习型对外投资比较少。

第二，产业政策力度不够，综合服务体系规划方面的政策体系还不健全。政府虽然出台了鼓励企业实施海外并购、新建工厂、承包工程和开展劳务合作的政策，但是，相应的投资风险基金、保险基金、信用担保等方面的政策还不成熟。且已有的政策操作性不强，也很难落实到位，在实际操作过程中企业面临审批程序复杂、审批时限长的问题，很多优惠政策企业难以真正享受到。

第三，产业政策的信息咨询服务功能还不完善，对外投资统计和分析工作还处于初级阶段，具有指导性的文件还比较少。《对外投资国别产业导向目录》虽然对企业投资的目标国选择、产业选择具有一定的指导意义，但是，有关国外法律、政策和投资环境的信息还比较少，企业很难通过它对目标国的经济环境、市场潜力和行业发展情况有很清楚的了解。

（3）外贸政策方面。

近年来，我国出台的外贸政策多是稳定外贸发展的政策措施，如2012年出台的《关于促进外贸稳定增长的若干意见》决定从做好出口退税和提供金融服务、改善贸易条件、简化通关和产品检验程序、优化出口结构和加强监督管理等方面促进外贸发展。强调缩短企业办理出口退税的时间，让企业真正享受到出口退税政策的优惠，增加企业贸易融资的渠道引导金融机构对效益好的优质企业贷款，且加强对出口信用保险的扶持，扩大信用保险的受惠范围，尤其是设计出针对中小型企业的信用保险产品，帮助中小型企业"走出去"。贸易程序的简化、条件的改善和结构的优化有利于企业更好地开展对外贸易业务。2014年出台的《关于支持外贸稳定增长的若干意见》强调对外贸易优惠政策的实施力度，管理部门负责加强政策保障，全面落实政府有关简化贸易程序、改善贸易条件的政策措施，进一步优化了外贸结构，提高了出口企业的竞争力。2015年出台的《关于促进进出口稳定增长的若干意见》从规范和加强通关收费环节管理、稳定人民币汇率、加大出口保险规模和覆盖范围、推进电子商务等新型外贸模式发展、进一步提高外贸便利程度、切实改善融资服务等方面扶持外贸发展。2016年通过的《关于促进外贸回稳向好的若干意见》强调从加强对企业的融资支持、改善贸易条件、培育自身优势方面推动外贸发展。总的来看，这些政策内容都着力从以下这些方面促进外贸发展。

第一，优化外贸结构和改善外贸环境。对能够带动技术、设备和中间产品出口的境外加工贸易，给予优先出口的权利，简化其进出口通关和审核程序，提高通关效率。规范进出口经营秩序，加大对扰乱出口秩序行为的打击力度，营造公平有序法制化的出口环境。

第二，金融财税方面。通过差别准备金和利率、贴息补助等政策，加大金融机构对经济状况发展良好的外贸企业贷款支持。降低出口信用保险费率或者制定专门针对中小企业的出口信用保险产品，让中小企业都有能力购买出口保险，增强中小企业的抗风险能力。加大对大型成套生产设备、生产材料出口项目的承保额度，最大限度地保障出口企业的利益。2014年中国信保海外投资保险承保金额达358.4亿美元，中长期项目的承保金额达272.5亿美元。出口信用保险帮助企业规避损失的例子是中国信保与澜沧江能源公司的合作，当澜沧江在柬埔寨的投资项目受到东道国政治因素影响时，中国信保保障了其权益不受影响。

（4）人事政策方面。2010年出台的《对外投资合作企业在外人员相关信息备案制度的通知》规范了投资主体对其外派务工人员的信息登记程序，对相关人员信息的报送、更新和使用都有严格的规定，加强对在外人员的人身安全和权益保障工作。2013年出台的《关于加强对外投资合作在外人员分类管理工作的通知》进一步规范了外派劳务人员应具备的条件资格审查及其招募程序。2014年商务部发布的《对外劳务合作业务统计制度》明确规定了开展对外劳务合作投资活动的企业必须翔实、全面、及时地对其经营业务进行统计，以便有关部门对对外劳务合作项目的监督管理。进行对外经济合作的企业必须对其外派到国外的人员的安全和权益负责，为其购买保险，简化带动出口的投资项目外派管理人员的审批程序，并且组织对外派劳务人员的培训。

4. 对外直接投资的审批制度。由于历史的局限性，改革开放初期，我国实行的对外直接投资管理体制带有浓厚的中央计划经济的色彩，经过不断的改革试错过程，目前已经发展为以项目核准为主、备案为辅的管理制度。我国对境外投资的审批制度，从现行法规看主要集中在对境外设立分支机构、开展境外加工贸易、海外并购三类投资项目的审批上。为进一步简化企业境外投资手续，商务部逐步取消审批制度，放松对外汇、资格审批方面的限制，对大部分项目实施以备案为主、核准为辅的管理新机制。但对涉及敏感行业、敏感地区、中方投资金额过大的项目仍要通过有关部门的核准程序。进行审批和登记的政府部门主要有三个：国家和地方发展和改革委员会、商务部门、外汇管理部门。企业进行境外投资在报送项目信息给发改委部门，且签订了合作意向书和投资协议等法律文件之后仍要依次经过三个管理部门的审批。三者的审批权限如表 3 –7、表 3 –8、表 3 –9 所示。

表 3 –7　　　　　　　　　　　发改委和国务院的审批权限

申请人	项目类型	项目金额	审批部门		
			省级发改委	国家发改委	国务院
中央及地方企业	涉及敏感国家、敏感行业的项目	<20 亿美元	无	核准	无
		≥20 亿美元	无	审核	核准
地方企业	非敏感项目	≥3 亿美元	无	备案	无
		<3 亿美元	备案	无	无
地方企业	非敏感项目	其他金额	无	备案	无

资料来源：国家商务部网站。

表 3 –8　　　　　　　　　　　商务部的审批权限

申请人	项目类型	审批部门	
		省级商务部	国家商务部
中央企业	在未与我国建交国家投资	无	核准
	在受联合国制裁国家投资	无	核准
	在敏感国家和地区投资	无	核准
	涉及被限制出口的产品和技术行业的投资	无	核准
	影响一国（地区）利益的投资	无	核准
	其他投资	无	备案

续表

申请人	项目类型	审批部门	
		省级商务部	国家商务部
地方企业	在未与我国建交国家投资	初步审查	核准
	在受联合国制裁国家投资	初步审查	核准
	在敏感国家和地区投资	初步审查	核准
	涉及被限制出口的产品和技术行业的投资	初步审查	核准
	影响一国（地区）利益的投资	初步审查	核准
	其他投资	备案	无

资料来源：国家商务部网站。

表3-9　　　　　　　　　　外汇管理部门的审批权限

申请人	项目类型	项目金额	审批部门	
			地方外管部	国家外管部门
企业	境外直接投资前期费用汇出	15%投资总额＜前期费用	无	核准
		前期费用≥15%投资总额	核准	无
		境外直接投资外汇登记	登记	无

资料来源：国家商务部网站。

（1）境外设立分支机构的审批（以保险业为例）。《保险公司设立境外保险类机构管理办法》（2015年修订）对保险公司在国外开设经营网点、收购国外保险机构和保险中介的行为进行规范和审批，规定只有满足一定经营年限和具有一定资产实力，且具有一定承担风险能力的保险机构才能在国外市场上提供保险服务，并且其在境外的经营活动必须受到中国保险制度和保监会的监管，其规模和经营范围的变更必须要经过中国保监会的批准。

第一，资格审批：①营业时间超过两年；②上年末资产持有量至少为50亿元人民币，外汇资金持有量不得少于1500万美元；③赔付能力不低于保监会规定；④风险管控能力和内部制度符合保监会规定；⑤两年内未受重大处分；⑥与保监会建立长期监督合作关系；⑦东道国金融监管机制完善。

第二，审批材料：①申请书；②进行投资和持有的外汇资金来源核准材料；③上一年企业财务报表、外币资产和债务情况报告；④正规会计师事务所出具的赔付能力报告；⑤内部制度和风险管控能力报告；⑥拟设立的境外机构的情况，包括注册资本以及运营资本情况、股权结构以及出资额、名称、地址等情况；⑦境外机构运营的可行性报告、市场行情分析报告和具体筹建方案。

（2）建立分公司与代表处的审批。在专门针对境外企业管理的法律——《境外企业管理条例》出台并生效之前，我国按照外经贸部 1997 年发布的《关于加强境外企业管理事项的通知》和《关于设立境外贸易公司和贸易代表处的暂行规定》对在除中国香港、中国澳门和中国台湾地区以外的国家和地区成立分公司和代表处的资格和程序进行审批。

第一，申请资格：具有对外贸易经营权；具有 3 年以上对外贸易经营合作业务经验；获得进出口权之后从事外贸活动满一年；无违法记录，无不良信用记录；有相应的人才、资本和国际化经营能力。

第二，申请条件：企业出口能力必须达到一定程度，进出口总额超过 5000 万美元或者出口额超过 1000 美元；或对拟投资的东道国的出口额连续 3 年达到 300 万美元。

第三，审批程序：符合申请资格与条件的企业拟在一般国家或地区设贸易公司和代表处的，可自行决定并直接向外经贸部备案，备案材料包括备案表、对东道国出口额统计表等，备案后企业于 7 个工作日后可领取批准证书。

尚未达到申请条件的企业，由其向所在省级或直辖市外经贸部门申报，主管部门征求我国驻东道国使馆同意后审批并报外经贸部备案、申领批准证书；中央企业直接向外经贸部申报，外经贸部征求驻外使（领）馆经商处（室）意见后，审批并颁发批准证书。

申请在未建交国家和美国、加拿大、澳大利亚、日本、韩国、东盟及欧盟成员国等敏感、热点国家或地区设贸易公司和代表处的，一律由企业所在省级或直辖市外经贸主管部门征求驻东道国使馆意见后转报外经贸部；中央企业直接报外经贸部，外经贸部征求驻外使（领）馆经商处（室）意见后负责审批并颁发批准证书。

企业领取批准证书后，应该在 1 年内办理国内海关、签证、外汇等相关手续及进行境外国有资产产权登记。

（3）设立境外带料加工装配企业的审批。为鼓励我国轻工、纺织、家电以及服装等生产性行业具有跨国经营实力的企业到境外设立生产基地，千方百计扩大原材料、机械设备和技术的出口，利用外国廉价劳动力和丰富资源降低生产成本，降低企业进驻国际市场的"门槛"，进一步提高国际市场竞争力，国务院办公厅 1999 年 2 月 14 日发布了《关于鼓励企业开展境外带料加工装配业务的意见》。

第一，申报程序：中央企业直接向国家外经贸部申报，其他地方企业向省级外经贸主管部门申报，经过两部门联合审理之后再报送给两经贸委员会。经贸委立项审批之后，将审核通过的项目送外经贸部核准，外经贸部在征求驻东道国使馆意见后进行最终审核，并颁发批准证书。

第二，审批时限：地方主管部门收到企业申报材料后 15 个工作日内上报中央两部委，国家经贸委于 10 个工作日内立案审查，并将其初审意见报外经贸部，外经贸部于 3 个工作日内征求我国驻东道国使馆意见，并且于 10 个工作日内获得其书面反馈意见后，在 10 个工作日内进行最终审核颁发批准证书。

（4）企业实施海外并购投资的审批。第一，信息报告确认。对于交易金额 3 亿美元以上的境外收购和投标项目，在支付前期所需费用之前，应该将项目详细信息包括被收购目标方的资产情况、股权情况以及盈利能力向国家发展与改革委员会报送。发改委根据收到的相关信息对项目进行评估，筛选出符合国家政策导向的项目，并在 7 个工作日内给出审核意见。

第二，核准和备案流程。核准流程：投资主体先向地方发改委部门提交项目申请报告，地方部门提出初审意见之后交由国家发改委部门进行进一步核准，对于符合核准标准的项目，审核时间不超过 20 个工作日，对于不能在这个时间内给出审核意见的，由国家发改委负责人批准延长至 30 个工作日，并将原因告知企业。

备案流程：对于投资金额不超过 3 亿美元的项目实施备案制管理，地方发改委部门收到企业的投资申请后仅进行登记备案，对于涉及特殊行业和国家的项目需要在国家发改委备案的，则由地方企业将申请表及其附件先提交地方发改委部门，再由地方发改委报送国家发改委，国家发改委在受理备案申请表之后的 7 个工作日内，对将符合备案标准的项目出具备案通知书。

5. 跨国投资的国际法规。关于跨国投资法律保护的国际法制包括三个方面。

（1）双边投资条约或协定。国家和地区之间签订双边投资协定不仅是为了通过正式的法律形式保护本国企业对外投资的权益，也是为了在解决两国之间经济纠纷时有明确的法律依据。双边投资条约是协调国家和地区间投资关系的重要手段，对于促进国际贸易和经济技术合作发展，具有不可替代的作用，签订双边协定是各国保障保护本国投资主体利益的普遍手段。通过签订投资协定，东道国政府为我国投资者提供了健康、公平的投资环境，良好的投资环境更有利于推动我国企业的全球化进程。

截至 2014 年，中国已经与 130 多个国家和地区签订了超过 130 个双边投资条约，仍有效的有 103 个。其中，欧洲国家最多 44 个，亚洲国家 40 个，非洲国家 16 个，美洲国家 14 个，大洋洲国家 3 个，这些协定的签订能够保证中国企业向这些国家的投资都会受到有效法律的保护。但是，到目前为止，我国仍未与美欧达成投资协定，与美国的谈判自 2008 年至今已开展了 24 轮，与欧盟的谈判已有 9 轮也未能达成一致协定，但政府领导人仍积极地推动谈判的达成。与美欧投资协定的达成不仅能够全面深化双方的战略合作关系，为我国企业赴美欧投资提供更高水平的保护，更有利于我国深化改革、构建开放型经济体制。

（2）区域性投资协定。区域性投资协定是一个经济团体内部成员共同签订的，目的在于协调和统一成员国之间的投资政策。例如，东盟、欧盟、APEC 等经济组织内成员方之间签订的区域性文件即为区域性投资协定，文件的签署目的是保护其成员方的海外投资权益。目前世界上存在的经济体主要有欧盟、亚太经合组织等 22 个区域经济组织，其中，世界贸易组织（WTO）为世界上参与国家最多、影响力最大的经济体组织。具有代表性的区域性多边投资条约有欧盟前身，即欧洲共同体同非洲、加勒比和太平洋地区的国家签订的"洛美条约"，以及美国、日本等发达国家联合越南、马来西亚等东盟国家签订的跨太平洋伙伴关系协定（TPP）。签订的协定规定各成员方要在贸易和投资方面给予其他成员方优惠。此外，其他地区或国家集团之间也签订有投资条约或涉及投资的经济条约。以下内容介绍了世界上各大经济团体内部签订的区域性投资协定。

欧盟成立于 1995 年，总部设在布鲁塞尔，前身是欧洲共同体，现有成员国 26 个（英国与 2016 年 6 月 23 日成功脱欧）。早在 20 世纪 90 年代初，欧洲共同体 12 个成员方就签订了《欧盟条约》，要求实现欧盟内部资本的自由化，2004 年欧盟的第一部宪法——《欧盟宪法条约》诞生。2007 年 10 月 19 日欧盟各成员国首脑共同签订了《里斯本条约》，成为取代《欧盟宪法条约》地位的欧盟的现行官方法律。在内容上，这部法律进一步扩大了欧盟机构职能，加强了欧盟贸易政策一体化，即"贸易政策"不仅包括货物贸易，还包括服务贸易、投资，成员国不能独立制定贸易政策和投资政策，而统一使用欧盟制定的政策。

北美自由贸易区成立于 1992 年，总部设在华盛顿，目前的成员国有美国、加拿大和墨西哥。1989 年美国与加拿大签订了《美加自由协定》，1992 年墨西哥加入该组织，三个国家共同签订了《北美自由贸易协定》。协定规定各成员国必须遵守规定取消各国之间的贸易障碍，增加投资机会，给来自盟友国的投资者提供与本国国民相同的优惠政策。这些贸易优惠措施只是针对各成员国，但对来自其他国家的货物，仍然遵守原来的贸易壁垒。

拉丁美洲的安第斯自由贸易区成立于1995年，是拉丁美洲国家在经济方面进行合作的地区性经济组织。各成员国一致对外制定统一的关税政策，取消彼此之间的贸易限制。各成员国之间不仅制定统一的贸易政策，也实行共同的产业政策，以便于合理配置自贸区内的资源提高资源利用效率，促进自贸区的均衡和协调发展，实现经济一体化。

亚太经合组织（APEC）是由亚太地区有关国家和地区共同成立的，在推动地区之间贸易自由和抵抗贸易保护主义方面发挥非常重要的作用。1989年成立以来，成员从最初的东盟六国增加至现在包括美国、日本在内的21个。APEC的成立初衷是通过加强成员之间多边贸易体制的建设，降低成员之间的贸易和投资壁垒，促进加强亚太地区国家的贸易合作，力求各个国家相互依存共同发展。中国自1991年加入亚太经合组织以来，积极参与APEC组织的各项促进贸易发展的活动，遵守APEC制定的各项条约，在促进贸易自由化和经济技术合作方面贡献着自己的力量。同时，作为世界第二大经济体，中国也积极地对经济技术欠发达的地区进行技术和资本投资，与各成员建立密切的合作关系，帮助其提升产业技术水平和企业管理能力。中国多次对东盟国家进行技术输出，例如，广西农业职业技术学院多次通过技术培训和学习交流的方式向越南等国提供技术支持。技术输出为东盟国家创造了巨大的经济收益，同时，中国也能够从东盟国家经济发展中获利。

东盟自由贸易区成立于1967年，成员国已经发展为十个。2009年8月，中国与东盟签订了《中国—东盟自由贸易区投资协议》，其制定的国民待遇条款和最惠国待遇条款成为保障成员国投资者在自贸区内享有公平公正的投资待遇的有力武器。2010年中国正式与东盟十国建立中国—东盟自由贸易区，双方的经济贸易合作步入了一个新阶段，尤其是2015年全面实施"一带一路"倡议以来，东盟成为中国对外经贸合作的首选地区。中国一方面增加了对东盟的进出口贸易，另一方面也增加了对其资本和技术投资，东盟凭借其丰富的资源禀赋和廉价的劳动力优势吸引着大批中国投资者。双方的合作是互利双赢的，一方面中国从东盟获得稳定的原材料供应；另一方面东盟也从中国的技术投资中获得巨大收益，且东盟也因为与中国的合作关系提高了其在国际上的发言权。2014 年中国与东盟的贸易总额达到 48040 万美元,同比 2013 年增长 8.3%,2015 年前 11 个月的时间里,中国对东盟直接投资 91.3 亿美元,同比增长 109%。

跨太平洋伙伴关系协定也称"经济北约",是 2016 年由美国、日本等 12 个国家代表在奥克兰正式签署的,这一协定不仅涉及传统的贸易,也包括知识产权、用工方面的规定。协议规定成员方之间对 1800 多种类别的产品进行贸易时降低或免征关税,同时,协议也制定了多项高标准的条款,如政治标准、环境标准、用工标准。然而正是这些标准将中国拒之门外,也说明了我国的产业结构、技术和管理方式还不能支撑我国在国际市场上进行公平竞争,但随着我国"一带一路"倡议的持续推进,以及同韩国、澳洲国家之间投资协定的签署,我国已经呈现出全方位、高水平的贸易开放格局,TPP 对中国的影响并不大,并且 TPP 很多规则对中国并不利,不能加入也不完全是坏事。

(3)普遍性条约,即世界各国共制定、普遍参与的国际公约。20 世纪 60 年代以来,为协调紧张的国际投资关系,建立统一的国际投资制度,各种关于国际投资法典和国际投资公约的方案开始被提出来,通过归纳总结可分为三类:①制定统一的国际投资法典或条约;②建立国际性投资保险机构,为企业在国际市场上投资提供保障;③建立协调解决贸易纠纷和投资争端的多边机构。因涉及国家众多,且各国利益出发点不同,因此,很难形成统一的国际投资法典或公约,投资保险机构和争端解决机构在某种程度上难以成立。1966 年签订的华盛顿公约,旨在为缔约成员国之间的贸易和投资纠纷如强行国有化争端提供解决机制和法律依据,同时全球首个专门致力于解决国际投资争议的机构——国际投资争端中心依据华盛顿公约成立,通过协调和仲裁方式为国际间私人投资争端提供解决方案。20 世纪 80 年代,为了解决国际间债务纠纷,世界银行通过了《多边投资担保机构公约》,依据该公约建立的多边投资担保机构主要为流向经济欠发达和政治风险高的国家的投资提供非商业性保险,希望通过改善发展中国家投资环境促进更多的资源流向发展中国家。

WTO 成立于 1995 年,至今已有 164 个国家加入,是全球参与成员最多、影响力最大的国际经济组织。成立宗旨是扩大世界范围内的货物和服务出口,促进经济增长,提高生活水平。世界贸易组织体制下的《与贸易有关的投资措施协议》与《服务贸易总协定》则是从对外来投资者的待遇及对其市场准入标准方面入手,为跨国投资者在东道国的经营活动营造良好的投资环境。1958 年签署生效的《承认与执行外国制裁裁决公约》为跨国投资和贸易过程中产生的纠纷的仲裁裁决提供了法律依据，提高了国际仲裁活动公平公正性，为跨国投资者的投资权益提供了有力保障。

随着跨国投资规模的日益扩大，国际投资法律制度日趋成熟，这对于改善国际投资环境、协调投资关系具有非常重要的作用。我国加入 WTO 已经有十多年的时间，国际地位和市场竞争力不断提高，与越来越多的国家签订了双边友好协定，与此同时，面临的国际制约也越来越多，尤其是发达国家对我国出口产品实施的反倾销和反调查活动越来越多，来自国际市场上的经济冲击将会严重影响我国的经济发展。面对复杂的国际形势，我国一方面应该努力提高产品的竞争力，另一方面要加强在国际上的游说能力，以应对来自国际的经济纠纷。

二、广东企业"走出去"的政策环境分析

1. 政府管制体制分析。

（1）广东省商务厅：2014 年广东省公布了省商务厅、发改委和经信委部门的职能结构，新设的商务厅职责包括原来外经贸厅的职责，负责对出口和对外经济合作管理工作，拟定发展规划和相关的管理办法，指导和促进外贸体系的建设，起草与对外贸易和对外投资相关的地方法规并组织和监督企业实施；监督和规范有关商品、技术和服务的进出口贸易，避免威胁国家安全的产品和技术的进出口贸易；协调广东省与各个贸易伙伴的关系，协助企业应对来自国际市场的反倾销和反补贴调查，对违反贸易协定、破坏我国贸易风气的行为依法进行处罚；负责维护对外投资主体及其相关外派人员的合法权益。

原广东省外经贸厅：负责指导和监督对外经济合作项目。拟订并组织实施对外经济合作的管理措施，联合相关部门管理和监督省内在境外开办的企业；负责被外派到境外所设分支机构和代表处管理人员的培训和选拔以及相关技术设备出口的审核；组织并鼓励企业参与境内外各种展销会、洽谈会等，并制定境内企业赴国外和外商企业来华举办上述活动的管理办法；深化国有外经贸企业体制改革，帮助国有企业克服其在境外投资过程中遇到的政治障碍。

外经贸厅下属的对外经济合作处主要职能：负责对外经济合作的管理和监督职责，组织贯彻落实相关的政策法规；规范对外贸易经营秩序，指导国际市场开发，联合相关部门依照相关规定核报广东省在境外开办工厂、承包工程和开展劳务合作等实行的对外经济合作业务，并依法审核其经营资格；负责对境

外拥有或控股的企业及其派出劳务人员的核报与监督管理；负责对赴敏感国家（地区）的对外经济合作项目的申报和核准工作；负责对外经济合作业务统计工作，处理解决与对外经济合作业务有关的贸易争端。

科技发展与技术贸易处的主要职能包括：推进科技兴贸战略；参与制定技术贸易的政策以及鼓励技术和成套设备出口政策；负责出口商品质量、品牌及进出口贸易标准化的协调管理；推进进出口贸易标准化体系建设；执行国家禁止、限制进出口技术的政策，监督和严厉打击违反国家规定进行威胁国家安全的技术和货物交易的行为，负责发放相关的许可证事务；协调管理技术、高新技术产品的出口和技术引进工作；推进企业、双边技术合作，负责协调高新技术产品出口市场拓展和科技兴贸专项资金的管理。

（2）广东经济贸易委员会：指导工商企业开展国际化经营，包括引导工、商、贸企业吸引外资和开展对外经济技术合作与交流；负责贯彻和实施省名牌带动战略提升企业国际竞争力、帮助企业开拓国际市场等相关工作；规范和管理工商领域社会中介组织，并引导和鼓励其充分发挥市场协调作用。

（3）广东发展和改革委员会：研究和发现对外经济合作管理体制中存在的问题，制定并实施具体的改革方案，协助国家发展和改革委员会对有关体制改革的政策法规的起草和实施；负责审查和批准重大对外投资项目，做好协调广东省与中国香港、中国澳门、中国台湾及国外的经济交流与合作；加强对国际市场的战略研究，从战略层面上对广东省开展对外投资进行规划，具体包括投资目的国的选择、投资行业的选择以及对投资总额的把控。

（4）国家外汇管理局广东分局：负责广东省内企业境外投资用汇资金的来源审查、管理和登记事项，并依法规范和监督企业境外日常经营活动，处罚违法违规行为；制定外汇使用规则，如对能够促进货物、技术、设备出口减少进口或者能够获取国外先进技术等的投资项目给予外汇支持。

（5）广东省财政厅：财政厅下设的外经金融处主要负责拟订和执行涉外金融机构的财政政策；负责监督境外经营企业相关外汇收入税务的缴纳。

2. 广东省相关政策法规分析。

（1）广东省境外投资审批制度。为了响应国家号召大力实施"走出去"战略，广东省鼓励综合实力较强的国有企业和民营企业开展对外投资，近年来，商务部与国家外汇管理局联合起来从简化审批程序、简政放权等方面进行境外投资审批工作的改革已经在全国推广开来。广东省作为开展对外经济合作的先驱省份，在体制改革方面也首当其冲，2012 年颁布的《关于支持企业开展跨国经营加快培育本土跨国公司的指导意见》中有关简化境内投资主体对外投资审批手续的规定，不仅要简化投资项目的核准手续和投资用汇核准手续，而且简化投资主体外派人员的出国核准手续；对于中方投资额在 1000 万美元以下的项目由地级以上的市外经贸部门核准，省属企业开展上述投资项目的，由省外经贸部门核准；加大对资源类开发投资项目的核准，对投资额不超过 3000 万美元的资源开发类和不超过 1000 万美元的非资源开发类境外投资项目，企业可以自主到外汇管理部门办理用汇手续；对境外投资企业人员出国核准采取"一次审批，一年多次有效"的措施，大大削减了外派劳务人员的审批程序。

依据《境外投资管理办法》广东省制定了《广东省境外投资业务办事指南》（2014）规定，涉及特殊国家和行业的境外投资需要经过国家商务部的审核，审核时限为 15 个工作日，申请材料为申请书、《境外投资申请表》、经境外投资相关合同或协议、投资企业营业执照以及相关部门允许产品或技术出口的证明材料；对于不涉及特殊地区或行业且投资金额不超过 1000 美元的只需经过省商务厅的审核，且当日出具审核意见，而对投资金额在 1000 万美元以下的项目则只需经过市商务部门的核准，且当日出具审核意见。

（2）外汇管理方面。2014 年出台的《广东省境外投资外汇管理试点办法》中所称境外投资是指在广东省内注册成立的公司包括国有企业和民营企业在内以新建、并购、参股的形式对境外企业取得拥有权或控股权的行为。

在遵守国家外汇管理局对广东省对外经济合作外汇购买总量限定的基础上，重点保证满足国家战略性境外投资项目和能够带动原材料、技术、设备以及产品出口的投资项目的用汇需求，对开发利用国外资源、带动出口减少进口、获取国外先进技术设备及以抢占国际市场、获得研发资源提高研发能力的境外投资项目的用汇尽量给予政策上的支持，对其他项目原则上要求以自有外汇投资。

各市外汇分局辖区内投资主体境外投资项目的用汇金额不超过 100 万美元的，由企业所在地的外汇部门直接向其出具外汇资金来源核准意见；超过 100 万美元的，市外汇部门初审后上报广东省分局审查。深圳市分局辖区内用汇金额低于 300 万美元的投资项目，由深圳市分局直接向其出具外汇资金来源审查意见。广东省分局辖内（包括深圳市）企业境外投资项目的用汇金额超过 300 万美元的，由广东省分局核准后上报国家外汇管理局进行核准。

（3）人事档案管理办法。《广东省驻境外及港澳地区国有企业档案管理办法》（2014）规定国有企业设立的境外分支机构必须建立健全档案的统计、保管等各项管理制度，将档案管理作为企业生产、经营的一部分，统筹安排，加强管理，且各级档案管理部门对本级政府直属的国有境外企业的档案管理工作进行统筹安排。

（4）对中小企业、民营企业的鼓励办法。2012 年颁布的《扶持中小微企业发展若干政策措施的通知》中规定，广东省财政厅每年安排 2000 万元作为鼓励和支持民营企业实施国际化战略的专项资金。利用省财政厅设立的"走出去"专项资金为扶持中小企业到海外设厂、建立营销渠道的前期费用、启动资金、贷款等方面提供帮助。积极组织中小企业参与国外举办的国际性展览，提高其产品的国际知名度。2013 年颁布的《关于进一步扶持中小微企业发展和民营企业做大做强的意见》鼓励私有企业到国外以收购和合资形式拥有或控股外国公司，设立研发中心，充分利用国外先进的研发资源提升自身的技术创新能力，到资源丰富和劳动力充足的地方投资办厂以充分利用当地的生产资源降低生产成本，克服国内劳动力成本上升、资源紧缺、环境压力难以为继的困难，通过并购海外企业利用其已有的市场资源建立营销渠道，参与全球资源整合。2014 年颁布的《支持大型骨干企业发展若干政策措施》将境外实际投资金额超过 5000 万美元且对广东省"走出去"有拉动作用的项目列为重点扶持对象，由"走出去"专项资金给予重点扶持。2016 年出台的《广东省促进民营经济大发展若干政策措施的通知》对私有企业开展对外经济技术合作项目给予一定比例的补助，对民营企业境外投资为降低投资风险而产生的保险费用、融资信用担保费用给予财政扶持，建立"走出去"公共服平台，为民营企业"走出去"提供法律、税收、投资环境等综合服务，继续加大对中小企业博览会的支持。

（5）地区政策。随着"一带一路"倡议的全面实施，广东省已将"一带一路"沿线国家作为重要的海外市场，并且制定了一系列鼓励企业到这些国家投资的政策，2015 年 6 月广东省率先响应国家号召发布《广东省参与建设"一带一路"的实施方案》。该方案涉及提升对外经济技术合作水平、加快"走出去"战略步伐、扩大"走出去"规模等 9 个方面的合作，并且 2015 年广东省对"一带一路"沿线国家推动了 68 个投资项目，投资金额达 554 亿美元。

随着中非贸易关系的深化，作为对外投资大省，广东省大力扶持企业赴非投资。2011 年广东省经信委和外经贸厅联合国家开发银行广东分行成立专项投资基金对赴非投资的企业进行投资补贴。2009 年以来，广东省对非贸易快速增长，从 2009 年的 935.3 亿元到 2014 年的 500 亿美元，且广东省扮演着中国对非洲贸易的重要桥梁作用，广东省对非贸易额占中非贸易总量的 25% 左右。2015 年广东省国际贸易促进委员成立广东国际商会非洲投资贸易联盟，引导和激励企业到非洲投资。

三、现行政策体系在实施中存在的主要问题

1. 缺乏相对独立性。前面的章节也有提到，对外直接投资和对外贸易是企业"走出去"的两种形式，并且两者是有相互替代的关系，在改革开放后的很长一段时间里，我国推动企业"走出去"的政策多是以促进出口的政策为主，即使是对外直接投资政策也倾向于战略性贸易政策，因此，有一定局限性。

从我国对外经济合作管理体制的发展变革路程来看，一开始就是以促进战略性贸易发展为核心来建立对外经济合作管理体制的，这与我国改革开放初迫切需要通过出口拉动经济增长的基本国情相吻合。20 世纪末 21 世纪初，随着对外贸易规模的不断扩大，我国在世界贸易中越来越扮演着重要的角色，长期的贸易顺差积累了大量外汇储备，中国企业也逐渐具备了进行对外直接投资的能力，为开展对外经济技术合作积累了丰富的物质基础。同时，国家也提出"走出去"战略，主张在"引进来"同时鼓励有实力的企业"走出去"，这为开展对外经济技术合作提供了政策支持。国家对对外经济技术合作的政策扶持导向仍然是以扩大出口为主，因此，一直以来，国家对对外直接投资的规范政策都比较少且年份比较久远，系统地对外直接投资政策体系还没有完全建立。且此时政府鼓励对外投资的对象还主要是国有企业，随着对外投资经验的丰富和投资效益的增加，政府逐步放开对民营企业对外投资的限制，这一鼓励措施的颁布也成为政府稍后提出的"走出去"开放战略的前兆。

1999 年通过的《关于鼓励企业开展境外带料加工装配业务的意见》是我国对外投资进程中的里程碑，在积极扩大出口的同时鼓励实力雄厚和技术先进的国有企业到境外设立加工厂，一方面扩大原材料和技术设备的出口，另一方面将劳动力密集型和资源密集型的产业转移到资源丰富和劳动力成本低的地区，为国内高新技术产业的发展提供发展空间。《关于鼓励企业开展境外带料加工装配业务的意见》对开展境外加工贸易的行业和投资主体选择以及投资方式和投资地区选择进行指导，即具有比较优势行业中综合实强、管理水平高的

企业以现有成熟技术或设备、原材料等实物向投资环境好、政治风险低的国家投资。同时，该意见从资金支持、简化外汇手续和出口退税方面提出了一系列针对措施，真正为企业开展境外加工贸易提供支持。随后，国务院又分别制定了相应的配套文件协助意见的实施。但是，该意见仍侧重强调境外带料加工贸易对出口的驱动作用。因此，我国对外经济技术合作政策更多只是与对外经济合作有关的战略性贸易政策的一部分，独立性不强，具有一定的局限性。

我国还没有形成一部完整的既适应我国经济发展情况又不违背国际规则的《境外投资法》，目前指引、规范和管理"走出去"业务的法律也都是在旧法规的基础上稍作修改，有的甚至从 2000 年至今没有更新，很难适应经济快速发展的需要。并且很多政策是有关管理部门的内部文件，彼此之间的关联性不强，缺乏整体性，更有甚者相互冲突。政策体系相互独立缺乏系统性和稳定性严重制约了海外投资的发展。

2. 民营企业的管理缺位。近年来，民营企业已经成为我国开展对外经济技术合作的主力军，相对于国有企业在海外投资中遇到的政治障碍，民营企业以市场为导向的发展理念和行为方式更能够被国际市场接受。因此，加快"走出去"战略的推进更需要民营企业的参与，然而现行境外投资管理体制中政府对非国有投资主体的境外投资的管理体制缺乏。

虽然政府制定政策推动民营企业进行境外投资，规定民营企业在对外投资资格核准、对外承包工程资格核准方面享有与其他企业相同的待遇，在政策的实施过程中民营企业通常很难享受对外投资的财税优惠、补贴政策。政府疏于管理必然会在一定程度上造成部分国内资金的外流。

3. 对外投资事后监管极为薄弱，境外资产流失现象严重。从我国对外直接投资程序中能够看到，各个部门对投资前期的审核过程非常重视，往往要经过不同部门多个审核程序，但是，对事后的监管却只是流于形式，监管部门的设置中也更没有专门进行事后监管的部门。尤其是我国规范和管理境外投资的法律体系中，也更多地涉及对投资项目的前期审核，而很少有对境外投资的后期监管。我国海外投资的宏观管控手段为对项目进行层层审批，实际操作中对投资后期的监管、跟踪、统计、分析工作缺乏重视。近年来，由于后期监管不力加上国有企业经营灵活性差、决策慢导致的国有资产流失现象时有发生。问题产生的原因主要是不同监管部门之间的审批体制相互独立，彼此缺乏沟通交流，且各部门对投资的事后监管责任相互推诿，相应的法律、经济和行政管制手段缺失，甚至出现企业拿到投资资格之后便不再接受管理的现象，仅有的事后监管也形同虚设。因此，加强对对外经济技术合作的事后监管尤其是国有企业对外经济合作项目的事后监管应该成为构建对外经济合作监管体系中的重点。

事实上，我国早在20世纪90年代就颁布了相关的法律政策来规范境外资产的管理，但是，由于缺乏相应的境外监管机构和监测机制，境外资产监管难以落到实处。2011年和2012年，国资委又密集出台了一系列有关境外资产管理暂行办法，初步建立了境外投资财务联签制度、重大事项报告制度和外部审计制度，但由于颁布政策的部门主体层级不高，基本上以部门内规章为主，收到的作用甚微。

4. 国内立法与国际立法缺乏协调。我国对外直接投资立法体系存在着国际与国内协调不一致的问题，具体表现在以下几个方面。

（1）有关"投资者"的规定。我国对对外投资主体的规定过于严格，即不仅具有法人资格，而且必须是获得境外投资许可的公司、企业或其他经济组织，这里的规定不仅将个人投资者排斥在对外直接投资主体之外，也限制了一些法人组织开展对外投资活动。直到2015年，我国才通过允许境内个人投资者到境外投资的试点改革，但是仍对个人投资主体具有严格的限制，即开展境外投资的个人其金融净资产最近3个月内日均余额不得少于1百万元，还要通过境外投资风险承担能力测试之后才能够获得资格，且个人投资者最多只能将其资产的一半用于境外投资。然而我国同法国签订的《中法保护投资协定》却规定依据缔约任何一方依法成立并在其领土内设立公司总部的直接或间接控制的各种经济实体或法人都具有对外直接投资资格。我国同其他国家签订的双边条约也都规定公民可以进行境外投资。对境外投资主体的严格限制虽然在一定程度上保护了公民的资产安全，但也限制了公民通过海外投资获利的权力，在一定程度上损害了其利益。

（2）国民待遇问题。我国实行的国民待遇规则为对内外资实施双轨制的管理模式，即对本国企业和外资企业在新设、并购和增资扩股方面实行不同的管制方式，既有优于本国投资者的"超国民待遇"，也有劣于本国投资者的"次国民待遇"，这两种模式都不利于我国的对外投资发展，"超国民待遇"会造成本国企业在与外资企业的竞争处于劣势，而"次国民待遇"则会让我国面临国际仲裁机构制裁的境地，因此，必须及时解决外资准入国民待遇不同的问题。

（3）开业权问题。开业权即接受直接投资的东道国同意外资企业在其境内设立分支机构，并且享有与本国企业相同的权利。发达国家（日本、北美自由贸易区）同意外资在任何部门的投资，虽然也规定在个别特殊部门的投资会受到一定限制。而我国《公司法》对外资企业的分支机构采取严格的核准制管理办法，即外国企业在境内设立分支机构必须经过相关部门的审核获得资格之后才能进行登记注册。2016 年国家工商行政管理总局对《外国企业在中国境内从事生产经营活动登记管理办法》的修改中规定，外资企业必须经审批部门批准登记后才能够取得营业资格。

（4）投资审查问题。北美自由贸易区没有关于投资审查方面的规定，对外资的审查是被禁止的。而改革开放后的很长一段时间里，中国对待外商投资项目实行全部审核制，直到 2013 年，《政府核准的投资项目目录》才规定将管理方式由全部审核改为部门审核和普遍备案相结合的形式，仍然保留了外商投资需要不同层次的部委和政府的审查程序。

（5）国有化征收问题。与发达国家不同，作为发展中国家，我国主张国有化是国家的固有主权，国际社会上虽然承认其合法性，但是，对国有化征收提出一定的限制条件，关于强制国有化的补偿也没有一个统一的标准。

（6）透明度要求问题。在国际贸易体制中，透明度已经与国民待遇和最惠国待遇一样成为一项基本原则，即要求东道国为外商投资者提供公平、透明的投资环境。但是，我国制定了一系列复杂的政策法规监管对于外资投资，且管理主体多且较为分散导致对外商投资的管理体系混乱，加大了外商投资的不确定性风险。

（7）争议解决问题。我国虽然加入了多项国际仲裁协定组织，但在面临国际间经济争端时，我国多采用调解程序和协商的方法解决问题，这种解决问题的方法耗费时间长、效率低下，给外国投资者留下了处理争端问题缓慢、仲裁结果执行困难的印象，不利于我国同其他国家开展双向贸易。

四、广东省对外投资法规体系现有的问题

1. 政策法规体系不完善。在我国海外投资法律法规体系尚未完善之时，广东省对海外投资的法规条例也是比较零散。比较多的法规都是集中在境外带料加工上。各部门的条例没有统一连贯性。

政策应该能够为企业提供战略指引、法律法规保障、信息与服务支持、财政和金融支持、税收优惠和投资保险等方面的扶持。2015 年 8 月广东省商务

部门对广东省"走出去"企业进行有关企业"走出去"扶持政策的调查问卷，结果显示，税收政策、外汇政策和财务政策是企业最需要的优惠措施。近几年，广东省政府在国家加快"走出去"战略实施的大背景下，制定了一系列覆盖法律援助、融资、税收等方面的政策性支持体系，但在投资保险、信息服务体系、融资体系等方面仍然应该借鉴发达国家的经验，政策体系仍不完善。

我国投资保险制度起步晚，且保险机构单一。我国对外投资保险真正建立于20世纪之后，20世纪以来我国对外投资的目的国由日本这样政治风险低的国家扩展到欧洲、非洲等投资潜力巨大但政治不稳定的国家，对外投资风险加大，因此，2001年我国最先专门经营出口信用保险业务的政策性保险机构——中国信用保险有限公司成立，为货物、技术、服务特别是高新技术产品和机电产品的出口项目提供保障，以及为企业开拓海外市场特别是能够带动设备和原材料出口的对外贸易项目和以获取国外先进技术设备及国际市场、提升自身科技研发能力为目的的境外投资项目提供信用保险。虽然中国信保的成立是我国建立对外投资保险制度的重要进步，但是从立法角度看，我国还未形成一部成文的《对外投资保险法》，有关对外投资的法规，国内方面多是相关部门颁布的部门规章，国际方面则是靠我国与其他国家签订的双边和多边投资协定以及一些国际公约，对投资的保障能力有限。且对外保险的承保过程是采取审批主体和经营主体分离的模式，极易造成腐败，妨碍对外投资保险的商业化运作。

信息服务体系尚不完善。2015年10月广东省建立了对外投资合作信息服务系统，旨在对对外投资企业进行信息采集、归纳、分析，利用信息化管理平台为企业开展全面、高效的信息服务，例如，有关海外市场环境、投资环境、对外商投资的法律政策等信息，为企业对外投资的目的国选择、行业选择以及对象选择提供指导建议。但由于系统刚上线不久，很多功能无法完全实现，目前能够实现的就是对信息的录入，离实现真正的信息共享还有差距。

2. 缺乏明确的战略指导。政府的政策应该为企业"走出去"提供行业布局和区位布局指导，避免企业之间由于缺乏沟通而重复投资、恶性竞争。即便是到对外投资高速发展的今天，广东省仍未形成对海外投资的整体战略和产业规划，多个部门制定的投资引导政策由于缺乏统一性，对企业投资的战略指导作用不大。由于缺乏政府的战略指导，多数企业的海外投资多数是随机行为，很多企业只是看到竞争对手通过海外并购获得了收益或者贪图海外处于破产边缘的企业的收购价格便宜而进行海外并购，而并未将海外投资纳入到企业中长期发展战略中，在这种情况下制定的并购战略必然是以失败告终，不能达到提高企业经济绩效的目标。且参与对外投资仍以参与国际分工中低附加值生产环节为主，而以转移剩余产能的投资不多，并不能够缓解广东省产能过剩、资源紧缺、环境压力难以为继的问题。由于缺乏统一的沟通协调，各部门、省市之间各自为政，导致广东省企业"走出去"到海外投资具有一定的盲目性，海外重复建设、恶性竞争现象严重，严重影响广东省境外投资的整体效益。

目前广东省还没有出台符合自身经济发展情况的对外投资产业指导目录，仅仅是参照商务部颁布的《对外投资国别产业指引目录》。这样不利于按照广东省实际情况来指导企业对外投资，从而难以实现通过海外扩张促进产业转型升级的目标。

政府宏观政策指引的缺失，导致企业由于对国内企业进行海外投资的情况不了解而发生同类型的企业到同一个市场上开展类似的投资项目，重复投资不仅造成了资源浪费，也加剧了同类企业之间的恶性竞争。在广东省企业的海外投资史上，企业花费巨大成本谈了很久的项目被后来的同行企业以非竞争手段而夺取的案例时有发生，不仅给企业造成巨大损失，也在一定程度上破坏了中国企业在海外市场上的投资风气。虽然在市场经济条件下，项目由企业在市场上公平竞争自由选择，但相似企业在同一市场上的恶性竞争会造成资源的浪费，违背了政府鼓励企业进行海外投资的初衷，因此，需要政府宏观调控政策的统一引导和协调。

由于缺乏政府宏观政策的指引，企业很难掌握目的国对外商投资的法律政策，海外投资成本巨大，导致投资失败。例如，TCL 并购法国汤姆逊公司的彩电业务，由于对彩电行业的发展趋势判断失误，再加上不熟悉法国裁员法定程序而产生了巨大的人事成本，导致并购后 TCL 在欧洲市场上的彩电业务连续两年亏损。2015 年颁布的《外投资合作国别（地区）指南》才相对全面详细地对国外投资环境进行客观评价，但是，也由于编者水平的限制，这篇《指南》也只是仅供投资者参考，而不能作为企业进行投资的全部决策依据。

3. 优惠政策的效率不高，在实施中受到制约。近年来，广东省制定了一系列的政策措施鼓励企业以出口、海外投资等形式"走出去"，但多数促进措施在实施过程中受到限制，导致企业受惠范围小、实施效果不明显。2015 年广东省政府部门发起的企业"走出去"扶持政策调查结果显示，享受过税收政策、财政政策和外汇政策支持的企业分别仅占24%、18%、9%。且仅有23% 的企业认为政府制定的政策对企业"走出去"有帮助。可见政策在实施过程中存在着落实不到位的问题，优惠政策所能够为企业提供的帮助不大，不利于检验政策的有效性，导致政府无法从政策实施效果中发现存在的问题并作出调整。导致政策受惠范围小有以下两个方面的原因。

一是申请优惠政策有苛刻的条件和烦琐的审批程序，这些会增加企业成本，从而打消企业申请优惠政策的积极性。例如，根据广东省人民政府发布的《支持大型骨干企业发展若干政策措施的通知》规定，对于符合广东省境外投资政策、能够拉动企业"走出去"且交易金额较大的项目，政府给予"走出去"专项资金支持以及其他税收、融资政策上的支持。但是，企业要获得实际的政策支持，仍需要经过层层审查、批准，加大了企业的运营成本。并且在实际操作过程中，企业即使通过了相关部门的审查程序，也未必能够享受到优惠政策，且即便是得到优惠扶持，得到的补贴资金也未必能够弥补申请过程花费的成本，因此，这些优惠政策对于企业尤其是民营企业来讲犹如画饼充饥之物，真正能够获得政策扶持的企业并不多。因此，广东省给予企业"走出去"的政策支持还远远不够。

二是政策内容和操作程序的宣传不到位，导致很多企业有资格却不懂怎么申请优惠政策，造成政策的浪费。广东省进行出口贸易的企业多为中小型企业，中小企业获得有价值的信息渠道非常有限，很多企业虽然已经获得了出口许可证或者对外投资批准证书，却未能向有关部门申请优惠措施，造成政策浪费。

4. 核准程序复杂，缺乏统一的协调部门。目前，对境外投资的管理虽然取消了审批制，实行核准和备案制相结合的管理方式，广东企业对外投资涉及特殊国家和行业的项目仍要经过省市级商务部门、外汇管理部门的审核，虽然各部门审查职能交叉、审批内容重复的现象得到缓解，核准效率有所提高，但依然存在着审批程序复杂、效率不高和透明度不高的问题。政府作为企业对外投资活动的管理者以及国有资产对外投资的所有者，两种身份时常混淆、错位，且随着投资项目数目和金额的增加，核准部门增多，程序叠加，审批制度依然处于繁杂且非公开透明的状态。

广东省境外投资核准时限：对于一、二类投资，省外经贸厅的核准时限为15个工作日，外经贸厅上报商务部后，商务部于5个工作日内决定是否接受审理，若受理则于15个工作日给出核准意见，可见一个投资项目的核准过程至少要经过35个工作日，这中间并不包括法定节假日和出现意外事故的拖延时间，这个核准时间对于需要快速作出投资决策的时间来讲太长，核准效率非常低。核准程序复杂也导致了大额核准费用，企业的交易成本均未减少，降低了企业境外投资所能享受到的优惠力度。

境外投资外汇管理制度约束严格，目前广东省对企业境外投资项目的外汇管理主要参照 2014 年国家外汇管理局制定的《境外投资外汇管理办法》。该办法规定拟在境外开展投资的境内企业必须提供东道国对外商投资的法律法规、外汇管理办法、前期调查获得的投资可行性报告和预期的投资回收计划报告等材料给相关部门，以便对项目进行风险评估和用汇资金来源审查，非现金形式的境外投资还必须提交投资物品（设备、技术、服务）等东道国技术、设备的性能、价格比报告，且外汇管理部门在收到材料后的 30 天内作出审查结论。这样的外汇审查程序客观上虽有利于防范金融风暴，但对那些有好项目但缺乏自有外汇资金的企业来说，无法按照自身需求发展，影响其参与国际市场竞争，极大地制约了企业海外投资活动。

5. 保护措施不完善。改革开放以来，中国经济发展对于出口业务的依赖很重，政府也比较重视对出口业务的保障，早在 1988 年我国制定出口信用保险制度，由中国人民保险公司设立出口信用保险部，负责为出口企业提供信用保险，1994 年设立的对外贸易的促进机构——中国进出口银行的业务也包括出口信用保险业务，2001 年又成立了中国进出口信用保险公司。尽管如此，随着我国出口外贸业务的快速增长，出口信用保险业务的发展速度与外贸的大幅增长不符，出口信用保险支持的出口额占一般贸易额的比例远远低于发达国家和有些发展中国家的水平，在一定程度上制约着出口业务的发展。广东省是外贸大省，出口业务更是经济增长的重要支柱，出口保险体系就显得尤为重要。广东省出口信用保险主要由中国信保广东分公司提供，出口渗透率是衡量出口信用保险发展程度的一个重要指标。2015 年，中国信保广东分公司利用信用保险业务，进一步扩大了企业的融资渠道和融资规模，帮助企业走出"心有余而力不足"的贸易困境，保险承保额占出口总额的比例达到 29.9%，高出全国平均水平 0.3 个百分点。

随着对外投资规模的扩大和投资方式的多样化，一些问题也逐渐显露出来，比如投资效率低下、投资成功率不高等。据麦肯锡调查数据显示，中国的海外并购案例有 67% 是不成功的，特别是 2011 年失败率高达 70%，失败率高、并购后整合绩效不明显是我国企业海外并购存在的主要问题，而这些问题的出现不仅仅是由于缺乏正确的战略指导，海外投资保险制度的缺失也在很大程度上制约着中国企业海外投资成功率，因此，我国企业对投资保险的需求极为迫切。目前我国为企业提供海外投资保障的主要是中国信保，成立宗旨在于为开展对外贸易和对外投资的企业提供保障的一家政策性保险机构。海外投资保险是对投资者因政治风险、不可抗力环境风险、金融危机风险造成的经济损失进行赔偿的保险业务。其中，政治风险是企业海外投资面临的最大风险，企业通过购买投资信用保险可以转嫁政治风险可能造成的严重损失。目前的海外投资保险产品主要有股权、债权和租赁投资保险三类产品。

完善的海外保险制度不仅能够为企业提供投资保险，减少企业在海外投资由于不可抗因素遭受的损失，使企业更加大胆地走向国际市场，也能够为企业提供融资帮助，解决企业投资过程中遇到的资金"瓶颈"。例如，经中国保监会批准成立的美亚保险公司是最早在广东省成立的外资保险公司，向广东省企业提供绑架及勒索保险和预防海外工程风险保险，保障企业海外投资因自然因素和意外事故承受的财产损失及由此造成的经营中断带来的利润损失。目前，其母公司 AIG 已经在北京、上海、浙江、江苏等地方设立分公司。

但目前我国的出口信用保险制度还未完善，一是不论是组织机构还是服务性质都缺少正规法律保障，没有一部成文的《海外投资保险法》，虽然《对外贸易法》和《保险法》的相关规定适用于海外投资信用保险，但是，并未针对海外投资信用保险的国际贸易背景，设定特殊原则和规则。二是出口信用保险组织机构体系不完善，向海外投资者提供保险服务的机构不多，且由于承保险种少、经验不足、代位求偿权的规定不明确，可操作性不强，对海外投资的保障力度有限。

6. 信息与服务支持体系不完善。为了给企业提供目标投资国的宏观经济环境、针对外商投资的法律法规以及管理方式等方面的信息，广东省虽然成立"走出去"公共服务信息平台为企业提供有关国外投资环境、市场环境以及项目信息等等信息和资讯，但由于企业获取信息的渠道依然局限于中介、商务网站以及实地考察等，服务平台所能为企业提供的服务有限，就连对生产经营影响甚大的税收信息，企业所能获得的也非常有限。广东省提供信息服务的中介力量也不足，国际业务多被普华永道、毕马威、德勤、安永四大会计师事务所垄断，中小企业获得境外投资信息的成本非常高。

2013 年 9 月 6 日上线的广东省境外投资综合服务平台为广东企业"走出去"提供政策咨询、风险评估、融资服务等方面的服务，采取窗口加网上服务的形式为企业海外投资提供全方位的服务。平台不仅实时更新海外市场动态，并且收集和整理海外投资项目以及对海外投资进行风险预警，企业也可以通过该平台进行网上投资申请和报备。但是，平台在运行过程中仍存在着不足，一是平台信息更新不快，例如，海外投资风险预警板块目前只更新到 2015 年 12 月 30 日的信息，必然会影响投资者对海外投资风险的预期。二是功能还不够完善，例如，到 2016 年 7 月 30 日，报关、检验检疫、人员出入境、纳税申报、领事保护和风险评估栏目仍在建设中，还不能对企业开放使用。这些项目建设成功之后必将会给企业海外投资带来便利，政府应该加大对这方面的投入。

7. 缺乏与国外省际之间的协议。广东省政府乐于充当企业海外投资的"开路先锋"，截至 2015 年底，广东省缔结友好关系 171 对，其中，广东省政府签订 43 对，广州市政府签订 36 对，深圳市政府签订 18 对，结交国家既包括美国、日本等发达国家，也包括泰国、印度等发展中国家和转型经济体，尤其是我国正式实施"一带一路"倡议之后，广东省加强了与沿线国家之间的友好合作，例如 2015 年 4 月与老挝、9 月与马来西亚缔结友好城市关系。但是，广东省政府还没有充分利用这些友好关系来签订对外投资协定，为企业海外投资争取最大优惠政策。此外，政府应该有的放矢的与有利于广东省企业"走出去"的城市缔结友好关系，并且充分利用好这些友好关系，为广东省企业"走出去"构建良好的投资环境。

第五节　企业海外投资的税收、融资体系分析

一、融资贷款方面

我国具有丰富的存量资金，但是，都是在银行中闲置，缺乏流通性。因此，我国对外投资仍然面临着外汇储备不断增加与资金缺乏共存的尴尬局面，资金的缺乏严重限制了企业进行海外投资的能力。特别是在近几年来，民营企业海外投资的热情越来越高的情况下，资金缺乏的情况更加严峻，企业处在资金严重紧缺但融资渠道狭窄、融资成本高的尴尬境地，这与政府一方面鼓励企业"走出去"，另一方面又没有出台针对民营中小企业的融资扶持政策有关系。出于体制和管理制度方面的原因，国有企业的信贷需求审批相对容易，商业性银行和政策性银行及海外并购贷款等都更加倾向于国有企业。相反，中小民营企业海外投资的融资途径非常窄，向商业银行申请财产抵押贷款是其获得

资金的主要方式，对于那些实力不足的企业，能够用来抵押的资产非常缺乏，更加剧了其获得资金的难度。然而，正是这些体制灵活的民营企业拥有适合落后发展中国家发展阶段的成熟的生产技术和先进的生产设备，其到落后地区设立生产加工基地是中国企业通过"走出去"转移过剩产能的主力军。因此，有必要探究中小民营企业融资困难的根本所在，本书的分析主要从体制的角度开展。体制的束缚制约了民营企业的融资能力，主要表现在以下三方面。

1. 中小民营企业银行贷款不足。银行尤其是商业银行在我国企业海外投资过程中扮演着重要的角色，特别是中小民营企业很难得到政策性银行支持，海外投资自身资金不足，必须依靠商业银行贷款才能完成投资。政府成立的政策性扶持资金也需要商业银行的支持，例如，广东省"一带一路"专项扶持基金——广东丝路基金的首期筹集目标是 200 亿元，政府财政拨款 20 亿元，剩下的 180 亿元由工商银行广东分行牵头募集，另外，工商银行广东分行正在积极完善跨境人民币服务，不仅为企业海外投资提供资金支持，还大力推广跨境保险业务和创新跨境并购业务。

面对投资项目巨大、单个银行贷款不足的情况，广东省创新性地实行各大银行"组团"形成跨境银团向项目提供贷款的模式，尤其是对于资本密集型的基础设施建设项目，例如，港珠澳大桥建设所需要的资金规模非常大，如果仅单个银行承担贷款，则对银行资本消耗非常大。由中国银行牵头，境内各大银行组成的银团共同向项目提供 330 亿元的资金支持，既解决了工程项目资金需求，也分散了银行的资金压力。另外，中国银行广东分行联合其下属金融公司运用"商行 + 投行"模式为广东企业提供商业银行、投资银行、保险、股权融资、风险管控等多元化的系统服务。

但是，这些扶持政策多都是针对实力雄厚的大企业和国有企业，中小企业在国内的发展就很难得到银行贷款更不用说进行海外投资。2015 年中国银行广东分行与企业签署了《银企战略合作协议》，承诺为企业提供 320 亿元的信贷额度支持，帮助企业"走出去"实现国际化经营，但是，此次签约的企业多是比如广州市地下铁道总公司、广州航运交易所等大型国有企业，基金支持的项目也多是涉及基础设施建设的大型项目，很少考虑中小型民营企业的海外投资资金需求，而这些企业恰恰是最需要资金、获得资金最难的企业。

技术型的民营企业往往掌握着先进的核心技术，进行海外扩张必然能够带来良好的经济效益，但是，资金短缺往往成为这些企业"走出去"的首要障碍，因此，政府应该加大对中小民营企业"走出去"的扶持。

2. 信用担保体系初步形成。政府对企业尤其是中小民营企业的信用担保政策体系目前仍不完善。我国的信用担保体系仍在建设中，存在着担保关系复杂、担保风险大的问题，例如，一家企业有可能同时为多家企业担保和多家企业同时为一家企业担保，企业之间形成担保网络，一旦这个担保网络中的一家企业出现经济问题，便会影响多家企业的经营，且风险预警机制还未形成，企业往往不能够预期到自己承担的风险，这给企业经营造成很大的安全隐患。发达国家制定了专门的法律规范担保机构的经营活动和严格的行业准入条件对担保机构的经营资格进行限制。相比之下，广东省甚至是中国对担保业的行业管理还比较欠缺。

为建立完善的担保体系，帮助"走出去"的企业获得资金支持，2015 年出台的《关于促进融资担保行业加快发展的意见》，一方面加大扶持力度，另一方面加快法治建设，规范担保业市场行为。规范的同时也坚持以引导为主，保证规范经营和创新发展共存，致力于培养一批有自主创新经营能力的担保机构，保证融资担保业健康可持续发展。2016 年广东省根据国务院颁布的这一意见，结合自身的具体情况制定了《关于促进广东省融资担保行业加快发展的实施方案》，该方案结合广东省担保业务经营主体以民营企业为主的特点，在大力扶持政策性担保机构的基础上，注重对民营担保机构的扶持，引导其规范发展、创新经营，同时鼓励民营和政策性担保机构通过联保、分保、再保等合作模式，共享资金来源和信息服务，实现两者的协同互补发展。2015 年广东省财政部新增投入支持 15 个地级以上市（东莞、佛山、江门等地）建立针对中小企业提供融资担保服务的政策性担保机构，并且鼓励民间闲散资本投向融资担保机构。引导民营担保机构通过增资扩股、上市等方式增强自身资金实力，提高规范化水平和抗风险能力。

政策的颁布实施在一定程度上促进了广东省的信用担保体系建设，但广东省的信用担保体系建设仍处在起步探索阶段，尤其是中小民营企业的信用担保体系尚待完善，相应的规范和管制信用担保活动的法律法规的制定也不完善，需要政府加大这方面的投入。

3. 海外投资支付方式单一。金融服务体系不完善还表现在金融工具和产品匮乏，不能满足企业"走出去"对资金的有效需求。由于资本市场发展水平低，与国际资本市场脱节，广东省企业在海外投资尤其是在兼并收购过程中无法使用股权和综合证券的形式付款，而主要进行现金交易。用现金支付方式进行跨国并购，抽空了企业流动现金，加重了企业的债务负担，也使得企业再融资成本加大，使企业面临现金流压力，从而导致并购失败。典型的案例如TCL并购法国汤姆逊企业的彩电业务。而资本市场发达的国家海外并购过程中流行的股权支付和综合证券并购等先进有效的金融服务，则在我国资本市场上很少使用。资金密集度高的海外投资项目若仅仅依靠现金支付很难在国际市场上获得竞争优势，例如，一个大型承包工程项目可能需要几亿元甚至几十亿元的资金，企业很少拥有或者在短期内筹集到这么多现金，即便是能够成功筹集到资金，增加了企业的负债量，对企业以后的经营能力也会造成不利影响，因此，灵活多样的金融产品与服务必不可少。

越来越多的企业开始通过在国际市场上筹得资金，政府开始制定政策鼓励企业在资本市场上公开发行股票和债券等方式进行融资，丰富了企业海外投资交易方式，也为企业开拓国际市场创造了简单有效的融资途径。2016年出台的《关于金融服务创新驱动发展的若干意见》引导财务状况良好的企业在国际资本市场上通过上市和跨境人民币双向融资方式融资。

二、税收政策方面

目前我国境外投资企业税收管理办法按照2009年颁布的《关于企业境外所得税收抵免有关问题的通知》执行，该通知规定对于企业已经在国外尽了纳税义务之后不用再在国内重复纳税，已缴纳的税款可以在年度企业所得税申报时进行抵免，抵免限额的核算方法为：抵免限额＝中国境内、境外所得依照企业所得税法及实施条例的规定计算的应纳税总额×来源于某国（地区）的应纳税所得额÷中国境内、境外应纳税所得总额。

依照该通知规定，我国投资主体在东道国已经缴纳的所得税，由于客观原因无法提供有效的缴纳证明时，除那些实际税率低于我国法律规定的税率在50%以上的国家和地区外，在其他地方已缴纳的税款可按境外应纳税所得额的12.5%计算抵免额度，企业在投资东道国缴纳的具有纳税证明的金额，只对不超过抵免限额的部分给予抵免。

2012年广东省制定的《关于支持企业开展跨国经营加快培育本土跨国公司的指导意见》加强对企业境外投资的税收辅导，发布统一规范的境外投资税收服务指南，以帮助企业准确计算其境外投资所得和应该缴的税款金额，切实实行政府对境外企业的收税支持政策。但目前广东省对企业境外投资所给予的税收优惠项目非常有限，税收饶让、延期纳税等优惠政策并没有完全贯彻落实，没有体现广东省海外投资的政策导向和产业、地区导向。并且根据《企业所得税法》（2008），只有企业境外业务之间的盘盈和亏损可以互相弥补，境内外之间的盈亏不得弥补。这不利于企业全球业务的整合，应参照发达国家的做法，实行财务合并制，跨国公司可以将其全球投资损益合并计入财务报表。

第六节　广东对本省企业海外投资的社会服务体系分析

从整体上来说，广东省对企业海外投资的社会服务体系尚处在起步阶段，尚未形成一个完善的支持体系。境外投资风险防范和安全保护公共保障机制还不健全，企业开展境外投资缺乏专业的跨国经营管理人才和技术人才，境外投资企业的知识产权保护与服务体系和法律支援体系仍未建立，企业"走出去"的中介服务体系不完善。

一、对外投资信息咨询服务欠缺

2013 年广东省在易发网建立了"广东省企业境外投资综合服务平台"，为企业在国际市场上的投资提供风险预警、东道国投资政策咨询和融资租赁服务等一站式服务，希望通过该平台的运行实现境外投资信息共享。2015 年又建成了"广东省对外投资合作信息服务系统"为企业提供信息交流、决策分析和信息查询等综合服务，并且该系统实现了对广东省境内投资主体的数字化管理。由于成立时间较短，这些平台和系统能够为企业提供的服务仍十分有限，尤其是 2015 年上线的"广东省对外投资合作信息服务系统"，很多功能不能使用，给企业提供的帮助有限。

广东省人民政府网站、商务厅网站、外经贸厅网站、经济和信息化委员等对外服务网站，为企业提供国际会展、市场行情信息等有关境外投资信息，且在厅办公地点建立了触摸屏信息查询、办事大厅信息查询、WTO 信息资料库查询等对外服务系统，同时，还开展网上政策咨询会、网上受理投诉，以及网上招商洽谈会等，收到了一定的效果。目前，由于海外投资正处在发展状态，信息支持方面仍然空白点很多。一是海外投资主管单位过多，各个单位都有自己的政策信息，但是，各个部门的政策没有做到汇总处理，企业很难从复杂的政策中快速获得有效信息支持。二是由于国内企业获取信息能力有限，对东道国法律、政策、投资环境和市场需求情况等信息了解不够，在互联网上能够查询到真正对对外投资有用的信息不多。另外，相关的调研、咨询机构则各自经营，将自己掌握的信息资源视为盈利资本，缺乏资源共享意识，造成高成本搜集到的信息资源综合利用效率不高。对于企业来说，资源和信息是一种公共品，企业缺乏调研和搜集的积极性，即便是有企业花费成本搜集到这些信息，为了利用这些稀缺资源增强自身的竞争力也不愿将这些信息资源共享给其他企业，而其他需要这些资源的企业也只能够花费同样的成本自行搜集，这样不仅造成了资源的浪费，也降低了企业利用信息的效率。作为公共服务者的政府有义务为企业提供信息资源的搜集服务，然而政府在这方面的作为并不够，为企业提供信息咨询服务的职能还没有充分发挥出来。在海外投资促进方面，缺乏完善的海外投资促进体系，不能为企业提供产业和国别市场指导，满足不了对外投资企业对基础性公共服务的需求，影响了企业的投资决策。

广东省对外经济贸易厅提供了部分的政策信息和投资机会。政策法规散落于各部门的网站，没有专门的网站和热线电话处理相关事宜，这使得企业在咨询时往往不知道从何下手。广东省统计局尚未有专门的海外投资详细数据统计，统计年鉴中也只是涉及海外承包工程和劳务输出部分的数据统计。而江苏省则对企业海外投资数据进行了详细的统计，例如，对外承包工程、对外劳务合作情况，以及分行业境外投资情况、分国别地区境外投资情况、境外投资主体情况等都有明确的统计。广东省境外投资数据统计的不足，不利于政府实时掌控广东企业境外投资的情况，进而影响政府通过境外投资的宏观数据分析广东省企业境外投资存在的问题，影响其政策的制定。

所以，广东省海外投资信息支持仍停留在基本信息咨询阶段，财务信息咨询、融资信息咨询、统计信息咨询等较高级的支持业务有待开通。

二、中介服务体系不完善

优秀的中介机构能够为企业"走出去"提供全面的国际化的服务，例如，通晓当地《税法》的中介机构能够为企业设计交易路程，帮助企业合法避税，增加企业收益。但目前广东省的中介服务仍比较薄弱，缺乏为企业境外投资提供资信调查、信用评级、风险评估预警等服务的本土服务机构，且仅有的中介机构在境外并没有设立服务点，无法为企业境外拥有、控股或新建的企业提供维权、法律支援等服务。目前的国际业务被德勤、毕马威、安永、普华永道四大国际会计师事务所垄断，导致以中小企业为主的广东省企业获得信息服务的成本较高。因此，广东省政府应该致力于培养一批具有本土特色的中介机构，为企业开展对外投资合作提供便利服务。2012年颁布的《关于支持企业开展跨国经营加快培育本土跨国公司的指导意见》强调要加快对企业"走出去"中介服务网络的建设，培育面向开展开拓国际市场企业的社会化服务机构，并且引导和扶持其到境外设立服务网点。

另外，企业"走出去"更多地依靠广东华人华侨组织，目前广东省拥有300多万的华人华侨，分布在160多个国家和地区，这些华人不仅熟悉所在国的政策、法律、经济环境，并且在当地经济领域中有很大的影响力，是连接广东企业和国外市场的桥梁，成为帮助广东企业在海外市场上站稳脚跟的关键力量。因此，广东省应该充分利用这一优势，借助全球华侨网络推动企业更好地"走出去"。

三、行业协会高速发展但尚未发挥功能

行业协会在社会主义市场经济中具有非常重要的作用，在进出口贸易中，行业协会利用世贸组织条款的多边贸易规则，针对外国对我国产品的反倾销、反补贴诉讼等，积极组织和帮助会员企业谈判、应诉，依法维护国内企业的利益。行业协会也有开拓市场、发布市场信息，为企业开展培训、交流、展销展览活动等服务职能，还有协助政府部门监督和规范会员行为、调解会员之间矛盾的监督、协调职能。

广东行业协会进入了一个高速发展阶段，2014年末，广东省各地成立的行业协会达3700多个，覆盖100多万家企业，且经过十几年的民间化改革，广东省行业协会已经全部与政府脱钩，实现政社分开权责独立，但广东省行业协会仍存在着一些问题：（1）形式上的脱钩仍一定程度上限制了行业协会的职能发挥，一些行业协会的服务效率仍有待提高；（2）行业协会立法缺失，2006年出台的《中共广东省委广东省人民政府关于发挥行业协会商会作用的决定》以及《广东省行业协会条例》是广东最早也是全国具有代表性的对行业协会管理制度进行改革的地方性政策和法规，但由于颁布机构层级不高，执行力度不够最终沦为一纸空文，2015年国家已经将行业协会立法纳入我国立

法机关的立法规划中，希望规范的立法能够帮助行业协会充分发挥其在企业对外经济合作中的监督和桥梁作用；（3）在国家工业经济体制中的定位尚不甚明确，社会地位较低，对企业开拓国际市场的帮助不够，对会员企业之间的恶性竞争的监督和协调职能未能充分发挥，更无法对对外投资提供指导；（4）为行业和企业服务面窄，服务力度小，对企业缺乏号召力，对政府缺乏影响力，对会员企业服务和约束都不到位。

而发达国家的行业协会不仅具有明确的法律地位，且服务范围广、职能定位清晰，为企业发展和社会进步发挥了重要作用。主要表现在以下几个方面：（1）有合理的机构、健全的组织、精干的人员和高效的工作，从而保证了协会对会员企业具有号召力，对政府具有影响力；（2）协会具有较高的社会地位，例如，德国以及北欧国家的工业行业协会都是欧盟成员；（3）有雄厚的经济实力，国外协会一般都有自己的办公楼，各种办公设施齐全，经费主要来源于会费，一般按企业销售额的百分比交纳，政府不向协会收取任何税费；（4）国外协会是行业精英的大本营，日韩等国行业协会会长都由本行业内企业家担任，工作人员公开向社会招聘，工资一般略高于企业内工作人员。

四、人才培训功能有待开发

企业海外投资需要很多专业的人才，例如，法律方面的人才可以为企业在海外经营过程中应对来自国际市场的经济纠纷提供法律支持；会计审计方面的人才可以为企业投资前期提供相应的资产评估、市场前景评估，避免企业在海外投资尤其是海外并购过程中由于缺乏对目标企业的了解而增加投资成本；媒体和游说人员可以为企业塑造良好的形象，以帮助企业实现海外扩张，尤其是国有企业由于其特殊的政治背景在海外扩张过程中遇到非常严重的政治障碍，目的国家会以为国有企业是以政府的身份进驻，担心本国的关键行业特别是资源、矿产类的行业被国外障碍，因此，对国有企业设置严重的政治障碍，这时媒体的宣传和游说人员的游说公关战略就显得尤为重要；投资后的管理特别是并购后的整合也是海外投资能否成功的关键，而专业的管理人才和整合人才是实现海外投资资源整合的关键。但就目前的发展形势来看，广东省乃至全中国都非常缺乏这些专业的人员，并且相应的培训体系也没有建立起来。广东省没有出台专门的有关外派劳务人员培训方面的政策，主要参照国家商务部颁布的法令。2015年商务部拟出台一部专门针对加强外派人员技能和素质培训的法律法规——《外派劳务培训工作管理办法》，明确规定外派劳务人员应该经受适应性培训，未经过适应性培训的人员不得外派，同时，对适应性培训的项目的具体事项进行规定。首先规定了对外派人员必须进行培训的项目，包括目标国家的文化风俗、宗教信仰、法律法规以及基本的文明行为和素质教育等。其次也制定了对经过培训后的人员的考核办法，规定了考试中心必须具备的硬性条件以及规范考试秩序的规章制度。企业可以自行培训也可以委托相关的培训机构，规定外派劳务人员至少要经过 10 个小时的培训。制定该办法的目的是为了提高对外劳务合作行为，提高外派劳务人员素质和保障其生命和财产安全。但是法律仍存在着不足，即关于具体的培训相关事宜规定的过于宽泛，可执行性不高。

此外，对外投资社会服务体系的人才培训功能，不仅仅是培训我国以及广东省的对外投资政策，也应该介绍广东省具体战略、产业行业指导、东道国法律法规、投资优惠、税收会计等专题讲座。参与者不仅仅包括广东省对外投资企业的管理人员和技术，也包括政府官员，另外也可以组织专家对口培训东道国职员。

第七节　企业"走出去"要规避的非关税壁垒

一、贸易壁垒

据欧委会发布的《2016 贸易与投资壁垒报告》显示，从 2014 年 7 月到 2015 年底，被监测的 31 个国家又设立了 200 项新的贸易保护主义措施，其中关税、进口限制、技术贸易壁垒、通关环节贸易壁垒、出口补贴、绿色壁垒和贸易救济措施是我国企业对外贸易过程中遇到的最常见的壁垒。这些贸易保护措施针对的产品主要为原材料和能源产品以及信息与通信产品，采取贸易限制措施的多为新兴发展中国家，一些发达国家也在不断增加贸易限制。贸易壁垒的设置不仅降低了各国之间的出口量，同时也降低了进口量，阻碍世界贸易的发展。表 3 – 10 整理了中国出口企业面临的贸易壁垒。

表 3 - 10   世界主要国家对中国设置的贸易壁垒

国家	贸易壁垒类型	概要
阿根廷	关税壁垒	将纺织品、汽车及其配件等产品关税由 25% 上调至 26% 或 35%
	进口限制	扩大非自动进口许可证的涉及范围
	通关环节壁垒	出台进口"标准价格",限制来自中国和巴西的产品
	技术贸易壁垒	对进口产品实施强制性认证,限制高新技术产品的进口
	贸易救济措施	加大反倾销措施,尤其是加大针对中国的反倾销调查力度
埃及	关税壁垒	对车辆、服装等产品进口征收高额的关税
	进口限制	进口产品必须经过检验和认证,如食品要经过清真洁食认证
	技术贸易壁垒	5000 个国家标准中有 543 个是强制标准
	出口补贴	对本国出口企业进行 50% 的出口补贴
	贸易救济措施	对来自中国的机电、轻工、化工产品实施反倾销调查
澳大利亚	关税壁垒	对纺织品、服装、汽车等产品征收 10% ~ 25% 不等的高关税
	技术壁垒	制定技术法规和强制性标准,对进口产品进行严格审查、认证和售后监管
	贸易救济措施	对来自中国进口产品的实施反补贴和反倾销调查
巴西	关税壁垒	平均关税由 10.4% 上升到 11.5%,服装和汽车等产品关税尤其高
	进口限制	非自动进口许可证涉及产品种类多,审批机构多且程序繁杂
	通关环节壁垒	颁布法令使得易腐烂产品和价值随时间递减的产品遭受损失
	技术贸易壁垒	对家电、电子类产品和玩具类产品实施强制认证
	贸易救济措施	以第三方价格确定中国出口产品价值,对中国产品实施错误的反倾销做法
俄罗斯	关税壁垒	加权平均税率达 12.9%,其中农产品达 25%,非农产品 10.4%,且对部分产品实施关税配额
	进口限制	对部分产品进口实施许可证管理,且许可证申领手续烦琐
	通关环节壁垒	对进口货物实施内部评估,通关环节不透明且烦琐
	技术贸易壁垒	对食品、家电产品、服装纺织品实施强制认证,且认证标准复杂与国际标准不一致
	贸易救济措施	对来自中国的产品实施反倾销措施和保障措施
	出口补贴	对农产品出口进行补贴,且制定政策扶持汽车产业发展

续表

国家	贸易壁垒类型	概要
菲律宾	关税壁垒	征收高额关税，且实施关税配额
	通关环节壁垒	采用参考价及未记录的酬劳费作为海关估价基础，且海关估价有私人机构参与
	进口限制	实行进口许可证制度，只对不威胁国内产业的产品发放许可证，且许可证有效期短，仅为60天
	征收歧视税费	对进口和国产烈酒征收不同水平的税费
	技术贸易壁垒	对电子产品、电器、机械产品实施较高的标准水平，其中2%为强制标准，且标准的通报同名度不高
	贸易救济措施	对中国产印花玻璃、浮法玻璃和瓷砖等品发起保障措施
	补贴	对菲公民持股超过60%且出口量占50%以上的企业给予财政补贴；实施出口汽车计划促进本国汽车及其零部件产业的发展
韩国	关税壁垒	征收高额关税；实施关税配额，且限制投标主体，投标信息不透明，滥用支配地位违反国际惯例，检验标准苛刻；对农产品实施保障措施关税；对部分产品实施调节关税
	进口限制	对中国有优势的产品实施进口限制，实施严厉的许可证管理
	通关环节壁垒	海关分类不合理，海关估价不合理，通关前审查制度严格，阻止低价进口农林渔产品的预警系统
	技术贸易壁垒	技术标准复杂多变，标签要求缺乏稳定性，安全测试和认证限定检验机构，要求不合理的原产地标签
	卫生与植物卫生措施	对农产品和水产品实施严格的进口检疫制度，且对中国实施病疫区域化，即一旦发现中国某个地方出现病疫，将非疫区的产品也禁止进口
	贸易救济措施	对从中国进口产品实施发补贴调查和特别保障措施
	出口补贴	对农林渔业、制造业和其他产品实施出口补贴
加拿大	关税壁垒	对原材料进口关税较低，但对服装纺织品关税较高，实施关税配额
	进口限制	禁止各种型号的旧机动车和二手车进口，但对美国无此要求
	技术贸易壁垒	实施新的纺织品标签法，收紧纺织品标签规定；安大略省提高电气产品注册要求；加大产品包装限制；强化食品标签要求
	卫生与植物卫生措施	进口鱼类产品的检验频率从2%上升至5%；检验结果显示某种产品或某个原产国产品有问题，则对改进口产品或进口国产品实施100%的检验
	贸易救济措施	对中国产品实施反补贴和反倾销联合调查

续表

国家	贸易壁垒类型	概要
美国	关税壁垒	征收高关税，且为限制进口数量实施关税配额
	通关环节壁垒	100%进口货柜扫描计划；将商品处理费作为海关使用费的一部分，增加企业负担；雷斯法案的进口申报要求增加了产品进口中间环节
	征税歧视税费	对进口和国产的特定产品如燃料、特定汽车等征收联邦税费；地方政府对进口和国产产品实施差别征税
	技术贸易壁垒	对进口产品实施复杂的标签标示制度和认证制度
	卫生与植物卫生措施	加强对中国产品的检验检疫措施；限制中国禽肉产品进口问题；限制进口中国生产的木制品；对中国产品自动扣留，且扣留手续复杂
	贸易救济措施	对中国的石油管材产品、纺织产品等发起反倾销和发布帖联合调查
	出口限制	通过指定出口管制清单、颁发许可证等方式对美国产品或技术的出口和再出口进行管制
	出口补贴	对农产品出口进行补贴，对新能源研究和生产、环保车辆制造业进行直接投资和税收补贴
墨西哥	关税壁垒	征收高额关税和实施关税配额
	进口限制	部分产品进口需要申请进口许可证的产品税则号，且税则号变更频繁
	通关环节壁垒	对运送到墨西哥的化学制品和以粉末、液体形式的产品进行检验，且禁止通过快递方式邮寄样本，检测程序复杂且缓慢
	技术贸易壁垒	对纺织品标签要求与国际标准不同，中国出口商必须为其重新制定标签；对于出口药品和膳食补充剂的厂商必须在墨西哥有工厂、实验室或其他设备
	贸易救济措施	对来自中国的产品实施反倾销调查
欧盟	关税壁垒	征收高额关税，实施季节性关税、附加关税和关税配额
	进口限制	对钢铁产品、肉禽产品、海豹产品实施进口限制
	出口限制	限制高新技术产品对中国的出口
	通关环节壁垒	各欧盟成员国海关主管机关很大的自主决策权，导致各成员方的海关管理不完全统一
	技术贸易壁垒	对进口产品设置的技术法规多达1500多条，且内容复杂
	贸易救济措施	对中国产品实施反倾销调查，且征收反倾销税
	补贴	对农产品出口进行补贴，对机动车排放进行补贴
日本	关税壁垒	对农产品、皮革产品、加工产品征收高关税额，且对农产品、皮革产品实施关税配额管理，且管理程序复杂，透明度不高
	技术贸易壁垒	对食品添加剂标准要求严格，食品标签要求复杂，木制品检验标准模糊
	卫生与卫生植物措施	对进口食品实施麦肯列表制度，且对产品名称解说不清楚；对产品检验检疫程序复杂，覆盖范围广
	贸易救济措施	对中国产品实施反倾销调查和保障的措施调查

续表

国家	贸易壁垒类型	概要
印度	关税壁垒	对农产品约束关税非常高，且对奶粉、玉米等产品实施关税配额和额外不加额
	进口限制	印度对再制造品实行进口许可证管理，且许可证申请程序复杂；针对部分中国出口产品采取不合理的进口限制措施
	通关环节壁垒	设置复杂的关税结构和相关规定使得印度海关通关需要提供大量材料
	技术贸易壁垒	印度对奶粉、婴幼儿配方奶制品、轮胎和多种钢产品等85种产品进口需要进行强制认证
	贸易救济措施	对中国实施反倾销和反补贴调查
	出口补贴	对出口导向型企业和出口商提供免税期的待遇，还对出口商以优惠的价格提供出口融资服务；对纺织业出口提供补贴

资料来源：作者整理。

1. 关税贸易壁垒。关税壁垒是指东道国向进口产品征收进口税和各种附加税，提高出口商的成本进而保护本国企业的一种手段，且对不同产品征收的税额也不同。关税壁垒有关税高峰、关税升级、关税配额和从价税四种形式。从表3-10中可以看出，几乎所有的国家都会对中国出口产品设置不同程度的关税壁垒，且关税壁垒的形式多以关税高峰、关税升级和关税配额的形式存在。

2. 技术贸易壁垒。我国面临的技术贸易壁垒是指东道国以技术法规、协议、标准和认证体系等形式对我国出口的产品制定过分严格的技术标准，是发达国家实施贸易保护措施的主要手段，也是目前我国出口面临的最隐蔽也最难克服的非关税壁垒。尤其是2008年经济危机之后，发达国家为振兴本国经济，贸易保护意识不断增强，我国面临的技术贸易壁垒更加严重。由于中国出口产品多为简单组装加工产品，技术含量低，再加上我国的技术专利意识薄弱，很难达到发达国家制定的技术标准。技术性贸易壁垒的检测范围已经覆盖到产品的生产销售的全部环节，我国受技术贸易壁垒影响的产品包含家用电器等电子产品、服装和石油化工产品等。对我国施加的技术贸易壁垒主要来自发达经济体，这些国家的技术标准、农药残留标准、环保标准和劳工标准形成了一道厚厚的贸易屏障，有些甚至达到极为苛刻的地步。

3. 绿色壁垒。绿色贸易壁垒是指东道国以保护生态环境、人类以及动物健康为理由限制进口，由于中国大多数企业环保意识薄弱，缺乏绿色经济意识，再加上中国的环保标准低于世界标准，检验检疫系统不完善，导致企业遭受严重的绿色贸易壁垒限制。例如，美国的《空气净化法》和《防污染法》要求进口的汽车都必须安装防污装置；2012 年欧盟公布的 WEEE2.0 指令和 2011 年颁布实施的 RoHS2.0 指令将管控范围扩大至所有电气产品，且建立了明确的有害物质检查机制，要求对产品出具有害物质合格声明并添加 CE 标志，对产品的准入"门槛"越来越高；日本对我国出口的农产品有严格限制设定了一系列环保标准，增加了我国农产品出口的成本和阻力，日本 2006 年出台的《肯定列表制度》对进口产品规定了严格的检验检疫制度和特别的产品质量认定制度。

二、投资壁垒

近年来，随着我国企业对外资本投资存量和流量的上升，遭遇到的投资壁垒数量也呈上升趋势，发达国家一方面对中资企业到其境内投资表示欢迎；另一方面又设置了严格的投资壁垒，限制中资的注入，尤其是美国、欧盟和澳大利亚等是对中国企业设置投资壁垒的主要经济体，这已对我国的海外投资构成了威胁，也反映出我国企业对投资壁垒不甚了解，进入和保护市场的意识不强。我国开展对外投资的行业中，矿产和能源领域遭受的投资壁垒数量最多，程度也最为严重，2005 年以来，石油能源类海外投资遭受投资壁垒有 39 次，矿产类遭受 38 次。

投资壁垒主要分成三种形式。

1. 投资准入壁垒。

资本接受国为了保护某些特殊产业不被外资控制而限制外资进入，在投资准入环节构筑的限制主要表现为以下两方面。

（1）一些国家通过颁布法规政策明令禁止外资进入关系到国家安全的关键部门、行业。在实践中，一些国家随意扩大其禁止、限制外资进入的领域，从而缩小了外国投资者的投资范围，限制了外国资本的进入。

（2）WTO 成员违背 WTO《与贸易有关的投资措施协议》向外国投资者提供国民待遇和向外国投资者开放某些特定领域的规定。也有一些国家规定外籍投资者的持股比例不能超过某一规定值，例如，泰国规定在采矿业、服务业等行业的外商投资项目中，泰国籍股东持股比例不得低于 51%，印度尼西亚规定在铁路等基础设施投资项目中，外商的持股比例不得超过 95%，电讯和航空业外商持股不得超过 49%。

2. 投资经营壁垒。一些国家从生产、销售和用工等多个方面，对外资企业的生产经营活动设置了多种限制。

WTO《与贸易有关的投资措施协议》禁止成员国采取与国民待遇原则相违背的投资限制措施，如国产化或当地含量要求、贸易平衡要求、限制产量的要求、用汇限制、出口比例要求等。但在实际操作过程中，一些国家还是变相的对外商投资设置各种投资经营壁垒，一些国家限制外国雇员的雇员比例，例如，沙特投资总局规定个人投资公司的本国员工数不得低于员工总数的75%，东盟国家除了文莱对外籍员工比例没有限制外，其他国家均有不同程度的外籍员工比例限制。一些国家禁止外资涉及某些项目领域，例如，马来西亚不允许外资涉及政府投资项目，泰国不允许外国公民拥有泰国土地。

3. 投资退出壁垒。一些国家为了限制外商企业营业利润流出本国或撤回在投资本，或者企图在外资撤出时谋取不正当利益，对外商投资设置了投资退出壁垒，使外国投资者的投资收益不能及时转回投资者所在国，另外，一些国家还规定外资在退出本国市场时必须要把其技术部分或者全部转让给本国企业，这些限制退出措施都使得对外投资目标难以充分实现。

表3-11列出了部分国家投资壁垒的概况，从它们实施贸易壁垒的情况来看，16个样本国（地区）中，采取准入壁垒有6个；经营壁垒的有8个；退出壁垒3个。可见各种投资壁垒广泛存在于各国之中。

表3-11 世界主要国家对中国投资壁垒

国家或地区	投资壁垒类型	概要
马来西亚	准入壁垒	在包装、印刷和钢铁行业不允许外国投资者全资经营
阿根廷	准入壁垒	在通信媒体行业外商的持股比例不得超过30%；外商在边境等安全区域投资受限制，如购买不动产要向国家安全委员会申请
印度尼西亚	经营壁垒	外商全资企业必须在15年内将其一部分股权出售；合资企业中印度尼西亚股东的股权至少为5%
越南	准入壁垒	对项目招标实行保护主义，在一些领域对外资形式加以限制
越南	经营壁垒	中国企业在生产和进口方面有时不能与其他国家投资企业享有同等待遇，面临的收费标准均高于国际标准
菲律宾	准入壁垒	有外资参与经营的合资公司中的菲律宾籍股东必须超过5人，在菲律宾设立股份制公司和合伙人公司需经菲方证券交易委员会批准，且对外资企业的规定烦琐

国家或地区	投资壁垒类型	概要
俄罗斯	准入壁垒	电力、航空行业允许外资进入，但严格限制外资持股比例和外国人员比例
	经营壁垒	对雇佣外籍劳动实施配额限制，对俄联邦注册纳税人征收30%的个人所得税率，远高于俄罗斯个人所得税率，入俄务工签证有效期短，且签证手续复杂
韩国	准入壁垒	除中央银行、教育、艺术、学术研究等领域禁止外资进入外，还禁止外商投资邮递、证券交易所、无线电广播等金融管理行业；报纸发行、航空运输等27个行业限制外资进入
	经营壁垒	税收体系不完善，且税务行政效率和透明度不高；对外籍劳工实施配额制；司法部分对中国在韩企业实施非法搜查，对相关人员实施非法传唤和拘捕
印度	准入壁垒	外商投资需经政府批准，多部门限制外资持股比例；对非印度籍人士100%收购印度上市公司进行严格监管，以国家安全为由限制中国企业在印度投资
墨西哥	准入壁垒	石油和天然气领域不对外开放，禁止外资购买海岸50公里以内以及陆地边境100公里以内的不动产，外国投资委员会对其辖区内的外国投资进行审查
美国	准入壁垒	扩大了外国投资审查委员会审查范围；对委员会提交通知时所需材料繁多；如果总统认为任何一项交易威胁国家安全都有权终止合同；对投资交易管理缺乏透明度
	经营壁垒	在互惠要求、业绩要求、公共补贴等方面存在有条件的国民待遇；对外资企业的税收管理存在歧视性
欧盟	准入壁垒	各成员国设置不同的限制性的规定和措施阻碍外国投资的进入，其中包括必须获得许可证
加拿大	准入壁垒	相关管理政策限制外资在能源、采矿等行业新设外资企业或投资扩建；禁止外资收购加拿大的电影发行公司；外商只在规定情况下才能对图书出版和发行公司进行收购
	退出壁垒	在利润汇出之前，须向政府交纳10%的预提税；对非加拿大居民在加所取得的某些收益和利润要征收留置税
巴西	准入壁垒	外资公司在巴西注册设立的公司，其法人代表必须由具有当地长期居留身份的人担任，否则必须一次性投入20万美元办理长期居留身份；限制外国供应商直接参与政府采购投标；航空业外资持比例不得超过20%，在公路货物运输领域，外资拥有表决权的股份不得超过20%
	经营壁垒	不能在巴西银行开设外汇账户，进入巴西的外资必须当天兑换成巴西货币；税收负担沉重，税法繁多且内容复杂
	退出壁垒	利润汇出必须在巴西央行的监控下进行；巴西禁止将亏损企业的资产撤回原投资国

续表

国家或地区	投资壁垒类型	概要
澳大利亚	准入壁垒	实施外资审查制度,且外资审查体制标准主观任意性过强,有关审批程序不透明
埃及	准入壁垒	建筑、运输等行业外资持股受到限制
	经营壁垒	在自贸区的投资项目,出口比例要达到50%以上
	退出壁垒	使用外汇方面存在困难
意大利	经营壁垒	外国企业在意大利的投资必须向当地税务局交纳10%的留置税,对期限一年半以上的投资交纳0.25%的投资税

资料来源:作者整理。

三、服务贸易壁垒

服务贸易是将不可交易的服务生产能力转化为可交易的商品以获得增加值的贸易形式,服务品的生产一般不需消耗自然资源,因此,服务贸易对资源缺乏的我国来说是使用少量资源实现经济财富的有效途径。自加入世界贸易组织以来,中国的对外贸易规模飞速发展,出口的产品也从传统的制造业产品向服务品转变,2014年中国出口的服务品价值2234.75亿美元,但是,在服务贸易出口时也面临着严峻的服务贸易壁垒,即服务贸易也存在着各种形式的准入和经营壁垒。

1. 海外承包工程服务贸易壁垒概况。

表3-12列出了部分国家建筑工程及设计服务贸易壁垒的概况,这些国家或地区都是在世界建筑工程服务市场上居于一定地位。可见各种非关税壁垒广泛存在于各国之中。从国别情况来看,加拿大和韩国限制最多,7个主要限制中占有4项,其次是美国、日本、巴西,各为3项。从分布的地区来看,拉美国家主要趋于采用人员资格和国内成分要求;亚洲国家主要采用人员资格限制、政府补贴和政府采购政策;北美以政府采购限制为主;欧洲则是以投资及补贴限制频率为最;中东限制最少,多数是国内成分要求,不过近年来,中东的限制逐渐增多。

表 3 – 12 世界主要建筑工程及设计服务贸易国家贸易壁垒概况

国家或地区	服务贸易壁垒类型	概要
安第斯条约国	国内成分要求	要求工程与本国经济一体化（方式上），最大限度地使用本国材料及劳动力
俄罗斯	人员资格	仅俄罗斯籍人可以从事建筑设计，外国人与俄罗斯公民合作可从事建筑设计；雇佣人数在 100 人以上的建筑工地必须有 50% 以上的人是俄罗斯籍
巴西	税收歧视	对外籍工程师征收更高的所得税
	用工要求	2/3 的雇员应是巴西国民
	人员资格	对外籍工程师的毕业年限有限制，且在巴西从业的工程师必须通过语言测试
加拿大	政府采购	政府所有的合同皆由本地咨询工程师接受，除非他们不能从事该项服务
	人员资格	外国顾问必须与本地注册工程师合作，才能提供服务
	投资壁垒	外国企业通常很难奠定分支机构经营，也很难在省与省之间得到认可
	补贴	政府通常批准对新行业的基础设施建设的补贴，包括对可行性研究及市场营销的补贴
厄瓜多尔	投资壁垒	外国公司要得到经营权，必须在其市场上与本国顾问工程师或工程师合资
冰岛	投资壁垒	外国建筑服务商设立分支机构本国股份必须占 51% 以上
	货币限制	利润汇返必须视情况，由政府批准每年都要申请
印度	投资壁垒	印度籍工程师享有优先承接政府工程的权利，且有的工程禁止外籍工程师参与，外资公司只有通过同印度本地公司合资的方式才能参与政府工程项目建设
意大利	补贴	由于政府在招标研究中采取政府融资和反通货膨胀政策，本国企业在招标中处于有利的竞争地位
日本	人员资格	只允许有管理能力和技术的人员进入日本，禁止单纯劳务进入日本，施工者必须为日本人
	补贴	由于政府在招标研究中采取政府融资和反通货膨胀政策，本国企业在招标中处于有利的竞争地位
	政府采购	在一些项目的招标中，通常不用外商，因为本国服务商可以满足自我需要
韩国	人员资格	参与建筑工程的人员必须是韩国籍
	补贴	政府在项目招标中基于融资和反通货膨胀政策而导致本国企业在招标中处于有利地位
	税收歧视	出口商可以减少外汇收入 1% 的税收以应付未来的损失
	国内成分要求	外资企业不能够作为项目的主承包商，而只能作为子合同签订者

续表

国家或地区	服务贸易壁垒类型	概要
墨西哥	政府采购	政府建筑工程合同只给予本国企业
沙特阿拉伯	国内成分要求	根据法律,国内企业管理所有工程项目,外国企业只能作为次承包商,处于附属地位
瑞典	补贴	政府在招标中基于融资和反通货膨胀政策,优先本国企业
英国	投资壁垒	最近的政策规定,能源大臣执行政策,要求必须本国企业才能承建诸如北海这样的大工程
美国	政府采购	为政府提供用品的企业必须处于 35 英里之内;联邦政府和州政府采购都必须购买美国产品
委内瑞拉	人员资格	外国的顾问工程师,必须通过本地企业才能进行工作

资料来源:作者整理。

2. 劳务市场服务贸易壁垒概述。表 3 - 13 是部分国家劳务市场对中国存在的服务贸易壁垒,可以看到,一些国家的劳务市场虽然对中国开放,但在资格认证和签证审批时存在诸多限制和拖沓,影响了中国对外劳务输出。

表 3 - 13 部分国家对中国设置的服务贸易壁垒概况

国家或地区	概要
澳大利亚	对银行业、电信业、航空业等行业外商持股比例有不同程度的限制
菲律宾	对金融、保险、电信、零售业等 10 个行业外商持股比例有不同程度的限制;银行必须保证 25% 以上的贷款面向农业;单个零售店的投资金额和外资母公司的资产净值都有要求
俄罗斯	金融、运输行业限制外资的持股比例,通信领域保留许可证管理式
加拿大	对电信和保险业实施外资持股比例限制;外国律师提供法律服务所涉及的领域必须是其母国所允许进行法律职业的领域;对本国无线电广播公司实施保护,取消或限制外资企业的经营资格
韩国	分阶段开放法律服务市场,且只针对签订有自由贸易协定的 14 个国家,排除中国及其他 WTO 成员;限制跨境金融服务,金融管理体制缺乏透明度
日本	对外国律师设立专业公司进行限制,外国法律顾问新申请的注册程序复杂;外国船只公司只有与日本装卸公司建立长期合作关系才能够在日本码头装卸产品;日本海运虽然不限制外国企业的进入,但必须在日本设立企业后才可进入
印度	印度在一些关键部门如快递、电信等行业对外资进入有限制,例如,外资银行只能通过分行、全资支行的形式进入,外国律师事务所不能在印度开设办事处;外资电信行业投资持股比例不得超过 74%
马来西亚	普通劳务市场对中国不开放

续表

国家或地区	概要
墨西哥	电信行业的外商投资比例不得超过49%
印度尼西亚	外籍人员只能够作为专家和管理人员被批发商雇佣,雇佣数量不能超过 10 人,零售商最多只能雇佣 3 个外籍工人
欧盟	外国保险机构只允许在欧盟设立分支结构和代理,但不能在东道国自由提供服务;中医无法在欧得到行医资格;在德的中医医疗机构只能以商业机构面目出现;各成员方都不同程度地存在对市场准入和专业人员流动的限制
美国	各州对外籍劳务人员的管理制度不统一且缺乏透明度;对外银行实行国民待遇,但在分支银行管理方面仍有严格限制;美国航空公司必须由美国控制;海运方面,美国国内的货物运输只能由美国船只运输,且外国船员不得超过25%
黎巴嫩	外籍员工需按工种缴纳一定数量的工作许可费
埃及	特殊服务业如电信和建筑服务业的外资不得超过49%,雇佣外国劳工的比例不得超过10%
巴西	发放工作签证条件苛刻,需要提供的资料繁多;对来巴工作的外籍人员的工作时间、工资待遇都有严格规定
南非	发放工作签证条件苛刻,审批时间长

资料来源:作者整理。

第四章　企业"走出去"的制度性安排的国际和省际比较[*]

从改革开放让中国进入快速发展开始，国家一直重视"走出去"，并将此作为一项重要国策展开，到 2001 年，"走出去"战略被正式列入国家第十个五年规划中，中国开始在全球经济化海洋中扬帆起航。发展至今，目前中国已经跃升为世界经济总量第二，中国的崛起受到瞩目关注。自习近平总书记倡导"一带一路"政策以来，各省市、地区纷纷抛出相关战略紧跟国家这艘巨轮加速行进。

"走出去"最基础的表现形式就是各国商品的贸易，还有国际服务的贸易和对外投资，而各国对于"走出去"战略的各种政策无疑会对国内企业造成重要的影响。当今的世界并非封闭的世界，各国政府不只是研究自身国家的政策还会借鉴其他国家的政策，对国家的出口和投资进行扶持、监督和保障，以此实现自身的发展目标，而在国际上处于领先地位的发达国家会有成熟的法律体系和政策保障，这可以为我国的"走出去"提供经验，同时，各个省份也会根据国家的宏观战略做出调整，以促进本省的海外投资活动和出口贸易。

在实施"走出去"战略中，各个国家政府都给予大力支持，提供各种援助和补贴，建立配套服务体系，扩大国家开放程度，促进国家经济实现进一步扩大，海外投资也相应扩大。对于为企业"走出去"的政策大致有提供信贷和担保支持、优惠政策、保证制度、信息咨询服务、金融和财政支持、出口退税、签订双边协定等等，而每个国家会有所差异。

出口信贷，指国家为了促进和扩张出口国内机械设备等产品，提高产品的竞争优势并快速有效地争得市场份额，降低因为进口商不能及时支付货款造成的资金暂时周转困难而导致资金短缺的风险而发放的一类贷款。出口信贷由政府出面，享受政府补贴，企业获得贷款的利率会比市场利率更低，因此，对于

---

* 本章由暨南大学产业经济研究院付利执笔。

本国的出口商和外国的进口商来说，资金成本会降低，那么企业会更有优势，再有，出口信贷确实可以解决进口商的资金短缺问题，进而可以提高本国出口的产品的海外市场竞争力，扩大自身的出口。这也为各国政府支持出口信贷的做法提供了实际支撑。

对于企业来说，发展海外事业，不只有出口信贷政策给予资金方面的扶持，同时优惠贷款也为企业提供了方便，政府在鼓励本国投资者进行境外直接投资时，几乎每个国家都会给予方便，对意向从事海外投资和正在实行海外投资的公司或者个人都会在资金方面给予援助。一些发达国家还专门设立了特别金融机构，主要职责是以出资或者贷款方式支持那些在境外以独资或者合资的方式建立的企业，为对外投资企业提供了又一融资渠道。

企业"走出去"会面临各种各样的风险，政府采取措施使得企业的风险降低，往往会给予多方面的考量和帮助，比如专门为帮助企业规避"走出去"的风险而建立的保证制度，这又包含出口信用保险和海外投资保证制度。

出口信用保险是国家提供的一种信用类型保险，承保范围为商业风险和进口国社会不稳定而引发的政治风险，这为本土的出口商注射了一剂镇静剂，确保出口企业可以安全地收到外汇而制定的政策性保险业务，这是一种非盈利性的保险，这种保险承受的风险十分高，因此，一般性的以盈利为目的的商业性保险公司都不太可能经营这样的保险业务，一般由政府支持来运营，资金来源是国家财政提供的保险准备金，这是被世贸组织补贴和反补贴原则所允许的一种政策手段，比如法国对外贸易保险公司、美国对外信贷保险协会。当前，我国全球贸易额的 12%～15% 是在该保险的支撑下达到的，发达国家涵盖率更高，为 20%～30%。

海外投资保证制度，这是资本输出国为本国国民"走出去"提供的一种防范和弥补资本接受国发生的政治风险而进行的一种补偿和保证制度，这是为本国国民的安全提供的一层保护罩，为避免本国国民在国外投资遭受巨大损失，可以提高投资者的信心。这种制度衔接投资国的外商，直接投资这种"引进来"战略所提供的鼓励和优惠政策，共同构成发展境外直接投资的政策支持体系，如美国著名的"马歇尔计划"。这种制度往往建立在双边投资协定基础上（赵建军，2005）。

信息咨询服务，指为了使境外投资者对东道国投资环境有比较全面深刻的了解，并在此基础上作出正确的分析和决策，投资国政府为那些投资者提供关于东道国的经济和市场信息以及投资机遇等情报。通常这项工作有一部分是通过专门的海外投资公司、政策性金融机构进行的，比如美国海外私人投资公司、日本亚洲经济研究所和日本输出入银行的海外投资研究所（赵建军，2005）。

出口退税，一般适应于间接税，比如增值税、营业税、消费税、印花税等，是增强一国或地区产品竞争力的有力手段，这种办法在国际上很常见。具体做法是让产品在离开本国时不征收任何税收，确保与进入市场的其他企业在税收方面公平、公正，使得出口产品享有同等的竞争条件，同时，因为出口退税、出口换汇成本直接得到冲销，从而减少企业的亏损额，增加其盈利，企业出口积极性得到调动，从而增加全国的出口量。

自由贸易区（FTA），指由两个及以上国家或地区共同签署自贸协定，签订国家彼此之间取消关税壁垒以及一些服务部门的市场准入限制，以实现生产要素的自由流动，实现优势互补，推动共同发展。表4－1是中国与部分国家或地区签订的自贸协定。

表4－1　　　　　　　中国与部分国家或地区签订的自由贸易协定

时间	签订双方	时间	签订双方
2002. 11	中国、东盟	2008. 11. 19	中国、秘鲁
2003. 6. 29	中国内地、中国香港	2013. 4. 15	中国、冰岛
2003. 10. 29	中国内地、中国澳门	2013. 7. 6	中国、瑞士
2005. 11. 18	中国、智利	2010. 6. 29	中国大陆、中国台湾
2006. 11. 24	中国、巴基斯坦	2015. 6. 1	中国、韩国
2008. 4. 7	中国、新西兰	2015. 6. 17	中国、澳大利亚
2008. 10. 23	中国、新加坡	2016. 6. 30	中国、哥斯达黎加

资料来源：百度百科。

本书将选取美国、英国、德国、法国、日本、韩国、新加坡、印度八个国家作为国际例子，浙江、江苏、山东、福建、上海、四川作为国内分析例子，研究它们"走出去"的管理政策，作为广东省完善"走出去"政策的借鉴。

第一节　对外直接投资制度性安排的国际比较

一、美国政府促进企业"走出去"的政策措施

1. 健全的法律体系。美国政府一直很重视关于发展海外投资的法律支持，

例如1948年通过的《经济合作法》，在1961年颁布的《对外援助法》则设立了国际发展署，对美国私人投资和海外援助进行监督。在20世纪50年代制定的《共同安全法》则明确了向"友好国家"提供经济、技术和军事等方面的援助，来确保美国的投资安全以及促进对外政策的形成。1948年制定的《经济合作法》、1949年通过的《共同防御援助法》、1950年通过的《国际开发法》，这些都包含在共同安全计划中，对美国投资安全和投资利益的保护提供了强有力的支撑。

不仅有以上政策给予正面支持，还有2007年5月布什总统发表了《开放经济的声明》，2011年6月20日奥巴马总统发表了《美国对外开放投资政策承诺的声明》。

除了在国内制定的这些法律，美国政府还积极与多个国家签订双、多边协议，这些协议的签署使本国公司在东道国获得公平待遇，投资利益也得到了保护（事实上由于许多国家在吸引外资方面的优惠政策，使得企业往往获得超国民待遇），保障了本国投资者的安全。

2. 出口信用保险。美国对外信贷保险协会在1961年成立，履行为应对出口应收账款的拒绝兑付而提供保险服务的职能。至1983年，大量私人公司已经退出该机构。现在，对外信贷保险协会与进出口银行是委托代理关系，前者作为后者的代理，代表进出口银行履行销售和管理出口信贷保险单据义务。

3. 双边投资协定与泛太平洋战略经济伙伴关系协定。BIT是国与国之间签订的书面协议，其具有法律意义，主要是为了对签约国彼此的投资活动提供保护。最初美国为了与缔约国的贸易和海运联系进行沟通，曾签订过友好通商和航海条约，但是，随着海外投资的增加，这些条约渐渐退出历史舞台，因双边投资协议在解决东道国与母国之间的制度约束问题上的优越性，因此，各国纷纷加入协议中，美国从最初发展至今相继制定了1982年、1994年、2004年、2012年四个双边投资协定的版本，截至目前，已经与47个国家签订了双边投资协定（见表4-2）。

表4-2　　　　　　　　美国双边投资协定签订情况一览

标题	签订双方	签订日期	生效日期
Albania – United States of America BIT（1995）	Albania；USA	11/01/1995	04/01/1998
Argentina – United States of America BIT（1991）	Argentina；USA	14/11/1991	20/10/1994
Armenia – United States of America BIT（1992）	Armenia；USA	23/09/1992	29/03/1996

续表

标题	签订双方	签订日期	生效日期
Azerbaijan – United States of America BIT（1997）	Azerbaijan；USA	01/08/1997	02/08/2001
Bahrain – United States of America BIT（1999）	Bahrain；USA	29/09/1999	30/05/2001
Bangladesh – United States of America BIT（1986）	Bangladesh；USA	12/03/1986	25/07/1989
Belarus – United States of America BIT（1994）	Belarus；USA	15/01/1994	
Bolivia, Plurinational State of – United States of America BIT（1998）	Bolivia, Plurinational State of；USA	17/04/1998	06/06/2001
Bulgaria – United States of America BIT（1992）	Bulgaria；USA	23/09/1992	02/06/1994
Cameroon – United States of America BIT（1986）	Cameroon；USA	26/02/1986	06/04/1989
Congo, Democratic Republic of the – United States of America BIT（1984）	Democratic Republic of the Congo；USA	03/08/1984	28/07/1989
Congo – United States of America BIT（1990）	Congo；USA	12/02/1990	13/08/1994
Croatia – United States of America BIT（1996）	Croatia；USA	13/07/1996	20/06/2001
Czech Republic – United States of America BIT（1991）	Czech Republic；USA	22/10/1991	19/12/1992
Ecuador – United States of America BIT（1993）	Ecuador；USA	27/08/1993	11/05/1997
Egypt – United States of America BIT（1986）	Egypt；USA	11/03/1986	27/06/1992
El Salvador – United States of America BIT（1999）	El Salvador；USA	10/03/1999	
Estonia – United States of America BIT（1994）	Estonia；USA	19/04/1994	16/02/1997
Georgia – United States of America BIT（1994）	Georgia；USA	07/03/1994	10/08/1999
Grenada – United States of America BIT（1986）	Grenada；USA	02/05/1986	03/03/1989
Haiti – United States of America BIT（1983）	Haiti；USA	13/12/1983	
Honduras – United States of America BIT（1995）	Honduras；USA	01/07/1995	11/07/2001
Jamaica – United States of America BIT（1994）	Jamaica；USA	04/02/1994	07/03/1997
Jordan – United States of America BIT（1997）	Jordan；USA	02/07/1997	12/06/2003
Kazakhstan – United States of America BIT（1992）	Kazakhstan；USA	19/05/1992	12/01/1994
Kyrgyzstan – United States of America BIT（1993）	Kyrgyzstan；USA	19/01/1993	12/01/1994
Latvia – United States of America BIT（1995）	Latvia；USA	13/01/1995	26/12/1996
Lithuania – United States of America BIT（1998）	Lithuania；USA	14/01/1998	13/06/2004
Moldova, Republic of – United States of America BIT（1993）	Moldova, Republic of；USA	21/04/1993	26/11/1994
Mongolia – United States of America BIT（1994）	Mongolia；USA	06/10/1994	04/01/1997
Morocco – United States of America BIT（1985）	Morocco；USA	22/07/1985	29/05/1991
Mozambique – United States of America BIT（1998）	Mozambique；USA	01/12/1998	03/03/2005
Nicaragua – United States of America BIT（1995）	Nicaragua；USA	01/07/1995	
Panama – United States of America BIT（1982）	Panama；USA	27/10/1982	30/05/1991
Poland – United States of America BIT（1990）	Poland；USA	21/03/1990	06/08/1994

标题	签订双方	签订日期	生效日期
Romania – United States of America BIT（1992）	Romania；USA	28/05/1992	15/01/1994
Russian Federation – United States of America BIT（1992）	Russian Federation；USA	17/06/1992	
Rwanda – United States of America BIT（2008）	Rwanda；USA	19/02/2008	01/01/2012
Senegal – United States of America BIT（1983）	Senegal；USA	06/12/1983	25/10/1990
Slovakia – United States of America BIT（1991）	Slovakia；USA	22/10/1991	19/12/1992
Sri Lanka – United States of America BIT（1991）	Sri Lanka；USA	20/09/1991	01/05/1993
Trinidad and Tobago – United States of America BIT（1994）	Trinidad and Tobago；USA	26/09/1994	26/12/1996
Tunisia – United States of America BIT（1990）	Tunisia；USA	15/05/1990	07/02/1993
Turkey – United States of America BIT（1985）	Turkey；USA	03/12/1985	18/05/1990
Ukraine – United States of America BIT（1994）	Ukraine；USA	04/03/1994	16/11/1996
Uruguay – United States of America BIT（2005）	Uruguay；USA	04/11/2005	01/11/2006
Uzbekistan – United States of America BIT（1994）	Uzbekistan；USA	16/12/1994	

资料来源：UNCTAD BITs databas。

奥巴马政府上台后提出 TPP 协定，与美国达成协议的国家涉及 11 个，该协议覆盖 12 个国家：美国、马来西亚、新西兰、日本、新加坡、澳大利亚、加拿大、智利、文莱、秘鲁、越南及墨西哥。协议预期目标是十年后实现成员国之间的零关税，这也为美国企业实现对外贸易降低了成本，可以有效促进出口和进口。

4. 海外投资保险制度。"马歇尔计划"是海外投资保险制度的最初体现，刚提出来时只在很窄的范围内适用，仅能保障因汇率发生不利变动的风险。后来，随着美国私人海外投资大量涌入发展中国家和地区，在欠发达国家和地区的投资常常面临被投资国征用和国有化等政治方面的风险，美国海外私人投资公司也在这一背景下发展起来，1971 年伊始，其担负起美国海外投资保险业务，以便适应国际投资市场的新变化（赵建军，2005）。

海外私人投资公司履行的义务是"代位求偿权"，具有政府背景，但并不由政府提供经费，资金来源完全是依赖于公司收取的保费，属于盈亏自负性公司，为投资者提供融资、贷款担保、政治风险保险等，在保护投资这方面可以让美国的海外投资获得可信的保障承诺，使得国际国内的联系和保护不会成为一纸空文，而会落到实处，让投资者更放心，在外交政策方面也起到了支持和安定作用。

海外私人投资公司主要担保：（1）货币无法兑换风险，即投资人在海外投资所得的以当地货币计量的利润、其他收入等兑换成美元，再汇出该国；（2）财产被没收风险，即外国政府对投资资产没收或者国有化等造成的损失；（3）政治动乱风险，即由于暴乱、战争等政治因素对投资资产造成威胁从而造成的损失（吉小雨，2011）。

投资保险每个项目最高是 2.5 亿美元，在特殊的油气部门的战略投资，每个项目可以保险高达 3 亿 ~ 4 亿美元。海外私人投资公司只对在海外新建的工厂、现有海外投资项目的扩建、现代化、跨国租赁、设备转让、技术改造和发展等新的投资项目提供担保。海外私人投资公司同时保障中小企业投资者采用的各种新颖的投资方式。此外，海外私人投资公司并不是全额保险，还需要投资者自身至少承担 10% 的风险，投资者最大投保额为其投资的 90%。

5. 提供投资信息和咨询服务。为了给投资者提供有力的信息服务，美国政府经由海外私人投资公司、经济商业情报中心、政府机构特别部门等商业或非商业机构获取信息。除此之外，美国小企业局也做了大量工作，为海外投资企业提供信息。为处理海外投资企业的信息事项，其设立不间断计算机电话咨询系统，为向企业提供各种有关经营管理的专业书籍、影像资料等，它开设了专门的网站和图书馆，还有，通过高技术软件、通信服务以及专家指导，为海外企业完成营销策略、业务开发方案等关键性前期工作。

而"退休经理服务中心"，被认为是在咨询提供方面最有效的机构，中心有着高达 1.3 万名的高级退休商业管理人员，他们代表着最广泛的业务，以自愿方式参加有关活动，为海外投资企业提供丰富的经验、知识和技术。

6. 税收保护政策。对海外直接投资，美国依据相关法律，对其实行税收优惠与鼓励。从大的方面来讲主要利用两种手段，一是税收减免，公司的国外投资收入在向政府纳税时，可以在应税收入中先消去在国外已经上缴的税金，以此避免陷入双重课税。为避免双重征税，政府与很多国家签署了双边协定或条约，并且本国国外投资收入相较于国内投资收入，税率一般要低于 15% ~ 20%。二是税收延付，即在公司的国外投资收回以前不予征税。这相当于是政府给在国外投资的公司提供了一次免息贷款。

具体而言，税收政策可分为五个方面。

（1）分类的综合限额税收抵免。美利坚合众国于 1918 年开始有了关于税收抵免的政策，在那个时期施行的是分国家计算可抵免的限定额度，开创了税收抵免的先河。由于分国计算有其不利性，于 20 世纪 60 年代初期至 20 世纪 70 年代中期，实行分国限额和综合限额选择制，而当今美国施行的是部分国度的抵免政策，只是区分所得税类别，根据类别进行纳税，计算出来的所得税可以直接进行抵免（李敏，2006）。

（2）延迟纳税与 CFC 法规。本规定最初是为了能够使本国跨国公司与东道国公司或者那些实施免税法的部分欧洲国家的当地公司展开充分竞争，延迟纳税制度最早可以追溯到 1954 年，这也造成了美国部分企业为逃避国内税收而到避税天堂投资的恶劣影响，后来正是基于由此带来的美国财政赤字压力，美国政府于 1962 年颁布了关于国内收入法典的分部条款，此条款规定，利润中凡是属于美国股东的部分，无论当年是否进行了利润分配，也无论是否汇回美国，都应缴纳美国所得税。

（3）在税收协定中不列入税收饶让条款。对于税收饶让的实施，美国认为其影响资本在世界范围内的优化配置，无法实现帕累托最优，从而会冲击到美国以资本输出得到的财政收入，减少国内就业机会，资金和人员在国内外的流动也因此变得不正常。因此，美国一直以来并不看好该条款，同时也并没有采用。

（4）经营性亏损结转。包括下面两种：第一是向前抵消，这是针对海外的企业发生正常与经营活动有关的亏损时，可以用此损失抵消在发生亏损年前三年的利润，而对于这部分被冲销掉的利润曾在以前年度缴纳过税款，因此，会将已经上交的税款返还给企业；第二是向后结转，结转年限为 5 年，具体做法是从亏损年份开始到以后的 5 年，都可以用亏损那年的亏损额度抵消以后年度的收入，从而可以减少上交所得税，为企业在海外投资中发生的损失提供些许安慰（李敏，2006）。

（5）关税优惠。如果生产内燃机部件、办公设备、飞机部件、照相器材、无线电装备及零部件等产品的企业并不是在国内进行加工制造或装配，而采用的是将美国的产品通过海运、空运、陆运等运往境外进行加工制造或装配的，待制造或装配完成后再重新以进口的形式在国内售卖的不对其征收关税，只对其在国外的增加价值征收进口关税。

7. 资金扶持。美国私人 OFDI 的资金来源有三个方面，即公司自有资金积累、从金融机构借贷、政府提供的廉价借贷，从政府的角度来看主要有三个机构为美国的私人对外直接投资提供了借贷资本。

（1）美国进出口银行。该行主要为外国进口商提供有美国政府支持的低息贷款或贷款担保，以此促进美国商品及服务的出口，以及增加国内就业，截至 2015 年 5 月，它已经创造了 130 余万人的就业岗位，在过去 20 年也多创造了 70 亿美元的税收。同时，美国进出口银行也为出口商开拓新市场、发展壮大提供了支持。在该银行的对外贷款业务中包括下面两项来支持跨国公司的 OFDI：一项是资源开发类贷款，这是专门针对资源寻求型投资，特别是石油、矿物、天然气等战略物资的资源，这适用于战略资源寻求型对外投资的企业；另一项是私人对外直接投资贷款，提供贷款给跨国企业，为这些企业的融资提供了来源，以便使得他们有足够的资金进行海外市场的开拓，不会因为资金短缺而缺失很多机会，帮助他们扩展业务，为其提高在国外市场的竞争力。除了直接贷款，该银行还为企业提供流动资金担保和出口信用保险。

（2）美国私人海外投资公司。成立于 1971 年，海外私人投资公司担负为海外投资企业提供投资保险的责任，同时也为私人投资者融资，特别是激励美国中小企业到发展中国家直接投资。该公司为一个项目最多可以提供 4 亿美元的资金，其中 2 亿美元为项目贷款，另外 2 亿美元为政治风险担保。

（3）美国小企业管理局。这是一个专门为中小企业"走出去"提供金融支持的平台，在 1958 年根据小企业法成立，在鼓励企业"走出去"方面，中小企业管理局主要提供三项业务：直接投资贷款、对外直接投资的融资、对外投资保险。该局本身不提供资金和贷款，但可以提供担保。一般担保的最高贷款额为 75 万美元，最小贷款额为 25000 美元。直接投资贷款主要用来鼓励小企业到发展中国家投资。其特点是适用对象广泛，凡未列入《Fortune》前 1000 家企业外的中小企业皆可申请。可贷金额从 90 万到 600 万美元不等，平均每笔 300 万美元。OFDI 的融资则适用于到欠发达国家投资的合法投资人保险贷款和担保等，可贷金额为 1000 万~7500 万美元，单笔资金可达 2000 万美元。对外投资保险是用于美国投资者在境外友好国家投资的战争、革命等政治风险的保险（赵建军，2005）。

二、英国政府促进企业"走出去"的政策措施

1. 帮助企业搞好海外市场调研。英国贸工部于 2000 年 5 月组建了全英贸易伙伴服务局，该机构以服务为宗旨，建立之初就把自己定位为：扶持企业扩大对外投资，开发海外市场。基于此，该机构采取了"三级调研法"以协助企业进行投资前调研（赵英奎，2002）。

（1）一级调研：全英贸易伙伴服务局在自己的网络上建立了网上《投资指南》和《国别专页》栏目。《投资指南》专为投资者提供想要了解的基本问题解答，可以进行哪些投资，投资条件如何，投资市场情况都做了详细介绍。《国别专页》简单介绍了投资目的国的基本情况以及一些相关科室的联系方式等。

（2）二级调研：进行"海外投资专项调研"。根据国内企业需要，英国驻海外的商务处已对如何在有关驻在国进行投资作了具体而深入的专项调研。内容包括：基本市场情况、确定和评估潜在的经销商、中介公司、当地支持投资的联系电话、商品、服务市场分析、市场营销手段指导、当地投资机会信息以及当地的融资服务等。资料信息获取按小时收费，每篇调研报告在 50～1000 英镑。而全英贸易伙伴服务局也会对价格在 600 英镑以上的报告提供书款 50% 的赞助。

（3）三级调研：进行"深层次实地调研"。除了以上的调研方法，该机构还会根据需要安排出国参展、实地考察等活动，每年可达 450 次，并且以国家资助企业赴国外考察的路费的形式，赞助或帮助大约 250 家企业、公司赴海外实地考察。

2. 海外投资保险制度保障企业海外投资。多年来，在为英国企业对外投资提供担保和保险方面，1919 年成立的英国出口信贷担保局其贡献不可谓不大，从成立到现在已经走过了 97 个年头，实质是英国的一个独立部门，是为促进英国出口和对外投资而服务的公司性质的部门。1972 年该局开始对英国的投资者提供海外投资保险业务，仅为投资者承保面临的政治风险，这为企业所能遇到的最大风险提供了保障，可以降低企业因为政治风险而遭受失败而造成的损失，有了这种保障，企业会更加专注于投资的商业方面，而不会受到政治风险的困扰，为促进英国企业的海外投资做出了不可磨灭的贡献。

海外投资保险计划不仅有对海外投资提供保障措施，还有银行贷款和证券投资系列（楼芳，2012）。

对外直接投资方面，（1）股东权益，指英国投资者以取得股权为目的对海外企业以现金、机器设备、专利技术等方式进行的投入。（2）股东贷款，指英国投资者向其海外附属公司提供的贷款。（3）股东担保，指英国投资者为银行（不一定是英国银行）向其海外企业贷款时所提供的担保。但英国投资者和海外企业必须是关联公司。

银行贷款方面，向有英国赞助的投资项目提供支持贷款，通常需要由双方签订贷款协议。（1）补充投资贷款：指英国投资者除了向海外企业进行权益投资外，还需要向其他银行寻求融资，而发挥这个功能的银行必须是英国的银行，这项贷款弥补了股权投资。（2）出口贷款：涉及有进行出口贸易业务的英国企业，英国银行提供贷款帮助这些海外企业实现支付。需指出的是，由于该种操作往往采用买方信贷方式，而英国出口信贷担保局（ECGD）有专门针对贷款银行的担保业务，为因商业风险和政治风险而导致的令贷款银行无法收回资金成本和利息的情况进行担保。（3）银行间接投资贷款：既没有英国发起人，也不涉及英国出口，如银行机构可以投资海外企业发行的证券、银行债券贷款（对没有英国出口商和赞助商的国家或地区投资的英国公司提供的金融服务）。

对于对外直接投资者，海外投资保险业务还可以提供资金或者实物，如厂房、技术、机械等。海外投资者要给予英国出口信贷担保局一定的股份作为回报。

海外投资保险计划最显著的特点就是英国政府直接出面负责某些对外投资项目的担保，从而使因某些政治事件的发生从而使海外项目受到影响时，英国出口信贷担保局直接代表政府出面进行协调和解决，而不用被动地等待索赔程序的启动，这样可以大大提高企业的主动地位，增加了企业的保险系数，从而使得项目的损失降到最低。

3. 完整的海外投资促进体系。

（1）促进体系的层次性。促进体系分为综合的与专业的，层次分明，体系的有效运转是以市场机制为基础的，政府的宏观调控政策或有效的服务在许多方面都是通过中介组织加以实施的（赵英奎，2002）。

（2）不同层次间的良好沟通。对于一个完整的促进体系来说，不同层面的协调是整个框架有效运行的必要条件。在区域之间，CBBC 与 STI 显示出体系中的横向沟通。良好的沟通还表现在沟通的质量上，其间虽然也有各种溢美之词，但是，在具体问题上的言辞激烈，反映出沟通的效率（赵英奎，2002）。

（3）"客户至上"的服务观点。政府层面中，一个普通的共识是，企业是其"客户"，政策的出台，机构的改革都是受"客户意识"的推动；中介组织层面中，市场化或企业化的操作模式即是把服务成员作为宗旨，尽一切方法为企业寻找商业机会的活动而服务。在 CBI 给贸工部的意见反馈中就明确提出，政府的服务要想企业之所想，政府要作业界的卫士（赵英奎，2002）。

4. 英国出口金融服务局。英国出口金融服务局（UK Export Finance, UKEF）是英国的出口信用社，专门为出口商提供保险，并接受银行的保单，分担企业面临的出口金融性风险，同时，也向海外的买家提供买房信贷供其支付，是为英国出口商提供服务的部门，是英国出口信贷担保部的执行部门。除此之外，债券保险、债券支持计划、买方和供应商的信贷融资设施、信用担保计划、直接贷款、出口融资便利支持、出口运营资金计划等方面也是该机构为出口企业提供的支持服务。

据其2015年报告，在过去25年里，该局已经支持了大量的出口商，2015年获得支持的企业增长了23%，获得该局的融资和保险支持的中小型企业占77%，约有7000家公司在供给出口商链上间接受益。UKEF已经支持了超过8亿英镑的海外销售和18亿英镑的出口供给保险凭证，并表示到2020年，政府将推动10万家新企业进行海外贸易，出口可以促进经济快速增长，同时，带来就业的增长、收入的增长、税收的增加以及其他的社会收益，UKEF将不断创新支持业务，为实现10万家企业海外销售做出重大贡献，实现进行海外贸易的英国企业不会因缺乏来自私人部门的金融和保险支持而遭受失败的这一使命。

5. 税收优惠措施促进企业"走出去"。消除双重征税。（1）免税法。2009年7月1日，英国开始实施免税法，原因是英国跨国公司有将总部迁往国外的现象并且有不断加剧的趋势，不止实施免税，其所得税适用税率还不断降低。在此之前，英国主要使用抵免法、扣除法，免税针对双边税收协定中的规定按照要求使用，但并不实行累进免税法。（2）间接抵免。对于拥有境外非居民公司10%以上表决权的企业可以享有这种抵免，并且允许多层间接抵免，没有层数限制。（3）海外股息。对来自国外非居民企业的股息采用先抵免在境外所交的股息预先提取税，然后再给予该股息间接承担的外国税收，即外国公司所得税抵免待遇（王晨旭、苏婷婷，2016）。

避免双重征税的税收协定。到目前为止，英国已经和110多个国家（地区）签订了双边国际税收协定，目的在于消除公司因为在海外投资获得收入而受到投资国和英国国内的重复征税问题。这些税收协定主要涵盖两类：一是限制性协定，是为船运和空运利润而设置的；二是综合性双边税收协定，如果存在协定的税率比国内的税率还高的情况下，取协定税率和国内税率两者较低的税率征税。

6. 服务体系。英国贸易总署（UK Trade & Investment, UKTI）是一个专门

为英国从事贸易的企业提供服务的机构，支持范围包含：对重要的商业事务提供咨询、介绍产业关系网络，通过研究开发项目扶持跨国企业在英国承揽举办研究开发活动，通过全球企业家项目为外国企业家在英国开发商业机会提供帮助，通过研发合作项目协助外国与英国的企业建立起技术合作，进行综合地区和位置选址分析，通过投资商开发网络向已在英国开业的企业提供连续支撑。UKTI 督促政府完善相应政策鼓励企业出口产品和服务到海外，加强国家出口业务，同时，网站还发布关于出口机会、注册登记、出口国家指南、帮助企业扩张等方面的信息，内容丰富且有实际价值，为企业提供全面服务。

投资促进局（IPA）的设立也是英国促进海外投资实施的众多的措施之一。这种一站式的服务越来越受到投资者的青睐，通过 IPA，投资者可以获取与投资项目有关的所有信息。而联合商会也是一种有用的网络工具，它与政府与企业紧密联系，为企业提供了一个用行话交流有关投资条件信息与看法的平台。

英国的西南金融卓越中心（South West Financial Centre of Excellence）推出的投资指南提供了英国南海岸地区的详细信息，包含地理环境、区位优势、市场情况等与投资相关的信息。

英国贸易与投资国防和安全组织（UK Trade and Investment Defence and Security Organisation，UKTI DSO）出版了出口指南，首次出版是 2014 年 11 月 3 日，最近一次的更新是在 2016 年 7 月 7 日，该指南可以为企业在海外的销售和投资提供服务，为有需要的企业提供投资分析，包括企业是否具备海外贸易的条件、是否具有竞争性、可供出口的产品和服务、是否具备充足的金融和人力资源，UKTI DSO 并不为企业做决定，但是，可以为企业提供指导性帮助。比如，在支持企业的防范和安全方面：提供支持、提供与购买商接触的机会以及国防和安全工作日、2016 年到 2017 年间展览项目的安排、出口支持团队（EST），而出口支持团队是一个专门为军事人员提供服务的单位，该团队有着丰富的知识和运营经验，可以为英国的国防与安全性企业提供专业支持。

2016 年 7 月 21 日，英国的巴莱客银行、汇丰银行、莱斯银行、国民西敏寺银行和桑坦德银行五大银行与英国国际贸易部门联合推出了新的出口目录，可以通过该平台，企业将自己的信息和产品以及提供的服务发布到此平台中，并鼓励企业进入该目录中，以便于让全球的潜在客户都能够通过该平台了解该公司，可以更好地促进出口和投资。

三、德国政府促进企业"走出去"的政策措施

1. 法律保障。《对外经济法》（AWG）和《对外经济法实施细则》（AWV）均是对外经贸领域的法律文件，AWG 规定德国企业和个人享有在商品、劳务、资本、支付等方面对外贸易的自由经营权、经营和管理自主权，政府原则上不对企业和个人的对外经济贸易活动进行干预，但对于破坏国家之间协定的行为、国外有害货币和资本流入、违背自由贸易政策的行为、破坏德国安全和世界和平的行为等方面国家予以限制。对军民两用物资的出口管理，德国主要依照欧盟部长理事会 1994 年 12 月 19 日作出的决定以及 1996 年签署的《瓦森纳安排》。

2. 境外投资管理体制。

（1）促进双边经济关系发展。联邦经济部会与国内外主管经贸事务的机构进行定期对话，对话内容主要涵盖促进商品双边往来、加强相互投资关系、扩大技术转让等，为企业在境外的投资活动提供政治援助。

（2）促进企业合作。联邦经济部会举办多种形式的活动支持，尤其是支持中小企业走向外国市场，通过举办此类活动，有助于探索、挖掘与外国企业、服务和研究机构建立合作关系的可能性，增加开拓新的销售渠道、采购途径、合作和投资的机会。

（3）为本国企业境外项目提供政治援助。联邦经济部提供的政治援助贯穿项目始终，主要是为了避免东道国官僚主义泛滥、决策政策缺乏公正透明、同一项目竞争中施加政治影响等，主要帮助企业建立和保持业务关系，为本国企业游说以便帮助本国企业在国外拓展业务，在项目招标前与过程中提供帮助，在项目实施和运转期间提供支持，在正常渠道被关闭后为本国企业尚未回收的债权提供支持。

3. 税收方面的促进措施。在税收制度中，德国最主要的措施是与许多资本输入国订立避免双重征税协议，其内容主要有以下四方面。（1）避免双重征税办法。德方对已在东道国纳税的德国子公司汇回利润时，不再征税。同样，在德国的外国公司纳税后也不需要在本国再交税。政府间贷款、存款利息给予免税待遇。（2）税收无差别待遇。对在所在国的对方子公司、分公司取得的利润及其资本不得有税收歧视，只能与该国国内企业纳税率一样或更优惠。（3）实行特定的限制税率。原则上对股票产生的利息、特许权使用费等

方面投资所得采用 10% ~ 15% 的限定税率。(4) 德方单方面承担的义务,给予德国在发展中国家投资所得一定的税收抵免待遇。

股息和资本利得税收优惠。(1) 股息方面。居民企业的企业所得税本质上是"实质股权"的红利所得被(从公历年度年初伊始直接持股高于 10%)予以免税,不考虑其来源地。而对于"投资股权"的股息收入却要在国内交纳税收,此规定同时适用于来自德国境内外的股息。银行、金融服务机构和金融企业持有的用于交易目的的股票资产不能免税。海外子公司汇回母国的股息免税。(2) 资本利得方面。对于处置在国外的资产所获得资本收益是需要上缴税收的,但是有例外情况,外国常设机构、出售不动产、非居民企业股权等取得的资本收益是予以免除税收的。与资本利得直接相关的实际费用可以扣除。

政府补贴辅助也是一项重要举措,德国一直就很支持企业参加展览会,并视其为创造机遇、寻求伙伴、开拓市场的一条捷径。如德国的下萨州,对于到德国以外国家或者地区参加有关手工业和科技的展览实施补贴,而参加研讨会、洽谈会等非严格意义上的展览会也有可能获得补贴。

税收协定。截至 2015 年 7 月,德国正在执行的税收协定有 94 个。如果东道国的税率比德国税率低,则免税规定就带来了税收利益。投资国一般采取税收豁免、税收抵免、延期抵税等方法,避免对本国投资者的重复征税。德国主要采取了税收豁免政策。母国认可东道国对本国境内投资享有征收税收的权力,从而放弃本国征收税收的权力,这就是所谓的税收豁免,这项举措有利于对外投资者,从而激励本国企业实行境外投资。如果未与东道国签订税收协定,国外分支机构的税款在本国国内可以实施抵免。境外所得免税激发了企业对外投资热情,是德国税收体系中关于此类活动最直接的鼓励性规定。

4. 金融方面的促进措施。

(1) 联邦政府提供贷款。联邦政府所属的资助机构同德国私人投资者合作,通过贷款以提高本国公司在国外企业中所占的股份。政府的这种资助可以通过两种形式来实现:其一是政府提供的官方贷款,年利率通常是 3.5%,限期 15 年,可延期 5 年;其二是德国投资开发企业直接同私人投资者一道在东道国投资参股,以增强投资者的信心。

(2) 提供金融担保。倘若海外投资基金短缺,"德国清算银行"或"德国复兴信贷银行"可为德方企业提供贷款担保,帮助公司获得资金维系日程运转。在预算法授权下,政府也有权力接受境外投资项目申请。该担保对具体项目或国家已明确的国家类别在金额方面均没有限制。

（3）提供无偿补贴。联邦政府重视对投资前的调查费用资助，承担为在发展中国家设立子公司所进行可行性研究费用的 50% 以上。在研究结果表明投资项目不可行时，政府将不收回款项（主要是德国中小企业受益）。

（4）金融机构提供融资服务。中小企业国外促进项目不只供应长期优惠贷款，还担负着维持在境外设立的公司的设备启用、生产规模扩大等责任，帮助公司筹措资金。对本国企业尤其是中小型企业提供额度低于 500 万欧元且无须担保的低息贷款。

通过参与资本投资，德国投资与发展有限责任公司为本国企业在转型国家和发展中国家提供一定的资金支持，另外，发展中国家、南欧、中亚和高加速开展的投资项目 50% 的费用由其承担，单一项目一般少于 20 万欧元。

5. 境外投资促进机制。

（1）联邦经济部的主导作用。联邦经济部筹划经济整体，统筹布局，制定一系列政策促进外向经济，包含援助筹措资金，为所遇风险提供担保，提供国外参加展会的便利，在海外举办针对出口的培训班，有关出口方面的信息咨询，开发复兴信贷银行为企业提供信贷，支援外国投资项目，为在欠发达市场的公司提供担保，为特殊项目提供无约束贷款担保等。

（2）德国社会全面参与。德国 70 余家与联邦经济部、外交部、经合部、联邦州政府、工业联合会、工商联合会、地方工商会、海外商会、金融机构等联手打造了综合服务平台（iXPOS），旨在统一推出所有服务项目促进对外经济发展，该平台提供涉及方方面面的服务信息。

（3）积极提供信息服务。联邦经济部、州经济部主要负责发布有关推动境外投资政策方面的讯息。

驻外使领馆、工商会代表处、海外商会工作重点是向德国企业提供投资目的国的诸如投资环境、投资目录以及吸引外资政策、经济、税收、投资法律法规等有关信息。联邦对外经济信息局的任务则是提供综合性讯息，与企业是委托代理关系，从事针对具体海外市场或具体项目展开专题调研工作。

利用现代互联网和信息技术，串联国内外企业，德国促进海外投资机构为企业提供项目信息配对对接服务。如联邦对外经济局的电子商务中心与 iXPOS 相互协调，在网上发布有关企业信息，使国内外企业可以相互了解，建立合作关系。

针对中小企业，还有专项咨询服务，麦肯锡公司就专门成立了中小企业海外投资咨询处，满足中小企业需要大量和针对其特殊要求的信息服务需求，通过电话、信函、面对面交谈等多种形式为中小企业提出的关于境外投资的问题做出解答。

四、法国政府促进企业"走出去"的政策措施

1. 层次分明的境外投资管理体制。

（1）职能分工。经济财政工业部对外经济关系总司和法兰西银行国际收支司履行对法国宏观层面管理的职责，前者的主要职能是利用数据作宏观经济分析，总结法国企业国际竞争力、国际化进程、国际资本流动对本国国民经济的影响，并向政府报告以及制定政策。此外，财经部的国库司、税务总局、工业技术司以及对外经济关系司直接管理的大区外贸局等机构也从事境外投资的促进工作。

（2）审批管理。针对企业的境外投资，政府几乎不采取审批式管理，除了对敏感领域和敏感国家的投资实施管制，企业按照市场规律运作。

（3）外汇管理。法国政府对外汇实施严格管制一直延续到1980年。后来随着经济形势逐渐稳定，政府开始逐步放开外汇管制，外汇渐渐自由化。在法国相继实施合理的经济、财政、货币政策后，效果十分明显，法国经济金融发展稳定，因此，法国完全放开对外汇的管制，极大地刺激了海外投资，外资双向流动增长，直接结果是法国增强了国际竞争力，加速了国际化进程。

（4）出口信用保险。法国的对外贸易保险公司专门为国内公司提供出口信用保险。该公司的主要业务包括：大项目的汇率变动险、欧盟以外国家和地区短期出口信用政治险、中长期出口信贷保险、对外投资险（包括政治风险和经济风险）、市场开拓保险等（赵建军，2005）。

2. 完备的财政制度。

（1）税收制度。法国并不是针对不同种类、不同国别、不同业务征收不同税收的方式，采取无差别的税收管理体制，以收入来源地为限，在法国要求纳税的只是针对获得的利润属于法国境内范围的业务，而那些企业在境外投资中实现的收益并不纳入法国母公司的纳税范围。同时，针对某些企业因为逃避税收而故意选择到避税天堂投资或将工业迁移到境外的情形，法国当局当机立断，当海外附属公司在国外的所得税比国内所得税的1/3还低时，这些子公司的财务务必归入到母公司中依照国内税收规定进行纳税，除非母公司能够证明

自身选择到投资国投资是为了在当地市场进行销售为主，而不是抱着逃避税收的目的。

（2）税收优惠。法国对出口货物实施零关税，适用货物在任何情况下任何环节都不用缴纳增值税，实行的是完全免税，就算已经缴税的可以申请退税，其具体的实施机制是免税购买方式为主，按照先缴后抵的方式，免税或者退税是根据企业具体的类型，而非一概而论。

法国对于鼓励企业到境外投资在税收方面的支持主要包含转移税收和延期纳税，即对于开展境外投资的企业若是在经营前4年出现亏损状况时，允许其在应税收入中免税提取准备金，最长可用10年将提取的这部分准备金按照一定比例分摊到每年的应税收入中，这就是转移式的纳税，另外一种是延期纳税，任何公司经过批准，均可依据其境外股本投资总额的50%或100%，允许5年内降低其母公司在国内的税收基准，从第6年伊始按年递增，补充税收上交给国家。除此以外，还有以下四种方式。

①海外子公司的股息免税。消除赴境外公司被母国和投资国重复征收税收是根本立足点，1965年出台了一项法律规定，对于母子公司认定做法是只要一家公司持有国外一家公司的股份比例超过10%，前者就是后者的母公司，计算母公司应纳税时可以提出境外公司对母公司的股息。当局认为，此举既尊重了来源国税收主权，又使本国企业在境外所得与当地企业承担同等税负，有利于提高本国企业的竞争力，促进境外投资企业的发展。免税法的实施大大减轻了本国跨国企业的税负，涌现出了具有国际竞争力的优质企业，例如 MICH-ELIN、TOTAL、雪铁龙等有名的跨国公司。除此之外，许多世界上著名的跨国企业都将研发中心安置在法国，这样的结果很大程度上可归功于法国实行的免税法。

②财务合并制。财务合并制，是法国政府为防止企业逃避国内税负而选择到海外投资而采取的财务措施，其具体内容是当法国的企业选择所得税低于法国所得税1/3的东道国投资时，必须将在那些东道国设立的子公司的财务纳入法国母公司之中，除非母公司有能力证明其进驻当地市场只是为了进行正常销售业务，而不是为了逃避国内的税收，对海外附属公司的征税则是按照综合利润来进行计算。

③税收抵免。法国与其他国家签订的许多税收协定使得投资所得可以得到税收抵免优惠，而在法国与东道主存在"双重征税"的情况下，经政府允许后，法国公司可以抵免其在外国的预扣税（李敏，2006）。

④风险准备金制度。法国境内税收法典第三十九条规定，允许进行境外投资的公司每一年（通常少于五年）从应税收入中提留准备金时免去征收所得税，豁免额度不得超过公司在期间内对外投资的总额度，待到期满，将准备金依照一定比例列入每一年的利润中缴纳税收（李敏，2006）。

法国还推出了多种除税收优惠以外的财政支持，如符合条件的中小企业，可以得到平均8000～10000欧元的国际市场开拓支持，这种资助是无偿性的。而对大型企业以及跨国公司，政府提供资助和贷款，用以支持其对最贫困国家展开非官方项目的可行性研究。

3. 全方位的支持服务体系。

（1）促进机构。法国工商会体系中最大的是巴黎工商会（在内设有法中交流委员会专门机构），为企业提供国外市场信息的咨询服务和提供必要的技术帮助，如市场分析、寻找合作伙伴和组织促销。同时，各类中介机构得到了政府充分的支持，特别是资金方面的支持。比如，法国外贸中心每年可获得国家的大量拨款，其占据了年预算的绝大部分，政府财政也直接支持法国外贸保险公司。

（2）投资保险。法国外贸保险公司受政府委托为境外投资提供政策性保险业务。概括起来，境外投资风险包括投资资产在国外的被国有化、投资所得不能汇出、战争及暴动等风险，期限通常达5～15年。年营业额低于1.5亿元的国内企业都可以享受市场开拓险，此举对调动企业开拓发展海外市场起到了举足轻重的作用，为企业的市场开拓前期资金压力作了缓冲。中小企业的海外投资项目出现大亏损时，通过保险可追回股本投资额的8%。

（3）资金支持。每一个满足一定条件的中小型企业可获得平均10000欧元开辟国际市场，这是一种带有资助性质且无偿的支持。而对大型企业以及跨国公司，政府提供资助和贷款，用以支持其对最贫困国家展开非官方项目的可行性研究。

（4）信息服务。法国当局为促进企业"走出去"提供的信息服务主要包含三类：①以驻外经商参处和大区外贸局为依托，法国企业可获得来自全球各地的经贸信息；②法国外贸中心提供包括国外市场动态、产业信息、法律规定、税收规定、融资条件、国外企业的需求以及出口担保等方面的信息服务；③各类工商会，通过其遍布全球的海外代表机构，合作建立各大区国际经贸资料中心，帮助企业掌握各种境外市场信息和经济政策信息。

同时，法国经济财政部联合法国创新署（OSEO）、企业国际化发展局

（UBIFRANCE）、法国外贸保险公司（LA COFACE）三大外贸支持机构成立"进出口网站"，这是一个包含所有企业国际化经营相关信息的"一站式窗口"，可以为企业提供全面的信息服务，帮助企业了解东道国的动向和政策以及市场条件等相关投资信息，不仅节省了企业市场调研的时间，还为企业剖析了市场状况，帮助企业抓住机遇，发展海外业务。

4. 严格的境外投资统计制度。

（1）统计范围。法国的海外投资统计体系已经成熟，它以国际收支为统计基础，法兰西银行执行相关的统计工作职能，境外投资统计结合国外机构公布的信息与法国国内国际收支的数据一起来做统计分析，法国企业在国外投资的企业中拥有10%以上的股东股权或10%以上的股份是就被认定为直接投资。

（2）统计内容。统计内容有存量统计和流量统计构成。前者主要通过央行分布在各地的机构对企业的调查来搜集信息，后者与前者不同，以企业的支付和决算申报为基础。企业的交易和行为中，只要会影响到国际收支平衡的都要申报，而对外操作金额达到1.5亿欧元/年的企业，必须直接向央行回报每一笔交易，而其他企业可以归类集中申报。

五、日本政府促进企业"走出去"的政策措施

1. 法律制度。日本作为亚洲地区的发达国家，日本政府对于发展对外经济一向鼓励支持政策力度很大，除了有健全的法律体系和税收保护政策外，在对外直接投资保险制度和资金、技术援助以及信息提供等方面均有作为。

为了更好地发展外向型经济，日本当局陆续出台了《出口交易法》《贸易保险法》《贸易保险特别会计法》《出口信用保险法》《外汇和外贸管理法》，这些法律文件在宏观上把控国家外向经济，不仅给企业提供了援助，还增加了企业信心。同时，日本政府还建立海外投资损失准备金制度、对外开放援助制度，这更坚定了鼓励支持企业发展海外事业的决心（宋刚，2002）。

2. 保险制度。在日本，存在单边、双边、多边的保险制度，对日本的海外投资提供保险服务的机构代表是日本政府的通商产业省，其主要提供对外直接投资保险服务，保险的期限、范围、赔偿比例等与美国相差不大，担保费用非常低，仅为0.55%。

3. 融资支持。战后的日本在海外投资管理方面格外重视，政府采取措施加强管理，总的来说，主要从两个方面着手，即"政府开发援助"和"其他

政府资金"两大类。前者分为政府直接贷款、技术援助、无偿援助、对国际金融机构投资四项，后者分为出口信贷、直接投资支持金以及国际金融机构投资等类别。

出口信贷不只是在日本很重要，各个国家在这方面都十分重视，无疑这是对于出口企业最好的保证，就出口信贷而言，分为短期和中长期。短期出口信贷顾名思义期限较短，常常低于 1 年，民间的银行①受日本银行委托施行。运行机制是这样的：中央银行通过民间银行的手将资金给予出口企业，在这之间，央行会给民间银行提供低息资金，民间银行可以从中获得一定收益。中长期出口信贷期限较长，往往大于 1 年，在此由日本进出口银行承担该项贷款责任。中长期出口信贷主要用于船舶、成套设备、机床、农机等机械设备出口，特指设备订单中的延期付款部分。设备出口金额往往较大，进出口银行会同民间银行共同提供这种信贷，进出口银行信贷额最高可达企业融资总额的 70%（赵建军，2005）。

4. 信息服务。日本政府根据特别法设立了情报搜集机构，专门为海外投资企业提供情报和促进投资活动的信息，这些机构由经济调查部、通商产业省所辖的亚洲经济研究所、日本输出入银行所属的海外投资研究所与作为贸易实体的综合商社等构成。从项目考察认证、施工规划到组织实施整个过程的操作服务和讯息咨询等内容均是以上机构的服务范围。此外，政府还设立了世界经营协议会为海外投资企业和东道国培训经营技术人员。

5. 放宽对私人对外投资的限制。日本根据国内产业基础和国际竞争能力，国际收支情况的好转，从 20 世纪 60 年代开始，逐步放宽了私人对外投资的限制。与此同时，日本政府还对国外证券投资采取了一系列的自由化措施，如扩大对外投资证券者范围、缓和对外证券投资的金额限制等。

6. 税收优惠。日本政府颁布的对外投资鼓励政策有两大特点，其一是税收抵免法，其原则是资本输出中性。除税收抵免外还有：（1）综合限额的确定。具体做法是允许计算综合抵免额度时将发生亏损的国家的具体亏损额度先减掉，从而扩大抵消额度，这样可以削弱对外投资公司的税收负担。（2）税收饶让抵免。日企到发展中国家投资，发展中国家往往会提供相应便利或者为引进外资而做出各种优惠承诺，会直接对这些日企进行税收减免优惠，日本将这部分被减免的税收视为已纳税款，在交纳国内法人税时允许抵扣这部分税

---

① 民间的银行指各大财阀承办的地方性商业银行、城市银行、信贷银行、互利银行等。

款，并按照税收协定和缔结条约对方国的国内法，一般将针对利息、股息和使用费等投资所获的减免额作为抵免对象（李敏，2006）。其二是设立海外投资亏损准备金，使得企业在海外经营的风险不再只是自身承担，政府也承担部分海外经营风险，风险共担的模式极大地调动了企业对外投资的热情。内容核心是对外投资若满足一定条件，可以将投资的一部分以免税的形式存入保证金。若之后投资失败，可以从保证金账户得到补偿；倘若无损失，这些金额累积五年后，从第六年伊始，将准备金分为五个部分，按年归并到应税所得中纳税。海外投资保证金的设立，既减轻了投资失败对企业连续经营的冲击，又从整体上减轻企业负担，提升了 FDI 水平（李敏，2016）。

日本当局也制定了类似延期纳税与 CFC 法规。税法明确规定，对企业的征税权不涉及海外投资的子公司所得，在海外按照当地法律法规成立的分公司不缴税不分红、分红纳税的原则，而本国股东得到的股息则征税。日本还于1978 年采用了 CFC 法规，其目的是企业利用海外子公司会计账目上的留存收益逃税，该法规规定海外子公司达到一定条件时，依照境内股份持有者的持股比例计算留存金，加上股东的收益合并进行征税，这部分股息满足国外税收抵免条件，可以将其从境内股份持有者的法人税中扣除（李敏，2006）。

六、韩国政府促进企业“走出去”的政策措施

韩国的对外经济发展较快，在国际上亦占有至关重要的地位，更是诞生了一批诸如三星电子、SK 集团、现代汽车、韩国浦项制铁公司、LG 电子、韩国电力公司、韩国现代重工集团、起亚汽车、GS 加德士、韩华集团、韩国天然气公司、现代摩比斯公司、S–OIL 公司、三星 C&T 公司、乐天百货、三星人寿保险、LG DISPLAY 公司等重量级跨国企业，这无疑显示出韩国的强大，不只是公司自身的付出，更重要的是韩国政府在各方面给予大力支持。

1. 放松外汇管制。20 世纪 80 年代中期之前，因为当时韩国的国际收支状况不尽如人意，负有较多的外债，偿债压力大，韩国政府一直保持着广泛的资本控制制度。20 世纪 80 年代后期，韩国国际收支开始出现顺差，扭转了一直逆差的情境，政府渐渐放松了企业对外直接投资的管理控制，在行政方面不仅简化了申请手续，还加快了审批程序。更有 20 世纪 90 年代以来，韩国政府进一步放宽对外汇的管束，规定唯有外汇投资项目金额高于 1000 万美元才需要向政府相关部门报备，而在 1000 万美元以下的项目是不需要上报的，可以直

接进行海外直接投资，对于低于 30 万美元的小项目进行对外直接投资时，只需向外汇银行汇报即可。

在 1994 年，韩国推出了"限制目录单"体系使得对外投资范围扩大，除少数政府规定的领域以外，很多业务公司皆可涉足，企业到海外投资，也从 60 年代的限制、审批发展到现在的申报制度，更加自由化，使得海外投资更加方便。

韩国财政部颁发了《外汇管理规程》，其"海外投资"一节内容特意对国内企业到境外进行投资外汇使用方面做出了规定。按照规定，政府主要激励以下的海外直接投资：①本国国内必需的原材料型的投资；②因出口障碍寻求克服方式的投资；③为渔场的开发和运营而进行的投资；④为在国内已经丧失竞争能力但在国外仍然能争得一席之地的产业的投资；⑤为韩国国民步入国际市场做出铺垫且能获得收益的投资；⑥为将国外顶尖技术引进韩国境内而做出努力的投资；⑦为了未来的经济协作成为可能而参与到投资对象国开发事业的投资。

2. 金融和财政支持。韩国以国家名义拨出一定款项，在韩国进出口银行中设立"海外资源开发基金"和"海外投资基金"两个基金，均是针对境外投资业务而提供贷款，贷款金额可以高达总投资额的90%，贷款对象分布于各种规模的企业，但是，针对行业有所差异，对于中小企业来说主要是在海外从事劳动密集型传统行业的企业，对于大型企业来说主要集中在开发重要资源和开辟拓展全球市场的企业（赵建军，2005）。进出口银行还专门设立经济发展基金扶持那些风险太大或者收益太低的境外合作项目，为其提供贷款，这些基金为企业的海外投资提供支持，使其能够在激烈竞争的海外市场中生存下来，而不会因为资金问题而丧失一些好机会。

建于 1976 年的韩国输出入银行为韩国经济发展做出了巨大的贡献，一直以来致力于为韩国出口、境外投资、境外自然资源事务等提供金融支持。其为国内外公司提供不同的服务，国内企业可以获得来自韩国输出入银行的主要资源开发贷款、短期贸易融资、海外投资贷款、海外项目贷款、技术服务贷款、进口贷款、中小企业出口贷款、出口贷款、贸易票据贴现。而海外公司获得的贷款范围与国内企业完全不同，涉及范围是与项目相关的各类担保函、项目资金筹集、贷款转让便利化、针对利息所得的支持服务、外国公司贷款、直接贷款、信用证保兑便利（赵建军，2005）。

政府还设立专门针对特殊行业的海外投资的专项基金给予海外投资者资金

方面的支持。比如，对外经济协力基金的海外投融资资金，主要用于援助在第三世界国家投资的资源开发型、回收期长的项目，年利率低至只有 5 ~ 6 个百分点，韩国石油开发公社提供的石油开发类基金，用于在海外开发石油、天然气等能源性资源方面，山林开发基金用于支持海外造林项目。

除此之外，财政政策对于企业的国外投资也给予了很多优惠，允许非金融机构到海外建立分支机构，国内的企业也可以接受来自国外的金融机构的贷款。此外，为支持对国外资源开发，韩国政府专门从国库补助金中拨出部分援助性资金，还为其制定了特别的优惠措施，解决对外投资企业的资金问题，并提供税收优惠，海外收入所得税信用贷款、提留的亏损、对方国资源开发项目红利所得税减免等政策是税收优惠的具体体现。

在税收方面，对于那些从事境外投资的境外投资者，国内政府将扣除投资方在海外已经缴纳的法人税、所得税等，不只如此，就连国外政府对韩国投资者减免的所得税或法人所得税，被减免的金额在韩国国内也会给予相应减免。

3. 建立海外投资保障体系。主要采取经济和政治两方面的措施。经济方面，通过韩国出口保险公司为对外投资者承保。在出口保险中设"海外投资保险"，保险公司承担损失的90%，自1988年起还把海外投资风险保证金比率由15%提高到20%。

政治方面：（1）制定相关的政策法规。韩国出台了《海外资源开发促进法》《扩大海外投资方案》等政策性法律规定，使韩国企业的境外投资活动有了政策和法律依据。

（2）与贸易伙伴国签订投资保护协定。比如与美国等签署《投资保护协定》，与日美等签署《防止双重课税协定》，此类协议不仅可以保障国内企业在对方国拥有公平的竞争环境，还能保证与对方国的国民获得同等待遇，大大降低了投资风险，扩大了企业在海外的生存空间。

（3）健全海外投资企业管理体制。韩国政府专设了海外事业调整委员会来加强对韩国海外企业的管理，解决本国企业海外投资遇到的种种问题，对海外投资政策进行审议和调整，放宽相关限制，允许金融机构投资国外金融证券。

4. 提供信息服务。为了使得韩国企业能够快速、及时地获得国际市场的信息，韩国进出口银行主动承担起此责任，专门设立了"海外投资调查部""海外投资洽谈中心"等机构，对那些有意向开拓海外市场的企业提供融资方面的支持，尤其是那些在海外投资中获得了良好经济效益的中小企业、方便大企业的海外投资而在国外设厂予以配套支持的中小企业，并提供诸如海外投资行业发展现状、国家政策信息、市场现状、市场趋势等方面的咨询服务。此外，不少民间机构如大韩贸易振兴公司等均开设了信息咨询业务，向企业提供海外投资和贸易信息。

韩国于 1988 年建立了海外投资信息中心，韩国银行和 KOTRA 也开设了投资信息中心，KOTRA 为促进韩国的贸易，对海外市场进行调研并给予开拓海外市场方面的服务，为海内外进出口事业提供了方便和机遇，至今在其他国家所设立的代表处已超过 120 个。1998 年 6 月 1 日成立了大韩贸易投资中心，政府赋予了其关于商榷并解决包含投资计划等各个方面为投资者提供一条龙服务的权利（宋刚，2002）。

七、新加坡政府促进企业"走出去"的政策措施

1. 促进企业国际化政策。为了更好地协助新加坡当地企业国际化发展，新加坡贸易发展局（新加坡贸易与工业部所属）在 2002 年 4 月更名为"新加坡国际企业发展局"，其前身是 1983 年设立的新加坡贸易发展局，目的是为新加坡的贸易和出口提供便利，帮助企业详细了解国际商务准则与规定，加强商务联系，提供市场信息，寻找海外合作伙伴，分析国外投资潜力，帮助新加坡企业抓住项目计划，自从新加坡从制造业出口转移出来后，重组后的新加坡国际企业发展局的责任就变为促进新加坡企业国际化，这两个组织都是为了刺激新加坡企业海外投资的发展。

企发局在 2013 年共协助了超过 2.6 万家本地企业拓展海外业务，与前年相比，增加了 24%，中小企业占据 85%。当局在前年协助了约 2.1 万家本地企业进行国际化，其中，中小企业的比例保持不变。在 2013 年，统观所有获得援助的企业中，绝大部分都是在"市场进入援助计划"下收益的，其中 3574 家企业总共获得 1570 万元的援助资金，这些资金用在了商展、市场调研、市场准入争取、在境外注册公司等方面。余下一成左右的公司是通过"国际企业合作计划"实现的援助，帮助它们扩大海外市场的份额，提升其竞争力，在此计划下，政府投入 2480 万元来协助 348 家企业在海外扩大市场份额、扩大人力资源等，国家企业发展局也为 1846 家企业的海外投资业务开辟融资渠道落实了超过 28 亿元的投资和总额高达 7.748 亿元的贷款。

新加坡 2015 年的财政预算中，政府宣布了三项税收激励计划，即政府与

企业共同承担风险、共同承担初始成本、新的税收刺激，打算用 2.4 亿美元帮助新加坡企业国际化，重点是支持新加坡大型企业的国际化。

2. 多样的国际协定促进自由贸易和投资。鼓励海外投资和自由贸易是新加坡建国以来就一直坚定的方向，这也是这个国家发展的基础。不仅对于多边贸易体系建立有着极大的热情，而且还与其主要发展贸易伙伴国签订双边自贸协定，采取经济伙伴关系协定（EPA）、自由贸易协定（FTA），二者是基于两个或多个经济体之间的贸易与投资的事项安排。新加坡已经完成了 21 个自由贸易协定/经济伙伴关系协定，使得新加坡的出口商能够更加容易地实现国际商务。目前为止，新加坡已经与日本、新西兰、瑞士、冰岛、挪威、列支敦士登、澳大利亚、中国、美国和欧盟等签订了自由贸易协定。

新加坡除了完善的内部贸易政策，还建立了国际协定网络体系，以便进一步增强投资控股的吸引力，使得新加坡成为国际贸易和海外投资的最理想的国家。比如在投资保护方面，新加坡到目前为止一共签订了 41 份投资保障协议（IGA），其目的是为了促进两国之间的投资流量，它提供了在法律准则下的解决投资行为的法律体系，也是为了保护在其他国家发生的法律纠纷，投资保障协议的条款包括公平公正待遇原则、在国有化情况下或者征用情况下的非歧视性补偿原则、资金自由转移原则、与投资者国家争议解决机制。

3. 税收激励。为使企业免受陷入新加坡与对方国同时征税而苦不堪言的局面，目前新加坡已经与 76 个国家签署了避免双重征税协定（DTAs），这个协定明确了新加坡与其伙伴国就不同类型的收入征收不同的税的协议。新加坡的国际税收协定除了避免双重征税协定，还有有限协约、信息交换管理平台（EOI Arrangements）、税务事务相互行政协助公约、国际税收遵从协议。DTAs、EOI Arrangements 都包括为了交换税收信息而设置的条款，与新加坡签订协议的国家可以要求在避免双重征税协定和信息交换协定下来自所得税审计员提供的税收信息。此外，境外企业在国外开拓业务可以免交十年的所得税，在不发达国家投资和开发可以享受两重减免税收的优惠。

新加坡政府为了帮助企业抓住项目机会，为企业分析海外市场的投资潜力，为企业建立与投资项目之间的联系而专门成立了国际企业发展战略事务局，主要负责组建对外投资的企业集团，组团出国访问，促进外国企业在国内的子公司与本国企业有机结合。新加坡政府在 2001 年 6 月推出全球贸易商计划（GTP），这个机构由之前的特许石油贸易商、特许国际贸易商组合而成，实际上是一个税务奖励计划，降低了公司税率的 5%，为符合资格的贸易商降低10%的收入税，有资质的贸易商指的是那些进行商品贸易商、进行商品交易的经纪商、衍生品贸易商。

4. 区域化发展策略。20世纪90年代后，由于新加坡国内外形势发生变化，其多边自由贸易体制不再适应新加坡公司配置国内外的各种资源，国内成本上升，国内资本过剩，资本需要向外转移，新加坡政府提出了区域化发展策略，旨在扩大腹地，将新加坡发展为亚洲区域的一个枢纽，立足周边，扩大腹地是其根本宗旨，新加坡将自己视为印度洋、太平洋、亚洲、美洲、大洋洲和世界主要经济体的重要连接点，坚持以东盟为依托，以中国、印度为两翼，还特地针对中国提出了中国战略，试图搭上中国经济发展的顺风车，使中国上升为继美国市场、电子产业及周边国家市场的又一引擎。

扩大腹地战略将新加坡7小时飞行圈内的经济体作为新加坡发展贸易与投资的腹地，促进新加坡融入世界舞台。7小时飞行圈指以新加坡为中心，飞机7小时飞行的路程覆盖的所有国家和地区，其主要覆盖了亚洲与澳大利亚的主要城市，辐射30多亿人口。立足周边、扩大腹地战略为企业海外投资指定了方向，根据地缘关系和文化关系，这种区域化战略大大提高了海外投资的成功率，降低了境外投资的风险。

5. 新加坡政府关联公司。新加坡自1994年开始，就决定将700多亿美元的中央公积金与外汇储备，以每一年2%~3%的速度动用并逐年扩大，投资东南亚地区的基础设施、工业项目等。该项投资极大地推进了新加坡海外经济的发展，由新加坡政府关联公司负责运作。该公司属于国有企业，主要包含新加坡政府投资公司和淡马锡控股公司。前者负责外汇储备管理，跨出国界向海外投资，目前公司管理的资产已经超过1000亿美元，跻身世界前100大基金管理公司。世界范围内两万多家公司均是其投资对象，足迹遍布全球，投资资金中美国和加拿大、欧洲、日本及东南亚国家分别占的比例为50%、25%和25%。财政部委托后者，全部政府关联公司均受到其监督管理，这些公司市值占到新加坡交易所总市值的比例超过1/3，包括新加坡科技集团、百腾置地、海皇东方轮船公司、新加坡电信集团、新加坡航空公司、吉宝企业、新加坡发展银行、港务局集团、新加坡能源公司、胜宝旺企业集团等。

八、印度政府为"走出去"企业提供的政策支持

1. 对创办海外企业提供外汇支持。印度储备银行受政府授权，处理到海

外投资企业建成前后技术和管理人员的海外调研考察所需的外汇。2002 年颁布的《外汇管理法》生效后，海外投资限制大大放宽，允许印度本土企业到国外进行最高金额达 1 亿美元的项目投资（楼芳，2012）。

2. 对海外企业提供信贷支持。境外投资企业可以获得来自国有商业银行、出口信贷保险公司等金融机构的贷款支持，这些金融机构作为印度当局的代理人履行资金支持职责，与此同时，还允许这些金融机构在海外设立的分支机构向国内企业在境外的分支或附属机构或者投资项目提供信用贷款支持，且会比别的贷款更为优惠（楼芳，2002）。

3. 金融和财政支持。对海外投资企业提供的支持包括：国外合资企业的税收减免，其出口的机器设备等享受现金补贴等。同时，印度政府也与其主要贸易伙伴国和投资对方国签署避免双重征税协定，为境外投资企业减负（蓝庆新等，2009）。

4. 加强服务体系建设。印度政府大力支持国内企业向国外投资企业提供法律、经济等方面的服务。印驻外使馆的商务处也积极向印度海外投资公司提供东道国有关市场、法律法规、经济政策等方面的商业情报，并对印度企业到当地投资提供必要的帮助。印度工商界也在全国成立一个专门为国外投资企业提供各国行情的机构（楼芳，2012）。

5. 放宽对海外投资的限制。对于某些领域到国外的投资，印度政府长期以来就倾向于限制，现在可以到国外投资的行业主要包括工业、农业、金融、软件等，同时，也放宽了海外投资的吸金限制。实施经济改革后，印度政府将国外投资项目的最高金额放宽至 5000 万美元，后来又放宽至 1 亿美元。印度企业可以在海外上市，允许在一家印度承认的证券交易所上市公司中至少占有 10% 股份的外国公司中投资，将其在海外投资的总额提高到 10 亿美元，但印度公司的这种投资不得超过该公司上年末资产净值的 25%。鼓励支持印度的互助发展基金在海外上市，同时，国外投资企业有在海外购买不动产的权力，不论是用来作为正常生产经营还是用来作为员工的住宿，同时，允许个人汇出不超过 100 万美元在国外购买房地产等（蓝庆新、张雅凌，2009）。

另外，印度储备银行于 2004 年 7 月简化海外投资手续，并对投资限额作了大幅放宽。根据新政，企业可以以合资或者独资的形式介入国外的商业竞争，容许投资额最高可达到企业上一个财务年度的净利润额度。印度政府于 2006 年 9 月也颁布了一项旨在促进海外投资的长期战略，储备银行也简化海外投资手续，并对投资限额继续作了大幅放宽，海外投资规模可以达到公司净产值的 2 倍。这些都为印度公司海外竞争提供了很好的外部条件，促进印度跨国企业的进一步成长。

2011 年 10 月 13 日，印度当局颁布了关于印度国有企业收购境外资源产业的政策文件，该政策适用于农业、制造业、采矿行业等，使得在大中型国有企业在拓展海外资源产业方面有很大的自由性。大型国有企业能够无须政府批准就可以在境外投资 300 亿卢比（约为 6.1 亿美元）的原材料资产，远高于 100 亿卢比（约合 2 亿美元）的限定额度，此项政策可以激发印度国企收购境外原材料资源的潜力与增加收购的信心并提高其收购能力。

第二节　对外直接投资制度性安排的省际比较

一、浙江省

1. 政府发声支持企业"走出去"。2011 年 11 月 16 日，浙江省相关部门印发《浙江省人民政府关于统筹省内发展和对外开放加快实施"走出去"战略的意见》，其中，明确提出要保持浙江"走出去"工作走在国家前列，建立营销网络、投资保险、运保费、研发项目、境外产业园区、承包工程保函资金以及各项财政税收政策支持企业"走出去"，在金融扶持方面，建议要建立"走出去"金融支撑体制，扩展"走出去"公司融资渠道，扩大人民币跨境使用范畴；在服务保障方面，要加强规划引导、强化平台建设、落实人才保障、注重风险预警和应急援助；在完善各项便利措施方面，要规范和简化审批手续、改善各项服务。

2014 年 3 月，国务院出台《关于进一步优化企业兼并重组市场环境的意见》，正式将跨境并购提上重要日程，不仅对有关战略做出了明确要求，同时要落到实处，逐渐补充和完善相关机制，对具备相应实力的公司持鼓励态度。2015 年浙江省境外并购数目达到 135 家，位居全国首位，2016 年 1 到 4 月，浙江省以并购方式完成的海外投资项目达到 69 个。

为积极地探索国际市场，进一步落实义乌支撑国际贸易综合改革，充分利用中国（杭州）跨境电子商务综合实验区的各种激励支撑政策，推动建设跨境电子商务公用海外仓和园区。为贸易提供便利化服务，确保全年无休实行跨境电子商务货品出口，并要求货物达到海关监管地区后要在 24 小时内办理完毕所有手续。

另外，浙江省各个层级政府为积极支持和激励民企"走出去"还做了许多工作，体现在以下三方面。一是提供组织支撑。省政府成立了"走出去"工作小组，这是在省商务厅带领下，各级部门配合下构建的工作平台，正是为了支持企业"走出去"，援助项目落地，发挥战略应有效应。二是提供财政支持。省财政在 2002 年就建立"走出去"专项资金（在 2014 年资金投入为6000 万元）扶持各市企业"走出去"政策，当地的市以及县财务部也开设"走出去"战略专项资金，作为民企海外投资补助。三是便利服务。省华侨办在全国率先试点企业出国境事务，省税务局建立了"三合一"纳税体系，省发展和改革委员会以及省商务厅为规范的海外投资项目实施备案制度，省外汇管理局也率先试点跨境企业外汇资本集合管理制度。

2. 金融支持。2009 年 11 月 10 日，浙江省商务厅和财政厅发表《浙江省实施"走出去"战略专项资金使用管理办法》，2011 年 11 月 25 日，对上述管理办法做了修正，依据省政府准许的年度外经贸激励策略，专项资金从省财政内外贸发展资金中统一安排，主要对六项项目进行特定的支持与资助：①企业要对外投资，建立生产加工、仓储、运输、营销网络、研发机构和对外经济贸易合作区（工业园），开展境外农业、林业、渔业和矿业等合作开发；②公司承包境外工程，承接设计咨询业务；③国家对外援助项目由公司参与并承揽；④展开对外劳务协作（境外劳务、境外就业）；⑤对外投资和经济技术合作事业发展的公共服务项目；⑥"走出去"对外投资企业的回归发展等。鼓励引导企业开展 FDI 与经济技术协作事务，促进国际化经营，进一步扩大浙江企业的海外投资。

浙江省以中小企业和民营企业为主，整个社会经济发展很大部分依赖于民营企业和中小企业，但是因为这部分企业的规模较小，获得商业银行信贷能力弱，为帮助这些企业"走出去"面临的融资难、融资贵、担保弱等困境，2015 年 4 月，由省商务厅、省财政局、中国进出口银行浙江省分行和中国出口信用保险公司浙江分公司联合设立浙江省"走出去"融资与担保服务平台，浙江企业在海外建立国际营销网络，进行加工组装和设立仓储基地，M&A、研究开发、对外承包工程项目均可得到该平台的帮助，中小企业或融资金融不超过 800 万美元的中小项目有优先获得贷款的权力。

金融机构也是企业"走出去"的一大助力。一是政策性金融支持。国家开发银行、中国进出口银行、中国出口信用保险公司为浙企发展对外经济在资金筹措和提供保险等方面给予实际行动上的支持。二是平台化融资服务。"走出去"融资担保平台，为支持中小民企"走出去"融资高达 10 亿元专项资金。三是长效性合作机制。为跟踪引导想要"走出去"的企业和项目，金融保险机构还跟省商务厅、省发改委、省工商联等部门创建长效协作机制，提供信贷、融资租赁、结算、财务顾问、"走出去"法律咨询等综合服务。

3. 财政服务。2013 年 9 月 11 日，浙江相关部门发布《浙江省对外投资合作专项资金管理办法实施细则》，鼓励和支持企业加快施行"走出去"政策，加强国际经营实力，利用直接补助、贷款贴息等政策对境外投资、对外承包工程、对外劳务协作等方面给予支撑。

"走进""走出"系列宣讲会无一不体现对浙企发展对外事业的关心与关注，"走进"系列税收服务宣传辅导浙江"走出去"企业开展税收政策，形式以加强税企沟通、举办税企对接宣讲会等为内容。通过各种活动，税务机关一方面向企业财务人员讲解了所得税抵免、税收协定等政策，另外了解了本省"走出去"企业在境外投资过程中的收获与困难。

"走出去"税收相关诉求回应机制，为省级税务机关定期走访"走出去"企业，走访企业必须达到 50% 以上，并纳入年度绩效管理目标考核评价指标。如果"走出去"企业在境外发生不公平对待时，国税相关机构要马上参与解决，及时使用国际税务协商程序，通过双方税务协商的形式让企业脱离税务危机。

部门工作协调机制形成支持企业"走出去"的工作合力。要加强内部协作，在内部协作体系中，职能部门要共同努力，抓好共同工作。加强省地方税务局、发展和改革委员会、工商、外汇以及海关等相关部门的紧密协作，定期交流对外投资信息，加强部门协作。强化国际税务合作机制，通过税收信息交流，服务浙江"走出去"企业。

2015 年 8 月 13 日，一场"走出去"东南亚专场活动在杭州成功举办，活动围绕金融助力"走出去"、跨境人民币业务发展等话题作了深入探究，工商银行浙江省分行与海外机构一起为"走出去"企业提供境外并购、资金运营、跨境担保、避险理财等优质、高效的境外服务，推动浙江企业"走出去"。

4. 加强社会服务体系建设。

（1）网络信息建设。浙江省外经贸厅已经建立全省对外贸易和投资信息平台——浙江省国际投资促进网（http：//www.zjfdi.com），可以向企业提供对外投资的初步信息。此网站的内容涉及投资推广、投资战略、投资服务、人事外包、联席会议几大板块，及时传递外商投资相关趋势和信息，以便有意向对外投资的企业可以方便地了解有关政策并及时获得帮助。

浙江省国投服务中心，主要承担为国内外企业提供各类与投资相关资讯咨询方面的服务，且为境内外企业提供市场调查、市场分析、财务分析、政策分析等服务，还有与境内外投资与合作的各类支持工作。

2010年7月19日，浙江省商务厅颁布的《浙江省加快境外营销网络建设实施办法》，可以让有关人士快速掌握国际当前产业链条和分工、细分市场情况，有利于"走出去"战略的顺利实施，指导和鞭策有条件的浙企创设海外营销网络，踊跃开辟国际市场，增强浙江经济的国际化实力。

浙江还在非洲、大洋洲、美洲、欧洲、亚洲五大洲建立了海外合作机构，更好地为浙江企业服务（见表4-3）。

表4-3   浙江为促进企业"走出去"而建立的海外合作机构

洲际	海外合作机构	洲际	海外合作机构
非洲	埃及投资与自由区总局	大洋洲	澳大利亚贸易委员会
非洲	埃塞俄比亚投资促进局	大洋洲	澳大利亚西澳洲政府
非洲	博茨瓦纳出口发展和投资局	大洋洲	新西兰贸易发展局
非洲	南非开普敦投资贸易局	大洋洲	新西兰惠灵顿市政府
非洲	尼日利亚投资促进委员会	大洋洲	澳大利亚驻上海总领事馆
非洲	坦桑尼亚投资中心	大洋洲	新西兰驻上海总领事馆
非洲	乌干达投资局	美洲	巴西中国贸促会
非洲	莫桑比克投资促进中心	美洲	加拿大卑斯省投资贸易办公室
非洲	埃及泰达投资公司	美洲	美国各州驻华协会
非洲	乌干达制造业协会	美洲	墨西哥投资贸易促进局
非洲	乌干达全国工商会	美洲	美国新泽西州政府
非洲	坦桑尼亚工业、商业和农业商会	美洲	美国印第安纳州政府
非洲	南部非洲浙江商会	美洲	美国太平洋世界贸易有限公司
非洲	津巴布韦旅游局	美洲	美国商会
非洲	南非共和国豪登省经济发展厅	美洲	美国芝加哥商会
非洲	南非夸省城市经济开发委员会	美洲	美中贸易全国委员会
非洲	尼日利亚联邦共和国驻华贸易办事处	美洲	加拿大萨斯喀彻温省政府
非洲	卢旺达共和国卢旺达投资与出口促进局中国代表处	美洲	哥斯达黎加投资促进局
非洲	卢旺达投资与出口促进局中国代表处	美洲	阿根廷驻沪总领事馆

续表

洲际	海外合作机构	洲际	海外合作机构
欧洲	爱沙尼亚投资贸易发展署	美洲	巴西中国贸促会
欧洲	德国汉堡驻上海联络处	美洲	智利共和国驻上海总领事
欧洲	德国工商大会	亚洲	沙特阿拉伯—中国商务理事会
欧洲	德国石荷州经济技术促进中心	亚洲	迪拜中华网
欧洲	德国中小企业联合总会	亚洲	巴基斯坦驻北京总领事馆
欧洲	德国北威州投资促进署	亚洲	阿联酋温州商会
欧洲	俄中经济贸易合作中心	亚洲	以色列 Sheng–BDO 有限公司
欧洲	芬兰政府投资促进署	亚洲	伊朗中国商会
欧洲	荷兰鹿特丹投资局	亚洲	柬埔寨投资局
欧洲	英中贸易协会	亚洲	马来西亚贸易发展局
欧洲	伦敦投资局	亚洲	上海日本商工俱乐部
欧洲	葡萄牙经贸投资促进局	亚洲	印尼中华总商会
欧洲	瑞士商务促进中心	亚洲	印度工业联合会
欧洲	意大利对外贸易委员会	亚洲	新加坡国际企业发展局
欧洲	意大利引进外资与企业发展署	亚洲	西标太平洋集团
欧洲	奥地利投资促进署	亚洲	香港中华总商会
欧洲	波兰信息与外国投资局	亚洲	香港贸发局
欧洲	中国欧盟商会	亚洲	泰国投资促进委员会
欧洲	中国法国工商会	亚洲	(中国)台湾工业总会
欧洲	法国巴黎工商会	亚洲	日中经济协会
欧洲	中国瑞士商会	亚洲	日中经济贸易中心
欧洲	上海英国商会	亚洲	日本贸易振兴机构
欧洲	西班牙马德里大区政府中国办事处	亚洲	大韩贸易投资振兴公社
欧洲	西班牙瓦伦西亚自治区对外贸易局	亚洲	澳门贸易投资促进局
欧洲	法国罗阿—阿尔卑斯大区企业国际发展协会	欧洲	保加利亚尔纳大区工商会
欧洲	法国敦克尔克港务局	欧洲	爱尔兰投资发展局
欧洲	法国瓦尔德瓦兹省经济扩展委员会	欧洲	奥地利国家投资促进局
欧洲	丹麦王国驻上海总领事馆	欧洲	克罗地亚驻北京总领事馆
欧洲	俄中经济贸易合作中心	欧洲	匈牙利共和国驻上海总领事馆
欧洲	罗马尼亚普拉霍瓦工商会上海代表处	欧洲	斯洛伐克投资和贸易发展局

资料来源:浙江省国际投资促进中心。

(2)积极宣传对外投资。浙江省在近几年加强了对外投资的宣传工作,举办各种对企业的政策咨询活动,积极向企业介绍最新的对外投资政策,组织企业参加各种投资环境推介会、培训班等,使企业更多地了解境外投资的信息。在省内的传播媒体上介绍浙江省企业对外投资的成功案例和经验。

工商、工商联合会（协会）将搭建一个平台，引导民营企业"走出去"。为助力企业"走出去"，各级工商联合会、商会机构运用民间优势。一是推动浙商"走出去"。全省各级工商联利用自身的便利优势，发挥出特有的职能作用，"世界浙商大会""携手浙商——丝绸之路行"等系列活动顺应当前形势纷纷举办。二是搭建平台"走出去"。创建"浙商与外国官员互动平台"，强化与境外工商社团消息对接，让民企能够赴境外展开实地考察和商务接洽。三是组建商会"走出去"。阿联酋湖州商会、迪拜温岭商会、柬埔寨宁波商会、印度浙江商会（筹）等商会组织应运而生，为浙企抱团"走出去"提供了平台，在行动上予以支持，为深化海外企业经验沟通与交流、增强彼此间的相互合作发挥了重大的作用。四是抱团维权"走出去"。如温州商会鞋业等组织当地制鞋行业的一起"走出去"，眼镜商会已建立海外投资风险预警点。

自 2015 年以来，"走进'一带一路'沿线国家""走进俄罗斯"等宣讲会纷至沓来，浙江省国税局还开办了超过三十次的培训班，编制印刷了逾六千册的税务指南。此外，浙江国税部还一直强化与地税、发改委、商务、外汇、海关等部门的沟通交流，建立"走出去"服务共享机制，根据国家分类提供的跨境税收风险提示，涉外税收纠纷解决协助、税收筹划审查，做好风险预防指导。

增强出口退税力度，简化出口退税审批程序，在全省范围推广出口退税无纸化管理，降低函调次数，使出口企业退税周期缩短，这充分体现了浙江政府在行政审批方面的手续简化，切实推动浙江企业开展境外业务。阿里旗下外贸服务平台浙江"一达通"每一年将减少近 12 万个海关订单提交，减负效果显著。跨境电商综合实验区"单一窗口"节省了大量的时间，对促进贸易便利起到了立竿见影的效果。

5. 政府引导支持企业运作。2003 年底，浙江省在国外创设的第一个商务激励机构新加坡"浙江中心"正式成立。该中心承担"走出去"和"引进来"的双重职能，一方面为新加坡企业了解和投资浙江提供了渠道，另一方面也为浙江企业开拓新加坡及东盟市场架起了一座桥梁。该中心将探讨新的贸易模式，为浙江企业在新加坡上市融资以及寻找战略合作伙伴提供帮助，已有 30 多家浙江的企业到新加坡开设公司，开展贸易。

阿联酋（迪拜）台州产品分拨中心的项目列入了台州市市长办公会议议题，作为台州"走出去"的一大载体加以设立，台州市政府拨款 20 万元加以扶持。

浙江省政府为促进对外经济与合作还开展了一系列相关交流活动，以便促进浙江省与国外的交流与合作，为浙江省企业更好地进行海外贸易与投资提供更有利的条件，比如 2015 年 5 月 9 日至 11 日，在俄罗斯明斯克举行的省州经贸交流活动为了进一步拓展双方在工业、农业、电子商务、商贸物流等领域的交流合作。

浙江省已在境外设立了泰中罗勇工业园、塞尔维亚贝尔麦克商贸物流园、越美（尼日利亚）纺织工业园、越南龙江工业园区、俄罗斯乌苏里斯克经济贸易合作区、中乌鹏盛工业园等六大境外工业园区。

（1）泰中罗工业园为建成汽配、机械、建材、家电和电子等在泰国的产业集群中心和制造出口基地。园区累计总投资达 8 亿元人民币。自 2007 年建设以来，已有 17 家浙江企业入驻园区，该园区可以帮助企业有效规避贸易壁垒。

（2）塞尔维亚贝尔麦克商贸物流园，是仅有的一个境外物流园，由温州商人投资 9500 万美元，经营到现在，该园区已经入驻商家达到了 116 家，年贸易额正向 3 亿美元迈进，年货物物流量达到 4 万吨，物流强度高于 100 万吨/平方公里。该园区结合线上线下经营建材基础材料，为境内厂商和跨境贸易电商提供保税仓储、物流配送、线下体验、商品展览、售后服务等服务，助力完成跨境电子商务的最后一公里。

（3）越美（尼日利亚）纺织工业园，由越美集团出资，项目总投资达 5000 万美元，是中国首个海外纺织工业园区，有 30 多家公司有意向入驻该园区，且其中绝大多数公司都是在尼日利亚有过多年贸易经验的企业，该工业园于 2011 年荣获"浙江省境外投资平台"称号。

（4）越南龙江工业园区，成立于 2007 年 11 月，工业园区提供优惠的税收政策，也就是从企业有收入当年起，可以享受 15 年的企业所得税优惠，优惠税率为 10%，包括企业可享受四年免税期，且是从有盈利之年算起；在四年免税期后，可继续享有只交纳一半应缴税款额度的九年优惠期；另外，对于构成固定资产的机器设备免进口税以及对于越南未能生产的原料、物资及零件免五年进口税。

（5）俄罗斯乌苏里斯克经济贸易合作区，是一个专门为中国企业到境外发展，融入俄罗斯市场搭建平台的组织区域，项目总投资 20 亿元，目前已入驻国内企业 30 户。

（6）中乌鹏盛工业园，至2013年末已累计投资达到4156万美元，年度园区实现工业产值约5600万美元，出口创造的外汇收入近3000万美元，向当地政府交纳税收高于500万美元。

以上六大境外工业园为浙江企业抱团"走出去"提供了优惠与便利，激发浙企"走出去"的热情，给予其外海外投资的信心。

6. 融资与担保服务平台。为了使浙江省企业对外投资的积极性进一步提升，浙江省商务厅发表了《浙江省"走出去"融资与担保服务平台管理办法》，踊跃响应"一带一路"政策号召，"走出去"融资与担保服务平台是政府（省财政厅、商务厅）、企业（出口信保在浙江的分公司）、银行（进出口银行在浙江的分行）三类主体共建的担保平台，使浙江民营企业"走出去"融资困难和成本高的问题得到了有效缓解，并建立平台风险准备金5000万元，资金从省级外贸出口发展基金中安排，对"走出去"融资和安全服务平台可能是一定比例的风险补偿。此外，浙江进出口银行、浙江信保提供10亿元人民币作为平台内公司的增量融资和担保。表4-4反映了浙江省2016年1~4月国外经济合作情况。

表4-4　　浙江省2016年1~4月国外经济合作情况汇总表　　单位：万美元

内容	当年累计	比去年同期（%）
境外企业总投资额	973738.1	52.19
境外企业中方投资额	830662.6	87.64
境外企业实际投资额	321731	255.36
境外投资企业数（个）	289	
营销网络项目	256	
并购项目	69	
研发项目	5	
国外经济合作营业额	220788	17.14
其中：对外承包工程营业额	215812	17.27
对外劳务合作实际收入总额	4976	17.44
国外经济合作合同额	143896	-42.06
其中：对外承包工程合同额	140342	-42.93
对外劳务合作合同工资总额	3554	47.04
期末在外人数（人）	30262	
外派人数（人）	4856	

资料来源：浙江省国际投资促进中心。

二、江苏省

作为长三角核心省份的江苏省，在促进企业"走出去"可谓得心应手，收效凸显，2015 年在外国投资的中国金额超过 100 亿美元，同比增长 42.8%。尤其是在"一带一路"沿线国家，中方投资额 27.3 亿美元，增长 98.8%。

《中国海关》杂志发表 2015 年度"中国外贸百强城市"名单中，苏州位列第二，南京、无锡、常州等十一个城市均在名单之列。该名单包括城市外贸水平竞争力、结构竞争力、效益竞争力、发展竞争力和潜力竞争力五大评价体系，苏州有四个指标均在全国前五位，仅结构指标稍显弱势，但就其综合实力来说是毋庸置疑的。

归纳总结江苏省在促进投资方面做的工作主要有以下几点。

1. 政策支持。一个地区经济要发展，不仅需要企业自身的努力和创新，更需要政府政策的支持和援助，双管齐下才能取得良好的效果，而江苏无疑在这方面做出了巨大的贡献，江苏省在推动企业"走出去"，扩大对外开放力度，争取国际市场份额等方面积极响应国家政策，并积极探索新的制度和方法，鼓励支持江苏企业发展海外市场。

《江苏省推进国际产能和装备制造合作三年行动计划》提出，争取到 2020 年全省规模化发展水平向全国前列迈进，装备制造业海外投资中方协议投资额年平均增长高于 10%，在"一带一路"重要节点城市、海外港口等地建设不低于五个的工业园区。

为解决小微型公司融资困难、税收负担重的问题，江苏省于 2011 年 11 月 2 日颁布《省政府关于改善中小企业经营环境的政策意见》，全面整合运用再贷款、再贴现、差别存款准备金率等货币工具，为小微企业提供信用贷款和税收支持；对与产业政策相符的中小企业，各银行对此的贷款利率不得上调高于 30% 的幅度；对合法且满足条件的小微企业，在征收企业所得税时减掉 20% 再进行征税；进一步扩大优惠政策适用范围，对年应纳税所得额不超过国家规定标准的小型微利公司，减掉公司收益的一半再确定应纳税所得额，税率则为 20%；省划出 10 亿元人民币财政资金，设立专门针对发展企业的专门扶持基金支助产业发展，降低了小微企业融资成本，一定程度上解决了融资困难的难题。

苏州跨境人民币创新业务自 2016 年 2 月 22 日起，开始增大试点范围，在苏州工业园区发展事务的公司可以获得来自新加坡银行的贷款，可在新加坡使用直接融资工具——债券融资，全市范围可开展私人经常账户下跨境人民币结算业务和人民币股权投资基金对外投资业务，同时，允许园区内的新加坡企业作为人民币资金借款试点对象，以便进一步为苏州企业提供便利。

2. 金融及财政支持。2011 年《江苏省境外产业合作集聚区确认办法》对被政府认可确定的省一级别的海外产业合作汇聚区，按低于当年中方基础设施实际投资额的 20% 予以补助，单个园区当年补助总额最高可达 1000 万元。而对于进入江苏省境外产业合作集聚区的江苏省企业，可按低于当年中方实际投资额的 5% 予以补助，当年单个项目补助额最高为 300 万元。当省级国外产业协作聚集区域发展到一定程度，达到国家级标准，经评定后可获得来自财政部、商务部的对外经济贸易发展专门性基金的更大力度的扶持。

2013 年 12 月 9 日，江苏省设立了江苏企业国际化基金，由省商务发展基金首期出资 5 亿元人民币，国际化基金用于直接投资、跟进投资的资金初期规模为 3 亿元人民币，用于重点项目融资支持方式的资金初期规模为 2 亿元人民币，支持符合条件的各阶段、各种需求的江苏企业"走出去"项目，撬动金融和社会资本共同支持企业国际化，强化江苏对外开放力度，加快培育企业国际化。

2015 年省级商务发展专项资金安排 16 亿元，将企业开展境外投资和经济合作作为扶持重点，并设立了江苏"一带一路"投资基金，并于 2015 年 7 月 17 日生成合作备忘录，于 2015 年、2017 年、2020 年分别注资 30 亿元、100 亿元、300 亿元。

2015 年末，国开行江苏分行为江苏企业提供外汇贷款余额到目前为止已经达到 55 亿美元，加速了苏州融入国际市场，产业进军全球市场，充分利用国内和国外两种资源，经济实现了腾飞，全省范围内经济高效稳健增长。

《外经贸发展专项资金管理办法》提出将该项资金用于开展海外投资、海外经济贸易合作区建设等业务，重点支持现代高新技术行业的投资合作，同时，也对开发国际资源的项目投资合作、基础设施建设投资合作、农林牧渔业投资合作、国际化营销网络等领域给予扶持。

对于鼓励企业发展和扩大境外投资业务，江苏从财政、税收、信贷、保险和外汇五个方面都作出了努力。

第一，在财政政策方面，成立省级外经贸发展专项引导资金，额度达到 2 亿元，不同项目有不同的补助标准，对一般性境外投资项目来说，补助金额根据实际投资额的 1.5% 计算，对于资源类的补贴则是按照 3% 的比例进行计算，投资国外经贸合作区基础设施建设企业补助资金根据 10% 的比例计算。

第二，在税收政策方面，《国税总局关于进一步做好"走出去"企业税收服务与管理工作的意见》对出口退税对象和税收比率做了明确的规定，凡是境外投资企业按投资国税法规定或政府规定享有的税收减免，视同已交税收并可获得抵免优待。

第三，在信贷政策方面，在确定境外投资专项贷款时限时，可以让相关金融机构依照项目投资回收期限来设定，施行 3.51% 的出口卖方信贷利率，前期费用贷款利率下调 10 个百分点。另有，对有意向使用该类贷款的项目在反担保和保证金方面提供部分优惠。

第四，在保险政策方面，对于海外投资项目保险，在保费扶持政策方面资助金额为实缴保费的 30%。中国信保也参与支持行列，为江苏省部分企业提供海外投资提供保障。

第五，在外汇政策方面，终止审查核实海外投资外汇资金来处，境内机构可以使用自己所有外汇资本、合法境内外负债资产、人民币购汇或实物、无形资产等实现 FDI，国内机构的境外 FDI 利润可以保留在国外在投资市直接使用。

3. 境外投资服务体系。2005 年 5 月 26 日成立产业海外发展和规划协会，对江苏省内符合条件的企业稳妥地展开海外投融资活动具有引导和推进作用，企业能够有效利用国际国内市场，该平台扮演着协调组织相关企业踊跃展开海外投融资活动的角色，将政府与企业联系起来，加强彼此沟通交流，自成立以来，协会履行自己的义务，发挥自身作用，先后发布《中国企业对外投资和跨国经营实用法律手册》《各国投资环境与投资政策》《海外发展》等资料，通过自身网站和刊物为会员提供有价值的信息，方便企业参考并作出决策。

由于缺少对国际金融知识、法律知识、国际贸易、国际市场开拓经验、业务管理等方面知识有着深入了解的人才，江苏省启动了境外投资人才培训计划，并于 2005 年 5 月 24 日在无锡正式开办了第一期境外人才培训班。

2015 年 7 月 30 日，召开的"全省境外投资业务培训暨省海外发展协会年会、企业'走出去'风险管理活动"会议在于全面深化了解国家拥有的重要战略和重大举措、"一带一路"策略将为江苏本省企业带来怎样的红利、江苏"走出去"重点行业具体有哪些、企业在发展境外业务时遭遇风险怎样规避等问题，以此提升省内对外经济系统业务水平，加强对"走出去"企业的服务意识与水平，为"走出去"企业增强信心并起到带动辐射作用，帮助企业认识海外投资环境，并做好风险预警与防范。

国家级境外投资服务示范平台于 2015 年正式登台，该平台集合了各类资源，强化公共服务、人才培训、投融资服务、国际化服务。一批重点项目已经签署，比如，国开金融有限责任公司与苏州元禾控股股份有限公司着手成立初期规模达 10 亿美元、总规模为 50 亿美元的境外股权投资基金。该平台定位为打造成为功能最完善、投资最便捷、体系最健全、服务最周密的综合性一站式服务窗口。

《关于做好境外投资项目核准管理工作的若干意见》是审批转为核准的开端，对于资源开发型工程项目在中方投资金额少于 3000 万美元，以及中方投资用汇额小于 1000 万美元的非资源开发型海外投资项目，简化核准手续，提高核准项目实现成功性的可能，降低企业境外投资风险。

4. 政府引导型的措施。2014 年 4 月 14 日，中澳投资与法律研讨会在南京召开，旨在推动中澳两国企业加强交流，增进相互了解，同时，加强中澳法律界的交流合作。近年来，为提高江苏律师涉外法律服务能力，省律师协会选派了 100 多名律师赴英国、美国、澳大利亚等国，强化涉外法律专业培训，多家律师事务所也与国际知名律师事务所建立了战略合作关系，形成了一支懂经济、懂国际商业规则的高端专业化法律人才，为江苏企业对海外投资环境、如何进行投资、投资过程中遇到的法律问题提供解答。

2015 年 5 月 28 日，2015 年中国南通江海国际博览会拉开序幕，主题为"聚焦'一带一路'，展示江海风采"，此次会议达成了一项重要的成果——《中国—东盟建筑行业合作委员会筹备备忘录》，截至 2015 年 5 月，南通作为投资方，实现对东盟的投资项目达到 52 个，协议投资金额达到 10.36 亿美元，占到南通海外投资总额的 49.6%，占江苏省对东盟投资额的比例超过 30%。两者双边贸易额高于 300 亿美元，江苏对东盟单边投资达到 27 亿美元。东盟已成为江苏"走出去"的重要港湾。

《江苏省推进国际产能和装备制造合作三年行动计划（2016－2018 年）》为江苏未来的三年境外投资做了规划，到计划年份结束时，全省在年均投资增长率为 12% 的速度下实现投资金额达到 140 亿美元。同时，设立滚动项目库，266 个重点合作项目被列入该项目库，中方协议投资额 256 亿美元，其中，超过 5000 万美元的境外投资项目达到 111 个。

三、山东省

实施"走出去"战略以来，山东省加紧步伐，境外投资和对外承包工程以及国际劳务合作业务发展速度不断加快，海外发展取得了巨大成就。到2015年末，全省范围内589家单位获批开展海外投资，中方投资额达到156亿美元，增长率分别为12.4%和148%。对"一带一路"倡议线上国家或地区投资增长加速。去年，"一带一路"沿线国家或地区中方投资额为50.2亿美元，增加了78.5%，印度尼西亚、巴基斯坦、马来西亚、柬埔寨等东盟国家和俄罗斯包揽了大部分投资。

2015年山东私营企业境外投资中，中方投资达到128.3亿美元，占据比例达到82.2%。玉皇化工凭借美国本土价格低廉的页岩气为原材料，出资建立4950T天然气制甲醛项目，总投资额达到11.59亿美元，该项目乃是山东私营企业在西方发达国家石化项目的先驱。

2016年上半年全省累计实际出资海外投资企业达到361家，实际对外投资额度为84.3亿美元，增长了210%。服务业崭露锋芒，达成OFDI额度为28.9亿美元，增长390%，占比34.3%，成效亦十分显著，HK、USA和澳大利亚的实际投资累计实现74.6亿美元，占据整个山东省对外投资份额的89%。

1. 政策扶持。2014年12月9日，山东省国土资产监督管理委员会发布了《关于改进投资管理促进省管企业健康发展的若干意见》及四个与之配套的规章制度，其中，给予了由山东省管辖的企业董事会主体地位，国资委需做好把握投资方向、制定投资标准和策略、健全投资管理制度、规范投资决策程序、完善投资监管机制、强化投资失职责任追究、营造投资发展良好环境等方面的工作，实现政企合作，联合推动山东企业"走出去"，扩大对外投资。

《关于加快发展服务贸易的实施意见》强调了服务贸易业的重要地位，近年来，山东省的服务贸易获得了不菲的成绩，"十二五"期间，全省服务进出口额从139.8亿美元增长到了341.7亿美元，年均增长率为19.6%，同时，该文件也对山东省未来的服务业走向做了合理规划，目标为到2020年，全省范围内服务贸易进出口总额实现600亿美元，年均增长率约15%，并部署了九项重点工作，既需要投资主体的努力，也需要相关配套政策予以支持，才能更好地完成任务。

2016 年 7 月 14 日，山东省政府颁布了《促进全省外贸回稳向好的实施意见》，分别从财政资金、降低成本、改善外贸商贸环境、培育外贸发展新动能等方面进行了详细规划，并提出了实施细节。

2014 年 4 月 11 日，《关于促进外贸综合服务企业发展的意见》强调要从对外经贸供应链基础服务、对外经贸供应链金融服务、对外经贸供应链电商平台、对外经贸供应链风险预防控制、省内外经济贸易结合商品市场支撑功能、区域型对外经贸综合服务公司等方面着手，培育全流程型外贸综合服务龙头企业、特色型外贸综合服务企业、若干区域型外贸综合服务企业。

2. 金融与财政支持。《促进全省外贸回稳向好的实施意见》作为齐鲁地区对外经济贸易的纲领性指南，从财政和成本问题出发，全面促进山东外向型经济回温转好。

财政方面。首先，外贸需要加快步伐实现转型升级，这就需要国家与省政府齐心协力，共创环境，利用相关专项发展基金，发展山东外贸经济；其次，为保障贸易顺利进行，加强保障防卫，释放出口贸易保险潜能，扩大支持力度，短时期的出口需要增加投保额度且对于相关企业的保费财政会给予超过一半的补贴，中长期的出口保险中应重点支持赊购期限超过三个月的长期业务，对于大型成套设备的出口要尽全力给予最大限度的保障；再次，对于出口退税方面，要抓紧时间给予退税，提高退税效率和质量，施行退税无纸化，简化审批程序，减少流程，高效率实现退税；最后，对于企业融资问题，利用整体慎重评测、差异化准备金、再贷款、再贴现等货币金融工具，调动金融机构为小微企业开放绿色通道，加大其支持力度，对于贷款利率要严格控制上调幅度。

降低企业成本。从三个方面着手，首先，要使制度性交易成本下降，严格落实收费目录清单制度，对于在该清单内的收费项目必须减少其费用，并由中央财政负担吊装、移位、仓储费用；其次，在制定免除涉外公司费用的同时也给予"境外百展市场开拓计划"公司全额补贴展会相关费用；最后，要逐步降低社会保险费率，从 2016 年年初开始各市企业职工基本养老保险单位缴费费率下降到 18%。

山东各大城市也加大了对走出去企业的金融支持力度，青岛市、淄博市、泰安市、威海市、临沂市、博兴县等地做出了响应。青岛市加大用汇额度，对于 OFDI 项目前期阶段花费汇出金额可达到 300 万美元，对高出限额但必要的，可以争取支持。淄博市拓宽融资渠道，各商业银行踊跃开发"证汇通""海外代付""协议融资"等融资性金融产品，推动资本项目业务成长。泰安市为贸易投资提供便利服务，2015 年开始，外商投资企业外汇登记办理时限大大缩短，5 个工作日即可办理完毕，95% 以上的企业均可享受到该政策的福利。威海市建立公共信息服务平台，围绕"一带一路"等国家发展战略，指导企业加强与丝路基金、中非发展基金等国家海外投资基金合作，指引公司参与国家对外援助项目和联合国采购项目对接活动。临沂市推进出口信用保险工作，出口信用保险扶持金额提高 500 万元，整整提高了 300 万元，且对单位企业的扶持金融直接提高了 50 万元。博兴县加大金融信贷支持力度，对表现好的境外加工贸易、对外承包工程和省市重点境外资源开发企业的贷款，赋予当前利率 10% 的优惠；激励企业实现境外上市，对于成功融资的企业每融资 1 亿元给予 30 万元的奖励额度。

济宁市财政局就对企业参与的境外展览所花的摊位费，市财政直接给予每个摊位 2 万元的补贴。在国际市场进行企业管理体系认证、在国际市场发生的实际的宣传和推广的成本，在国家补贴的基础上，市财政依照小于或等于剩余部分的 50% 给予补助。对公司投保出口信用保险实际发生的保费，除了省机关提供补贴外，市财政还会依照小于或等于剩余部分的 50% 给予补助，最高可达 30 万元。

济南市公布《关于鼓励企业积极开展对外经济技术合作业务的通知》，对外向型经济的单位给予财政支持，对参加在市政府带领下统筹组织安排的对外经济技术合作新兴市场考察活动的公司拨出财政资金直接补助，给每个企业每次给予 1 人国际来往交通花费和国外饮食住宿费用小于 70% 的补贴，每家企业每年补贴总额可达 5 万元。以 EPC 总承包方式展开的对外承包工程项目，对于总承包单位直接对外签订合同额高于 1000 万美元且已投产的项目，申请财政补助可按合同额的 1‰，上限为 30 万元人民币；带动济南市设备、物料出口额高于 1000 万美元的对外承包工程项目，申请财政补助亦可按其合同金额的 1‰，补助额上限为 20 万元人民币；对外承揽工程设计咨询项目营业收入高于 10 万美元的，申请补助可以按其营业总额的 10%，上限为 15 万元人民币。

山东省财政厅与省商务厅、中信保山东分公司三方协作共建山东省"走出去"风险保障平台，该平台给予融资、费率、保费、风险管理等全方位的政策和资金支持。对平台内项目，给予保费费率优惠，同时省财政安排 1000 万元专项资金，按小于 50% 的比例对应缴保费给予补贴。

3. 建设服务体系。

（1）提供信息服务。2016 年 5 月 5 日，隶属于山东省商务厅的山东省

"走出去"公众服务平台正式走进公众视野，开始履行自己的职责，为各类对外经济合作主体提供对外投资、承包工程与劳务、对外援助等方面准确、及时、集约、有效的公共信息，平台包括新闻资讯、政策法规、国别指南、风险预警、项目信息、专家论坛、专题专栏、统计数据等方面的内容，为有意图进行海外市场拓展的企业提供了有效的帮助，便于它们及时获得信息并利用这些信息更好地发展海外业务，获得竞争力。

2015年12月24日，山东企业"走出去"发展研讨峰会为本省企业讲述了"一带一路"发展机遇，对当前的经济贸易热点问题进行了解读，会中提到山东将不断完善政策支撑信息服务体系，拓宽海外发展渠道，同时，加大对企业的金融扶持力度，提升服务水平，为企业提供便利化金融服务。

2016年3月19~20日在青岛举办《2016年外贸热点分析会暨支持企业走出去政策落地分析会》，会议上对国内外投资市场进行分析，对相关政策进行了解读，还对金融机构该有什么样的支持力度也提供了相应的指导，为省内企业提供了路标，指引了方向，便利山东企业进行贸易，同时，也为发展进出口业务的企业减轻负担，培育企业自身的竞争优势，不断扩大省内对外开放程度，强化与经贸伙伴合作联系，创造进出口企业拓展国际市场的条件。

2016年4月28日，山东济南市企业"走出去"海外投资并购论坛上线，在论坛上可深入交流和探讨已存的热点难点问题，分享境外投资并购领域的法律风险防患、实务操作、法律法规解读等方面的知识，对山东企业实行海外并购提供了法律方面的援助和支持。

2016年6月6日，为引导山东省对外承包工程企业拓展俄罗斯市场，促进双方在工程、能源、交通等领域的合作，山东省国际承包劳务商会组织了一些对外承包工程企业与俄罗斯建筑商会进行对接与商谈。

（2）建立载体服务企业。山东省是全国第一个成立境外企业协会的省份，一直以来都在探索运用社团中介机构建立境内外管理体系，比如，在国外企业聚集区依照当地法律成立山东商会分支机构以此强化国内外的直接联系与交流，同时，也为境外企业给予全方位的信息资讯服务。

近年来，山东积极开辟国际市场，"走出去"上升新台阶，在通盘筹划推动对外交流中，注重"走出去"与"引进来"双向协调，并采取了大量措施实行支持。截至2016年7月，山东与海外地方政府已建立209对友好省州（城市）关系和210对友好合作省州（城市）关系，涉及国家达到72个，尤其是在"一带一路"沿线发展迅猛。

《促进全省外贸回稳向好的实施意见》提出在改善对外经贸营商环境层面，第一，要进一步提高贸易便利化水平，推动共享数据标准化和通关无纸化，更深一步提高中韩"经认证的经营者"（AEO）相互认证工作效用，为发展对外经济的公司商业专员办理领事认证和亚太经合组织（APEC）商务旅行卡；第二，要加强知识产权保护，加紧建设"出口农产品质量安全示范省"，促进山东农产品全产业链标准体系应用，建立涉外知识产权纠纷预警及应急防御机制，有效抑止境外歹意注册、故意诉讼等举动，充分运用知识产权（专利）基金，扩大涉外知识产权维权支援力度；第三，要增强组织领导与监察，完善外贸工作监督和责任追究机制，实施每月调度制度，每月定期报告各市外贸经营环境、重点工作进程和出口市场份额变动状况，开展外贸稳增长专项检查督导。

在培育外贸发展新动能方面，对建设加工贸易梯度转移承接地、支持加工贸易转型升级、完善加工贸易监管政策、加快国际营销服务体系建设、加快培育国际自主品牌、打造跨境电商发展高地、提升外贸综合服务功能、加快"走出去"带动出口、提升外资对贸易的促进作用、提升园区贸易载体功能、实行积极的进口政策等 11 个方面做出了详细规划，提出了指导意见。

（3）开展培训。为了更为有力地促进山东企业"走出去"，山东省不定期举办相关培训班，为企业提供咨询和补充相关方面的知识，便于企业更好地实施海外投资，把握投资方向。

2016 年 4 月 15 日，省国际商务联合会与枣庄市商务局两部门联合开办的"外经贸形势和自贸区政策"培训班，参会人员达到 230 人，参会企业超出 200 家，对当前国内外经济形势分析及应对国家自贸区政策、外贸综合服务推介等课程分别进行了解读。

2016 年 6 月 12 日至 14 日，全省对外承包工程业务人员培训班在山东省国际承包劳务商会的安排下如期举办，旨在提高山东省涉外工程承包企业市场发展和管理能力，这是本年度第二次业务培训，课程期间结合实际案例讲解开发海外工程市场的策略和技巧，深入剖析 FIDIC 合同条款的解析与应用。

（4）改备案为核准。山东省对企业到境外进行投资进一步放松管制。2014 年《关于做好境外投资管理服务工作的通知》强化了企业到国外投资的主体地位，废除了企业需要在签订的合同或协议生效前必须取得有关部门批准这一要求。同时，还取消了矿产资源勘探开发项目的海外投资需要获得有关商会与协会的批准这项规定，存案过程只需要上交境外投资备案表和企业营业执照复印件且保证资料真实、完整、符合相应法定形式就可以在三个工作日内获得备案。

4. 突出企业的主体地位。2014 年 12 月 9 日，《关于改进投资管理促进省管企业健康发展的若干意见》及四个相关配套政策的出台将企业的主体地位提到了明面上，国资委不再对企业投资计划、主营业务、投资项目实行控制，省管企业董事会可以发挥自有权力，自主决定投资计划及投资项目，遵循市场规律，让市场决定资源配置，国资委改进监管方式，从大局规范企业投资管理及合法运营，同时，省管企业自身需要做好战略部署，合理规划发展方向，做好功能定位。

2015 年《建立"走出去"企业境外风险防范工作机制的意见》是对企业主体地位的深化，引导企业依据国内外经济环境和本身发展战略，自己决议、自担盈利与亏损、自负风险展开境外投资业务。切实提高涉外企业风险意识，做好项目实施风险控制各个方面，并依照"谁派出、谁负责"法则对派出职工展开海外安全教育和培训。

5. 风险控制体系。2015 年 5 月 15 日公布的《建立"走出去"企业境外风险防范工作机制的意见》旨在对海外投资合作中风险的防范和应对，提到要加强"走出去"风险防患和预警工作，深化"走出去"企业事中事后监管工作，建成"横向联合、纵向联动、内外一体"的"走出去"风险防备系统，加速打造山东省参与国际经济协作竞争新优势，内容涉及境外风险防范工作、境外风险预警、投资前期可行性研究和风险评估、企业管理机制、企业境外经营行为、对企业"走出去"的监督、应对境外突发事件、境外风险保障政策、发挥"走出去"企业主体作用、境外风险防范综合服务等方面，可以降低企业"走出去"的风险，保障企业在海外的正常经营和有效获得当地市场竞争力。

四、福建省

福建省将其目光投向海外，尤其是在"一带一路"的政策的影响及其压力下，在投资海外的方向上取得了较大的经济利益。福建新设境外企业和分支机构 260 家（企业 257 家、分支机构 3 家），同比增长 1.6 倍，投资额比去年增加了 110%，达到 62.4 亿美元。而相对于以前，企业的投资项目增加了 61 个，比去年增加了 9.21 倍，总的投资额达到了 69.7 亿美元。在各方面的投资都相对于之前取得了很大的成功和进步，同步增长额也加大了不少，取得了很好的前景和效益，对今后福建省的发展和经济回报都有很大的影响，尤其是在海外沿线这一带更是有不可小觑的估计力量。

1. 宏观响应。2013 年 9 月 4 日，为响应国家对海外经济发展的号召，福建省专门成立海外经济发展公关团队，进一步推动企业的发展，实施了以下几个方针：（1）加快发展外贸交易；（2）国际贸易市场的开拓、对出口产品的税收加大支持力度；（3）资金融合服务加强；（4）对出口的关口增多；等等。因此，为了实现以上所提出的全面发展方针，特制定了关于《福建省人民办公厅落实贯彻外贸进出口稳定增长的政策措施的实施方针》的通知。为推动福建省外贸持续健康发展提供了动力和支持。

2015 年开始，为了全面发展与推动"21 世纪海上丝绸之路"的建设发展，福州与厦门海关共同推出一系列举措，用于支持福建的开放发展和持续发展。

在监督管理模式的翻新下，福州与厦门海关将增进闽地区域与"21 世纪海上丝绸之路"的国家之间的相互协调性与互通性，以创建一个平滑的"21 世纪海上丝绸之路"并且和东亚"海丝论坛"平台形成一个相辅相成的关系。

福建省为整合资源优化，促进发展，又与各口岸相互合作，进行优势互补，全力发展自身经济。

促进福建省的支柱产业的发展，实施"协同创新潜力"的行动计划，建立重点项目、龙头企业的服务机制，支持重点产业的转型升级，创造新的优势。为对新兴产业的发展提供有力的支持，特意增加了"冷链物流""高新技术""动漫创意"等一系列新的模式，以实现主动服务行业的转型升级。

为鼓励优势行业企业"走出去"，福建省相关部门也进行了相应的措施调整。比如，对运营监管中心的严格把关、对建设现代化海关监管场所的选址与管理等。

2015 年 7 月 14 日，新提出的《关于促成服务业建议和外包交易的迅速展开的十二条建议的通知》就是专门对于服务行业的交易和外包营业。踊跃发展中心范畴、翻新拓展方式、造就第一产业的兴起、建立功能园区、大力培养人才、革新商场、开辟新的国际领域、财务与税务的支援等相应措施都对福建省的对外服务行业起到了一个向前推的作用。

在 21 世纪，福建省作为海上丝绸最重要的纽带。乘着"一带一路"的东风之势，在福建海域与丝绸之路沿线国家建立了友好的合作关系，并由此增加了关外市场所占的份额。2015 年 11 月 7 日，福建省发布《关于福建省 21 世纪"海丝之路"的中心地带的筹建计划的通知》，将福建省先天的地理优势尽可能最大地发挥出来了，对外合作水平大大提高，同时，海外市场的投资也有了新的居高点。在支持企业境外投资、自贸区建设、对外贸易、建立贸易支撑体系、扩大劳务合作等各个方面都做出了重要指导，并提出了意见建议。

2. 金融和财政扶持。2013 年 8 月 6 日，关于省外经贸厅、省财政厅联合发布《福建省对外投资合作专项资金管理办法实施细则》，专门为对外投资合作设立专项资金给予财力上的支持，涉及范围涵盖海外投资、对外承包工程、对外劳务合作、对外援助等开放经济活动，并对相关投资活动中涉及的费用给予补贴支持，很明确地显示了中国人民银行公开宣布的基准利率和人民币贷款贴息率应成正比的关系，基准利率与实际利率也应成正比的关系。此项资金为"走出去"战略拓宽了资金渠道，为企业能够更好地发展海外业务提供了保障。

《福建省人民政府办公厅对于彻底实施增进进出口稳定的增加的调整布局战略践诺见解》的第四项、第五项分别从相互融通资金服务、援手出口信誉保险等四个方面做出了明确规定。比如，在金融支持方面，要搭建境外人民币融资平台，企业的融资成本可以大大降低，中小外贸企业融合资金困难问题可以得到解决，融资"门槛"因此变低，成本也会相应缩减，在增大援手出口信誉保险这一方面，2013 年，对非洲等东欧新兴市场，其规模相对增长了 0.3 倍以上，出口信誉的融资也同比增加了 0.35 倍。

2015 年 7 月 14 日，省府办公厅发布的《对于促成服务贸易和服务外包加快发展十二方案的通知》中第八项提到要加大力度支持财税，各级政府机关部门要踊跃配合相关政策实施，配套出台财政政策付诸实践，议定创设工业指导基本资金，让那些对服务贸易和服务外包的社会群体都能加大对此的资金投入。自从 2016 年开始，省级统一筹划安排的关于对发展海外贸易的帮扶基金又在此基础上多加了 3000 万元的帮扶资金，并且还在资金不足的前提下每年相应地增加投入，最主要的就是用于援助公益性服务贸易平台的建立，培育龙头企业，开拓国际市场，开展国际认证、人才引进和培训、统计分析体系的建立等。和施行的"营改增"政策相互联系，对服务出口进行降低税率或者完全免除税率，同时，激励对服务出口的扩大化。

2016 年 2 月 25 日召开"一带一路税收行"税务研讨会，国税部门在会上谈到关于会如何开展对税收的宣传与具体实行措施，并且要求相应部门制定出相应的方案来践行这一举措，同时，开展活动来进行大力宣传。会议还为企业避免走弯路、走错路而分享了一些相关的很有价值的经验，比如，如何防范企业的双重赋税、税务的歧视等等。

3. 为发展境外事业行政松绑。福建省商务出台优惠政策，促进中国与国外交易。"简化材料审批，只要材料齐全，当场办理，立等可取。"

《福建省人民政府办公厅对于彻底实施增进进出口稳定的增加的调整布局战略践诺见解》的第二、三、六三项均对手续进行了简单化，对审查与批复的时间也做了相应的调整，比方说对出口企业的出口货物的税收进行了适当的调整，其审批的工作日也做了适当的变动；对一等、二等类企业提供舒心的快捷的通关手续，如提前申报、预约报关、门到门服务、优先办理企业、报关员登记备案换证或手续等，对级别高于二等的企业实行通关单无纸化业务等，这些政策大大节约了企业的成本与时间，同时，也为外贸企业提供了便利。

《对于促成服务贸易和服务外包加快发展十二方案的通知》第十条提出要建立和优化一些相关的口岸通关管理方法，为跨境电子商务通关，积极提供通关便利。简化服务贸易跨境结算手续。对外贸企业提高外汇资金采取的出口收入存放在海外的方法一定要大力支持。为了更好地从事国际贸中的服务，在对从事高端管理技术人员的移民手续的办理和居住条件都提供了很大的便利，同时，也使相关的审批程序简单化。

4. 政府服务企业。福建省国际投资促进网对对外投资提供政策解读、投资新闻资讯、投资机会、投资动态、投资服务等一系列服务，以便企业更好地获得相关信息，做好战略规划及功能定位，同时，也是为企业海外投资提供平台，做好双向对接。

为帮助福建企业能够更为便捷地获取有关境外地产、国际金融环境、出国出境、海外投资、税务信息等有助于发展境外业务的讯息，福建专门组织了海外投资项目推介会，这是一场与投资有关的盛宴，此次会议汇聚了包括美国与欧洲主要国家的 16 个代表国，参加展览的企业超过 30 家，参展项目超过 40 个。

福建商务部门于 2015 年 12 月奔赴东南亚国家举办双向投资经贸合作推介会，这为发展海上丝绸之路的平台作用做出了巨大贡献，推动了闽地区域与沿路国家的经济贸易合作，为了扩大贸易，举办了各大推介会活动，这种做法既是让其他国家了解福建企业的契机，又是打响福建品牌的载体，通过这些活动，增加了福建与东南亚国家和南非国家的联系与合作机会，有利于福建企业"走出去"。

《福建省 21 世纪海上丝绸之路核心区建设方案》明确了要打造重大综合

性交流协作对接平台、核心经济贸易合作平台、重大海洋协作交流平台、重大人文交流平台等4大平台，展示福建风采，推销福建商品，创造福建品牌，为福建的境外合作提供良好支持。在针对风险预警和防范方面提出要通过多途径多平台发布与海外事业有关的风险信息，同时，也要积极检测经营管理工作，督促建立风险预警系统，为企业有效控制风险作出引导和支持。

5. 战略合作协议。《福建省人民政府与中国邮政集团公司战略合作协议》囊括民生服务、金融服务、物流服务、数据服务、电子商务服务、文化服务、信息服务等方面，统称为"一平台六中心"，中国邮政对福建省的重点项目建设、新兴产业项目、台商投资区、中国台湾农民创业园区建设、优势产业改造升级等均有政策倾斜。

2015年，《福建省人民政府阿里巴巴集团战略合作协议》约定签订双方要尽各自最大努力，充分利用各自优势资源，深入合作发展境内外电子商务以及大数据业务，结合互联网开展"互联网＋"计划，将互联网与民生、医疗、旅游、政府采购、拍卖等领域结合，发挥网络平台的最佳价值。

2015年12月8日，交行省分行与福能集团就融资、结算、理财、供应链金融、投资银行、企业年金等领域的合作问题达成全面战略合作协议，交行充分发挥作为国内重大金融机构优势，为福建省经济发展提供资源，服务商业企业。

五、上海市

上海作为中国的金融中心，其经济发展位列全国前列，无论是境内发展还是境外投资都起着先驱作用，在实施"走出去"发展战略更是身体力行，加紧步伐，大力推动企业"走出去"，并取得了瞩目的成就。2015年上海市OFDI总额达到573亿美元，同比增长370%，规模位居全国之首，新签订对外承包工程合同额度为111亿美元，接连8年高于100亿美元。

1. 政策支持。上海不仅积极响应"走出去"战略，为推进"走出去"战略做了多项工作，比如，在2004年3月22日公布的《关于上海市进一步推进实施"走出去"战略的若干意见》是上海响应国家号召，推动本市企业"走出去"的缩影。同时，也为国家的"一带一路"倡议贡献自己的力量，不断改进机制，创新方案，推进"一带一路"倡议实施，抓住机遇发展上海，《上海积极推进"一带一路"倡议实施方案》已初具形态，从经济贸易投资、金融协作、人文交流、基础设施四个方面着手，提升本身实力，朝着国际市场迈进。

浦东新区完善负面清单管理模式，推进自贸区服务业和制造业两大行业扩大开放方案生成和落实 111 个主要行业领域事中事后监管工作清单，以便完善中间过程和事后的监督管理体系。

上海在很多方面都走在国家众多地区前列，在政策方面也适时创新改革，突破现状，在本市自贸区领先达成人民币资本项目可自由兑换，启动 QDII 试点，创新目前的面向国际市场的人民币金融类产品，扩张此类产品范围，增进人民币资金跨境双向流动。

2010 年 9 月 8 日，一部专门维护中小型企业的法规诞生，即《上海市中小企业国际市场开拓资金管理实施办法》，该部法规对支持企业开拓国际市场的项目范围和层面做了明确的规定，具体指明了哪些项目具有优先支持权力，哪些认证或活动可以获得支持，对促进中小企业步入国际市场具有很大的激励作用。

2014 年 8 月 29 日，上海市颁布了《关于本市支持外贸稳定增长的实施意见》，提出发挥中国（上海）自贸试验区制度创新效益，培育形成对外贸易竞争新优势，稳定外贸增长规模，进一步提高贸易便利化水平，强化政策措施保障，加强组织实施六个方面大力推动上海市企业进行海外贸易和投资，深入开放经济，完善服务体系，保障企业海外业务的有效开展。

2015 年 12 月 28 日，《上海市加快促进服务贸易发展行动计划（2016 - 2018）》为优化现有贸易结构、扩张目前贸易规模、加大开放力度、激励 FDI、强化宏观指导、优化市场主体等提供了法律依据，并明确到 2018 年，上海服务进出口总额实现 2500 亿美元，稳居全国领先地位，且占本市贸易份额超过 30%。

2015 年 12 月 31 日，《关于本市促进外贸转型升级和持续稳定增长的若干措施》指明了上海目前对于外贸的工作重点和方向，表明要扩大进口量和稳定现已形成的出口格局，稳固现今地位，培育在国际竞争中的新优势，提高贸易便捷服务水平，加大政策支持力度，巩固上海现有优势，促进外贸转型升级和长久稳定均衡增长。

2. 金融及财政支持。上海市推出了各类专项资金对于"走出去"企业进行各种各样的资金支持。比如，颁布的《上海市促进服务外包产业发展专项资金使用和管理办法》激励从事外包服务的企业（单位）对人才进行内部培训，勉励培训机构开设专门针对服务外包业务的培训班，引导相关单位或企业争取国际资质认证，鞭策设立专门的培训和实训基地，吸引相应企业的总部到上海发展，为相关企业在海外设立站点开辟新兴市场提供优惠，同时，搭建相应公共服务平台为企业提供全方位服务。

2015 年 1 月 19 日，《上海市外经贸发展专项资金实施细则》出台，这是对专门支持对外经济贸易发展资金的具体安排，对于优化外贸结构、加快对外投资合作进程、完善公共服务环境等均有不同程度的扶持，不仅能支撑外贸转型升级，还对中小企业拓展全球市场、增进丝绸产业国际化、建设服务外包公共服务平台、引导对外投资合作业务开展有着举足轻重的作用，对于具体一些费用也给予了明确规定，此方针对营销策划、信息咨询、市场推介等相关专项活动费，给予高达 50% 的支持，单个申请单位每一年度资助总金额上限为 500 万元。对国际营销网络的场地租用费用、开发建设费、信息咨询费给予小于 50% 的支持，单个申请单位每一年度资助总金额上限为 200 万元，通过多形式的方式给予相关企业直接或者间接的补助。

2015 年 1 月 27 日，《2014 年上海市外经贸发展专项资金（对外投资合作部分）申报指南》指明，在海外投资及海外林、渔、矿项目中方投资额高于 100 万美元（或等价货币）时，贷款贴息项目申请单笔贷款（下称项目贷款）资金额度可达 300 万元人民币（或等价货币）以上；对外承包工程项目合同金额高于 500 万美元时，可申请项目贷款高于 300 万元人民币；对开展涉外劳务职员适应性培训的公司、单位，依据实际培训人数且被派出的人头，按照每人 1000 元每次的标准给予补贴；对在国外开展对外经济技术合作业务的公司、单位，对其外派工作人员人身意外伤害保费提供少于 50% 的补助；外币贷款核定利率低于 3 个百分点，实际利率小于 3% 的，核定利率低于实际利率。

3. 服务体系支持。2012 年 2 月 21 日，上海市"走出去"信息服务平台正式运营，该平台提供对外投资、对外承包工程、国际人力资源合作、对外援助等方面的信息，确保信息的及时、准确、有效，涉及重要国家区域的市场情况、社会现状、法律法规、风险预警等广泛的信息。

2014 年 8 月 6 日，上海"走出去"企业战略合作联盟正式亮相，目的在于进一步提高上海本土企业"走出去"的质量和水准，加强企业间分享经验，共同分享资源，加强企业间合作共赢，建设具备市场化、专业化、全球化发展的本土跨国企业，全面提高上海企业在全世界价值链竞争与协作中的整体实力与地位，降低企业发展对外经济的风险。

上海市外国投资促进中心，是一个专门为海内外投资者提供咨询、接洽对接、考证等多类公共投资服务的机构，旨在加强双向投资，在美国、日本、英国、德国和瑞典等地设立多个海外办事处，主要目标是培育海外投资主体，提高本市中小企业国际竞争力，帮助企业开拓海外市场；在项目投资进程中，协助解决各个环节上遇到的问题，及时反馈政策实施情况，为决策部门提供参考依据；待项目落地后，提供全程追踪服务，并对实施项目过程中遇到的困难给予有效帮助，项目工作者也能因此得到岗位稳固；延伸投资促进和贸易促进的主战线至海外，扩张成立海外机构，把握海外的产业发展方向，为一切可能的投资者提供专业且个性的服务。

《关于本市支持外贸稳定增长的实施意见》内含简化行政手续要求，提升出口退返税收效率，完善退返税收协调机制，优化退返税收服务。简化相应流程，放松审批控制，减少所退税款的中间滞留期。试验点设立"出口退税诚信分级管理制度"，对诚实守信的企业提供退税便利，这些均是该部法规文件的核心内容。

4. 建立风险防范机制。《关于本市支持外贸稳定增长的实施意见》指出，本市需要重点关注实现外贸稳定增长的企业、小微型外贸企业、高端制造业、新兴服务业出口并扩大对这些领域的支持。用好"大型成套设备出口融资保险专项安排"政策，增加海外保险业务险种，扩大其规模和覆盖范围，力争全面承保规模超过245亿美元，激励企业跨境经营。

"走出去服务港"是一个特有的微信公众号，职责是每天为企业推送境外投资合作相关的法律和风险防范动态讯息，确保"走出去"企业获得最新最及时的投资国法律、产业以及风险防范提示，增强企业信心。

2014年9月30日，"境外投资风险防范"专题讲座在上海市金融办、中国进出口银行上海分行和中国出口信用保险公司上海分公司的组织下顺利进行，目的在于为企业介绍在对外经济中政府提供的支持政策，相关金融机构能够提供的进出口信贷、境外投资、信用担保、出口信用保险等方面的服务和保障，将对风险的防范和应对作为其重点进行介绍。

六、四川省

四川省自"走出去"战略实施以来，在对外经济合作中取得了很大的进展，2016年1~6月全省实现出口总额达到22.5亿元，出口国家散布在亚洲、非洲、欧洲、拉丁美洲、北美洲、大洋洲，涉及国家达到 30 余个，四川省的商品在全球都占有一席之地。

2015 年最近一批外国投资商直接注资企业已经达到 319 家，而累计获得批准已增至 10790 家。这批外国投资商实际注资已经达到 100.7 亿美元，而且在年底进驻蜀地的外国领事机构已经达到 15 家，在全年的对外承包工程也因这批新签合同金额共计 45.3 亿美元，总共完成的营业额度增至 54.6 亿美元，2016 年新增的境外投资企业共计 145 家，境外投资的企业已经累计 537 家，2015 年加工贸易实现进出口的金额累计达到 1449.2 亿元人民币，以一般的贸易方式进行进出口的金额也累计达到 1295.3 亿元人民币，这次以运输货物方式的进出口累计 323.8 亿元，2015 年总共进出口总额达到 3068.3 亿元。

1. 政策支持。四川省近年来在营造"走出去"的政策支持平台、规范管理和完善鼓励措施方面取得了较大进展。根据四川的实际情况，从 2015 年开始陆陆续续出台了《关于加强四川省外派劳务招收管理的通知》《四川省外派劳务"抢行"战略专项资金管理办法》《四川省外派劳务基地县（专业基地）的暂行管理办法》《四川省外派劳务个人信贷实施细则》《四川省外经贸西部发展资金使用管理办法》《四川省人民政府关于加快发展我省对外经济合作的意见》等与政策性相关的文件，为今后实施"走出去"战略创立了极为重要的政策支持平台，并逐步使管理规范化。

四川省委省政府对"走出去"工作十分重视，有关各项指标如：对外承包工程的合同额、营业额以及外派劳务人数、新批境外投资企业数都纳入了目标任务考核。为确保"走出去"的顺利实施及各项任务的完成，将有关指标分解，作为一个指导性意见下达到各市州，由当地党委及政府进行督促检查，完成有奖，以调动各市州主管部门的工作积极性，营造了一个较好的"走出去"的工作氛围。

根据目前的研究表明，在 2014 年四川已经出台的《关于加快实施"走出去"战略的指导意见》中指出，到 2020 年四川将全力争取在全省对待国外承包的所有工程营业总额预计将要达到 120 亿美元以上，其中，预计境外的投资总额将达到 40 亿美元，包括"走出去"企业达到将近 1000 家。并且在鼓励本省的财政预算内也将要安排相应的配套资金用来最大限度地支持本土企业面向"走出去"的机遇。在对待"走出去"这个梦想项目中带动出口的原材料、设备以及零配件等都要按国家规定的税率进行优先办理退税等业务，用来推进以备案制为主的对外投资相关管理的模式，以便最大限度地简化有关申报的程序。

2015 年 5 月，四川省正式启动了关于实施"一带一路"的重大战略"251 三年行动计划"，争取在 2017 年之前，四川省能与"一带一路"之间的沿线国家贸易的相关规模增加总量至 300 多亿美元，而且在对外的承包工程营业总额要累计突破 200 多亿美元，在"双向"投资的年均增长率也将要达到 10% 以上，希望通过这三年左右的努力，四川经济发展战略上升为国家层面的战略且要将四川打造成为推进西向、南向等开放中心的腹地。其中，"2"，即深度拓展 20 个重点国家。在关于立足于四川省贸易、投资、产业等竞争中取得优势，结合并实施沿线中的相关国家经济的现状、资源的禀赋和发展等相关诉求，锁定一些国家作为精耕细作之地。"5"，即优先抓好 50 个重大项目。在有关"引进来"和"走出去"的相关项目中，加强并与沿线中的国家和地区在四川省比较有优势的产业、过剩产业、新兴产业的合作，选择出大约 50 多个投资的相关总额在 1000 多万美元以上、并且在工程的承包合同总额预计将要达到 1 亿美元以上的相关重大产业化和基础等设施项目，同时，四川省也将要实施重点的项目跟踪和强力促进。"1"，即实施对 100 多家相对优势的企业拿来做示范和引领。四川省选出了宏华、成达、东方电气、长虹等 100 多户与沿线中的国家、地区中具有较好的贸易项目投资基础，并且要具备较强的竞争实力和骨干龙头企业，并做到实施重点引导、形成重点示范。

2. 金融及财政支持。2015 年 4 月 2 日，四川省正式启动关于税收的保驾护航"走出去"行动，包括"分国别税收法律法规咨询"在内的十项有力举措，方便走出国门的公司了解当地税收规定，同时保障这些企业的权益，分别是开展"问需求、找问题"活动；建立跨境涉税诉求快速响应机制；同时也将提供分国别的相关税收的有关法律法规咨询；开展税收政策业务专项培训；建立健全"走出去"税收信息平台；公开发布税收风险提示指南。目的就是为了减轻"走出去"企业涉税负担。

不只是省政府机构对企业"走出去"积极推进，一些金融机构也为此做了很多工作，比如，工行四川省分行就在促进"走出去"过程中发挥了巨大的作用，工行运用其全球化的优势，以全球现金管理、境外并购贷款、境外国际银团、内保外贷方式助力企业"走出去"，开拓融资平台，在 2012 年，其帮助成都天齐实业有限公司实现了对世界锂矿业的并购，通过对公司提供并购融资贷款，金融高达交易总额的 50%，工商银行还利用银行自身其强大的数据信息平台为项目相关客户提供国别信息、汇率、市场利率、政治重大事件、境外招投标事项等服务，在为客户降低了风险的同时也为客户提供相关的项目信息。

交行四川分行也积极响应国家鼓励企业"走出去"的战略部署的号召，最大程度上地发挥银行集团优势，在跨国境、跨行业的情况下为大小型企业提供综合化的金融服务方案，同时助力最优秀的相关企业"走出去"，参与到全球的竞争当中去。对于那些具有绝对优势占据市场并形成一定垄断格局的主导企业，交行四川分行深入地分析了它们在生产—供应—销售整个过程中的每一环节的风险特征和对金融服务的需求，并且充分利用交通银行集团综合化经营的巨大优势，通过提供包括投资银行、现金管理、贷款、贸易融资、本外币结算等在内的各方面金融服务。

"支持'一带一路'战略银政战略合作暨金融服务研讨会"标志着省企业"走出去"向前跃了一大步，为各行业的企业提供很好的政策性融资支持。2015年研讨会上，进出口银行四川省分行将发挥政策性金融机构的优势，搭建专门合作平台，为涉及的重点企业和重点项目提供政策性融资支持。进出口银行四川分行在2018年以前将对重点企业新增不低于100亿元的信贷投放。

《德阳市加快融入"一带一路"倡议5条措施》，里面的第二和第三条都针对了资金这块对企业坚持实施"一带一路"相关策略，并且加大了外经贸促进和资金扶持力度，同时，为建立出口企业性综合金融相关的服务平台提供了非常有力的支持，也为德阳市出口企业综合金融服务平台提供了很多的便利，向平台内企业提供出口融资服务、信保和担保。

3. 加强社会服务体系建设。四川省对外经济合作促进会包含文化艺术、金融投资、建筑工程、法律事务、商业贸易等五个委员会，专门发布一些有关经贸、行业方面的资讯，还包括企业专访等，还有相关的法律法规，不仅有利于促进四川对外经济的快速发展，同时，也为促进对外经济合作提供了相关的咨询平台。

四川省对外经济合作商会是一个非营利机构，适应当前国家和四川省"走出去"发展的宏观战略，并满足当前快速发展的海外业务需求，承担搭建金融、保险、法律等各类服务平台，促进对外业务各环节服务体系的建设，建立企业间经验交流、项目合作、资源共享等机制，为了帮助企业开展国际业务，代表本行业与国际同行业组织建立业务合作关系，出席有关会议，促进行业的国际间合作，组织、帮助企业与驻华使领馆及来川代表团进行业务接洽，提供了企业之间和其他机构提供咨询、培训等各类服务，组织会员参加国内外市场考察和开拓、会议、展览等各类活动，建立健全全省对外经济合作专家库和专家咨询服务的义务，服务体系涵盖金融、培训、保险、国际物流、涉外法律、国际商务等，全方位地为涉外企业服务。

四川省对外劳务合作服务平台是一个专门发布招聘信息，同时，也是专门针对外派劳务员工的网站，要符合相关政策法规，合法外经企业相关信息，劳务申请人员以及已经成功申请到海外务工的人员情况，这为有意向到海外工作的人员提供了咨询平台，也让他们更加有信心走出国门。

四川省川联对外经济贸易商会建立于 2005 年，旨在促进工业商贸发展，繁荣省内经济，维护对外经贸企业权益，参与社会公共事务，加强省会、地区和国外之间的联系和交流，不仅以促进经济的合作为最终目标，同时也致力于为商业提供对外经贸企业资讯交流的机会，并且也促进国际之间的交流和推广工商贸易行业，在推动内地对外经济贸易及促进国际对华投资经济合作与文化交流方面，起桥梁和纽带的作用。

四川省国际合作投资促进会以创造共赢局面、提供友好的服务、增进合作与投资为宗旨，帮助地方政府加大对外宣传力度、改善投资环境，促进国际经贸合作、推动文化交流与相关产业发展，组织四川企业赴海外投融资、参与国际经济技术合作，网站发布有关投资招商、国际展会、涉外服务、法律法规、国际交流等信息，以及国际项目和其投融资服务，还有教育培训等，为促进四川企业进行国际业务提供了信息支持平台，有助于相关企业及时了解实时信息、海外动态。

2013 年 5 月 2 日，四川省国税局召集相关企业召开了有关于"走出去"企业税收政策视频的培训相关会议，结合四川省各行各业"走出去"实际情况，整理和收集了全省境外承包工程和投资涉及最多的 17 个国家和地区的双边税收协定、基本税法等主要规定，编印了"走出去"的企业税收管理与服务专辑，为企业提供了法律援助和政策指引。

中国国家开发银行四川分行搭建专门平台为四川企业"走出去"创建相互交流的机会，并与中国进出口信用保险公司建立了良好的常态化信息交流沟通相关机制，也通过适时的会议讨论彼此之间交流项目方面的相应信息，最后辅之政策性保险和开发性金融融资，加速促进四川企业海外业务的发展。

《德阳市加快融入"一带一路"倡议 5 条措施》中第四条中明确地提出搭建信息行业的互联互通相关平台，并确定了建立德阳市有效地融入"一带一路"发展战略微信工作群，充当企业信用贷款融通资金与增进项目协作合作的红娘，积极地为此牵线搭桥，并提供信息、政策、国别指南和法律等在线的相关服务。

《德阳市加快融入"一带一路"倡议5条措施》中的第五条指出，建立在风险防范的机制上，为企业提供对外承包工程、境外投资、对外贸易相关客户风险、行业、国别的评估及防范。北京大成（成都）律师事务所为企业开展了很多有关涉外风险的防范培训，并有效地提供涉外法律咨询服务，指导相关企业境外项目管理制度化的共同建设，接受各行各业自主委托涉外的法律相关诉讼。

4. 政府主导型的措施。四川的各行各业一直以来就坚持"走出去"与"引进来"的结合方式，并且坚持深化开放合作，以达到培育开放型的经济最大新优势，充分利用西洽会、渝洽会、中阿博览会、青洽会、兰洽会、中俄博览会、东北亚博览会等7大省外国内政府性展会平台，组织企业"走出去"参展办展。

2015年12月10~11日，四川省商务厅就目前面临的状况举办了2015年全省海外投资企业政策和业务培训班，培训主要内容是：旨在介绍2016年重点境内外活动安排和境外投资当前形势；讲解中央外经贸发展专项资金文件及相关支持政策；天津市商务委介绍其境外合作区情况及支持政策；讲解海外投资资金汇出以外币结算的支付凭证手续办理要求、"一带一路"国家对外汇的管理限制与关于外汇市场波动的风险预防和处理；讲解申请报告入选"'一带一路'251三年行动计划"以及商务厅主要海外投资备选项目程序要求；讲解境外投资备案申报程序及要求、运行情况和年报统计的报送要求；中国·印度尼西亚聚龙农业产业合作区和中国·埃及苏伊士经贸合作区两大园区的入驻公司均介绍当地投资环境及园区情况；介绍境外投资中法律的风险防范与境外投资离岸平台比较。通过这些要点讲解，可以更好地服务企业，有助于企业把握机会，发展海外事业。

2016年1月5日，四川省对外投资企业商会成立，商会在带领四川企业抱团走出去过程中扮演着沟通者、开拓者、服务者角色，把"走出去"过程中遇到的问题和困难反馈给有关部门争取政策支持，为企业"走出去"创造良好的环境。

5. 企业主体地位确立。2014年10月11日，《四川省境外投资项目核准和备案管理办法》明确对于中方达到的投资额为10亿美元的相关海外投资的项目，只需发改委核准即可。当涉及敏感的区域、相关行业的海外投资项目则采取统一由国家发展改革委批准，并不对具体金额做出规定。但当中方投资的金额超过20亿美元且涉及敏感话题的项目，需上报国家发改委出具意见并报国务院取得核准。对于央企或地方性公司投资的境外项目金额高于3亿美元时，必须经过国家发展改革委的备案，而对于地方性公司实施的海外项目低于3亿美元时，统一由省发展改革委备案。这是对企业主体地位的高度确定和认可，也是对企业境外投资的规范。

第三节　本章小结

通过以上分析可以看出，不同的国家在鼓励企业"走出去"中实施的政策不同，但从这些政策可以看出，政府基本上都从以下几个方面着手：政府在宏观上全局统筹推进，完善法律法规，政府有关部门和金融机构提供资金支持、财政税收补贴或直接支持，信息服务体系建立，防范和规避风险措施，简化行政审批手续等，这些政策对广东省的对外经济合作提供了重要的借鉴经验。

江浙沪鲁闽川等六个兄弟省市的经验主要分为四个方面：一是政策支持，各省市都根据自己的实际情况制定了不同的政策措施；二是财政扶持，目前在我国广东省企业规模较小，竞争实力有待加强，适当的财政扶持可以减轻企业的税负压力；三是社会服务体系的建设，不仅是投资目的国基本情况的介绍以及市场信息的披露，而且还有一些交流会以备增加国与国之间企业的交流，可以激发企业的投资热情；四是一些政府主导型的措施，这些措施也是结合各省的实际情况来制定的，比如，浙江省民营企业众多，政府主导的措施就偏向于引导民营中小企业，四川省处于我国内陆地区，政府主导的措施就侧重于加强合作。

我们应该借鉴海外政府和兄弟省份的成功经验，结合现阶段广东省企业在对外直接投资的实际情况，政策要实时调整以适应国际形势变化，增强对企业海外投资的扶持力度，将各种鼓励、扶持手段制度化、条件化，探索出一条适合广东省企业开展国际直接投资的道路。

第五章 广东促进企业"走出去"的 发展战略探讨*

第一节 构建广东对外投资总体发展思路

在鼓励广东企业"走出去"的过程中，广东省政府发挥着重要的作用，构建广东对外投资政策支持体系，完善对外投资金融税收机制，建立对外投资社会服务体系等。而在"走出去"发展战略中，这三大体系的构建是相辅相成，缺一不可的。不断加强和完善这三个方面的建设，也正是政府层面上广东对外投资总体发展的思路。

随着广东对外经济的发展，"一带一路"倡议的提出，以及广东自由贸易实验区的落地，广东的对外投资面临着新的形势，在新形势下广东"走出去"战略就要做相应的布局和调整，才能适应时代的要求。

就企业而言，在实行对外直接投资前，必须先对投资的产业和区位等要素进行选择，而选择的过程中就需要考虑到对外直接投资的产业选择基准、区位选择要素等方面，同时，还必须结合自身的竞争优势、东道国的优惠政策等进行综合分析，才能做出合适的选择，降低海外投资的风险。另外，选择合适的进入方式和跨国经营机制也非常重要，广东资源开发型的企业在进行境外投资时，应该选择合资方式。电子、轻工等行业对发展中国家具有技术比较优势，在发展中国家投资则应该选择独资形式来推动技术比较优势的转移。海外承包工程加强与东道国企业联营，走设计、咨询为龙头的总承包之路。在组织形式、跨国公司融资和营销策略上都要根据广东"走出去"企业的实际情况加以合理选择，例如，在管理组织形式上，以经营者个人决策为核心的组织形式

---

* 本章由暨南大学产业经济研究院周嘉裕执笔。

和智能结构的组织形式更符合广东实际，在融资选择上，大型企业和中小型企业有不同的选择策略，但都应最大化地利用广东支持"走出去"融资体系。

第二节　构建广东对外投资政策支持体系

一、加快海外投资的立法进度，完善广东海外投资的法律制度

2014 年中国出台的《境外投资项目核准和备案管理办法》以及《境外投资管理办法》是我国在对外直接投资领域推出的较为权威的政策法规，办法提出，除涉及敏感国家、行业，其余境外投资一律实行备案制，并明确了企业的自主决策地位，规定了企业应该承担的法律责任和社会责任。这在很大程度上放开了境外投资的限制，为企业进行对外直接投资提供了便利。在国家级政策法规的指导下，广东也可以根据自身经济发展的实际情况，制定广东省海外投资的行政性或指导性法规条例，如加快《广东省海外直接投资法规》的制定，这个法规应规范政府部门在对外投资方面的管理权限，同时，规定广东企业对外投资方面的权利和义务。在对企业海外投资的备案、企业财务制度、海外投资保险、海外投资税收、海外投资企业审计等方面加以具体规定，从而使广东企业在"走出去"的过程中有法可依，例如，可以制定《广东省对外投资企业管理条例》这样的法规。

二、加强对实施"走出去"战略的总体规划

实行"走出去"战略应对全球化，以确保对外投资成为长远的行为。就省政府的立场，应鼓励和支持广东企业在政策和法规的指导下，积极开展对外投资，这就需要为广东企业的境外投资制定具体的目标模式和完备的战略规划，同时，必须根据实际情况进行相应的目标调整和政策调整。

制定对外投资战略规划的主要目的：一是明确对外投资战略的目标；二是提出动员和协调全广东资源和力量的政策和措施；三是保证对外投资战略长期稳定的实施。

对外投资战略规划涉及的主要内容，应包括区位选择规划、投资产业规划、实施的时间规划与阶段划分、企业微观规划与跨国企业的培育、管理体制

与相关法律法规的调整、国家协调机制和程序等。通过对外投资规划、政策的制定,明确具体的投资行业、投资地区、投资主体、重点投资方式,明确海外投资发展目标和重点。通过定期选定和公布海外投资的鼓励行业和鼓励投资方式,引导企业进行正确选择。最后,应该协调好"走出去"发展战略与广东实施的其他发展战略之间的关系,只有把"走出去"战略与其他战略有机地结合起来,做到相辅相成、相互促进,才能让"走出去"发展战略更好地促进广东经济的发展。

广东省应从企业和政府两个方面入手,研究"走出去"战略的全面实施。要根据广东经济的发展阶段、发展特点与比较优势,对可以"走出去"投资创业的重点区域和重点企业,分步实施相关步骤,做好调查研究与规划指导。在指导思想上,坚持精心组织,加强指导,循序渐进,重在提高广东经济国际竞争力;在组织上,应由广东省政府牵头,要防止一些地方不切实际地一哄而上。目标明确、规划正确,是制定政策的先决条件。

三、民营企业对外投资渠道合法化

民营企业是对外直接投资的生力军。相对于国有企业,民营企业具有企业体制方面的优势,它可以有效地避免国有企业在对外直接投资和个人道德风险管理以及经营者的内部风险管理中存在的问题。另外,民营企业还具有经营成本优势,部分有规模、有实力的民营企业生产产品的技术档次和质量不输于国有企业,在人力资源、管理效能、生产资料的利用方面有明显的优势,具备"走出去"的能力。据统计,2014年除去金融行业,各地方性企业的对外直接投资流量占比达51.1%,第一次超过了国有央企的投资规模,而这一趋势仍将继续,民营企业将成为中国对外直接投资的新主体,中国对外直接投资的行业分布也将更趋向多元化,高科技、精密设备、食品业和消费休闲行业成为2015年中国民营企业海外投资的热点。

随着中国加入世界贸易组织,外商投资企业在我国获得国民待遇。相应地,也应该给予我国民营企业以平等的待遇,为各种类型的企业创造平等竞争的条件,为我国民营企业进入国际市场提供良好的政策支持。首先,在观念上,要改变先前对民营企业对外投资的歧视,认识到现阶段民营企业已有大量的境外直接投资的事实,认识到民营企业正逐步成为未来中国对外直接投资中的主体。其次,将国民待遇惠及各类所有制企业,放宽民营企业参与对外直接投资的限制，大力支持有规模、有实力的民营企业"走出去"。

在政府层面，应研究一套有关民营企业对外投资的可行的管理办法。目前阶段，《境外投资管理办法》是我国在对外直接投资领域中较为权威的法规，然而专门针对民营企业方面的管理办法是没有的。虽然，民营企业在对外投资领域中拥有各方面的优势，然而在国际化经营管理方面经验不足，应对瞬息万变的国际环境能力不强等问题仍阻碍民营企业对外投资。因此，一套行之有效的管理措施是必不可少的，它不仅有助于引导民营资本进行对外直接投资，对于政府进行宏观监控也是有帮助的。实际上，在私人资本的管理中，各个国家都在不同程度上对对外直接投资有着明确的监管措施。

广东省虽然大力支持民营企业"走出去"，放开对外直接投资各方面的限制，但并不意味着"走出去"的企业就能百无禁忌，懈怠经营，甚至做出转移资产、洗钱等违法犯罪的行为。因此，应当针对广东行业、企业的具体情况建立与之相符的监管办法和制约措施。只有将我国民营企业境外直接投资纳入法制化、规范化的道路，让其"走出去"既有合法、可行的渠道保障，同时政府也可以对其投资行为进行约束和监管，才能真正推动广东民营企业"走出去"。民营企业与其他类型企业的政治和经济待遇平等了，"身份"问题也就解决了，"身份"的问题解决了，民营企业就可以在相关管理办法的指导下，大胆地走出国门，走向国际市场，参与国际竞争和合作，积极地开展海外投资活动，扩大生产规模，逐步发展成为大型跨国公司、跨国企业。

四、大力推行备案制，改变多头管理局面

随着中国经济的发展，我国对外直接投资的规模也在持续扩张，为满足境内投资者日益增长的对外投资需求，我国对外投资方面的审批和核准制度也在不断地变革和完善。自2004年商务部公布《关于境外投资开办企业核准事项的规定》以来，原有的对外投资审批制正式改为核准制，核准制下，只要符合相关投资项目目录的内容，投资主体就可以从事境外直接投资活动。而在2009年发布的《境外投资管理办法》中，更进一步下放了核准权限，大大简化了核准程序和企业申报材料，缩短了核准时限。2014年中国再次对境外投资管理办法进行修订，提出除涉及敏感国家、行业外，其余境外投资全部推行备案制。这一办法的推行以及备案制的落地，将很大限度地缩小项目核准的范围，减少对外投资项目的操作时间，有效提高运作的效率。而从这些办法的实

施效果来看，无疑印证了这一点，逐步变革对外直接投资的审核制度，放开准入方面的限制，是正确的做法。

　　然而，最新办法的出台与真正全面落实还是有一段距离的，目前阶段，我国还缺乏统一的境外投资法律，没有统一的境外投资管理部门。广东作为积极实行"走出去"战略的省份，更应率先进行改革，全面推进对外投资备案制的实施：应完善对外投资项目核准、备案的全流程，保持其高效、畅通运行，同时明确相关项目的办理时限；对于境外投资项目备案管理一律实行表格化申报和办理，积极推进电子政务建设，开通对外投资网上备案系统，利用互联网进行备案，大幅提升境外投资便利化水平。

　　同时，为了改变多头管理的局面，建议在广东省商务厅下设置境外投资管理处，与对外经济合作处合作，作为实施"走出去"战略的指挥协调机构，成员由省计委、财政、税收、海关、外汇管理机构及银行等部门组成，全权负责组织全省"走出去"战略的实施。其他政府部门则仅参与对外投资方面政策的制定，相关备案、核准的权限全部统一到境外投资管理处，这样有利于在省层面上统一领导、管理和协调全省各部门、各行业的对外投资活动。境外投资管理处的职责应包括：

　　（1）负责全省境外投资工作的管理；

　　（2）研究拟定全省境外投资的发展战略、政策措施和中长期规划，监督相关政策的贯彻实施和企业对外投资行为；

　　（3）负责各类境外投资的统计、分析，编制企业海外投资的产品目录；

　　（4）负责全省对外投资项目以及企业的核准、备案和管理；

　　（5）推动省内优势产业到境外投资；

　　（6）推动省内企业，特别是民营企业、中小企业开展对外直接投资，参与国际分工和竞争，抢占海外市场；

　　（7）管理广东商务驻外机构。

　　此外，在各级地市的对外经济贸易委员会下同样增设境外投资管理处，负责协调该地市所辖内企业的对外投资事宜。

　　对于现阶段我国各部门规章之间缺乏统一的上位法的协调，从而缺失必要的整体性和系统性的问题，广东人大常委可在全国人大代表大会中反映。另外，前文中也有提及，广东可以根据自身经济发展的实际情况，制定《广东省海外直接投资法规》，统一对外投资方面的各种规章条例，强化对外投资政策体系。

五、加强对外投资事中事后监管体系建设

对境外投资进行监管的目的是为了降低境外投资的风险，从而促使境外投资能够稳定、健康地发展。可是目前广东对外投资的监管体系还不完善，究其原因是核准制度与事中、事后监管相脱节造成的。企业在通过核准或备案到海外进行投资后，便与政府相关监管部门脱离了联系，不再接受管理，同时，相关监管部门也并没有建立一套行之有效的方法对"走出去"的企业进行监管，这直接导致了境外投资事中、事后监管的空白。因此，政府必须改变一直以来注重投资项目的事前审批、忽略事后监管的做法，加强对外投资事中事后监管体系建设。

1. 要加强境外投资企业的年审工作。加强境外投资企业的年审工作，要求企业将每年对外投资的经营状况、重大投资决定等向境外投资管理处提交报告，同时，投资母公司要加以确认并由相应的开户银行确认其投资数额、利润汇回等情况。

2. 充分发挥各方对境外投资的监管作用。在政府层面，先要明确监管主体及其责任，政府可以授权相关驻外商务机构对境外投资企业开展调查，以了解投资企业的状况，是否存在资产转移、逃汇等犯罪违法行为。对于那些投资于重点国家、敏感行业的企业、国有企业、投资数额较大的企业等，应当予以重点关注，要求其建立内部投资风险管理系统，对企业的重大投资项目、核心经营决策等进行风险评估，并定期提交评估报告。同时，政府可以与投资目的地的相关部门合作，实施跨境监管协调，驻东道国使领馆要就当地经营的境外投资企业的投资报告书是否属实、有无违反东道国法律的不当行为进行监督，从而提高管理和监督的有效性。只有把对外投资企业纳入政府的监管体系之中，才能有效避免重大投资损失、道德风险等问题，才能达成广东对外投资的总体目标和利益，实现对外直接投资的健康发展。

另外，境内投资母体也应加强对境外投资子公司的监督和管理。监管方式包括：境外企业经营者任免与监督奖惩；经营、财务审计监管；行使企业重大经营决策权；决定收益分配，获取投资收益等。

3. 完善问责机制，严惩对外投资违法违规企业。一个成熟健全的市场经济社会，先是一个责任社会，理清决策失误者的过失并予以追责是国际社会的惯例。对于违反规定的对外直接投资企业，要予以一定的法律、经济、行政处

罚，对严重经营不善导致投资巨额损失的企业，可以建议其撤资并追究相关人员的责任。

4. 建立协同监管机制，推进在线监管审批模式。建立协同监管机制是推进简政放权、放管结合的重要举措，它使政府的管理更加规范、高效，更好地服务和便利企业投资。另外，互联网的技术同样可以运用到企业对外投资项目的监管中，通过建设网上审批监管平台，可以促进各监管部门的协同。推行在线监管的审批模式，不仅可以实现全过程的透明、可核查，而且使得服务和监督更有效，促进市场规范运作。

六、对外投资法律保障与国际政策协调体系

加强广东对外投资政策与国际政策的协调，为境外投资企业提供国际保护。充分利用中国参与的多边投资担保公约和已参与多边投资争端解决的多边投资，争端解决公约也是一个值得关注的问题。相关公约的签署不仅为投资企业带来了义务，还有权利，省政府应该向投资企业普及这方面的知识，促进广东"走出去"企业，可以充分利用广东对外直接投资企业保护公约所提供的有关支持。

由省政府与东道国省级政府签订投资保护协定，扩大签署双边投资保护协议的国家范围，避免双重征税、规避政治风险、进行国家知识产权保护，这是使广东境外投资企业获得海外投资保障的根本和基础。

七、进一步放宽对经商人员的出国外事管制

在我国实施改革开放政策已超过 30 年的历史，然而各类企业管理人员和境外劳务人员出国及在国外的管理制度变化不大。公有制企业部门领导申请外事须通过境外组织部门和主管部门的审批，手续复杂，处理时间也长。在这个方面，国家近年来发布了《外事审批管理规定》，《规定》提出了许多简化管制的措施，做出了改进，然而个别地区还是沿用老一套的办法，不仅没有放松要求，还提出特别的审查机制，这样的做法浪费了外派劳务业务的时间，错失了许多投资的机会。

（1）建议省商务厅、省外办等机构，严格遵照国家相关外事审批的规定，做好扩大赋予企业集团出国审批权的工作。选择重点扶持发展的、人员进出频

繁的企业集团,使其尽早拥有自主审批权。相关企业集团名单的确定则可参考广东省重点扶持的境外加工贸易企业名录。

(2)护照管理逐步向国际规范靠拢。在当前建议对各类企业出国经商的人员,一律发放商务护照或根据实际情况采用灵活机动的变通方式。如因公出国在急需的情况下可持因私护照;对"走出去"重点单位经贸人员,设立专用护照,采取重点项目登记,实行"一站式"审批,并实施审批限期制,提供高效服务。

(3)对广东因公出国的"预政审"制度进行改革,对党政机关等单位人员出境仍按照原审批程序办理;对广东企业派出的经贸人员,采用"一次审批、多次有效"的方式来简化手续,或直接取消对外投资企业的"预政审"制度,全面实现由"审批制"向"登记制"的转变。

(4)对有实质性经贸、科技等内容的出访团组及"走出去"的重点企业、重点项目,审批时对其出访人数、出访时间和出访国家应从宽掌握;对参加境外工程承包招投标等团组特事特办,使其能根据业务需要及时出境。

(5)取消长期驻外主要经营管理人员的轮换年限,相关人员的轮换由境内母公司自行决定。逐步放宽对核心骨干办理当地长期居留权的限制,允许其持有长期居留证继续为企业服务。这样的做法可以有效保证企业驻外工作人员的稳定性和积极性,克服其常须办理签证带来的各种不便,同时,也有利于企业真正融入当地主流社会,进一步开拓国际市场。

(6)对长期驻外的主要经营管理人员,企业应帮忙解决其配偶和子女的团聚问题。可以在政策上做出相应的规定,以真正解决后顾之忧。

八、给中央政府的建议

1. 加快立法进度。应加快《海外直接投资法》的制定速度,这个法律应当由全国人大表决通过,并规范政府部门在对外投资方面的管理权限,规定企业对外投资方面的权利和义务。在此基础上,还应加快其他对外投资法规的制定,如《海外投资保险法》《中国跨国公司法》《对外投资企业所得税法》等,完善《对外投资管理办法》中关于对外投资方面的法规实施细则。只有不断完善海外投资法律制度,通过法律的形式统一国有、民营、合资等不同类型的企业进行海外投资的标准、核准备案程序和管理办法,规范其投资行为,才能让我国的境外投资有法可依,健康、规范发展。

2. 明确"走出去"战略目标，放松管制，承担服务责任。中央政府应明确实施"走出去"战略的目标，目标清晰了，具体的管理与政策才不会出现偏差。支持广东企业利用对外直接投资来扩展和延伸价值链，实现广东产业转移和产业转型升级，在全球市场中抢占份额。而要实现这一目标，必须增强企业对外直接投资的自主权，落实到政府层面，就需要政府简政放权，放松管制的手段而更多地承担起服务的角色，建立健全的"服务体系""支持体系"和"国有资产监管体系"。

3. 加强国际政策协调。通过投资协定来保护我国企业的对外直接投资，获得目标市场的准入，促进投资的便利化，是中国促进对外投资的重要手段。因此，中国需要更加主动地参与和发起双边或者多边投资协定的谈判和签订，以及避免双重征税条约的谈判和签订。

截至 2012 年底，我国已累计建立了 160 多个双边经贸合作机制，达成了 150 多项双边投资协定，和美、欧、日、英、俄等国家，均建立了经济高层对话。除此之外，中国已分别与全球 28 个国家和地区合作建设了 15 个自贸区，签署了 10 个自贸协定。这些投资协定的签订和国际政策的协调，无疑为我国对外直接投资企业提供了有力的国际保障，维护"走出去"企业的利益，进而维护了国家利益。接下来，中国政府仍需加强这方面的工作，扩大经贸合作范围，与更多的国家建立外交关系，与更多的发展中国家签订这两类协定。

第三节　构建广东对外投资金融税收体制

一、对外投资的融资便利

我国金融市场还不发达，广东大部分企业的规模也不大，在国际市场融资容易受到诸多条件的限制。因此，为广东企业对外直接投资提供融资便利，帮助其解决融资难、融资贵的问题，是广东省政府的工作重点。在参考了国内外利用金融促进对外投资的各种做法后，本书认为，可以从以下几点来构建广东对外投资金融税收体制。

1. 加大政策性银行与商业银行的融资支持。在国家层面，我国有中国进出口银行，为中国企业开展海外投资和对外承包工程等提供政策性金融支持。

广东同样可以设立广东进出口银行作为省属政策性金融机构,其作用是为企业的海外投资以及产品和服务的海外销售提供贷款支持,进出口银行与其他商业金融机构之间的关系应该是互相补充的,由进出口银行来填补商业金融机构未能覆盖的部分。广东进出口银行资金来源可分为三个部分:省财政拨款、发行债券和企业捐赠。

广东进出口银行的业务应该包括以下两个方面:对外投资贷款和进出口信贷。进口信贷不属于海外投资内容,但是,由于都涉及对外投资贸易,宜将其列入进出口银行的业务,不需要另立机构,其内容在此不加详述。

对外投资贷款指提供低息或者无息贷款,但是,贷款的条件应规定的比较严格,例如,贷款的对象限于海外投资中信誉好、有海外投资成功经验、能提供可靠担保的企业以及能弥补广东资源短缺的状况或能带动国产产品出口的投资项目。此外,广东进出口银行要建有"中小企业项目",专门为广东省众多中小企业提供融资或信贷担保。在实际运作中,可以维持广东进出口银行一定比例的资金用于支持中小企业的境外投资。

此外,要鼓励广东省各商业性金融机构向广东境外投资企业提供融资帮助,鼓励省内各商业银行向符合对外投资条件的企业提供贷款。商业银行提供的融资服务对广东对外直接投资发展是极为重要的,只有充分调动商业银行对境外投资企业的融资支持,才能满足广东对外投资正常和健康发展的需要。广东省政府应尽快出台相关鼓励政策对商业银行的贷款予以支持,贷款应涵盖广东企业对外直接投资、海外工程承包、对外劳务输出和在境外设立科技研发机构等多个方面。此外,商业金融机构可以使用大量网点、网络广布,并具有信息和众多金融人才的优势,为外国直接投资基金提供银行结算服务,以及提供信息服务、投资决策服务、融资顾问等金融资讯类服务支持。有条件的商业金融机构应设立和发展境外机构,扩大境外金融服务范围,积极创新金融产品,为企业"走出去"提供全方位的服务。

2. 设立广东海外投资公司。广东海外投资公司应是一家专业从事股权投资的海外企业的政府投资公司,可由前文提及的境外投资管理处设立,其资本金可以包括两方面:一方面是从广东省财政中专款拨出;另一方面可以吸引国有大型企业参股。广东海外投资公司应该是一个独立的半政府机构,实行公司化、市场化经营,自筹资金、投资所得的利润应用于自身的进一步发展。

广东海外投资公司的业务主要是向广东对外投资企业提供部分初始资本金,即相当于股权投资。这部分业务可以与广东省的对外投资产业和地区导向政策相结合，以扶持重点行业重点地区的对外投资。海外投资公司最高可参与海外投资企业资本金的30%。公司在结构上应设立中小企业部和大企业部，对于不同规模的企业进行区别对待。

3. 设立广东对外投资信用担保公司并构建相应担保法规。广东对外投资信用担保公司的资本金主要来自广东省的财政拨款，其业务主要包括：为广东企业海外投资的融资提供直接担保；为国内向广东海外投资企业提供担保的担保公司提供再担保；为广东海外投资企业提供风险保险；为向广东海外投资企业提供风险保险的保险公司提供再保险。

对于海外投资企业来讲，初始资金和投产后流动资金的筹措是非常关键的。对外投资企业的贷款如若须提供担保的，适当放松限制，可以增强广东企业海外投资融资的能力。而目前，广东的担保机构在对外投资担保这一块的业务并不多，所以，相关部门应该积极扶持这项业务的开展，与金融机构加快对外投资信用担保体系的建设，加大对企业信用评级的力度。

对外直接投资信用担保体系的构建应主要从以下几个方面进行。

（1）参考发达国家相关对外投资担保的管理法规，确定广东省对外投资担保业务的管理法规。

（2）明确广东对外投资信用担保公司为对外投资企业进行担保的项目细则和企业的申请标准。只有依照我国和广东省法律成立的广东企业，才有资格申请担保。

（3）加强对担保机构从事境外投资担保业务的支持和监督。由于对外投资担保的政策具有一定的导向性，广东应加快制定一系列扶持担保机构的优惠政策，建立境外投融资担保基金，利用财政资助促进对外投资担保机构的发展。

（4）对外投资担保机构应与广东各商业银行建立长期稳定的关系，通过共担担保比例的方式共同对广东企业的对外投资进行担保。

4. 成立专项扶持基金。加大对境外投资企业的财政资助力度，是利用财政、金融促进广东企业"走出去"最直接的方式，然而，较好的做法是设立鼓励企业对外直接投资的专项扶持基金，通过专项基金的形式来管理广东省政府对境外投资方面的财政资助，从而保证财政资助的专有投入，实现基金的透明化、高效化运作。

5. 其他融资便利措施。

（1）完善买方的信用政策，使对外投资者和其他对外经济技术合作与传统的对外贸易一样享受相同的信贷政策待遇。长期以来，出口信贷政策对我国外贸出口的快速健康发展发挥了重大作用，但是，在发展境外投资和对外工程承包等各项经济技术合作业务当中，我国进出口银行作为国家专业政策银行，很多时候都没有考虑到这些业务具有相对独特性，而往往单一地使用卖方信贷。首先，卖方信贷容易让我国对外投资企业陷入资产负债率过高，财务结构不健康，进而加大融资成本的局面，这是由对外直接投资的特性决定的，与一般的贸易相比，其资金占用额大、还款周期长，因此，过分依赖卖方信贷并不利于市场的开拓和海外业务的发展。其次，现阶段在国内申请买方信贷的手续较为烦琐，其信用风险担保保费也高，这一情况的存在大大加重了投资者的负担，阻碍了我国买方信贷的发展，也限制了其对我国对外投资的支持作用。

与我国的出口信贷政策不同，美国进出口银行普遍采用的是买方信贷，通过买方信贷为对外直接投资的企业提供融资帮助，尤其是当买方国家政府出具偿还担保的时候，基本上不会考虑使用卖方信贷。例如，在美中贸易当中，对于中资企业和中方控股的合资企业从美国进口机电设备或其他产品，只要中国政府或中国银行出具偿还担保，美国进出口银行基本上予以信贷支持。相反，美国很少为出口中国或到中国来投资的企业提供卖方贷款，美国的这种政策倾向值得我们思考。

（2）为贷款项目提供财政贴息。广东省财政厅可参照国家财政贴息的要求，适当放宽条件，如降低单个项目的合同金额和单笔贷款金额，对广东的对外承包工程项目、对外直接投资实行财政贴息。

（3）接受实物支付。不少发展中国家存在外汇短缺的问题，在与我国贸易中常常处于贸易逆差，然而大部分走出去的企业在境外投资和境外工程承包活动中不能接受实物支付，这有碍于双边关系的健康发展。利用海外投资项目、工程建筑服务出口、对外劳务输出等换取国家需要长期进口的物资是一个能够实现双赢的过程，在早期的国际贸易当中就盛行。建议广东省政府支持"走出去"的企业接受部分发展中国家的实物支付，特别是对于那些以石油、天然气、木材、粮食等战略性资源作为实物支付标的的国家。同时，还应支持企业利用接受的实物支付向政府兑换等值的货币资金，通过这样的方式能在一定程度上扩大广东商品和服务的出口，增加短缺资源的进口，以取得事半功倍的效果。

（4）引导民间资本进入金融领域，支持对外直接投资。民间金融机构的发展是当前金融改革的重要组成部分，建议给予民间金融机构合法化的地位，充分发挥其积极性和创造性，以此促进广东对外直接投资的发展。首先，要明确民间借贷政策导向，加快出台相关实施细则，放宽民间资本进入金融领域的"门槛"，实现民营金融机构的合法化。其次，要创新监管的方式，规范民间金融机构的经营，提供公平竞争的发展环境。最后，要加大政策支持力度，出台优惠措施，增强民间资金、民营资本参与对外直接投资的动力。

二、对中央政府的税收政策建议

由于税收政策的变更需要中央政府的批准，因此，提供税收优惠只能是广东省政府向国家提出请求。我国政府可以通过税收政策来减轻海外投资者的纳税负担，从税收的角度给予海外投资者以资金援助。税收优惠具有稳定性和明示性，有利于减轻海外投资者的压力，支持盈利项目，并且风险相对较小。可以考虑在规避双重征税的前提下，区别民营企业海外投资的投资规模、获利能力、投资地区和行业、经营时间长短等因素，分别采取税收抵免、税收饶让、延期纳税、免税等不同的财税优惠政策。

1. 对成熟行业的企业海外投资免征税。对那些技术成熟、生产能力过剩的行业，应积极鼓励企业对外投资，可以带动我国经济向外扩张，并有利于带动设备、原材料的出口。因此，对这种类型的企业，可以考虑对其海外投资的收入免征税。

2. 延期纳税。海外投资子公司经营利润在国外，在遣返前不需要支付该部分的企业所得税，这相当于政府给予了短期无息贷款，使海外投资者得到资金援助，从而提高了资金使用效率。广东在具体使用延期纳税时，应加以限制：一是要有合法的延期纳税的理由；二是延期纳税的海外投资者必须向国内申请且得到批准；三是规定的延期期限不可过长；四是对于利用延期纳税来避税的企业要剥夺其延期纳税的权利。

3. 积极签署双边投资保护协定，与更多国家谈判，避免重复征税，争取为对外投资企业赢得东道国的国民待遇。对已在东道国纳税的企业汇回利润时，不再征税；对境外带料加工装配项目享受出口退税政策。对我国对外投资企业在东道国取得的利润及其资本不得有歧视，只能与该国国内企业纳税率一样或更优惠。

4. 税收抵免、税收饶让等其他税收优惠政策。例如，因东道国税收措施而减免的税款，视同已交税款，回国后予以饶让抵免待遇。对企业作为实物投资的出境设备、器材、原材料，实行统一的出口退税零税率政策。企业向政府重点推广的投资地区进行投资时，也可以享受一定的税收抵免待遇。还可以对股息、特许权使用费等方面投资所得采用 10% ~ 15% 的限制税率。

5. 实施优惠关税。我国应大力推进与发达国家、广大发展中国家的经贸往来，在贸易谈判中给予更多的发展中国家以关税上的优惠或实行零关税政策，扩大优惠关税、零关税商品的范围，相对应地，使我国"走出去"的企业也能够更多地享受到东道国关税方面的优惠。另外，可借鉴发达国家在税收减免方面的经验，对于企业以自有技术、国产机械设备、半成品以及原材料实施对外投资的，可以享受低于普通贸易出口的关税优惠，对于中小企业、民营企业对外投资的出口关税也应给予优惠，对于对外投资企业中的骨干人员给予个人所得税减免优惠等。

第四节　构建广东对外投资社会服务体系

中国的对外直接投资体制一直以来都是典型的以政府为主导的对外直接投资体系，在大多数情况下，对外直接投资企业一直处于缺位的情况。随着对外投资规模的日益扩大，政府应逐渐改变现有的角色定位，由对外直接投资的管理者逐渐转变为对外直接投资的服务者，为中国企业进军国际市场和跨国经营做好服务，从而减少企业在境外投资、海外经营中的交易成本。只有遵循市场规律，让"走出去"的企业真正拥有自主决策的权利，才能增强企业"走出去"的积极性和主动性，进一步发展我国的对外投资。

2014 年出台的《境外投资管理办法》就明确了商务部的服务职能和服务内容。商务部不再仅仅是管理部门，还应为中国企业的对外投资活动提供"护航"服务。按照新办法的规定，这些护航工作主要包括：发布《对外投资合作国别（地区）指南》，帮助企业了解东道国（地区）投资环境；发布《对外投资国别产业导向目录》，引导企业有针对性地到东道国（地区）开展境外投资；通过政府间多双边经贸或投资合作机制等协助企业解决困难和问题；建立对外投资合作信息服务体系，为企业开展海外投资统计、投资机会、投资壁垒、预警等信息服务。

实际上，我国政府近年来已不断加强服务方面的工作。如商务部不断完善公共信息服务，自 2010 年开始发布《中国对外投资合作发展报告》，总结对外投资合作发展特点和趋势，系统介绍相关政策措施，展望未来的发展机遇、热点和挑战。2014 年继续组织编写《对外投资合作国别（地区）指南》，在商务部网站公开发布，供广大企业免费下载阅读，为企业提供外商投资促进、风险预警和保护的权利和利益以及更多的事前服务。《指南》覆盖 166 个国家（地区），客观介绍有关国家和地区的投资合作环境，并对企业跨国经营应注意的问题给予提示，帮助企业更加全面了解世界各国和地区的政治、经济、社会、法律、风俗习惯等相关投资合作信息。搭建"走出去"公共服务平台，整合资源、加强宣传和引导。组织编制《对外投资合作在外人员适应性培训教材》，并积极开展投资企业外派相关人员出境前的教育培训工作等。

海关总署进一步深化海关门户网站"境外通关指南"专栏建设，提供主要贸易伙伴国家海关投资贸易的相关信息，为企业境外经贸合作提供支持帮助；利用中国电子口岸、海关服务热线、微博、微信等，打造功能更加完善的"关企合作平台"，实时为企业、个人提供咨询服务，及时解决企业遇到的相关难题。

虽然广东的对外投资规模在全国范围内处于领先地位，但是，相当大部分广东企业在对外直接投资方面仍处于初级阶段，不仅需要省政府的引导，还需要省政府提供各种类型的服务。在国家层面，政府部门已在逐步实现服务功能的转变，广东省政府就更应加快改革进程，加快构建广东对外投资社会服务体系。

一、建立广东省信息咨询服务系统，为企业海外投资提供信息

企业本身存在信息渠道不畅、收集信息成本高等问题，为解决广东企业在"走出去"时遇到的这类难题，广东省政府可以建立对外直接投资信息咨询服务系统，收集、转化、处理和及时更新投资信息，为企业提供便利的咨询服务；可以联合各方组织、专家建立一个综合性的服务平台，如海外投资信息服务中心，为广东企业的对外投资提供政策和信息服务；可以鼓励发展和引进各种专业中介机构，利用他们联系面广、信息灵通、专业性强等优势，增加企业获取所需信息途径，实现科学决策。

建立对外直接投资信息咨询服务体系。一是要充分利用我国商务部最新发布的《对外投资合作国别（地区）指南》，结合广东自身情况，建立以广东省政府为主导的对外投资项目库，这一项目库不仅要归纳整理全球各个国家、地区的投资环境和投资信息，还要把曾在该国家、地区进行投资的企业、相关项

目等资料汇总起来，为想在海外投资的其他广东企业提供及时和有价值的信息。二是要积极培育和发展促进对外投资的涉外经济咨询、法律、会计、市场调查等社会中介机构，全面提供各国别（地区）的政治、经济等投资环境、当地外商投资条件、当地投资程序、政策法规、合同形式等基础信息资讯，并为企业开展对外直接投资提供如法律咨询、财务咨询、知识产权鉴定认证等一系列服务，为企业寻找优惠贷款、担保及保险，介绍合作伙伴、合作项目等。三是由政府资助，由专业中介机构对境外投资企业的立项建议书、境外项目评估以及可行性研究报告等提供技术层面的帮助。目前，广东在这方面的环境支持比较薄弱，不如上海、北京。"走出去"企业往往没有相关的专业服务且急于采取行动，已增加"走出去"的风险。由上海市政府与联合国工业发展组织合作共建的上海投资促进中心就是一个成功的例子，上海企业可以通过这个机构，充分利用联合国工业发展组织的全球网络以及所提供的技术服务。

成立海外投资信息服务中心。可以由政府有关部门领导或指导，促进中国贸促会、中国工商业联合会、商务部有关行业协会商会和外事非政府组织等，建立一个由投资、政治和法律等方面的专家组成的海外投资信息服务中心。信息服务中心应专门研究世界经济形势的变化，并就广东省政府和"走出去"的企业如何应对这种变化提出建议，研究相关适应配套政策以及对外发展的战略问题，从而为广东企业"走出去"提供政策和信息服务。

1. 建立海外投资数据库。利用各种渠道收集信息，包括投资东道国中与境外投资有关的宏观经济情况、市场情况、投资机会、投资环境、优惠政策、行政程序、法律框架等；还要降低信息使用成本，采用国家补贴，使企业能够以最低成本获取全球市场信息。应充分利用以下三个渠道的信息来源。

（1）我国驻各国使领馆经（商）参处对各国经济投资环境都有调查研究，相关的研究资料汇总于商务部，为国家和企业的对外直接投资决策提供参考依据。商务部及地方各级外经贸管理部门应建立涉外信息联动发布机制，方便企业及时查询。

（2）广东省驻各国代表处、办事处，资料汇总于省商务厅。应尽可能考虑有目的地在有关国家与地区建立一批广东省政府办事处、商务处等驻外派出办事机构，尤其要在"走出去"的重点目标市场加快设立省政府办事机构，为广东企业"走出去"做好服务和协调。也可在我国驻外领事馆商务部门增设一位广东省的协调人员。

（3）联合国工业发展组织汇总的信息。包括全球市场变化的信息、跨国企业和投资、主要项目招投标、国际采购、国际贸易规则、每一个国家的法律和投资环境、国际组织、国际金融机构和跨国公司发展的一系列国际信息。

2. 设立一个专门的外部投资网站、全天候电话咨询系统。网站和电话咨询系统用于发布各项政策、审批程序、投资指南、国别专页、项目推荐等。国别专页将介绍投资目的国总体经济政治环境、投资政策、适合广东企业投资的项目等，还包括该国管理外商投资的各机构的联系方式。项目推荐包括从各渠道了解到的投资项目。目前，广东省外经贸厅网站上有相关资料收集，但数量太少。

3. 新闻传播的定期发行及特别报道。这可以发布投资信息，同时帮助企业在海外投资交流经验。

4. 发布广东省对外直接投资报告。借鉴相关国家，让海外投资信息服务中心负责每三年对全省的对外直接投资概况做一份报告，全面评价我省对外直接投资管理的效果与影响，为指导我省企业对外直接投资、调整（微调）对外投资政策和改善对外直接投资管理提出具体可行性建议。

此外，要调整政府部门和境外机构对服务企业的方式，要注意区分政府机构、准政府机构和商业中介机构提供服务。只要是中介机构能够提供的服务，就应该由中介机构来提供，减少政府的干预，政府机构要专注于提供那些中介机构、准政府机构无法提供的服务。例如，通过对国际投资协议的谈判，让东道国简化对我国、广东省境外投资企业的审批流程；通过建立双边争端解决机制、参与多边争端解决机制，降低境外投资企业和相关海外业务的风险，保护海外投资企业的利益；通过海外投资保险等制度，减少企业海外投资的风险，并在必要的时候进行信贷支持和帮助。相比之下，一些商业机构、准政府机构提供的服务，如投资谈判、信息服务、对接服务等，都应该由商业机构提供，由准政府机构负责。

二、协助企业开拓国际市场

在完善对外投资的信息咨询体系的同时，政府也可充分利用这些信息，协助广东对外投资企业进行投资前的信息调研。帮助企业开拓国际市场，不仅需要资金的帮助（目前拥有国际市场的外向型民营企业开放式基金），还可以利用政府的力量帮助企业进行海外调研。

1. 海外专项调研。海外投资信息中心应根据广东省内企业的需求，对如何在有关国家投资进行深入而翔实的调研。调研内容包括：基本市场情况，确定和评估潜在经销商、中介公司，当地支持投资的机构，商品、服务市场分析，市场营销手段指导，当地投资机会信息，以及当地融资服务等。可以让企业有偿获取这些服务，当然政府也可提供适当赞助。

2. 深层次实地调研。在帮助潜在投资者做好投资调研的同时，海外投资信息中心还可以根据需要安排出国参展和实地考察活动，政府可以选择一些有较大投资潜力的企业予以支付其海外考察的部分资金。

3. 加强与重点投资地区政府的沟通与联系。国家、地区、省份之间，双方政府建立良好的外交关系，这对于双方的贸易往来会有很大的促进作用。广东省政府应加强与国外重点投资地区政府的沟通与联系，有计划、有步骤地组织或派遣有意向投资企业或单位去该区域进行有针对性的考察，并通过政府间的交往，获取当地政府对投资企业的更多优惠政策。在投资相对集中的地区，还可设立办事处，用于研究和分析当地市场有关投资信息（例如经济动态、产业趋势、政策取向、法律法规等）的情况，及时反馈到企业，科学指导投资行为。

4. 可建立海外市场调查资助金。为鼓励企业进行海外投资，省政府可在年预算中安排一定资金，作为企业投资项目海外市场考察费用补贴，对重点企业在重点地区进行生产型、资源型投资的前期考察和可行性研究提供支持，支持资金数额可占企业调查费用的50%。

另外，参加国外知名品牌展会，是促进企业产品直接进入国际市场的有效途径，是鼓励企业"走出去"参与国际竞争的重要手段。省政府应大力支持广东"走出去"的企业或有对外投资意向的企业参加国际知名品牌展会，从展前宣传、手续办理、展中协调、展后跟踪等方面为参展企业做好服务。对于省内举办的广交会，则应积极邀请国际知名企业参加，可以充分利用第三方电子商务平台，拓宽企业参展的渠道，增加企业展示商品的方式，让广东企业能了解国际市场产品的最新情报，为接下来"走出去"做好准备。除此之外，为协助企业开拓国际市场，省政府还可牵头组织投资促进会、咨询会、研讨会等；组织协调各对外直接投资的广东企业贡献其一部分利润建立一个相互帮扶发展的跨国发展基金，供企业间相互调剂；为投资者与东道国谈判提供协助性服务；允许投资代表团跟随政府团出访考察等。

三、发挥行业协会的作用

行业协会属于行业中介组织，上为政府服务，下为企业服务，在二者之间发挥桥梁和沟通作用，将企业的意见和问题反映给政府，将政府的政策传达给企业。具体作用包括：（1）建立和维护市场秩序；（2）协调会员行为，协调产品产量、价格；（3）维护企业正当权益，比如反倾销应诉；（4）制定产品技术规范；（5）和国外企业民间协调；（6）通过办展、参展增加企业机会；（7）提供咨询服务；（8）组织企业出国考察。行业协会不应以盈利为目的，其经费来源一是企业付给的服务费、会员费等；二是政府的资助和相关社会机构的赞助。

发展各种行业协会对广东企业"走出去"有很大的促进作用。政府和行业协会合作会推动企业对外直接投资，不仅可以为企业对外直接投资提供良好的经验环境，还可充分发挥全社会力量，引入市场机制，促进对外直接投资管理的多元化。此外，商会和协会在政府、企业之间发挥重要的桥梁和纽带的中介作用，他们在维护国家、行业和企业的利益，防止非正常竞争，保证正常的对外经济贸易方面的作用是无可替代的。由于商会、协会专业性的特点，它们更能发挥对会员进行市场、价格等方面的协调、指导，提供信息、咨询服务的功能。在组织会员开拓国际市场、与国外同行建立联系上它们更具优势。特别地，对外承包工程商会不仅负责对外承包工程的协调，同时，也负责相当部分的对外劳务输出。

然而，行业协会是广东"走出去"战略中的薄弱环节，普遍存在社会合法性不足、协会定位不明确、机制职能不完善、布局不合理等问题。此外，目前企业在海外投资过程中，常依赖于建立在乡土地缘关系的机构，如同乡会、省市级商会等，或者是依赖于非中国本土的机构，如世界华商联合会。这些组织虽然能够为"走出去"的企业带来帮助，但与行业协会、专业中介机构等相比就相形见绌了。广东"走出去"发展战略的实施迫切要求把"走出去"作为契机，借鉴国外成熟的行业协会机制，积极推动行业协会改革，从而充分发挥其作用。

1. 大力支持海外商会组织的发展。加强境外投资企业的交流，开展自助服务，尤其在市场准入、产品和服务价格等方面进行必要的协调，充分发挥商会组织提供服务、反映诉求、规范行为的作用，维护境外投资企业的市场竞争秩序。

2. 明晰行业协会定位。明确政府和行业协会之间各自的职能范围,有步骤、分阶段地落实其职能、发挥其作用。

3. 加强省政府与行业协会合作。建立政府参与支持的合作平台,为广东"走出去"的企业提供服务。这种平台的模式可以参考中国美国商会、中国欧盟商会等商会组织,这些商会采用的是以民间力量为主、政府参与支持的模式,借此可以搭建中国企业全球网络。平台可以组织投融资洽谈会、商品交易会等活动,也可以提供信息服务、项目对接服务等有偿服务。

四、构建"走出去"人才支持体系

人才是宝贵的生产要素,尤其是管理人才、创新型人才,更是广东企业"走出去"的过程中不可多得的资源。构建人才支持体系,是省政府实施"走出去"战略的重要一环,必须抓紧。

1. 加强人才培训工作。为海外直接投资、对外承包工程和对外劳务输出提供合适人才。(1) 由省商务厅牵头组织会议、研讨会,为政府官员和国有企业高层管理人员进行对外投资业务的培训,把对外投资作为广东省战略和企业战略来认识。组织编写适合广东的《对外投资合作在外人员适应性培训教材》,指导投资合作人员出境前的教育培训工作。(2) 由省商务厅牵头组织各种培训班和专题讲座,为企业管理人员和专业人员介绍广东对外投资的政策法规、税收金融政策、审批体系、社会服务体系,以及东道国的投资环境、投资优惠政策、税收融资政策、劳工政策等相关的一般性投资环境,传递市场及潜在投资伙伴的信息,以及运营阶段出现问题时如何解决的信息。(3) 如果投资国家为发展中国家或者广东重点投资区域,可考虑由企业申请,商务厅组织对东道国职员进行职业培训。参与培训计划的主要由省境外投资管理领导小组组织各职能机构来完成,同时,也可以由各类职业培训中心辅助进行,政府向这些职业培训中心提供部分补贴。

特别地,对于海外承包工程和对外劳务输出,可以利用邻近中国香港、中国澳门的优势,与中国香港、中国澳门的机构合作完成。广东省劳动力资源丰富,但是因为语言不通和资格限制等限制了广东省对外劳务输出的发展,可以考虑通过与中国香港、中国澳门协商,以港澳地区为培训基地,向境外输出家政等服务性行业人员。如可以通过中国澳门向葡语国家输出劳动力。

2. 健全人才市场体系。发挥市场在人才资源配置中的作用。加快建立政府宏观调控、单位自主用人、人才自主择业、社会提供服务、市场调节供求的人才资源配置机制，确立人才市场在人才资源开发中的主导地位。在市场配置人才资源过程中，注重公平的原则，坚持以能力为导向，消除年龄、性别、城乡等差别歧视。加快"走出去"人才支持服务体系的构建，全方位地为广东对外直接企业与各类管理型人才、创新型人才提供服务。进行人力资源信息的科学采集工作，加快建立广东省人才基础信息库，及时发布人才市场的相关动态信息。实现境外投资企业与广东省、东道国高端人才的对接。

3. 建立健全的人才评价和激励机制。省政府要鼓励广东对外投资公司建立以实力和实绩为导向的人才评价机制，探索符合人才规律的多元化考核评判标准，不断提高人才评价的合理性与科学性。深化产权和分配制度的改革，健全按技术要素等新型要素来参与企业利润分配的人才激励机制。改革和完善工资分配制度，探索实施境外投资企业的股权激励机制，激发工人工作热情，提高效率。境外投资项目获得新增盈利的，可以提取一定比例奖励给项目带头人。对为广东"走出去"做出重大贡献的人才予以重奖，有效调动其积极性和创造性。

五、以政府合作推动"走出去"

对外经贸合作区指的是在中国政府和东道国政府的互助合作下，中国的境外投资企业在东道国建设或参与建设的基础设施较为完善，产业链较为完整，带动和辐射能力较强，影响力较大的工业、农业或服务业园区，合作区以吸引中国或其他国家企业投资新兴产业为发展路径。境外经贸合作区通过与所在国在经济、政治、社会、文化等领域的深入合作，合作区模式受到东道国政府和当地社会民众的认同，成为中国发展模式、管理理念、文化和价值理念等软实力输出的重要渠道和"走出去"的重要名片。

2015年，在政府合作的推动下，中国企业正在建设75个境外经贸合作区，其中13个合作区通过了确认考核，有巴基斯坦海尔—鲁巴经济区、泰国泰中罗勇工业园、柬埔寨西哈努克港经济特区、埃及苏伊士经贸合作区等。境外经贸合作区是中国对外直接投资的一种创新模式，它深化了两国政府之间的务实合作，为企业搭建起分享国际市场资源和参与国际经济合作的平台。

广东省也应积极响应国家的做法，在海外成立广东海外工业园和广东海外商城等，聚集广东企业进行研发和生产。一方面，有利于广东省对外投资企业的产业化整合；另一方面，使得企业于东道国之间享有更大的谈判权。广东海外工业园、海外商城的建成，能够成为广东境外投资企业的境外综合公共服务平台，为广东境外企业投资运营提供政策法律咨询、优惠政策申请、投融资服务、商业注册、规划设计咨询、物流清关等"一站式"服务；完善的基础设施也节约了企业自身基建投资；合作区的形式也改变了广东对外投资企业各自为战的局面，有利于应对可能面临的社会安全、政策变动等风险。另外，还可以利用工业园区把生产过程中的最后几道工序放在东道国生产，从而绕过某些国家贸易壁垒的限制。

在美国中部许多州，地价和写字楼租金都相当便宜，省政府可以通过和美国各州政府谈判选择最好的地点来开发广东工业园。目前美国也开始了积极地招商引资，在这种大环境下，广东省政府可以组织企业、政府部分组成考察团和谈判小组进行实地考察，以组团力量来取得优惠。在劳务输出方面，要加强与印度、菲律宾、印度尼西亚等劳务输出国的合作，共同促进发达国家更开放的服务市场发展，促进学历相互认可。

六、以政府援助推动"走出去"

美国政府通过"二战"后的"马歇尔计划"援助西欧国家，从而为美国公司对西欧的投资打开通道。德国政府通过各种援助项目来帮助东道国加快基础设施的建设速度（如交通、能源、通信业），同时，也通过参与投资标准厂房和德国工业园为德国私人投资提供方便。

广东省政府可以向省重点目标投资国提供政府援助（特别是对东南亚或非洲的发展中国家和落后国家），提供相应的资金、设备和技术，同时，结合海外投资。这样可以调动东道国政府的关注，又有利于吸引东道国投资者的合资合作。

第五节　新形势下广东"走出去"战略布局与调整

本节分析的是新形势下广东"走出去"战略的布局与调整，这里所讲的新形势，实际主要指的是两个方面：一是我国在对外直接投资方面，全面推进

"一带一路"的战略构想；二是广东自由贸易实验区的成立。"一带一路"倡议无疑是中国近年来在对外经贸合作领域提出的最重要的战略构想，它的提出给中国企业、广东企业的对外直接投资带来了新的机遇，也提出了新的挑战。2014 年 12 月通过的广东自由贸易实验区，则可以对接和服务国家"一带一路"的建设。另外，其在投资准入政策、货物贸易便利化、扩大服务业开放等方面的先行先试，无疑也成了广东企业"走出去"的一大契机。在"一带一路"、自贸区建设这样的新形势下，广东"走出去"战略该做怎样的布局和调整，才能克服挑战，最大限度地发挥出竞争优势，促进广东企业的对外投资与自身的产业转型升级。

一、"一带一路"促进广东企业"走出去"

2013 年 9 月和 10 月，习近平总书记在出访中亚和东南亚国家期间，先后提出共建"丝绸之路经济带"和"21 世纪海上丝绸之路"的重大倡议。2014 年，在北京举行的亚太经合组织峰会期间，中国相继宣布成立亚投行和丝绸之路基金，以此支持和加强"一带一路"沿线国家与地区之间的互联互通建设。2015 年 3 月，中国正式发布《推动共建丝绸之路经济带和 21 世纪海上丝绸之路的愿景与行动》，这标志着中国提出的"一路一带"战略构想进入全面推进的阶段。

梁星韵（2015）指出，"一带一路"构想的提出实际反映了中国对外直接投资巨大需求的背景：（1）由于地方 GDP 主义驱动等原因，中国像钢铁、煤炭、水泥等行业，均出现了产能过剩的现象，影响经济的进一步发展，而对外直接投资可以转移部分产能，降低生产成本，进而优化国内产业结构；（2）长期保持对外贸易顺差使中国的外汇资产过剩，通过对外投资的方式可以为资金找出路；（3）中国更依赖于进口的石油和天然气、矿产资源，通过对外直接投资，可以加强对进口资源的保护；（4）随着中国经济的发展，越来越多企业有意向、有能力进军海外，参与国际竞争合作，利用对外直接投资降低壁垒，融入当地社会；（5）中国正处在产业结构转型升级阶段，通过对外直接投资，可以获得国外先进的技术、先进的管理理念和其他优质资源，进而助力产业结构转型升级。

总的来说，推进"一带一路"是中国展现全球和平发展、合作共赢承诺的具体行动，具有重大的国际战略价值；是推动中国产业转移，实现转型升级，创造新的投资区位优势的重要举措，战略意义巨大。

再来看广东的情况，从历史来看，广东一直是"一带一路"的重要节点和出发点，从早期的"海上丝绸之路"始发港到明清时期的"十三行"，广东一直是中国对外经贸交流中的一扇窗口；而在"一带一路"区位空间上，广东也占据了无与伦比的地缘优势，濒临南海，毗邻港澳，面向亚太，地处东亚—东南亚—大洋洲这一亚太经济走廊的中心位置；从产业结构上看，广东制造业结构体系完备，相对于东南亚、中亚等"一带一路"沿线国家具有比较优势，而沿线国家经济普遍偏农业、偏服务业，且自然资源、劳动力等要素资源丰富，双方在产业结构上有着极强的互补性，相互间的产业转移能为广东产业转型升级提供广阔的空间和市场。综上所述，把"一带一路"视为广东发展开放型经济的重要平台也不为过。从实际的数据，2014 年，广东和"一带一路"沿线国家和地区的进出口贸易额达 1310 亿美元，占国家进口和出口总额的 22.4%；同时，来自沿线国家的实际利用外资达 14 亿美元，占中国利用沿线国家实际利用外资的 21.6%；广东在沿线国家实际投资累计达到 17.2 亿美元，占中国到沿线国家总投资的 3.6%。可见，国家"一带一路"倡议的实施对广东来说确实是推进企业"走出去"的良机。

随着广东经济发展方式的转型和产业的升级，广东同样面临着产能过剩的困扰，尤其是在传统制造业方面，此时，抓住"一带一路"倡议实施的契机，推动广东水泥、钢铁、玻璃等产能过剩产业与电子、机械制造、通信等具有比较优势的产业"走出去"，是解决这一问题的有效途径。而且，全球产业分工和国家开放格局的不断调整，使广东的对外贸易优势逐渐减弱，"两个转移"（中国的加工贸易份额向其他发展中国家转移，广东的加工贸易份额向国内其他省份转移）的不断加深则对广东加工贸易的转型升级形成倒逼机制，必须充分利用"一带一路"倡议实施的契机，寻找新的贸易增长点，开拓新的市场，发展新的贸易形式。广东投资"一带一路"沿线国家的另一个重要领域是基础设施建设，实现基础设施互联互通，促进互助协同发展，是中国与"一带一路"沿线国家和地区合作的重要内容，总体来说，"一带一路"沿线国家基础设施滞后，而广东企业承建公路、铁路、港口、机场、电力、通信等基础设施有着丰富的经验和成熟的模式，可以通过抱团的方式到这些国家进行投资。

从实际情况来看，广东省政府也是积极配合国家推进"一带一路"建设的，自 2015 年 3 月份国家发布《推动共建丝绸之路经济带和 21 世纪海上丝绸之路的愿景与行动》之后，广东即成为全国第一个发布《广东省参与建设

"一带一路"的实施方案》（以下简称《实施方案》）的省份。《实施方案》明确了要将广东打造成为"一带一路"的战略枢纽、经贸合作中心和重要引擎的目标，并提出促进重要基础设施互联互通、提升对外贸易合作水平、加快产业投资步伐等九项重大任务，共 68 个项目，累计投资额达到 550 多亿美元，涵盖了基础设施建设、能源资源、农业、渔业、制造业、服务业六个领域。为落实《实施方案》，广东开展了三项工作：一是成立广东推进"一带一路"建设工作领导小组，由省政府主要领导担任组长；二是设立广东丝路基金，以扩宽融资渠道，加大对企业赴"一带一路"沿线国家投资的支持力度，同时，发挥财政性资金的引导和杠杆作用，撬动更多的社会资金投资参与建设"一带一路"；三是推进重点工作和重点项目，包括启动巴基斯坦瓜达尔港港口园区项目等。

可以说，广东支持推进"一带一路"建设的战略布局已经非常明确，接下来的关键在于抢抓机遇，迅速行动，把相关政策和措施落到实处。根据目前对广东在"一带一路"倡议中的定位，同时，结合广东本地的区位优势和经济优势，本书认为应从以下几个方面重点推进。

第一，重点推进广东先进产业与"一带一路"的融合发展。就目前阶段广东相关产业的实际情况来看，家电制造、机电设备、电子通信、运输装备制造以及家具制造等产业都具有较强的竞争力，在国家推进"一带一路"相关建设的过程中，中国中车广东基地、中科炼化、宝钢等重大项目也逐步在广东建成投产，届时，广东在这些领域的优势将会更为明显。借助国家推进"一带一路"建设这一良机，利用出口和对外直接投资来进一步发展广东省内优势产业，促进相关产业结构的调整和转型升级，将是广东未来新的经济增长点。要加强与沿线国家在商品贸易、种养殖业、金融、港口物流、高端装备制造业、海洋新能源等行业的合作，促进双边投资；加大对沿线国家新兴市场的培育开拓力度，支持先进产业以及在设备、技术等方面具有较强比较优势的广东企业到这些沿线新兴市场投资建厂，开拓新的生产中心，转移省内过剩产能。例如，未来"一带一路"沿线国家对中国的高铁和核电工业产品和技术的需求潜力很大，而广东在这两个方面已经具备了较强的竞争能力，此外，广东在通信领域、电子信息领域的竞争力也很强，产品和技术服务出口潜力巨大。

第二，以广东省信息咨询服务系统为支撑，拓宽企业信息来源渠道。在前面构建广东对外投资社会服务体系中也提到，企业本身存在信息渠道不畅、收集信息成本高等问题，为解决广东企业在"走出去"时遇到的这类难题，广东省政府可以建立对外直接投资信息咨询服务系统，收集、转化、处理和及时更新投资信息，为企业提供便利的咨询服务。这里也是同样的道理，构建和完善对外投资信息服务系统，可以降低"一带一路"倡议海外直接投资中由于信息不对称带来的投资障碍。以信息咨询服务系统为支撑，提供投资"一带一路"沿线国家或地区的相关政策性指引，帮助企业查询省政府鼓励"走出去"的全部政策措施，了解国际市场和投资环境，学习投资技术和规避风险的技巧。同时，也可在这些沿线国家建立海外信息咨询中心，为已在沿线国家投资的广东企业提供投资条件、投资程序、政策法规、合同形式及其他基础信息服务。还应充分发挥各种海外直接投资的中介机构的窗口作用，如驻外大使馆以及各种进出口商会、国内外行业协会、外国企业协会等中介代表机构，建立对外投资信息平台。

第三，完善风险防范机制，建立多元化国际投资争端解决途径。目前，对外投资环境日益复杂，在海外并购中常常涉及的资产置换、资本运作等金融操作令财务风险不断增加。除此之外，海外投资受东道国的政治环境、经济环境、社会文化环境等诸多方面的影响，海外投资资金也存在着运营风险。因此，广东借"一带一路"倡议推动企业"走出去"时必须完善风险防范机制，可以建立广东全球资信调查服务体系和境外投资风险预警机制，加大监测出口、投资风险的力度，及时向省内企业发布国别风险和行业风险等信息，并将出现信用风险异动状况的国外买家、金融机构列入"黑名单"，及时向企业发出预警等。例如，在"一带一路"落实方案中能源、资源领域的项目都占据重要的位置，而这些项目的建设和推进往往需要考虑国际能源市场的定价机制和风险防范机制，一旦能源价格出现波动，则对项目的相关建设带来影响，而完善的风险防范机制则能够避免这一点。

在对外投资建设中，投资争端难以避免。我国"一带一路"倡议与美国的"新丝绸之路"计划、日本的"丝绸之路外交"战略等形成了一定程度上的战略冲突，加上丝绸之路沿途东道国本土投资的竞争，在"丝绸之路经济带"的海外投资难免会引起与各国和各地区之间的投资争端，此时需要建立多元化的解决途径。除了依靠国际投资争端解决中心（ICSID）、多边投资协定（MAI）以及世界贸易组织（WTO）的调解和仲裁外，还要综合运用各种谈判、协商、斡旋、调停等政治手段和国际法等司法手段（辛宪章，2013）。

第四，广泛吸纳各方资金，利用互联网催生经济新业态。《实施方案》中明确了"政府引导推进，企业为主体，以市场化机制作为基础来推动产业方面

的合作”的基本理念，因此，可以允许社会资金、民间资本等参与到广东
“一带一路”基础设施建设中来，与国家资本、政府资源协同合作，运营丝绸
之路基金，发行丝路债券等。各方资金的积极参与也有利于集思广益，形成更
好的投资建设方案。

此外，将“互联网＋”引入“一带一路”，就可以在传统的“陆上丝绸之
路”“海上丝绸之路”“空中丝绸之路”之外，产生一种新的业态，称之为
“网上丝绸之路”。从技术层面上，传统行业要“走出去”，也需要互联网做支
撑，无论是采购、结算、物流还是客户服务等环节，有互联网的强大支撑，就
可以克服地域空间障碍。落到实体上，就是促进跨境电子商务的发展，跨境电
子商务新业态会带动包括电商企业、物流企业和银行及支付宝等支付结算企业
在内的产业链的发展，并且向前后端延伸至制造企业、研发企业和服务企业。
（王文森，2015）

二、广东自由贸易实验区助力广东企业“走出去”

2014 年 12 月，国务院决定设立中国广东自由贸易试验区，其特色是面向
粤、港、澳服务内陆。广东自由贸易区总面积达 116.2 平方千米，其中，包括
广州珠海横琴新区、南沙新区、深圳前海蛇口，三个片区的功能各异，特色鲜
明。其中，南沙广州新区位于珠江三角洲的中心，毗邻我国的香港和澳门地
区，有深水码头，对于未来的南沙区，广州将充分利用其区位和港口资源丰富
的优势，把进口商品展示的存储和配送中心作为建设重点，同时，建设国际采
购、配送和供应链管理中心，国际转口贸易中心和出口集拼中心等，并在此基
础上打造国际航运中心；前海作为深港现代服务业合作示范区，在“一国两
制”框架下，未来将充分利用现代服务业发展基础和政策优势吸引一批现代服
务业集聚，打造粤港现代服务业创新合作示范区、现代服务业体制机制创新
区、中国香港与内地紧密合作的先导区和珠三角产业升级的引领区，同时，建
设以金融、现代物流、信息服务、科技服务及其他专业服务四大产业为主导的
亚太地区重要的生产性服务业中心和世界服务贸易重要基地，紧跟全球现代服
务业发展趋势；蛇口工业区是招商局全资开发的中国第一个外向型经济开发
区，与前海形成优势互补，未来将注重制造业与前海服务业融合发展发展，应
用信息技术引领制造业发展与升级；珠海横琴新区，将充分发挥毗邻中国澳门
地区的地理优势，注重吸收国外和中国香港、中国澳门发展的优质资源，通过

高技术的转移、扩散和溢出效应，加快推进珠三角和内地传统产业的生产技术改良和产业优化升级，另外，也将积极拓展澳门地区的产业发展和教育科研空间，促进澳门地区经济适度多元化，发展旅游休闲、商务服务、金融服务、文化创意、中医药保健、高新科技研发和高新技术产业等。

　　自由贸易试验区的落实，对于广东而言，既是殊荣，也是使命。广东在申报自贸区的时候，就已经确定了自贸区三大任务，一是要创造优质营商环境。广东是典型的依靠外源型经济增长的地区，目前广东对外资依赖程度过高，这种外源型经济反而限制内生经济的发展。因此，迫切需要建立自由贸易区，建设法治化、国际化的商业环境，优化法律环境，实施负面清单管理制度和投资项目备案自动审批制度，进一步完善监管机制。二是要切实推进广东、中国香港和中国澳门三地的深度融合，广东自由贸易区的立足点就在于粤、港、澳深度融合。实现货物贸易、服务贸易、与贸易有关的投资、与贸易有关的知识产权等全方位对接；在贸易、投资、金融等方面实现互联互通，形成合力，共同发展；实现人才、资本、信息等经济要素的无障碍流通和共享，实现相互承认、相互经贸的规则。要深入推进粤、港、澳服务贸易自由化，进一步扩大对港、澳服务业开放，推进粤、港、澳管理标准和规则相衔接，实现三地人员、资金、信息等要素便捷流动；要强化粤、港、澳国际贸易功能集成，推进贸易发展方式转变，建立与粤、港、澳海空港联动机制，建设"21世纪海上丝绸之路"物流枢纽；要搭建粤、港、澳金融合作新机制，推动粤、港、澳跨境人民币业务创新，扩大人民币跨境使用，进行双向人民币资金交流，促进金融创新以适应广东、中国香港和中国澳门服务贸易自由化；探索建立与港澳金融产品互认、资金互通、市场互联的机制，推动粤、港、澳投融资汇兑便利化。三是要增强自贸区辐射带动功能。近年来，广东一直强调珠三角的辐射带动作用，希望通过产业转移为珠三角的产业和技术升级提供足够的空间，从而实现珠三角地区和东西两翼及山区的双赢发展。

　　李世杰（2015）认为，"一带一路"要落地就有赖于自贸区和自贸园区，而自贸区和自贸园区是"一带一路"落地的两个抓手。从这一点上来看，广东自贸区的建设与广东支持推进"一带一路"倡议是相通的，它们在不同的层面上促进广东企业"走出去"，促进广东产业的转移和转型升级。从实际来看，自2014年广东自贸区通过国务院审批，经过一年多的时间，高标准建设广东自贸区作为"广东改革头号工程"，不仅推动着广东深化改革、扩大开放，也成为广东探索高标准国际贸易规则、配合"一带一路"倡议的主要抓手。2015 年 1~10 月，广东自贸区累计新设立企业 4.3 万多家，其中，注册资本 10 亿元以上的重点项目超过 180 个。在接下来的任务中，广东自贸区将在投资贸易、知识产权、法治环境、金融创新等重点领域和关键环节，进一步对接国际高标准规则体系，不断拓展试点空间。同时，还将进一步吸引境外跨国公司中国总部或区域总部入驻，完善与"一带一路"沿线国家和地区的合作机制等。然而，在通过自贸区建设促进广东企业"走出去"的过程中，还应该注意以下几点。

第一，以自贸区建设为契机，改革创新"走出去"管理体制。以自贸区为突破口，创新体制机制，加快转变政府职能，深化行政审批制度改革，推动政府管理从事前审批向事中事后监管转变。进一步简政放权，向自贸区下放或委托实施部分省级管理权限，对境外投资执行负面清单管理模式，建立行政审批事项目录，推动集中审批、并联审批。在企业注册登记实施"一证三号"的基础上，全面推行"一照一码"登记模式。积极推进自贸区在跨境人民币业务创新、促进投融资及汇兑便利化等方面先行先试，探索金融产品交易的负面清单管理措施，建设人民币离岸业务在岸结算交易中心，帮助企业规避汇率风险。

第二，以境外合作园区为平台，提升企业整体竞争力。充分发挥广东产业集聚、配套完善的优势，在马来西亚、越南、缅甸、泰国等投资已有一定基础的地区建立境外合作园区，积极向所在国争取优惠政策，支持中小企业通过"抱团"方式开展跨国经营，引导企业"走出去"集聚发展。在加快推进中德（顺德）产业服务区、中国和德国（揭阳）金属生态城、中国和意大利（云浮）产业园等重大平台建设的基础上，打造多家跨国合作重点园区，加强与欧洲高端装备制造、新能源、新材料、节能环保等高新技术产业及现代航运、金融、科技、工业设计、文化创意等现代服务业的合作。

第三，推动自贸区建设与"一带一路"的融合，引领高端产业发展潮流。和上海、福建、天津这 3 个自贸区相比，广东自贸区的功能主要是加强粤、港、澳合作，带动珠三角地区发展，发展高端制造和现代物流、金融、信息科技服务、文化服务等现代服务业。广东自贸区建设与"一带一路"的融合，就是要把自贸区的制度创新做起来，形成自己的特色和优势，然后移植、推广到"一带一路"沿线的其他国家和地区。这包括新产业新业态的发展、投资贸易规则的国际化、营商环境的法制化和国际化等。自贸区也是广东深化国际经贸与合作的重要平台，这个平台与"一带一路"倡议联系得越紧密，对广东未来发展的影响就越深远。

第六节　企业"走出去"规避非关税壁垒的设计

2008 年全球金融危机后，世界经济恢复呈现不均衡态势，美国经济复苏缓慢，欧盟成员国现债务危机，部分发展中国家通货膨胀日益严重，各国争相加强贸易保护措施、投资限制。在这样的背景下，广东企业"走出去"肯定会遇到各式各样的投资壁垒，所以，必须加紧研究如何有效地应对投资壁垒和服务贸易壁垒。

在应对投资壁垒和服务贸易壁垒方面，可以从政府、从企业两个角度来进行。先从广东省政府的角度，应该考虑以下几个方面。

第一，建立投资壁垒、服务贸易壁垒数据库。广东省政府要组织专门的人力、物力资源对各个国家的投资壁垒和服务贸易体系进行研究，及时收集、整理、跟踪国外的投资贸易壁垒和服务贸易体系的最新变化，并将相关信息传递给企业。特别要充分发挥驻外商务机构的优势，定期收集、整理和发布外商投资贸易壁垒和服务贸易壁垒的最新进展，强化对我国以及广东省重要贸易伙伴的有关法规、标准结构和内容的研究。同时，针对广东省实际情况，选出广东主要的贸易和投资对象国家，定期发布这些国家的投资环境报告。

第二，建立预警机制。充分利用投资壁垒、服务贸易数据库，总结各国、各地区壁垒的具体内容和主要特点，并分析评估其对广东境外投资的影响。当这些国家投资政策有变时，能够做到预警，并联合相关部门第一时间作出反应和协调。预警机制包括的内容有：预测哪个国家将发生有关投资壁垒和服务贸易壁垒的改变、目的何在、我们如何应对等。负责预警机制的可以是非营利组织，也可以是政府相关部门。

第三，充分发挥省政府的投资促进和服务功能。广东省政府应大力推进前文提及的广东对外投资政策支持体系、金融税收体制和社会服务体系三大体系的建立和完善，充当广东境外投资企业的后盾，鼓励"走出去"企业打破投资壁垒。同时，可以推进"贸易投资壁垒申诉和调查服务中心"的建设，收集整理广东企业在实际对外投资中遇到的投资壁垒和服务贸易壁垒，协助企业对不合理的壁垒进行调查和申诉。

第四，政府间要加强协商合作。在国家层面，我国应充分利用 WTO 中的例外条款，加强与各国进行多边、双边经贸磋商，加快就相关产业间的相互开放达成双边投资协定，从而减少和排除境外各种投资壁垒。对已签订双边协定的国家可以继续进行谈判，扩大现有互惠投资范围，为企业"走出去"创造良好的外部环境。例如，中美双边投资协定可从非敏感的行业开始，然后逐步扩大投资领域，双方对等的开放相关领域，使中美双方战略经济合作进一步拓宽。

广东省政府也应该加强与国外省级政府的协商合作，采取相互优惠的投资政策来降低投资壁垒。另外，还可以就一些具体措施与国外政府进行磋商，比如，可以建议一些在签证环节上时间长的国家地区缩短签证周期，放宽广东省劳务人员的出国条件，开拓某些尚未对中国开放劳务市场的国家等。省政府也可以对境外直接投资活动进行有针对性的引导。在投资主体上，应大力支持民营企业的对外投资，相对于国有企业，民营企业更容易消除东道国在政治审查中的顾虑，从而通过投资审批；在投资方式上，应鼓励以合资形式进行的对外直接投资，相比于独资的对外直接投资，合资形式更有利于东道国企业分享合资企业利益，更受东道国政府欢迎；而在投资效益上，要督促广东境外投资企业在东道国主动地承担应有的社会责任，例如，积极地改善当地的医疗教育条件，提高当地就业，保护当地环境等。

从广东对外投资企业自身的角度来考虑，要突破投资壁垒，则应该做好以下几个方面。

一是做好投资前的准备工作。广东企业在走出去前，一定要做好海外投资的准备工作，这是关乎企业能否成功的最基本的要求。企业应该通过政府组织、中介机构或企业自身调查，深入了解投资目的地的政策法规、税收优惠、投资壁垒等投资环境信息，主动规避投资壁垒。同时，要认清自身在行业中的发展定位，是否为国有企业，是资本密集型还是劳动密集型，提前考虑由此可能带来的问题、影响程度和应对策略，在这之后才是海外投资的目标拟定、规划制定。制定海外投资目标的时候，要紧紧围绕经济效益为中心，在企业获取投资收益的同时表明自身的投资能够给当地经济发展带来什么好处。要具备长远的眼光，做好整体布局规划、制定科学管理体系，才能在海外投资过程中获取企业核心竞争力，实现两地优势互补。

二是遵守东道国的法律法规，提高经营管理水平。广东"走出去"的企业在投资的过程中，必须严格遵守东道国的法律法规。每个国家、地区的法律法规都会有所不同，企业在投资经营的过程中必须有所适应，可以聘请投资当地的专业法律人才担任法律方面的顾问，解决各种可能遇到的法律上的难题。另外，如果投资东道国是设立了国家安全审查制度的，例如美国，则建议广东对外投资企业采取自愿申报的审查方式，因为，主动申请审查是有具体的审查期限的，这样有利于企业制定投资规划，相反，若不主动申请而后来因各种原因被当地政府执行审查，则没有时间限制，可能会导致企业遭受损失。

"走出去"的企业若要提高经营管理水平，则必须充分了解当地市场信息知识、财务准则、熟悉法律环境，建立完善的跨文化管理机制。然而，这需要熟悉国际市场，懂技术，具备管理、法律、财务和营销方面的训练有素的国际化复合人才。这也从侧面说明了前文提及的构建"走出去"人才支持体系的必要性。境外投资企业可以通过猎头公司选聘职业人才，挖掘东道国人才，通过本地化的方式开发跨国经营需要的人力资源。要建立现代企业制度，构建分工明确、职能分明、高效运作的企业内部管理体制。

三是树立良好企业形象，主动融入当地经济。首先，企业可以充分利用新闻媒体、国际舆论等对自身进行宣传，从而在投资目的地的民众心中塑造良好的企业形象。在与当地政府组织和官员进行交流的过程中，企业要表明自己的态度，如承诺遵守法律法规、为投资目的地的经济发展提供帮助、提供就业机会、中间产品从当地的厂商中进行采购等。其次，就东道国而言，大部分国家都希望外国企业能在获取经济利益的同时，或提升本国的技术和管理水平，或提高本国的就业率，但首要前提是经济利益而不是政治目标。因此，境外投资企业可以更多地雇佣当地的民众，提高本地居民在企业中所占的员工比例，可以更多地吸纳当地高级管理人才、技术人才，帮助企业适应当地投资环境，形成科学的企业治理结构，为企业接下来的发展做好准备。作为对外直接投资企业，只有尽可能深入地融入当地经济中，才能获得东道国政府和民众的支持，才能真正突破投资壁垒。最后，广东境外投资企业还应根据当地环保的要求建立起相适应的经营规范与社会责任标准，依法经营，认真履行必要的社会责任，积极发展绿色经济和循环经济，实现与当地人文环境和自然环境相融合。

四是应对专利贸易壁垒。王灿（2013）认为，专利贸易壁垒是指一国或区域组织与专利相关的制度和政策，包括与专利相关的法律法规、政策和规定及其执行，以及专利相关当事人基于上述专利制度围绕专利而采取的一些做法，即专利制度的实施，这些专利制度、政策及相关做法阻碍了其他国家的产品、服务、投资以及技术进入到该国的市场，故统称为专利贸易壁垒。专利贸易壁垒是投资贸易壁垒的一种新形式，是伴随着知识经济的发展而兴起的。近年来，我国国内专利申请结构进一步优化，发明专利的申请量和授权量稳步提升，在2014年发明专利申请量达92.8万件，比上年增长12.5%，其中，企业发明专利申请量占比60.5%，这说明了我国国内企业专利保护意识在逐渐增强。然而"走出去"的企业面临的是东道国的不同的专利法规以及与专利相关的贸易壁垒，如美国的"337条款"中表明，包括侵犯专利权、商标权以及其他权利的不公平竞争方式和不公平行为均属于非法，其337调查给我国科技含量较高的产品出口带来了很大的影响，在这种情况下，如何应对专利贸易壁垒成了政府和企业都必须想办法解决的一道难题。本书认为，可以从以下几个方面着手，突破专利贸易壁垒。

第一，解决外部问题必先完善内部相关机制，要促进国内、省内专利相关制度的建设和完善。建立专利调解和仲裁机构，通过调解和仲裁的方式解决专利侵权纠纷；完善专利代理市场，加强专利代理机构的相关建设，鼓励更多的人进入专利代理队伍中；大力发展专利服务业，扩大专利服务市场等。

第二，我国政府、省政府应加强与其他国家在专利领域的平等对话和多边合作，可以充分利用世界知识产权组织、TRIPs协定和专利合作条约等多边平台，与相关各方开展专利对话交流，加强双边专利制度的协调，加强合作。另外，还要积极参与国际标准的制定，重视标准中的专利问题，争取在相关标准制定中占据有利的地位，为未来可能面对的专利贸易壁垒做好准备。

第三，省商务厅可结合广东省知识产权局和相关行业协会，并帮助海外投资公司申请国外专利，帮助企业制定专利发展战略，编织一个严密的专业网络，帮助企业建立专利预警，对行业内重要企业的专利进行检索，建立企业自身的专利预警机制。

第四，广东"走出去"的企业自身应该提高专利意识，学习专利方面的知识，招揽专利人才，积极防范和应对国外专利贸易壁垒。在出口、对外投资前就应该充分考虑自己的产品是否是自主产权、是否使用了别人的专利权，在东道国进行必要的专利检索和专利分析，防范可能出现的专利贸易壁垒。还应提前在东道国进行专利布局，及早在东道国相关市场申请专利，若存在东道国中竞争对手已持有相关专利的情况，则应当与竞争对手进行协商谈判，争取能跟对方交叉许可，避免支付高额专利费而影响竞争力。

第七节 广东政府引导型海外投资机制设计

一、广东海外工业园/广东海外商城设计

无论是在海外创建工业园还是创建广东商城，都需要政府在其中扮演重要角色。一是这样的项目耗资比较大，单个企业难以承受；二是以政府合作项目的形式出现，能够争取到更多优惠。

1. 广东海外工业园设计。省政府可以在广东重点投资地区选择一些政治环境比较稳定，对外资有较多优惠政策的国家建立广东海外工业园。这种工业园可以参照我国和新加坡政府在苏州合作建设的苏州工业园，属于政府合作项目。广东省政府负责工业园的规划、开发、引资、管理，分批逐次地将广东业已成熟的劳动密集型产业或利润率比较低的技术密集型产业转移到这些工业园。在这一过程中，省政府可以主动地引导广东进行产业转移，还可以通过吸引一些世界级大公司在工业园投资，带动工业园内产业链的发展。

园区开发建设要实行政企分开。园区管委会可以是东道国市政府的派出机构在行政辖区范围内全面行使主权和行政管理职能；广东省和东道国双方财团合资组建的工业园区开发有限公司负责开发建设，主要是基础设施的开发、投资、物业管理、项目管理、咨询服务、产业开发、风险投资等服务。参加我方财团的可以是广东省的国有企业集团，有实力有资本的民营企业，也可以联合一些跨国公司等。

在谈判过程中，广东应该积极争取更多的优惠政策。首先，在审批政策上，要拥有上不封顶的自行审批特权。对于符合东道国产业政策的外国投资项目，园区可以进行自我审批。其次，要有灵活高效的外事管理权力。享有公务出境任务审批、颁发公务护照及签发境外人员入境签证通知函电等管理权限。再次，要拥有快速的物流通关优势。最后，税收方面要争取比东道国一般外资企业更优惠的政策。

广东省政府在开发工业园的过程中，最好能够启动 ISO14001 环境管理体系。这样，一方面能够加大工业园自身的吸引力；另一方面也能带动工业园中的广东企业通过 ISO14001 的认证。这样广东的商品在国际贸易中就能够减少

遭遇环保壁垒的可能性。

2. 广东海外商城设计。广东省政府可以采取政府引导支持企业运作的模式，在海外设立广东商城，作为广东省企业"走出去"的一大载体。政府可以通过财政拨款和引导宣传企业在广东商城发展的手段来支持商城的发展。目前，浙江、福建等省已经在海外有了几个商城，成绩斐然。广东应多加考察现已运作的项目，总结它们的优缺点，并运用到广东海外商城当中。

一方面，广东海外商城是作为展示广东产品的窗口，这样既可以扩大广东外贸出口，也可以扩大广东产品知名度，为广东企业将来在东道国及其周边国家的直接投资奠定良好的基础。作为某种程度上的广东商品展销中心（包括商展模型，在当地大量发放本年度广东有意投资的项目资料和招商资料，以及中国企业的样本与小件样品的展柜），可使广东大量的中小企业有一个低成本但又较具规模的、在海外推销与接单的窗口。只有让广东大量的中小企业迈出了这样"走出去"的第一步，它们才有可能真正地进入国际供应链，从而考虑海外直接投资。

另一方面，围绕着商城的发展，要逐步建立起物流服务和运作体系，成为广东海外企业产品的集散地和物流中心。广东商城同时可以通过合作的方式在海外各区域开设分市场，投资启动品牌战略，投资组建商务网络信息交易平台。

二、其他相关促进措施

1. 培育海外产业品牌。品牌企业、名牌企业的创立需要以企业作为主导，省政府发挥引导和支持的作用。广东政府引导型海外投资机制，理应包括省政府引导广东海外产业品牌的促进措施。广东省政府应该充分发挥其引导和扶持的功能，为产业品牌培育、企业品牌建设和产品品牌成长提供保障。

为海外产业品牌培育提供公共服务。先在制定海外产业发展战略的过程中就要做好顶层设计，找准并定位好优势产业，将产业品牌培育归入广东海外投资发展的总体规划当中。可以启动培育广东本地跨国公司的系统工程，优先鼓励有比较优势、有条件成为跨国公司的企业"走出去"，抓紧确定一批重点企业，推动企业制订和实施海外经济发展战略与行动计划。省政府也应突出品牌的战略地位，对海外投资产业品牌发展过程中需要培育的产业品牌和企业品牌做好规划。目前，广东已经确定了境外带料加工的重点扶持企业，但是，境外带料加工项目只是"走出去"的一部分。广东海外投资的近期目标可以概括是做大对外投资项目规模，做成若干个有国际影响的工程总承包项目，不断提升对外劳务合作层次。因此，在直接对外投资、海外工程承包、对外劳务输出三方面都要扶持一批重点企业。另外，省政府可以提供高效的行政服务，必要时可为对外投资企业提供排忧解困服务、要素服务，在企业申请成中国驰名商标、广东省著名商标时应提供各种便利措施等。

广东省政府要制定合理的产业政策。一方面，要把扶持名牌与海外投资紧密联系起来，明确出台做大做强优势产业的政策文件和具体措施，对优势产业在各个方面予以政策支持，鼓励名牌产品和著名商标生产企业的兼并重组，通过多种途径做大做强，成为行业龙头，发挥带动作用。要加快以品牌为纽带的资产重组和生产要素整合步伐，支持拥有名牌称号或著名商标的企业建立多元化的产权结构，与国际大企业合资合作，吸引战略投资者加盟。支持名牌产品生产企业开展资本经营，在境内外并购企业、买壳或直接上市。另一方面，有计划地实施海外品牌的计划，以形成一个良好的酿造业品牌的氛围，一个驰名商标在中国，著名商标或奖励在东道国优秀商标业务。规划和建设好相应的产业园区，如前文提及的广东海外工业园，充分利用工业园区引导海外投资产业的科学发展，形成产业品牌。

整合要素资源，加速完善产业链。海外产业品牌的培育离不开完善的产业链，离不开国内外各种产业要素资源的整合。广东省政府应站在产业链整体发展的视角，从产业内产品标准体系建设、质量检测体系的建立与完善等方面为企业提供指导，要加快完善相关产业配套，优化产业发展环境。鼓励产业内各种生产要素、资源的流动，为产业的发展增添活力，大力整合各方创新资源，鼓励产业内大企业进行研发创新活动，中小企业进行科技成果的产业化，利用创新来巩固产业品牌的核心竞争力。

2. 实施"母舰项目"。借助母舰带领小船前进的策略是指由广东的一些大公司带领小企业，联手到海外投资，一方面可以让更多广东的中小企业有机会"走出去"；另一方面联合投资、增大规模，有利于争取更多的土地和税务优惠。

3. 设立外派劳务救援中心。设立外派劳务救援中心，可以使得广东外派劳务人员能够得到帮助和妥善安排，从而解除他们的后顾之忧，鼓励更多的劳务输出。该中心主要职能有：

（1）负责广东外派劳务人员在境外遇突发事件时的及时救援或安排处理；

（2）受理外派劳务人员投诉；

（3）组织调查、协调和处理外派劳务的各类纠纷；

（4）向外派劳务人员提供法律援助和政策咨询服务等。

4. 成立广东商务驻外办事机构。在广东投资的重点区域，可以派出广东商务驻外办事机构，协调广东海外投资企业的投资事宜。其职责和宗旨主要有以下几点：

（1）推动广东海外投资企业之间的相互联系和交流，为企业提供东道国相关政策法规和市场调查等各种信息、咨询服务，组织企业与东道国开展合作与交流；

（2）增进广东企业和当地工商界的了解和沟通；

（3）扩大与东道国的经贸合作，维护广东企业的合法权益；

（4）指导和协调广东企业合法经营、公平竞争，协商解决重大经营问题，代表企业对外交涉；

（5）及时向省外经贸厅境外投资管理处反映工作中遇到的问题，并提出意见和建议，为广东对外投资数据库收集整理资料。

5. 加强同国外政府招商引资机构的合作。广东省政府应积极主动和国外各级招商引资机构加强联系，建立合作关系，协助他们来广东进行推介洽谈活动，以帮助广东企业开拓境外市场，促进对外投资。

6. 加强专业镇建设，支持中小企业"走出去"。广东本土的产业集群主要以专业镇为主，而专业镇中又以中小企业居多。由于企业规模小，一个企业创建一个名牌不是一个可行的计划，因此，可以以专业镇为单位，建立专业镇品牌，如中山古镇的灯饰、大涌镇的红木家具等，通过加强专业镇建设，促进专业镇中小企业以抱团的形式、以专业镇的品牌"走出去"，是广东众多中小企业对外投资的重要途径。

自 2000 年组织开展"专业镇技术创新试点"至今，专业镇在广东已历经十多年的发展，也取得了骄人的成绩。广东省专业镇建设以结构调整和产业升级为主线，坚持质量提高和规模扩张相结合、市场导向和政府扶持相结合、产学研相结合，已经形成了千帆竞发、百镇创新的喜人局面。截至 2015 年，经广东省科技厅内部统计数据认定的省级专业镇共有 399 个，涵盖广东省机械、五金、纺织、家电、建材、服装、家具、汽配、陶瓷、石材、针织服装、农业等传统产业以及高端信息产业、创意设计、电子商务、生态旅游等新兴产业，全省范围内有技术创新中心、生产力促进中心、企业内部的技术研发中心共同组成的区域技术创新体系已经初步建立起来，在推动企业进步和专业镇经济的发展方面发挥了积极的作用。

但是，应看到广东与中小企业和集群经济发达的欧洲各国相比，仍然有差距。应加大政府的支持力度，借鉴国际性的促进中小企业发展的规范，建立完备的中小企业政策支持体系，建立省级中小企业促进机构，提供的服务主要包括：（1）为创新企业提供信息咨询，协助注册；（2）为企业申报对外投资项目提供咨询和评估服务，协助其获得银行贷款；（3）帮助企业进行技术和管理培训；（4）为企业开展技术创新和 R&D 开发牵线搭桥，寻找大学和科研院所合作伙伴，提供所需的科技成果；（5）为企业提供国际贸易和对外投资方面的咨询服务，包括产品、设计、价格、渠道、招标、结算和信用证等；（6）帮助中小企业建立网站，开展电子商务业务，为企业产品的推广提供支持。

另外，应加强国际交流合作，积极推进专业镇产学研国际合作，积极引进具有丰富科技创新资源的海内外知名高校、科研院所、专家团队与专业镇开展产学研合作，通过共建公共创新服务平台、产业创新联盟等方式，形成产学研国际合作长效机制。以新型研发机构为载体，引进国际科技创新重大项目，推动国外先进技术和科技成果的引进、消化、再吸收。创新产学研合作方式，主动拓宽合作领域，利用产学研合作论坛等方式，促进创新资源集聚，提升专业镇产学研合作层次和对接效率。

同时，鼓励在粤高校、科研院所紧抓国家"一带一路"建设机遇，大力实施"走出去"战略，主动攀高结强，参与国际科技合作，可以在境内外建立研发中心、国际孵化器等科技创新平台，构建跨境创新服务网络，引导相关服务机构参与国际科技服务对外合作项目和重大科学研究计划等，打造广东专业镇产学研国际合作新格局，从而促进广东技术"走出去"，广东项目"走出去"，广东企业"走出去"，广东品牌"走出去"。

第八节　广东企业海外投资策略的设计

本节是广东企业海外投资策略的设计，主要围绕投资产业选择、投资区域选择、投资进入方式选择这三个方面来进行。然而，海外投资战略的设计必须根据广东省产业发展现状、对外投资的发展现状，服务于广东提高产业国际竞争力、促进产业结构转型升级的目标，同时，必须结合境外投资的产业选择基准、区位选择影响因素等进行综合的研究和分析才能得出最优的结果。因此，本部分从广东对外投资指向分析着手，结合产业选择基准、区位选择影响因素等，通过研究对外直接投资对广东产业转型升级的影响，逐一分析广东企业在对外投资中的优势产业、重点投资地区，进而设计出广东企业的海外投资策略。

一、广东对外投资指向分析

在本书的第二章，已对广东企业"走出去"的基本现状进行了分析，这里就不再重复，本节对广东对外投资指向的分析主要是按进出口产品分类，通过广东海关进出口额、TC 值等数据来进行研究的。为了准确表达广东产业国际贸易竞争优势状况，本章引入了 TC 值，即贸易竞争力指数，是某一产业或产品的净出口与其进出口总额之比，TC 值越大表明，该国在该类产品的生产和贸易竞争所具有的优势越大；指数越小表明，该国在该类产品的生产和贸易竞争优势越小。详细的数据见表 5 - 1。

表 5 - 1　　　　　　　按产品类型分的进出口额及 TC 值　　　　　　单位：亿美元

产品类型	2013 年出口总额	2013 年进口总额	2013 年TC 值	2014 年出口总额	2014 年进口总额	2014 年TC 值
农产品	81.31	148.82	-0.29	84.32	168.19	-0.33
机电产品	4395.69	2836.64	0.22	4285.59	2543.12	0.26
金属制品	156.94	29.86	0.68	188.62	34.77	0.69
机械及设备	1002.39	425.79	0.40	994.44	444.18	0.38
电器及电子产品	2600.31	1938.66	0.15	2424.96	1656.69	0.19
运输工具	130.48	68.94	0.31	153.07	76.98	0.33
其他	231.69	26.79	0.79	271.23	21.04	0.86
高新技术产品	2564.07	2186.64	0.08	2310.17	1932.83	0.09
生物技术	0.15	1.00	-0.74	0.13	0.74	-0.70
生命科学技术	18.06	23.01	-0.12	20.20	27.76	-0.16
光电技术	158.74	246.18	-0.22	135.48	208.11	-0.21
计算机与通信技术	1775.66	577.68	0.51	1820.42	532.64	0.55
电子技术	571.60	1228.49	-0.36	280.27	1015.15	-0.57
计算机集成制造技术	22.77	46.60	-0.34	26.57	71.21	-0.46

续表

产品类型	2013年出口总额	2013年进口总额	2013年TC值	2014年出口总额	2014年进口总额	2014年TC值
材料技术	13.12	24.70	-0.31	11.24	23.87	-0.36
航空航天技术	2.91	37.89	-0.86	14.86	52.67	-0.56
其他	1.06	1.10	-0.02	1.00	0.68	0.19

资料来源：广东省统计年鉴。

　　广东对外直接投资先应以具有比较优势的产业作为对外投资的重点产业，而分析表5-1中广东进出口各个产业TC值，我们可以发现，农产品的TC值平均为-0.3左右，说明广东在农产品的出口方面并不占据优势。而在机电产品方面，广东2013年和2014年的平均TC值为0.24，机电制造业一直以来都是广东的优势产业，佛山、东莞等都是广东的制造业强市。广东在改革开放以来通过吸引外资、更新变革生产工艺等，在机械制造、冶金、电子及家用电器等工业部门积累了大量的适用型成熟技术，并已趋于标准化，形成了较为完整的制造业生产体系，生产出来的产品也具有较强的国际竞争力，是广东出口的优势产业，具备"走出去"的实力。而在机电产品中，金属制品、机械及设备、运输工具这三种产品的TC值尤为突出，金属制品已接近0.7，机械及设备、运输工具都能稳定在0.3以上，因此，从数据上分析，广东在这三种产业的对外投资和贸易竞争具有比较优势，在鼓励广东企业"走出去"时，省政府应重点推进这些产业的对外投资。而从广东对外贸易的实际情况来看，机电产品一直以来都是广东进出口贸易的主力军，是广东第一大外贸产品，2013年进出口贸易额达到7232.70亿美元，占全省进出口总额比重的66.26%，这也正好印证了这一点。

　　高新技术产业目前已经成为转变产业结构、推动经济发展的战略性产业，谁拥有高新技术，谁就掌握了国际经济竞争的主动权，就能在国际分工中占据主导地位。所以，广东对外投资的战略中，应该把高新技术产业作为重点关注的产业，大力鼓励高新技术产业的发展，鼓励相关企业"走出去"，在国际市场中抢占先机。从表5-1高新技术产品的TC总指标值可以看出，广东高新技术产业的对外贸易只有微弱的优势。在生物技术、航空航天产品以及计算机集成制造技术这三个方面，虽然其进出口总额不大，但劣势较为明显。而计算机与通信技术是广东高新技术产品对外贸易中进出口总额最大的，占据了

55.46%，其 TC 值平均为 0.53，在对外贸易中有较大的优势。计算机与通信技术方面能够取得这样的成绩，与广东大力支持民营企业发展，涌现出华为、中兴等具有知名品牌的龙头企业密切相关。可见，推动高新技术产业对外投资，就应该重点从计算机与通信技术产业着手，但同时也应鼓励和支持其他省内高新技术产品的引进消化、再吸收，完善高新技术产业链，从而提高广东省高新技术产业的整体竞争力水平。

二、产业选择基准、区位选择影响因素

徐凯（2010）提到，在对外投资的产业规划中，中国企业不能只考虑收购低价的自然资源，还要考虑企业内部转型升级的需要，同时，考虑到海外经营能承受的风险程度。他提出了三个产业选择方面的指导原则：第一，与国内的产业结构调整升级相适应，投资那些制约产业企业长远发展的能源资源和先进技术，并与国内产业形成有效配合；第二，与企业在价值链上拓展的战略目标相适应，即符合企业对外战略性投资的总体要求；第三，与企业的股东收益回报目标相适应，平衡对外投资的价值收益和风险损失。这虽然是针对中国企业提出的对外投资产业选择方面的指导原则，但对于广东"走出去"的企业来说同样适用。广东省对外直接投资的产业选择，既要符合国内国外境外直接投资的一般规律和指导原则，又必须与广东省产业结构转型升级的目标相结合，服从于国民经济总体发展的客观需要。因此，必须先明确产业选择的基准，才能做出正确的对外投资产业选择策略。

1. 比较优势基准。在对外直接投资活动中，企业往往会面临国际市场的激烈竞争，要想胜出，就必须分析企业自身相对于其他竞争者是否具有优势，具有哪些方面的优势，若暂不具有优势是否具有获得优势的条件等，这也是广东对外投资企业在决定其是否对外直接投资、抉择投资产业时必须认真考虑的。这里所讲的优势是相对的、广泛的，可以是投资国之于东道国同类产业所具有的优势，可以是对外投资指向分析中提到的对外贸易方面的优势，也可以是境外投资企业相对于其他国际竞争对手有优势，等等。另外，对外投资企业所面临的环境是动态的，因此，在动态因素的影响下，企业对外直接投资的比较优势同样具有动态性。

而在众多比较优势中，产业组合区位比较优势常常是最重要的。这种产业比较优势本质上是一种组合优势，是由该产业各厂商的经济优势的集合共同决

定的。因此,在进行对外直接投资的产业选择时关键要了解产业内优势企业的组合状况,只有当单个广东企业的分散优势集聚成产业整体优势时,才能不断扩大广东省对外直接投资的产业选择空间。通常情况下,这种组合优势同时也是一种区位比较优势,是相对于一定区位而言的,并不具有普遍性。因此,只要某种产业的对外直接投资能够在一定区域内为投资国与东道国双方带来比较利益,对外直接投资就有可能发生。从这个角度来看,对外直接投资的产业选择与区位选择是紧密联系的,在选择投资区位的时候,也就意味着选择了与该区位相适应的产业。总的来说,产业比较优势需要以投资区位的特征为基础,投资区位的选择也需要结合产业优势。

2. 产业关联度基准。在对外直接投资中,产业内垂直贸易量用来衡量产业关联度,它是指在某一类产品的生产过程中所需的初级产品、中间产品和最终产品的交易频率和数量。一般来讲,产业内垂直贸易量与产业关联的广度和深度呈正相关关系,产业关联越深,表明国际生产将影响到投资国更多的生产环节;产业关联越宽,则意味着国际生产所辐射带动的投资国产品品种越多。很明显,对外直接投资应该选择那些产业内垂直贸易量大的产业,因为,对外投资的产业与国内相关产业的关联效应越大,则意味着国际生产对于投资国自身产业的成长的促进作用越大,越有利于产业结构的优化升级。因此,广东企业对外直接投资产业选择的方向应该是选择那些与广东相关优势产业具有较强关联效应的产业部门。

3. 产业结构高度同质化基准。产业结构高度同质化基准要求对外直接投资的产业选择方向与投资国内的产业结构高度化发展趋势相吻合。就是说,对外直接投资应当瞄准对产业结构高度化发展具有促进作用的投资方向,这与产业关联度基准有所相似,但这里更强调投资国未来产业结构的高度化发展方向。转变经济发展方式,提升宏观经济运行质量,离不开产业转型升级,离不开传统优势产业、战略产业的高度化、集约化发展,因此,必须重视产业结构高度同质化基准,让境外投资产业反过来促进本土产业结构的优化升级。

现阶段,广东省正在实施"调整产业结构促进转型升级"的战略政策,经济发展由传统的低水平、粗放型向集约型、高度导向型转变。按照产业结构高度同质化基准,广东省对外直接投资必须体现经济增长方式转变的内在要求,重视促进省内产业结构高度化发展的技术密集型产业投资方向,尤其是那些处于产业链上游、高新技术含量大、产品附加值高的产业部门。

比较优势、产业关联度和产业结构高度同质化程度是产业选择时必须考虑的三大准则，而在区位选择方面，则应注意以下三点区位选择影响因素。

（1）对外直接投资的战略目的。对外直接投资的战略目的是影响其投资区位选择的重要因素，因为在某种程度上，投资区位选择也是对外投资产业选择的一部分，选择了某一产业作为对外投资产业，再根据前面提到的产业组合区位比较优势确定投资区位，这是企业在对外直接投资区位选择上的一般做法。而产业选择必须符合比较优势、产业关联度和产业结构高度同质化这三大准则，同时，要服从于企业进行境外直接投资的战略目的，因此，对外直接投资的战略目的就成了影响企业投资区位选择的重要因素。举个例子，如果企业以获取国外的某些自然资源作为其进行境外直接投资的战略目的，那么毫无疑问应该选择那些自然资源丰富、价格低廉、有良好的开采和运输条件的国家（地区）；若对外直接投资的战略目的是学习先进的生产和管理技术，就应该选择那些科学技术先进、管理水平高、研发机构和科研人员集聚的地区进行直接投资。

（2）对外直接投资的发展阶段。对外直接投资的发展阶段也会对投资区位的选择产生影响，通常在"走出去"的初期阶段，由于"走出去"的企业实力有限，经验不足等原因，会选择地理距离较近，交通运输条件方便，生产、投资成本较低的邻近的国家或地区作为投资的目的地。而随着对外直接投资的发展，相关企业的对外投资经验逐渐丰富，实力也逐渐增强，对最新科学技术、管理技术、人才资源等需求越来越大，对外投资会逐渐由近及远向拥有高新技术和人才的发达国家或地区倾斜。

（3）东道国的投资环境。东道国的投资环境包括政治环境、经济环境、文化环境和法律环境等。在政治环境方面，对外投资前必须充分了解投资东道国的政局是否稳定，是否会有爆发战争、动荡的可能性；在经济环境方面，需要充分研究投资地区的基础设施、交通条件、资源要素禀赋、市场规模、投资优惠政策、经济发展情况等；在文化环境方面，需了解投资地区的文化是否与企业文化、母国文化具有一致性，若文化氛围不一样是否会对企业的经营造成影响等；在法律环境方面，需弄清投资地区的相关涉外投资法律法规是否完善，了解该地区过往的涉外投资法律纠纷裁决是否公平公正，外商权益有没有得到法律保障等。只有综合考虑各方面的投资环境因素，才能在投资区位抉择时挑选出最有利的国家和地区。

三、投资产业选择

1. 资源导向产业。肖营（2016）认为，资源导向型的对外直接投资是企业为了保证生产活动中所需要的关键性资源的供应，又或是说企业为获得该资源的有利于企业利益的价格的有效供应，而在该资源丰富的地区投资建立子公司或者附属企业。关键性资源短缺是世界各国各地区经济发展过程中普遍面临的问题，然而直接通过进口来解决这个问题容易受到别国的各种限制，而且国际市场不稳定，资源价格、汇率波动等问题也不利于以进口的方式来获得企业所需要的资源，这时利用资源导向型对外直接投资可以在一定程度上解决这个问题，通过转移价格、内部交易等方式减少因资源价格波动造成的影响，建立稳定的供应端口来保证该资源的有效供应，甚至可以在一定程度上获取海外关键资源的控制权。

此外，资源导向产业对外直接投资的产业关联度高，满足对外投资产业选择的产业关联度基准，主要表现为前向关联，它既能拉动企业母国上游资源采掘设备出口及下游工业制成品相关产业的发展，又能在很大程度上加快企业母国的产业优化升级。因此，对于资源导向型产业的对外直接投资，广东省要加以鼓励。因为关键资源类行业通常涉及石油、煤炭、天然气等能源的开采和提炼，容易产生生态环境方面的问题，企业应该注意要提高可持续发展的能力，严格遵守投资东道国有关环境保护方面的法律法规。

广东既是资源短缺省份，也是耗能大省，目前原油消耗的相当一大部分来源于国际市场。随着广东新型工业的发展，汽车产业、石油化工产业将高速发展，使得能源供给对外依赖性显著增强。表5-2显示了广东2005~2014年能源的消费情况。

表5-2　　　　　　　　广东省能源消费总量及构成

年份	一次能源消费总量（万吨标准煤）	构成（%）				终端能源消费总量（万吨标准煤）	构成（%）			
		原煤	原油	电力	天然气		原煤	油品	电力	其他
2005	13086.58	52.80	26.10	20.80	0.30	17255.84	10.90	23.60	50.70	14.80
2006	15281.00	50.40	26.20	22.10	1.30	19254.03	12.50	23.70	48.70	15.10
2007	17344.10	52.00	24.20	20.30	3.50	21427.33	12.00	22.20	49.30	16.50

续表

年份	一次能源消费总量（万吨标准煤）	构成（%）				终端能源消费总量（万吨标准煤）	构成（%）			
		原煤	原油	电力	天然气		原煤	油品	电力	其他
2008	17679.13	50.80	24.60	20.50	4.10	22671.76	13.80	21.20	48.50	16.50
2009	19235.86	46.50	27.50	20.60	5.40	23943.39	12.20	20.90	46.30	20.60
2010	22317.17	47.10	28.50	18.80	5.60	26344.85	11.40	18.90	47.00	22.70
2011	24131.26	51.50	26.10	16.20	6.20	27780.05	12.30	17.30	48.60	21.80
2012	24080.97	48.70	26.80	18.20	6.30	28377.06	11.60	17.20	49.20	22.00
2013	24930.93	46.40	27.10	20.00	6.50	27666.36	10.40	16.80	51.00	21.80
2014	25636.29	43.70	26.60	22.90	6.80	28669.57	10.20	16.60	53.50	19.70

资料来源：广东省统计年鉴。

从表5-2可以清楚地看到，无论是一次能源消费总量，还是终端能源消费总量，在最近十年都呈现上升的态势，而对于天然气的消费量，广东近几年更是逐渐增加。广东的外源型经济发达，能源消耗大，能源特别是石油等关键性能源将左右广东经济发展的后劲。在这种情况下，到海外投资兴办油田、矿山、森林采伐等资源导向型产业成为一个策略性投资。要充分利用国际资源，弥补广东省资源缺口，通过国家对能源与资源产业对外直接投资的支持，充分发挥广东省在资源导向型产业开采和开发方面的优势，实现广东资源导向型产业"走出去"。

2. 高新技术产业。随着广东经济和技术的发展，产业结构逐渐向产业链上游、高技术型、高附加值型的产业转变。在这样的情况下，高新技术产业无疑成了广东对外直接投资的战略性产业，符合产业高度同质化基准，其对广东提升产业结构、提高产品质量、推动经济发展等经济生活的各个方面都起着关键作用。

高新科技产业一般具有前期科研经费投入额巨大，早期市场不容易得到认知，风险性较大等问题。即使是在国内、省内的高新技术企业，也普遍面临资金不足，高科技产品市场需求过小、产业发展缓慢等困境。然而在广东省政府的长期支持下，广东的高新技术产业还是取得了很大的发展。2012年，全广东高新技术产品产值达到4万亿元，同比增长约19%。在经过2012年广东省政府的认定和复审后，全广东高新技术企业总数超过6500家，数量上全国排在第2位，高新技术产业规模在全国排第1位。新的高端电子信息产业、新能源汽车产业、LED 产业、生物产业、节能环保产业、新能源产业、新材料产业等是广东以促进高技术产业发展的过程中的努力方向。

可见，目前广东省的高新技术产业在国内已经有了一定的比较技术优势，但其中有些产品在国内市场需求不足，而在国际市场有较大的市场空间。在这种情况下，应该积极开拓消费和需求层次更高的发达国家的市场，促进这些技术和产品的出口，或者直接投资生产和销售，实现"走出去"战略。然而，在广东对外投资指向分析中可知，广东的高新技术产品对外贸易仅有弱优势，除了计算机与通信技术外，其他高新技术产品在对外贸易中都处于劣势。加快高新技术产业的发展，使其在对外贸易中从劣势转变为优势，成了广东对外经济未来发展的一个重要课题。

在前文中，已提及推进广东企业"走出去"的政策支持、金融支持、社会服务支持等，这里就不再重复。这里需要强调的是在企业层面上提升高新技术出口产品的国际竞争力的一些建议。广东高新技术企业通过走"引进、消化、再吸收"的路径，实现了技术水平的很大提升，然而，高新技术企业要长期保持国际竞争力，必须构建自主研发体系。企业应加快建立自己的技术研发中心，进行相关技术的研究和开发并申请专利，形成技术优势。加强产学研合作，积极开展与科研机构、高校的合作研究。另外，已具备一定技术研发实力的高新技术企业要积极在发达国家设立研发机构或研发部门，或与发达国家的同类企业合作以吸收或共同开发先进技术成果。一方面可以及时了解和吸收国际先进技术，提升产品技术含量，提高竞争力；另一方面在发达地区直接投资生产可以绕过技术壁垒。

3. 新型制造业。李廉水（2015）指出，制造业"新型化"是指大力发展新型制造业，不断提高制造业的经济创造能力、科技创新能力、能源节约能力、环境保护能力和社会保护能力。其中，经济创造能力是制造业创造经济效益的能力，只有具备经济效益才能为科技创新、提高能源效率、保护环境、增加就业、提高纳税能力等提供物质和经济基础；科技创新能力是制造业科技研发和技术创新的能力；能源节约能力是制造业生产过程中减少能源损失和浪费、更加有效、合理利用能源的能力；环境保护能力是制造业生产过程中解决现实中或潜在发生的污染问题、协调生产活动与自然环境的关系、保障经济社会可持续发展的能力；社会服务能力则是制造业通过促进就业、贡献税收等形式，满足社会需求的能力。具备以上五个方面能力的制造业，才是新型制造业。要实现制造业的由大变强或持续保持竞争优势，则必须走"新型化"道路，从大量依靠自然资源投入、劳动力投入的粗放式发展转变为创新驱动型，依靠科技创新和技术进步来提高生产效率的集约化发展方式。

在广东对外投资指向分析中也提到，制造业一直以来都是广东对外贸易中的优势产业，尤其是金属制品、机械设备和交通运输产业，TC 值都能稳定在 0.3 以上。然而要保持广东制造业对外贸易中的优势，同样需要进行制造业的产业转型升级、走"新型化"发展道路。在近年来，广东为了推进制造业的转型升级，也做了不少工作，如大力推进制造业信息化科技工程，实施制造业信息化示范工程，打造多元化制造业公共服务平台等，这些工作都在不同程度上促进广东制造业的发展，也取得很好的效果，表 5 - 3 列举了广东规模以上制造业工业企业的部分经济指标。

表 5 - 3　　　　　　　广东规模以上制造业工业企业部分经济指标

项目	2000 年	2005 年	2010 年	2013 年	2014 年
企业单位数（个）	18571	34123	52102	40261	40156
工业总产值（亿元）	11352.60	32719.04	79504.12	101623.58	110962.87
工业增加值（亿元）	2768.88	8156.04	18317.74	23885.44	25265.42
从业人员平均人数（万人）	546.03	1062.06	1533.72	1423.41	1423.93

资料来源：广东省统计年鉴。

从表 5 - 3 可知，广东制造业的工业总产值、工业增加值在近年来都是不断增长的，而企业单位数和从业人员平均人数则在 2010 年之前快速增长，在 2013 年、2014 年开始逐渐稳定，企业单位数稳定在 40000 个，平均从业人员人数稳定在 1420 万人左右的水平上。然而，制造业的新型化并不应仅满足于当前的水平，必须大力推进新型制造业"走出去"，开拓、占据国际市场，保持广东制造业对外贸易的优势。新型制造业的对外直接投资，符合广东未来先进制造业的发展方向，同时，也满足前文提及的对外直接投资产业选择的三大基准，因此，应该是广东对外直接投资的产业选择的重中之重。

4. 现代服务业。

（1）生产性服务业。生产性服务业的定义是基于对服务业或服务部门的"功能分类"，这是一个新的知识和技术产业，通过提供生产性服务和在生产过程中需要用到的大量知识和生产技术，积累人力资本与知识资本，有力提高商品和服务生产的运营效率和经济效益。随着互联网、物联网、大数据、云计算等新一代信息技术发展，以互联网和相关服务业为主体的新兴服务业，成为生产性服务业高增长的领头羊，催生了跨境电子商务、城市配送物流、互联网金融、数字会展等一批新业态。

近年来，广东也很好地把握生产性服务业发展的机会，利用巨大的市场需求、务实灵活的政策环境、"互联网＋"的后发威力和潜在的改革红利，加速广东生产性服务业的发展，使其生产总值逐年提高，逐渐成为支撑广东经济发展、促进转型升级的重要力量。

（2）金融服务业。WTO中对金融服务的定义是比较具有权威性的，"金融服务是一成员金融服务者提供的任何金融性质的服务，其中，既包括所有保险及相关服务，还包括所有的银行和其他金融服务。"当今在经济全球化的形势下，金融服务业的国际化也成为一种趋势，尤其是在国际金融危机之后，各国都逐渐意识到全球金融是紧密相连的，要使自身在国际市场的竞争不处于劣势地位，必须推进金融服务业"走出去"。近年来，广东金融服务领域发展迅速，现代科技化水平不断提高，在金融信息系统、信息化基础设施建设、信息科技风险管控与安全运维等方面均取得长足进展。同时，国家和省级科技金融结合试点工作稳步推进，广州、深圳、佛山和东莞等市积极发挥国家试点优势，制定并实施促进科技和金融结合先行先试的政策措施。广东省科技厅先后与兴业银行、中国银行广州分行等开展新一轮的战略合作，搭建政银合作平台，实现优势互补、合作共赢。

《广东省人民政府办公厅关于金融服务创新驱动发展的若干意见》中提到，要加快广东金融改革创新，通过拓宽服务创新驱动发展的多元化融资渠道，建设服务创新驱动发展的金融平台和机构体系，完善服务创新驱动发展的金融保障机制等措施，促进金融更好地支持创新、支持实体经济、支持对外开放合作。在对外投资中也是如此，金融服务产业的"走出去"不仅能为自身带来经济利益，同时，也能为广东其他境外投资企业提供更为便捷的、高效的服务，为广东企业"走出去"提供更为有利的投资环境，这是一举两得的做法，广东省政府应大力支持，鼓励银行在投资东道国设立分行，鼓励有实力的金融机构设立海外分支机构等。

5. 专有技术产业。专有技术产业主要指我国、广东省特有知识产权和传统特色的技术，例如，中医、中药等。这些技术和产品可以转移到文化背景相近的日本、韩国和东南亚地区，通过华人网络向全球市场拓展。特别指出的是，CEPA中贸易投资便利化涉及的七个领域就包括中医药产业合作，推动中国香港和内地在中医药法规建设、发展战略和行业发展导向方面的信息共享。

6. 对外工程承包。对外工程承包能够有效带动技术、劳务和设备的出口，近年来，能够带动国产设备材料出口的工程项目增多，出口额增加。广东建材生产在全国占有重要地位，家具行业更是占据了全国市场的一半份额，占广东出口总额 61.3% 的机电产品在亚、非、中东市场也相当看好。近年来，不论是对外承包工程还是对外劳务合作，广东都保持了良好的增长态势，具体见表 5 – 4。

表 5 – 4 广东省对外经济技术合作情况

年份	对外承包工程				对外劳务合作		
	签订合同书（宗）	合同金额（万美元）	营业金额（万美元）	年末在外人数（人）	劳务人员合同工资总额（万美元）	劳务人员实际收入总额（万美元）	年末在外人数（人）
2005	2061	326752	247189	606	32762	30878	20469
2006	1625	458442	344170	752	41898	37030	27024
2007	757	597733	546069	946	80824	62927	27880
2008	331	844352	686045	886	68209	58420	33691
2009	556	814859	758799	2105	45718	59469	33124
2010	605	986740	820815	4554	76575	58428	33901
2011	528	1343526	1134158	4017	46578	46445	38621
2012	517	1905053	1605342	3863	46643	38600	44301
2013	617	2366492	2286507	3243	53917	44689	54272
2014	1139	1524873	1241121	3405	138820	66218	72788

资料来源：广东省统计年鉴。

从表 5 – 4 可以看到，在对外承包工程方面，除了 2014 年营业金额有所下降外，从 2005 年到 2013 年，广东对外承包工程都是呈现逐渐增长的趋势，合同金额也逐渐增加，说明广东对外承包工程的规模越来越大。而在对外劳务合作方面，劳务人员合同工资总额在 2014 年有较大的增加，劳务人员实际收入总额则相对稳定。考虑到广东省工程承包的技术和实力，仍应以土木工程为主向各行业发展，可以与当地公司联营，开拓融资渠道。结合目前国际形势，广东应该重视伊拉克重建商机。伊拉克周边国家只有中国和俄罗斯有能力大批量供应建材，因此，对建材供应商是一个大好商机。工程承包和劳务输出是中伊两国传统合作项目，中国在战前获得过大量工程项目。因此，要重视伊拉克问题，尽管由于实力缘故和国际政治关系不能获得大工程，但要尽量争取工程分包，带动建材、机电、日用消费品的出口。

对于行业选择，本书的建议是：

（1）出于广东未来发展对关键性资源的巨大需求，从战略发展的角度来考虑，应在未来数年内多鼓励支持资源导向型投资；

（2）高新技术产业是未来产业结构集约化、高度化发展的方向，是广东对外直接投资的战略性产业，应大力支持其发展，鼓励有条件高新技术企业"走出去"；

（3）新型制造业，符合对外直接投资产业选择的三大基准，是广东保持制造业对外贸易比较优势的关键，因此，是广东未来对外直接投资产业选择的重中之重；

（4）不论是生产性服务业还是金融服务业，其对外投资不仅能为产业自身带来经济效益，还能为广东其他"走出去"企业提供便捷、高效的服务，对于进一步提高广东对外投资的水平有明显的促进作用，因此，在投资产业的选择上也应该予以考虑；

（5）广东的海外承包工程历史悠久，表现良好。它可以带动机电产品出口和国外劳务的出口。即使现阶段广东海外承包工程单位实力还不算很强，但适合在发展中国家和落后国家开展业务，这也应该是政府积极鼓励的行业。

四、投资区位选择

广东对外投资企业在选择投资区域时，可以从以下五个方面开始考虑：一是选择某一产品相对集中的销售地区，实现从"产地销"到"销地产"的转变，最大程度缩短产品到销售地的距离，降低销售成本，增强竞争力；二是选择政局稳定、不排华、投资条件相对优惠的地区，如关税低、能享受发达国家的配额等；三是选择有稳定的贸易合作伙伴的地区，特别要选择和当地知名工商企业界、大的经销商、连锁店及与广东省产品有关联的企业，推进与当地的合资合作项目，变贸易合作为生产经营合作；四是选择经济欠发达地区，充分利用当地廉价的土地、人力资源，促进投资少的短、平、快项目；五是选择当地产业尚未成熟、当地政府努力扶持该产业发展的地区。

在一定程度上，进出口能反映某一地区对外直接投资的状况，分析广东出口的市场结构，能够对广东对外投资区位研究起到一定的帮助，表5-5显示了广东近年来的出口市场结构。

表 5 - 5   广东出口市场结构

地区	2012 年		2013 年		2014 年	
	金额（美元）	比重（%）	金额（美元）	比重（%）	金额（美元）	比重（%）
出口总额	5740.59	100	6363.64	100	6460.87	100
亚洲	3480.5	60.6	4030.3	63.3	3887.16	60.2
港、澳地区	2216.08	38.6	2639.6	41.5	2314.32	35.8
中国台湾	72.61	1.3	80.61	1.3	78.28	1.2
日本	268.37	4.7	263.96	4.1	259.39	4
东盟	397.06	6.9	456.17	7.2	512.87	7.9
中东十七国	206.02	3.6	236.46	3.7	319.2	4.9
非洲	144.84	2.5	156.67	2.5	217.21	3.4
欧洲	783.25	13.6	813.01	12.8	903.49	14
欧盟	685.69	11.9	711.63	11.2	803.89	12.4
俄罗斯	64.54	1.1	70.03	1.1	72.92	1.1
拉丁美洲	272.49	4.7	272.58	4.3	286.57	4.4
北美洲	974.72	17	1003.77	15.8	1068.56	16.5
美国	910.96	15.9	936.95	14.7	998.83	15.5
大洋洲及其他	84.78	1.5	87.31	1.4	97.86	1.5

资料来源：广东省统计年鉴。

从表 5 - 5 中可以看到，广东出口产品在 2012 ~ 2014 这三年中 60% 以上的产品销往亚洲地区，其中，销往港、澳地区的比重高达 35% 以上，可见港、澳地区依然是广东出口的重点地区。销往欧洲、美国等发达国家的产品比重较为稳定，都在 10% 以上。另外，仔细观察可以发现，广东销往东盟、中东十七国、非洲等国家或地区的产品比重在逐渐上升，这是值得注意的一点，说明东盟、非洲等发展中国家在广东的出口市场结构中扮演着越来越重要的角色。接下来本节将结合中国对外直接投资的区位选择，依次从各个投资地区进行分析。

1. 港、澳地区。从前面广东出口市场结构的分析中知道，港、澳地区是广东传统优势出口地区，占到 35% 以上的份额。中国香港一直都是全球经济最自由的地区之一，很多中国企业都是从在中国香港设立窗口企业然后开始走向国际化的道路。加上广东和港、澳地区之间的地理紧密关系，因此，广东对外投资企业在选择投资区位时仍应以巩固港、澳地区为重点。

CEPA 的签署将大大促进粤、港、澳三地在投资方面的合作，共同开拓国家商品以及工程市场方面的合作。广东企业应借助中国香港国际金融、物流、商贸中心的地位和优势大踏步地走向世界，在更广阔的范围内实现资源的优化配置，从而获取更大利益，提升企业的国际竞争力。要注意的是，广东对外投资企业尤其是民营企业现在到香港投资，应该有所取舍，到香港发展传统加工业是没有前途的，要善于利用中国香港的金融、商贸、信息、管理的优势，省政府应推进省内金融服务业到中国香港设立分支机构，实现两地的优势互补。

发展高科技产业、电子信息产业，是广东企业当前和未来投资香港的重要产业取向，而香港在高科技孵化以及高科技产品方面较有优势，内地拥有宽广的科技研发基础，许多内地高校都有自己的科研项目，如果能充分利用香港的孵化能力，可以实现高价值的"双赢"局面。同时，可以利用香港作为成果转化平台，促进省内最新科技成果的产业化，这样符合广东省在香港以投资高科技产业和电子信息产业为主的取向。在科教方面，广东省应借助各方高等院校和科研机构的合作，加强协作，建立区域创新体系，解决广东人才不足的困境。而在区域劳务合作方面，建立起统一、开放、有序的泛珠三角区域劳动力市场；建立统一的职业资格证书互认制度和质量保障体系；对内地与港、澳地区职业标准接近的职业（工种），实行"一试双证"、衔接互认等。广东企业可以利用薪酬更低的内地员工发展港、澳地区的工程承包和劳务合作项目。

2. 发展中国家，即广大的东南亚、非洲、拉丁美洲。广大的发展中国家资源丰富，劳动力资源充足且人工成本不高。随着各发展中国家越来越重视经济问题，各国经济结构调整与改革深化工作都起到一定效果，投资环境有所改善。在这种情况下，广东省的中间性技术产业和标准技术产业可以考虑在这些地区投资。

（1）亚洲发展中国家（特别是东盟各国）。长期以来，亚洲地区是中国企业对外投资合作的重要市场，大多数亚洲国家和地区与中国长期保持密切经贸往来。随着"一带一路"倡议的不断推进，未来中国在亚洲地区投资合作前景广阔。2014年，中国对亚洲直接投资流量达849.9亿美元，同比增长12.4%，在中国对外直接投资流量总额中所占比重高达69%。2014年，中国对亚洲投资主要分布在中国香港、新加坡、印度尼西亚、老挝、巴基斯坦、泰国、阿拉伯联合酋长国、中国澳门、伊朗、韩国、马来西亚等国家和地区。其中，中国内地在香港地区的投资占亚洲投资流量的84.4%，对10个国家和地区的东盟的投资流量为78.1亿美元，占亚洲投资流量的9.2%。而2014年，中国企业在亚洲设立的对外直接投资企业近1.7万家，占境外企业总数的57.1%，在中国香港设立境外企业9000多家，东盟设立企业3300多家，雇用外方员工 15. 95 万人。① 从中国对亚洲地区的投资情况来看，亚洲是中国对外投资合作的重要区域，随着"一带一路"的深入推进，相关基础设施的互联互通，中国在亚洲地区的投资合作将面临更为广阔的空间，发展潜力巨大。

在国家层面上，可以看到亚洲地区，尤其是港、澳和东盟地区对我国对外直接投资的重要性，港、澳地区在前面已经提到，这里就不再重复，所以着重分析东盟各国在广东对外直接投资中的地位。

东盟各国与广东省距离较近，且其成员国中华人也不少，像印度尼西亚等一些国家华人经济更是当地经济主流。因此，可以利用广东的海外华侨网络优势在这些地方进行投资。广东拥有一整套的与国际接轨的进出口贸易机制，拥有一大批具有竞争力的产业群，所以，广东与东盟的贸易额占中国与东盟贸易额的37%。然而，随着交通运输、科学技术的发展，传统的地理位置对贸易的影响正在减弱，相对而言，产品的竞争力的影响逐步提升。2010 年开始，中国—东盟自由贸易区正式启动，这是一个拥有 17 亿人口、国内生产总值达 2 万亿美元、贸易总额达 1. 2 万亿美元的大市场，是由发展中国家组成的最大自由贸易区。在形成的"10＋1"自贸区框架下，中国、东盟双方相互基于投资者国民待遇、最惠国待遇和投资公平公正待遇，为投资者创造一个自由、方便、透明和公平的投资环境。随着更广泛和深入地开放服务贸易市场和投资市场，东南亚国家将成为很多中国企业对外直接投资的首选地。中国—东盟自由贸易区的建成，对广东意味着巨大的贸易和投资机遇。在这个中国—东盟自由贸易区中，广东的区位优势显著，横跨广东、中国香港和中国台湾的华南经济圈，地处东亚板块与东南亚板块的结合位置，是两个板块之间的人、物、资金、信息流通的必经之地；另外，广东与东盟的经济合作已有一定基础，一直以来双方保持良好的经贸往来，目前东盟已成为广东第四大贸易伙伴，而全世界华侨有 80% 聚居在东南亚，其中，又有至少一半是广东人。因此，广东应充分利用中国—东盟自由贸易区带来的便利，加速省内企业对东南亚地区进行投资。

东南亚各国石油、天然气、有色金属等自然资源丰富，但是，在石油化工、冶炼业、采掘业等方面还相对薄弱，不具备生产深加工石油化工产品的能力。而在广东对外直接投资产业选择中已提到，资源导向型产业是广东未来对外投资的战略产业，因此，东南亚地区适合广东资源开发型企业前往投资，广

---

① 资料来源于《2015 中国对外投资合作发展报告》。

东石油冶炼行业的一些大型国企应充分发挥自己技术实力雄厚的优势抢先进入东盟国家的石油化工产品生产领域;东南亚国家大多水产资源丰富,积极发展热带农业和经济作物等,自然条件与广东较为接近,比较适合广东农牧畜业的海外发展;此外,东南亚各国开始注重本国工业的发展,比如,文莱政府正积极推动非石油天然气工业的轻工、电子行业的发展,马来西亚政府推动航天技术的发展,生物技术和软件开发,印度尼西亚政府专注于制造业的发展,为了改变国家过度依靠自然资源,导致经济发展受到阻碍的情况。而这些行业正是广东具有技术比较优势的产业,也是广东对外直接投资产业选择的重中之重,应牢牢把握这一机会,鼓励广东制造企业向这些国家投资发展。

目前国内已经有不少企业在新加坡设立公司或办事处,作为进入东盟市场的门户。中国银行也相继在东南亚主要国家都设立了分行,这为广东企业在东南亚发展业务提供了金融便利。向东盟进行投资,实际上是面临两个市场:一是东盟市场,东盟自由贸易区本身就是按照原产地规则,只要当地内容达到40%,就可以享受自贸区的优惠关税;二是利用东盟进入那些对中国出口有所阻碍的其他市场,东盟中的老挝、缅甸、柬埔寨等属于最不发达国家,美国和欧盟对其有最优惠政策。

总的来讲,在投资方向上,广东企业赴东南亚投资,可以选择资源导向型产业,如石油化工、冶炼业等;可以将目标放在东盟国家需求较大的基础设施行业上面,如机电、电子等领域。除此之外,在科技方面,广东与东盟合作中互补性最强,东盟一些国家正处在工业化发展的关键阶段,其产品提升和经济发展中的科技因素至关重要,而中国的综合科学技术水平具有一定优势,广东省作为中国的经济强省,在一些资本、技术密集型的高新技术方面具有比较优势,在与东盟合作方面可大有作为。

(2)印度。印度多年来保持6%以上的经济增长速度,且其战略位置十分重要。按购买力平价计算,其国内生产总值是新兴经济体中的第二位,国民收入总额在世界排12位。在印度10.3亿总人口中,中产阶级人数占2.5亿~3亿,超过了美国或欧盟的总人口,是发展迅猛的消费市场的主力阶层。目前在WTO的框架下,印度已经放松或废除了绝大多数对贸易、外商投资和外汇的控制,市场正在开放之中,政府允许私人投资几乎所有的行业,并鼓励外国企业去印度投资,通常给外商投资同国内投资一样的待遇。现在卢比可以在经常项目上兑换,并将在资本项目上兑换。印度现行基本海关关税已调低至20%。随着中印两国政治关系的改善,中国企业进入印度市场的时机已经成熟。无论是从政治、经济层面上，还是从印度市场的不可忽视和广东产品的竞争力出发，广东进入印度市场已势在必行。此外，印度软件研发已经在全球占有一定技术优势，开发成本较低，每行指令的开发成本，德国是 22 美元，美国是 18 美元，印度仅是 5 美元，在这种情况下，广东高新技术产业中的软件产业可以选择向印度进行投资，在当地设立分支机构、研发部门等，学习该地的软件研发技术，招募当地精通编程、软件的精英人才，进行消化、吸收、再创新，从而增强企业的核心竞争力，促进广东软件产业的发展。

2015 年 5 月，中国中小企业协会践行国家"一带一路"倡议，与印度政府签订印度中国工业园。印度中国工业园区是一家集生产加工、商品展示贸易、仓储物流、综合配套服务健全，产业多样化、功能完善、工业生产城市一体化的现代化工业园区。印度中国工业园的建成对于广东来说无疑也是一个很好的机会，有利于广东高新技术产业的中小企业抱团到该工业园进行投资建设。2014 年 5 月，印度工业联合会来广东进行经贸交流，双方均表达出了希望通过共同努力，推动双边企业的积极合作，促进双边经贸关系的蓬勃发展的愿望。2015 年，粤印贸易总额达 144 亿美元，占中印贸易总额的 20%，充分展示了粤印合作的巨大潜力和广阔前景。随着中印双方携手构建更加紧密的发展伙伴关系和"一带一路"建设的深入推进，广东与印度的经贸交流合作将迎来前所未有的大好机遇，因此，对外投资的区位选择中，印度不失为一个良好的选择。

（3）非洲。非洲自然资源丰富、市场潜力巨大，中国对非投资前景广阔，中非合作论坛也为中非投资和基础设施建设合作提供更为广阔的平台。2014 年，中国的直接投资流向非洲为 32 亿美元，占中国外国直接投资的 2.6%。非洲是中国对外承包工程的主要市场，对非投资服务业和制造业也是与日俱增，主要分布在阿尔及利亚、赞比亚、肯尼亚、刚果、尼日利亚、中非、苏丹、埃及等国，行业方面则主要以建筑业、采矿业、金融业、制造业和科学研究以及技术服务业这 5 个行业为主。就国家层面，中国对非洲国家或地区的投资还是非常重视的，2015 年中非合作论坛成立 15 周年之际，习近平总书记在南非宣布了涉及工业、农业、金融、基础设施、贸易、公共卫生等领域的"十大合作计划"，为中非合作提供更广阔的发展空间。

广东与非洲经济存在很强的互补性。首先，在电子、电器、食品、饮料、纺织、服装、日用、轻化、建筑材料等行业，广东都拥有大批成熟的产品和技术，而非洲国家的森林、石油、有色金属、渔业等资源丰富、市场广阔，是广东企业境外投资的理想地区。其次，非洲的基础设施存在普遍落后的状况，大多数非洲国家把公路、机场、供电、供水等基础设施建设作为优先发展的方向，因此，广东对非洲的投资可重点关注对外承包工程方面，通过对外承包工程拉动广东省内的交通运输设备出口。而且，近年来，广东对非洲的出口金额逐渐上升，非洲经济也开始区域经济一体化进程，投资环境已有所改善。现阶段广东省已制定了一系列鼓励企业到非洲投资的政策，近期将在非洲建立多个生产性投资项目，但针对非洲各国经济发展程度不一的现状，应该对投资非洲采取因国制宜的策略。对毛里求斯、突尼斯、博茨瓦纳等条件较好的非洲国家，采取承包工程、机电设备输出的进入策略；对南非、赞比亚等政局稳定、资源丰富的国家，宜兴办资源型开发项目；对埃及、突尼斯这些北非国家，宜投资境外加工贸易企业，就地销售或者转销欧洲市场。

另外，非洲农业也是一个有待开发的行业。虽然，广东农业在国际上并不具有比较优势，但对非洲市场来说，气候上的相似为广东农业走向非洲提供了契机。非洲是全世界公认比较适合发展花卉种植业的三个地方之一，且在地理上靠近欧洲和中东的巨大花卉市场，目前埃塞俄比亚政府准备划出300公顷土地供中国企业去种植和经营花卉，几乎不收土地费，且埃塞俄比亚空运在非洲来说相对发达，便于鲜花的运输。珠三角的花卉种植业发展不错，也有外贸经验，去非洲种植花卉是一可取的投资项目。另外，像赤道几内亚和苏丹等国，都希望能与中国合作开发农业，土地基本都是免费使用。非洲的家禽家畜饲养业也很落后，有些国家连鸡蛋都依赖进口，淡水养殖业更是基本没有，广东在淡水养殖上具有优势，可前往承包开发。

非洲是各种流行性疾病多发地区，很多非洲国家医疗设备落后，医院和药厂都缺乏，而医药业是广东三大潜力支柱产业之一，生物医药产业技术比较优势明显，具备向非洲投资的实力，而且广东在非洲派有医疗队，从事援助工作达20多年，有治疗当地疾病的丰富经验。非洲资源丰富，但由于多数国家还很落后，在开发能源、燃料上属于空白行业，政府也在各方面加以重视。广东企业可以利用当地资源和政府支持，例如，尼日尔希望开发太阳能供电，蜂窝煤市场也大有潜力。赤道几内亚欢迎中国企业参与其石油开发，并表示可将200~300米的浅海区和大陆架给中国开发，广东企业可以前往开发石油或石油的下游产品。

3. 发达国家，主要指欧美地区。欧美地区的发达国家政局都比较稳定，法律法制健全，经济实力雄厚，拥有丰富的技术、人才、资本以及各种创新资源。这些国家往往是高新技术的发源地和研发的集聚地，像美国在计算机、生物工程、新材料、航空航天等领域位居世界前茅，德国在汽车行业、机械设备制造业等行业处于世界领先地位。就目前中国、广东的发展情况来看，选择欧美地区进行对外直接投资，更多是基于产业结构高度同质化基准。在欧美地区投资科研部门、研发机构等，利用当地的技术的集聚效应以及知识溢出效应，学习先进的生产研发技术，形成自己的核心竞争力。

此外，加上出口到中国香港再转口到欧美市场的商品，广东出口中有60%以上销售到欧美等发达国家市场。因此，投资这些国家可以实现从"产地销"到"销地产"的转变。而且欧美等发达国家对中国贸易壁垒很重，如果能够直接投资到这些国家则可以绕开贸易壁垒。

细分全球市场，其一，欧美制造业在衰退，生活水准高，基础工业起点高，电子配套是有市场的，而且欧美有相信"欧美制造"的倾向和习惯；其二，有较高技术素质的北京、上海等地的劳动力成本一定会上升；其三，从人均工资讲，远东劳动力价格低，但计算包括市场开发成本、售后服务成本、管理成本等综合成本后，欧洲的劳动生产率是有竞争力的，其人均创造利润远高于远东，一个欧洲工人每年创造的价值高于珠三角工人数倍。远东市场发展快主要集中于家用电器，欧洲产品市场是做专业化产品，附加值较高，必须选择欧洲有传统优势的产品，做它们的配套。汉堡和慕尼黑是德国工业最发达地区，广东在当地企业还比较少，广东可在汉堡或慕尼黑设立代表处推介广东企业。另外，两城市都有很出名的展览会和展览公司，广东可加强这方面联系，设展、报告会或招商会。广东企业可以考察德国或其他欧洲国家面临倒闭危机的企业，如果有很好的机会就进行收购。而在美国"硅谷"、加州、俄勒冈州、华盛顿等地，信息技术产业、太阳能等新能源产业、先进制造业等领域遥遥领先，而2015年9月，国家总书记习近平访美之行切实推动了中美双边贸易投资合作的进程，在互联网、农业、商业等多领域签署了不少合作协议，拓展了两国的合作领域。广东的企业到美国进行对外直接投资的前景就更为广阔了，扩大在科研和制造方面的投资，将美国的科研技术和制造技术转化为企业自身竞争力，为广东的产业转型升级提供技术支持。

但进入发达国家直接投资需要有强大的经济实力和技术实力，广东省政府应尽量扶持、帮助省内大型企业进入这些国家。

4. 对外承包工程的区位选择。发达国家市场虽称完全开放，但实际上在技术、环保、卫生、人员进入等方面的壁垒十分坚固，成为我国开展对外承包工程的阻力。

广大发展中国家都有丰富的自然资源，但由于技术和资本等原因，很难得到有效的资源开发，经济发展缓慢，基础设施落后，一些国家仍然非常贫困。经过几十年的发展，我国在工程合同和资源领域拥有了一套完整的成熟的技术和设备。通过对外承包工程，不仅可以帮助广大发展中国家实施基础设施建设，而且可以换取国内短缺的资源，实现我国资源来源的多样化，促进国民经济实现可持续发展。

亚洲地区是中国对外承包工程的传统市场。2014年中国对亚洲承包工程业务保持增长，新签合同额842.2亿美元，同比增长18.7%。按照新签合同额排序，主要国别市场包括：沙特阿拉伯（94.7亿美元）、伊朗（65.1亿美元）、伊拉克（63.8亿美元）、印度尼西亚（51.9亿美元）、马来西亚（43.3亿美元）等。前10大国别市场新签合同额合计为512.1亿美元，占2014年亚洲总额的60.8%。实际上，设施联通是"一带一路"建设的重要内容，多数亚洲国家在道路、铁路、港口、电站、洁净水、能源与可再生能源、健康与教育等领域都有着较大的基础设施建设资金需求，这为中国、为广东加强在该区域的基础设施投资建设、承包相关工程项目提供了大量的投资合作机会。

非洲地区也是中国对外承包工程的主要市场。2014年，中国对非洲承包工程新签合同额达754.9亿美元，同比增长11.3%，接近对亚洲承包工程的新签合同的金额。按照新签合同额排序，主要国别市场包括：尼日利亚（177.1亿美元）、阿尔及利亚（97.5亿美元）、肯尼亚（53.5亿美元）、埃塞俄比亚（50.8亿美元）、安哥拉（34.7亿美元）。前10大国别市场新签合同额合计为532.2亿美元，占当年非洲总额的70.5%。而在行业分布中交通运输建设项目占46.5%，房屋建筑项目占23.1%，电力工程建设项目占11.6%。非洲联盟的正式启动和非洲发展新伙伴计划的实施，都带动了非洲港口、铁路、公路等基础设施的改造和建设，也引入了更多的外资和外援，使非洲社会经济持续发展。2015年1月，中国与非洲联盟签署的谅解备忘录，更共同推动非洲交通和基础设施"三网一化"（建设非洲高速铁路、高速公路和区域航空"三大网络"及基础设施工业化）的合作。

对于区位选择，本书的建议为以下四点。

（1）资源投资项目的区位选择：重点为东南亚、周边国家和非洲国家。这些国家资源丰富，且工业技术不高，一方面利于广东直接获取资源；另一方面也可以在当地开展资源加工项目。

（2）劳动密集型的成熟产业区位选择：东南亚和非洲。应选择东南亚和非洲国家中政局稳定有较多引资优惠政策的国家，一方面利用当地低廉的劳动力；另一方面要利用发达国家对这些国家较多的配额进入欧美市场。

（3）高新技术产业区位选择：欧美等发达国家（地区）。通过在技术、资源集聚地设立生产研发部门，利用知识溢出效应，学习先进生产技术，提升竞争力。

（4）海外承包工程区位选择：应巩固和进一步开拓东南亚、中东市场，积极开拓非洲新兴市场。

五、投资进入方式选择

1. 影响因素分析。

（1）投资规模。内部化理论给予了规模效益很好的解释。大规模生产有利于加强工人的专业化分工，提高其劳动熟练程度，有利于提高组织管理的效率，从而大大降低产品的单位成本，加强企业竞争力。此外，当投资厂商的规模愈大，其所拥有的资源愈多，而其承担风险的能力也愈强，因此，较有能力以高股权的方式赴海外投资。海外投资规模对股权模式的影响，可以从两方面加以分析：第一，从资源依赖的角度讲，当厂商海外投资的规模愈大，厂商愈需要寻求其伙伴以分摊其资源需求的压力；第二，基于稳健保守原则，当其投入海外的相对资源愈多，其愈倾向采取独资模式赴海外发展，以便对其所投资源能有较大的掌控能力。

广东境外投资的状况与第一方面较相符，平均投资规模相对较多的资源开发业，大都采用合资或合营的方式。广东生产型企业大多规模小、融资能力不强，能够借助国外合作伙伴分散资金压力和投资风险也是切合实际的做法。而其他服务性行业投资规模较小，像餐饮、服务、旅游、专业外贸公司，一般都以独资形式在海外注册。反观投资强国的对外直接投资符合第二方面，随着对外投资规模的扩大，其愈倾向以高股权方式进行投资。尽快建立起一批能参与国际竞争的大型经营企业集团，走内部化、规模化的道路，这无疑是广东发展企业跨国经营的长远之计。

（2）行业特点。外商直接投资的产业选择是企业进行项目选择的前提和基础。不同的产业特性在一定的组织模式—股权模式下能为双方带来比较利益。产业选择在某种程度上是将股权选择包含在其中。

就目前状况而言，广东在国际分工阶梯中处于中游，相对于更低阶梯国家而言，广东的部分产业具备鲜明的比较优势。像纺织、轻工、机械制造、食品加工和家用电器等行业技术较为成熟，管理经验较为丰富且产品市场占有率较高的比较优势产业。这类产业的特点即是以发挥局部相对优势，转移边际产业，促进国内产业调整为目的而对更低阶梯国家进行的境外投资。由于这类产业投资具备局部的相对优势，从而带有境外投资的共性，从控制的角度来考虑，这些产业的境外投资应采取以较高股权的方式进行。在广东产业总体上面临着移旧迎新的压力下，相对于更高阶梯国家而言，学习则是首要的。通过学习国外先进的生产工艺和成熟的管理模式，可以带动国内产业结构升级。由于学习阶段的目的在于熟悉和适应国际经营环境，学习和掌握国外先进的技术、生产方式、管理技巧等。因此，这类产业的对外投资对股权结构没有太高的要求。

（3）技术知识的隐含性和潜藏性。许多具有竞争价值的技术或组织知识，乃是属于隐含并深藏于组织日常的运作惯例中。由于此种技术知识不易在不同的组织间转移扩散，厂商为保有对其专属技术或知识的控制与应用，因此，较倾向以高股权—高控制的模式进入海外市场。一般而言，当厂商的产品或制造过程需要高度专属性或非结构性的技术知识时，厂商以高股权模式赴海外投资设厂会较有效率。全球竞争推动下的超巨额规模经济的出现，是以技术的独占性为本质特征，通过技术的独占达到市场独占的目的。

目前占广东大多数的中小型企业规模不大，总体技术水平不够先进，虽然拥有适用技术和管理经验，但在国际市场投资和运作的经验还不够丰富。从技术角度来看，对外直接投资的重点在技术密集型产业，特别是那些具有高技术含量、高附加值产品的行业，应在国际投资领域中寻找技术密集型产业投资的方向。由于广东企业在高技术方面还需不断的研发和学习，应积极同发达国家建立合资企业，使之成为研究和引进先进技术、新生产工艺和新产品设计的基地。在发展中国家应采取独资企业，以保证具有相对优势的技术不会在很短时间内扩散。

（4）政策限制。东道国对外资的政策规定，一般被认为是影响外资厂商赴发展中国家投资在进入模式与股权结构的选择决策上最重要的考虑因素之一。许多发展中国家基于某些政治及经济动机的考虑，对于外资的持股比例有所限制。很明显，发展中国家政府对外资的态度及其外资政策确实对外资企业的进入模式与股权结构有重大影响。东道国政府对外资的限制性政策促使外资企业倾向以分享股权的方式进入东道国。世界各国对股权的安排及行业都有不同的规定：澳大利亚规定在银行、某些民航领域外商不能投资；日本规定在原材料开发方面外商最多只能持有 50% 的股权，在核能源、电力等行业不准外商投资；印度规定本国公司必须持有 60% 以上股份；墨西哥在开采方面外商最多持有 49% 的股份，炼油业和制造业最多为 40% 等；美国、德国、中国香港对外商投资的限制较少，对股权方面的要求更少。

具体对广东企业而言，对欧盟和独立意识较强的发展中国家，如东南亚国家，实行少数股权比较适宜。因为，这些国家对外资的控股比重有各种形式的限制，并且对外国投资商戒备较强。但东南亚广东侨胞众多且有一定的经济实力，广东企业可积极开拓华侨资源。近年来，国际投资环境的变化让多数发展中国家对外商投资的态度由原先排斥、严加限制转向鼓励、利用和适当限制相结合的方向。广东对外直接投资选择股权参与，要注意这各种转变趋势，在发展中国家的一定行业、领域，根据实际情况适当提高对股权的要求。

（5）投资策略（动机）。企业对外的投资策略会影响其海外市场进入模式，当企业向外扩张的动机偏向于找寻生产资源基地时，企业就倾向以股权投资的方式进入海外市场。企业如果偏向执行其全球策略布局，进行生产合理化，或是推动比较优势在海外分支机构间的转移，则其较倾向以独资模式进入海外市场。反之，若企业扩张的动机主要是在于执行其多元化策略或是为了要进入当地市场以扩展销售，则与当地厂商进行合资经营应是较为理想的进入模式。

2. 对外直接投资进入方式选择。目前广东企业境外直接投资起步阶段，由专业外贸公司建立的境外企业因投资额相对较小，一般都以独资形式在境外注册。随着生产性项目增加，特别是一些较大型项目实施，大多采用与东道国或第三国合资经营的投资形式。随着海外直接投资的进一步发展，跨国经营的经验越来越丰富，独资企业的比例将逐步增加，合资企业的投资比例也有扩大的趋势。因此，根据广东企业海外投资的现状，应选择以全部股权或多数股权为主的战略，对股权限制较少的国家可重点投资，在股权限制较多的国家减少投资，以确保多数股权战略的实施。需要注意的是：

（1）海外直接投资选择多数股权和全部股权战略，可以达到对子公司严格控制的目标，从而使企业便于利用跨国企业普遍使用的各种技巧和方法（如转移价格、内部清算等），把子公司纳入母公司的全球安排，谋求利润最大化，还可以保守母公司的技术秘密；

（2）实施以全部股权和多数股权为主的海外投资战略，要确定在发达国家以收购方案为主，在发展中国家以创建为主的战略，在实施多数股权为主的海外投资战略时，必须根据各国的情况灵活运用。

在实施以多数股权为主的战略过程中，要确立在发达国家以收购为主的战略。广东企业规模较发达国家要小很多，优势是比较小的。若在发达国家创建新子公司，很难与其大型企业竞争。通过收购，可迅速掌握国外的先进技术，缩小差距，还可以把技术转移到国内生产，进一步提高企业的国际、国内竞争能力。例如，联想收购美国 IBM 公司就是很好的例子。另外，发达国家的市场经济较为完善，收购属合法行为、限制少、交易方便。美国只对一些收购行为通过反托拉斯法加以限制。日本自 1980 年以来，对严格限制外国企业收购日本企业的规定大部分也取消了。

结合广东对外投资的产业选择，可以遵循以下原则来选择进入方式。广东资源开发型的企业进行境外投资时，应该选择合资方式。一是资源开发项目一般规模较大，如果采用独资形式则对广东企业融资能力要求较高，采用合资形式可以利用合作企业分担融资压力降低经营风险；二是广东企业的经营能力尚待提高，通过合资，可以吸取国外先进的技术成果和管理经验。广东电子、轻工等行业对发展中国家具有技术比较优势，在发展中国家投资则应该选择独资形式来推动技术比较优势的转移。但如果是为了扩大销售而进行的海外投资，可以采用合资形式，利用东道国企业对东道国政治、经济、社会环境的熟悉以及东道国员工在本国的人脉关系来拓展业务。海外工程承包项目，结合广东企业规模不大、技术水平较低的现实，在发达国家应该以争取市场份额为首要任务，那么合资将是非常好的形式，一方面降低了广东企业进入东道国的"门槛"，另一方面在合资过程中提高企业技术水平，培养广东海外工程承包人才，向国际化标准迈步。

3. 海外承包工程进入方式选择。目前，国际工程承包市场逐渐朝工程项目趋向规模大、技术含量高、当地化盛行、专业人才成为招揽热点、BOT 方式增多等方向发展。在这种趋势下，广东企业应加强与东道国企业联营，巩固亚非中东市场，以土木工程为主向各行业发展，带动国产设备材料出口，走设计、咨询为龙头的总承包之路。

（1）多层次地开展国际工程承包。开辟国际工程建设市场，要能够多层次地进行工程建设。包括：大型综合建设项目；一般基础设施项目；信息技术行业的高科技企业。

（2）以 BOT 投资方式开展国际工程承包。以现汇买断和卖方信贷方式出口成套设备，其国际市场范围逐渐缩小，需要考虑采用多种融资方式，扩大工程承包的机会。采用 BOT 等项目融资方式进行工程承包是国际市场的大趋势。近年来，我国一些机电外贸公司和出口企业在东南亚选择了一些五年期限、效益好、风险小的中小型机电设备出口项目，采用 BOT 方式来做，将工程承包作为带动成套设备出口的基础业务。

（3）以工程承包开路，在援外优惠贷款下到境外开展合资合作。从事国际工程承包的企业利用援助性贷款开拓市场，从承建工程发展到合资经营，拓宽国际经济合作的业务范围。

要注意合作，特别是与外国公司的合作。我方公司在国际承包市场上可能经验不够，可利用的资源有限，因此，必须利用他方的优势，变竞争对手为合作伙伴。特别是承揽大型的高技术水准要求的工程项目，更需要采取与外国公司合作的方式。在不熟悉的境外环境中工作，如果能取得当地公司和人员的帮助，项目成功的把握就会高得多。另外，要积极鼓励和组织经济技术合作和进出口贸易相结合的项目。

4. 对外劳务输出。中国对外输出的劳务很大一部分属于半技术或无技术人员，在输出过程中需要政府和代理机构的全力合作。因此，建议借鉴其他劳务输出国的成功做法（如菲律宾、印度等），推广代理制。

对政府而言，对劳务合作较多和市场潜力较大的国家，签订双边劳工协定；在 WTO 多边谈判中，在开放国内市场的同时，力争发达国家的劳务市场准入机会；加强与印度、菲律宾、印度尼西亚等劳务输出国的合作，共同促进发达国家更多地开放劳务市场，并促进学历、资格的相互认证。

第九节　广东企业跨国经营机制的构建

一、跨国公司组织形式选择

1. 海外投资的管理层次。海外投资企业的管理应包括三个层次的管理：第一，母公司的海外投资发展战略；第二，母公司对海外子公司的管理；第三，海外子公司的管理。母公司的发展战略是海外投资的基础和起点。从根本上来说，企业从事海外投资的地域、规模、范围、方式和渠道选择均取决于国内企业的发展战略，有什么样的发展战略就造出什么样的海外企业。母公司应根据国际市场的环境，结合本企业所从事的行业、企业规模和发展计划，制定国际化经营战略，并采取适当的经营方式。正确的母子公司关系既要体现母公司对海外企业的战略性控制，又要给予海外子公司自主经营权。

（1）母公司的海外投资发展战略。海外投资必须是企业在国内和国际市场整体发展战略的一个组成部分。母公司的海外投资战略先体现在向国外开拓市场的出发点上。广东企业开展境外加工贸易、对外承包工程和其他海外投资业，出发点各不相同，主要有以下几个：开拓市场、转移国内技术和设备、获取经贸信息和先进技术、分散风险、利用国外优惠政策等。

如果企业的主要目标是开拓和巩固国外市场，通过海外投资可以绕过关税壁垒，扩大出口，企业可以通过在一段时期内保本或微利经营，并提供完善的售后服务，努力实现市场份额的扩张；如果企业的目标是转移国内闲置的或者未被充分利用的技术、设备和部分零配件，则要在投资的要素中，充分考虑企业投资的各项成本，如劳动力、土地、运输、关税、汇率等，以降低成本保证国内母公司的利润水平；如果企业的投资目的在于获取国外最新的经济和贸易信息或者获取国外先进的技术和管理经验，就应在海外企业的投资地点上选择发达国家经济、技术、信息集中的地点，为国内业务的发展提供更好的保障；如果企业海外投资的目的是分散和减少经营风险，那么企业就应投资在风险较小的国别和地区；如果企业的海外投资是基于利用国外的优惠政策，那么就应对所在国的各项吸引外资政策加以充分研究，尽可能地充分利用，以最大限度减少成本；如果企业海外投资是处于企业全球化战略的考虑，那么就应从充分利用国内和国际市场，利用国内和国际资源的战略高度来组织企业的海外投资，制定出战略规划、战略布局、战略实施和管理方案并有效施行。

（2）母公司对子公司的管理。企业海外投资的总目标是要在国内外市场上合理配置各项资源实现成本最小化和利润最大化。为达到这个目标，国内母公司对海外子公司必须实行目标管理。公司总部需要对每个海外子公司规定具体的经营目标，并采取符合国际惯例的监管方式，制定监管制度和内容，这是保障海外子公司按照总部的发展战略从事经营活动的关键。

在母子公司之间的关系上，母公司是企业从事跨国经营的基础和运作核心，在融资、投资决策、成本控制、价格转移、风险控制和合理避税等方面均起着举足轻重的作用。而海外子公司作为子公司的主要职能就是忠实执行总部的战略规划，实现母公司跨国经营的利润目标。

在海外经营组织形式的选择上，一般建议建立海外有限责任子公司，因为子公司是在当地注册的、独立法人，拥有独立的经营权，并独立承担风险和债务，总公司不负有连带责任。在投资建立海外子公司时，母公司应在广东相关政策的指导下，结合自身的发展战略，为子公司确定明确目标，在海外企业建成后，从人员、资金、货物和经营方向等方面给海外企业以合理支持和引导，把海外企业的发展纳入母公司全球化、国际化战略范畴。

国内母公司应帮助子公司制定各项内部管理制度，包括科学的财务管理、灵活的人事管理、有效的分配制度等。

其中，关键环节是财务管理，母公司作为国有资产的代表者可以与子公司签订资产保值增值协议书，以确保国有资产的保值和增值；在人事管理上，除了必要的人员可以从国内调去之外，海外企业完全可以充分运用和发挥东道国的人才优势和华侨的人才资源；在分配制度上，一定要给予子公司充分的自主权，建立有效的激励机制，大胆实行属地化工资待遇，比如高层管理人员持股的方式等等。

（3）海外子公司的管理。海外子公司必须以实现母公司的战略目标和创造利润为己任。

海外子公司的任务首先是实现母公司的战略目标，子公司的活动必须围绕这个目标进行。其次，海外子公司应在生产和经营过程中自主经营，以创造最大的利润，保证母公司的投资安全、快捷回收并得到高额回报。

在海外子公司的内部管理机制上，实行属地化管理是必然选择。属地化管理是当今跨国公司通用的海外投资准则，也是最为有效的海外投资管理组织形式。属地化管理包括的内容很多，最根本的是建立当地化的企业组织形式并在当地的法律框架内进行经营及人事管理、财务管理，并实行当地化的分配制度。

2. 构筑广东海外投资企业管理的组织模式。跨国公司的组织结构是由它的规模、企业经营模式、业务种类、服务结构、各国不同的环境等因素决定的。一般有以下三种形式。

第一种是以经营者个人决策为核心的组织形式。这是跨国公司早期发展的阶段，由于企业规模比较小，人力、物力、财力都比较有限，产、供、销关系网络还比较简单，公司的管理制度也处于摸索阶段，一般地采用相对简单的组织形式。这种形式的特点是企业的管理决策往往是由企业的创业者做出的，因此，创业者个人素质对企业的发展具有极为重要的影响。这种组织形式比较适合私营、民营、小企业等。

第二种是智能结构的组织形式。这是在企业超越早期发展阶段后，要求由更多的人从事更为专业化的管理活动，如财务、生产、技术、销售、后勤等业务需要由不同的职能部门来管理。这种形式的最大优势是合乎逻辑的，是保证高级管理人员的权力和威信，保持企业的基本活动的最佳途径。但是，也有一些缺陷：首先，当企业规模过大或者业务转向新产品和开拓的时候，这种组织形式在控制能力和管理效率方面就难以适应变化了的形势的要求；其次，当企业经营区域宽阔，各个区域生产不同的产品，最好是根据产品或区域来划分组织形式，从而使以上的按照职能划分部分不适应这种要求；最后，这种形式可能降低整个企业的目标，因为，职能部门之间常常不能把企业看成一个整体，经常难以做到协调配合。因此，这种模式比较适合国有企业、集体企业和中型企业。

第三种是事业部结构的组织形式。这种组织形式发挥了每个经营单位的积极性，使其具有一定的自主权，能够按照变化了的市场决定生产经营活动，跨国公司需采用事业部制的组织形式。每个事业部都是跨国公司内部独立的核算单位，可以分别考核其生产经营成果，事业部的负责人对该事业部的利润负全部责任，因此，每个事业部成为了"利润中心"。事业部制是跨国公司发展到高级阶段的组织形式，它既有全局和局部巧妙结合的特点，也有长期与短期相结合的优势，还能调动不同层次管理者的积极主动性，是一种适合跨国公司管理的好形式。

在前文分析广东省企业国际竞争力时，分析了广东企业管理水平和企业规模结果。在企业管理国际竞争力方面，虽然广东企业的竞争力逐年增强，但企业的管理水平仍然有待提高；在企业规模方面，虽然企业平均规模有所增长，但广东项目小型化问题明显，真正意义上的跨国公司很少，核心企业规模偏小；在企业集中度方面，虽然电子工业等行业集中度不断提高，但总体说来，仍不足发达国家的一半。因此，对广东省企业而言，目前选择第一、第二种组织模式是符合现实的。个别有较大规模、企业管理水平达到一定程度的对外投资企业可以选择第三种组织模式。

二、跨国公司融资选择

1. 大型国有企业的融资选择。

（1）根据前文对广东对外投资税收融资机制的设计，大型国有企业可积极利用广东进出口银行对广东企业境外直接投资的资金支持，利用优惠贷款等政策性资金来扶持，或者利用广东海外投资公司以股权换资金的形式，来争取获得融资。

（2）政府需要制定措施支持和鼓励大型跨国企业集团在不征或少征预提税的国家或地区（如中国香港、巴拿马、瑞士、卢森堡等）成立海外财务子公司，专门从事国际间资金的调配，避免或减轻境外融资的税赋，为其境外子公司提供低成本资金。

（3）如果对外直接投资的目标区域是发展中国家，从成本方面考虑，由于东道国一般都有各种税收优惠政策，会提高投资收益，降低负债抵税效应，中长期融资应先考虑母公司投资股本和保留盈余再投资。如果内部资金来源不足，许多东道国为了优化投资环境，通常对外商投资企业提供优惠贷款或利息补贴，在东道国当地融资，债务本息支付在东道国境内完成，还避免了汇出时的税赋，因此，应重点考虑东道国当地金融机构贷款。此外，短期资金的需求主要是东道国货币。因此，海外投资企业应该积极与当地的金融机构构建良好关系，满足其对东道国货币的短期需求。

（4）大型国有企业可以积极与我国、广东省跨国银行携手共进，银行可以有意识地在海外中国跨国企业子公司较多的国家设立分支机构，以更好地为广东企业的对外直接投资服务。

（5）对于流向发达国家的直接投资，因为发达国家的资本市场较为完善，拥有更多的融资渠道，成本较低，可更多地考虑外部融资。鼓励和引导有条件、有实力的对外直接投资企业利用境外可转换债券、境外存托凭证等方式进行国际融资。

（6）积极发展境外投资基金融资。近年来，境外投资基金融资发展较快，许多发展中国家和地区都成功地运用了这种新的融资工具。如韩国、巴西、墨西哥和印度等都已设立了境外投资基金，吸收国际资本。创立境外投资基金，可以在不增加债务负担的情况下吸收到外国资本，不失为一个良好的选择。

（7）大型企业要综合运用各种融资渠道和金融工具，降低融资风险。

①尽可能在东道国融资，特别是对外直接投资企业需要短期流动性，应尽可能在东道国解决。当地融资、当地使用、当地偿付本息、使用同一币种可以回避汇率变动的影响。

②坚持借硬币、还软币和软、硬货币合理搭配的原则，正确选择融资货币的币种。即尽量选择在借款和用款期内币值坚挺、而在还款期币值疲软的货

币，减少乃至避免外汇风险损失。跨国企业与一般的国内企业相比在境外融资地点和货币的选择范围上要大得多。由于各国货币利率、汇率、通货膨胀率都有差异，导致使用不同国家货币的实际融资成本各不相同，跨国企业可以利用其子公司分布广的特点，选择适当的融资国别与币种，从而实现融资成本的最低化。

③跨国企业应善于利用国际金融界所提供的各种创新工具，对境外融资风险进行积极的防范。一是利用远期外汇或外汇期货交易；二是利用外汇期权交易；三是利用互换交易，包括利率互换、货币互换等，通过互换交易增强跨国企业金融资产的流动性，改善和重构企业的资产负债结构，以便消除、减少或预防境外融资风险。

2. 中小企业融资选择。

（1）股权融资。积极利用广东省海外投资公司，以转让股权的形式来获得资金。这样不需要偿付利息，而且等于政府间接地参与了海外投资，增加了东道国政府对企业的信任。或者适当扩大境外股权融资比例，推动更多中小企业到国际资本市场发行股票来获取境外融资。

在股权融资的过程中，可以促进对外直接投资的中小企业与大型跨国企业的联合，形成优势互补。目前，证券市场已成为企业融资的重要渠道，不仅在国内股票市场，即使在国际资本市场上，中国的大型跨国企业也可以通过发行公司债券、上市等方式实现融资。优秀的大型上市公司具有持续的强大融资能力，其融资能力甚至超过中小型金融机构和一般投资机构。中小企业是广东对外直接投资的重要组成部分，但对他们来说，通过股市进行融资似乎是遥远的。其实，中小企业完全可以通过各种渠道与大的上市公司合作，间接融集资金。通常上市公司通过资本市场聚集的巨额资本，必须迅速投资于高增长的企业和项目。但在国内却出现上市公司在证券市场筹集到资金后，没有合适的投资项目，资金又流回股市的现象。中小跨国企业应与大型跨国企业合作，一方面，有利于中小企业在国内外间接融资渠道的拓展，有利于中小企业的发展；另一方面，也有助于大型跨国企业利用中小企业经营灵活等优势寻找有利的投资项目。

（2）推广运用国际项目融资和国际租赁融资。融资租赁被业界视作少有的、可操作性较强的，能在一定程度上缓解中小企业融资压力的途径。国外经验表明，融资租赁是仅次于银行的第二大融资方式。国际项目融资是依靠项目自身的投资价值进行的国际融资，它以项目投产后的收益偿还贷款本息，以项目本身的资产作为抵押物。它是一种有限追索权融资模式，由于贷款担保仅限于项目本身的资产，因此，可以减少项目东道国政府的直接债务或担保义务，降低融资风险。因此，应该尽快推广运用这种国际融资方式。

（3）要利用广东积极建设中小企业信用担保体系的形式，充分利用对外投资融资信用担保。

三、跨国公司营销策略选择

跨国公司的营销策略体现在：（1）实行品牌战、广告战，挤压其他国家和公司的产品品牌，力图垄断市场，获取高额利润；（2）通过"转移价格"牟取高额利润。"转移价格"是跨国公司内部进行的交换价格，是根据跨国公司全球战略利益的需要人为制定的。通过转让价格，跨国公司可以逃避东道国的价格管制，避免了繁重的税收和外汇管制，增强了公司的竞争力，并利用汇率波动获取投机利润。

由于长期的生产型导向，对国际市场缺乏了解，是广东对外投资企业从事国际市场营销活动的一大障碍。国际营销绝不是简单的国内营销活动的延伸，而是需要对国际市场进行充分调研分析的。大多数广东企业没有有效的市场组织以发挥市场营销职能的优势。目前企业国际市场开发的经验欠缺，可以参考国外跨国企业在中国的市场营销策略，加上广东企业自身的特点，并联系东道国实际，进行广东企业国际市场营销策略。在专业分工越来越明显的今天，企业应该更有效地购买外部资源，利用其他优势，共同开拓国际市场。可以选购具备国际网络和水准的广告公司（如奥美）、市场研究公司（如 AC 尼尔逊）、管理顾问公司（如麦肯锡）、公关公司、物流分销公司（如 TNT），以及会计师事务所、律师事务所等的专业服务来开拓全球市场。利用这些外部营销伙伴，在要开拓的国际市场，实施本土化的营销战略，可以减少"走出去"的盲目性。

1. 品牌延伸策略。企业可以先用一种品牌产品试探性地打入东道国市场，运用资金进行品牌形象的培育。在获得稳定的市场地位后，企业即可积极寻找有利的商机，利用现有品牌的价值，扩大产品线。

现在广东家电企业在国外投资主要是生产彩电，当品牌和市场规模做到一定规模时，可以把其目前在国内的其他产品推销到国外。

但品牌延伸并不是简单地在既有品牌下增加产品线的数量，它的有效性必须以新产品的竞争优势为前提条件。

2. 吃掉当地品牌策略。发达国家的企业向国外投资有种很高明的策略，那就是先输出产品，后输出资金，最高阶段是输出商标等无形资产。而商标的输出是最合算的，这种投资方式可以使他们充分地利用别国的劳动力资源和市场，仅凭商标就能享受丰厚的回报，而实行这一策略的重要步骤就是吃掉对手有竞争力的商标。吃的方式又以购买为多，这样既可以占领市场，又可以除掉竞争对手，并利用竞争对手在当地已经构造的营销网络进行销售。

例如 TCL 收购了德国施奈德，可以利用施奈德品牌在德国和欧洲的影响力和销售网络进行销售。这样既不用大笔资金投入到品牌建设，也不需要重新建立销售网络，而且因为雇佣当地技术工人和管理人员，容易获得当地政府的好感和支持。

3. 梯度推进策略。梯度推进战略可以从进入东道国的形式选择和地域选择两个方面来实施。在形式选择上，可以先选择与当地企业合作合资，共同开发当地市场。这样可以充分利用当地企业熟悉东道国风土人情、政策环境的优势，并可以利用当地企业已有的销售网络进行销售，从而降低企业运行成本。

在国外投资设厂的选址也应有战略性。可以把国外经济比较发达的大城市作为第一个战略据点，因为大城市的地理优势有利于国外品牌向周边扩散其影响力，有效提升品牌知名度。

4. 本土化策略。企业要努力使其品牌"当地化"，以形成消费者的认同感。由于受不同文化差异的影响，各地的消费者对不同产品的喜好有着巨大的差异。文化对产品的影响是与总的产品概念直接相连的。适应当地消费者的文化，生产符合他们对产品特性、审美、质地方面偏好的产品，是一个企业在一国市场上成功的保证。广东对外投资企业在进行国际营销时，必须了解当地消费者的需求，生产出适合他们的东西，这样才能够避免由文化差异带来的新产品夭折。同时，由于原产地的影响，由中国作为产品的原产地一般被认为是低质量的，这不利于中国企业的对外扩张，所以必须从质量上把握，花大量资金聘请外国技术工人，与国外实验室合作，面对国际品牌的挑战，缩小"中国造"和"广东造"在质量方面的差距，彻底扭转国际评论对"中国造"、"广东造"的看法。另外，在国外寻找合适的原材料，将国际市场同时作为原材料的产地，既能降低成本，又能适应当地人对产品质地的要求，并且为其他市场提供廉价原材料。

品牌形象要重视本土化。例如，广告可以根据对东道国的风土人情和风俗进行调整，拍摄题材上结合东道国的传统特点，启用东道国的当红明星或者传统吉祥物。

此外，人员本地化也有利于品牌的本地化，扩大在当地的影响。启用大量本土员工首先是因为本土人更了解本土市场的情况，在具体业务操作上使企业少走弯路，减少"不适症"的时间；其次，本土人更懂得本土的人文，更能接近本土的员工及消费者，并且有利于去除沟通障碍，降低人力资本。

参 考 文 献

[1] Melitz, M. J. The Impact of Trade on Intra-industry Reallocation and Aggregate Industry Procuctivity. *Econometrica*, 2003 (71): 1695 – 1725.

[2] Melitz, Market Size, Trade and Productivity. *Review of Economy Studies*, 2008 (75): 295 – 326.

[3] 王艳. 论金融支持企业走出去的模式选择 [J]. 南方金融, 2007 (3): 61 – 62.

[4] 胡惠林. 论中国文化产业发展的"走出去"战略 [J]. 思想战线, 2004 (3): 89 – 91 + 106.

[5] 沈镭, 何贤杰, 张新安, 胡小平, 纪方, 魏铁军. 我国矿产资源安全战略研究 [J]. 矿业研究与开发, 2004 (5): 6 – 12.

[6] 胡彦宇, 吴之雄. 中国企业海外并购影响因素研究——基于新制度经济学视角的经验分析 [J]. 财经研究, 2011 (8): 91 – 102.

[7] 仇明. "走出去"战略研究: 国际商务理论方法的阐述 [J]. 世界经济, 2002 (4): 73 – 76.

[8] 洪俊杰, 黄薇, 张蕙, 陶攀. 中国企业走出去的理论解读 [J]. 国际经济评论, 2012 (4): 121 – 134 + 8.

[9] 戴翔. 中国企业"走出去"的生产率悖论及其解释——基于行业面板数据的实证分析 [J]. 南开经济研究, 2013 (2): 44 – 59.

[10] 张燕, 谢建国. 出口还是对外直接投资: 中国企业"走出去"影响因素研究 [J]. 世界经济研究, 2012 (3): 63 – 67.

[11] 毛其淋, 许家云. 中国企业对外直接投资是否促进了企业创新 [J]. 世界经济, 2014 (8): 98 – 125.

[12] 鲍晓华, 朱达明. 技术性贸易壁垒与出口的边际效应——基于产业贸易流量的检验 [J]. 经济学 (季刊), 2014 (3): 1393 – 1411.

[13] 王鹏, 郭剑萍. 论中国直接投资法律体系的重构——监管逻辑、历史演进与政策挑战 [J]. 国际经贸探索, 2016 (2): 103 – 110.

[14] 赵永亮，朱英杰. 业异质性、贸易理论与经验研究：综述 [J]. 经济学家，2011（9）：95 – 112.

[15] 龚旭红，蒋殿春. 生产率与中国企业国际化模式：来自微观企业的证据 [J]. 经贸论坛，2015（8）：24 – 30.

[16] 饶华等. 我国走出去战略下对外直接投资与对外贸易的关系分析 [J]. 经济问题探索，2005（1）：22 – 28.

[17] 李霞. 中国对外投资的环境风险综述与对策建议 [J]. 中国人口、资源与环境，2015（7）：62 – 70.

[18] 陶攀等. 中国对外直接投资政策体系的形成及完善建议 [J]. 国际贸易，2013（9）：42 – 50.

[19] 冯磊. 中国企业国际化路径选择的现状及建议 [J]. 研究与探讨，2011（5）：22 – 30.

[20] 聂明华，颜晓晖. 中国对东盟直接投资的政治风险及其法律防范 [J]. 区域经济合作，2007（1）：36 – 44.

[21] 尹枚. 广东对外直接投资：现状、问题及对策 [J]. 地方经贸，2006（12）：25 – 27.

[22] 周劲. 广东出口信用保险参保率低的原因分析及对策研究 [J]. 商业经济文荟，2006（6）：122 – 124.

[23] 戴畅. 我国对外直接投资的投资壁垒研究 [J]. 时代金融，2014（12）：70 – 72.

[24] 方国强. 浅谈加强境外企业财务管理 [J]. 冶金财会，2001（11）：27 – 28.

[25] 洪联英，罗能生. 全球生产与贸易新格局下企业国际化发展路径及策略选择——基于生产率异质性理论的分析方法 [J]. 跨国公司与国际投资，2007（12）：55 – 62.

[26] 赖伟娟，黄静波. 出口行为、企业异质性与生产率研究 [J]. 国际经济探索，2011（7）：26 – 33.

[27] 徐婧，朱启荣. 对外直接投资政策体系的问题与对策 [J]. 封面专题.

[28] 王逸，鼓励海外直接投资税收政策的研究述评 [J]. 扬州大学税务学院学报，2009（1）：24 – 28.

[29] 王世豪，袁萧杰. 广东企业对东盟国家直接投资的产业区位选择 [J]. 国际经济探索，2011（10）：46 – 50.

[30] 李晓峰, 丁肖丽. 广东省对外直接投资的比较优势研究 [J]. 外贸经济, 2013 (4): 33 – 38.

[31] 贾西津, 张经. 行业协会商会与政府脱钩改革方略及挑战 [J]. 社会观察, 2016 (1): 99 – 104.

[32] 刘洋, 袁持平. 华人华侨在广东 "走出去" 战略中的成本效应分析 [J]. 经济观察, 2013 (22): 5 – 11.

[33] 王亚星. 技术性贸易壁垒是影响我国出口贸易的最大障碍 [J]. 企业经济, 2012 (3): 4 – 10.

[34] 赵建军. 国外扶持企业 "走出去" 的金融政策及其启示 [J]. 首都经济贸易大学学报, 2005 (2): 70 – 73.

[35] 楼芳. 国外政府支持企业 "走出去" 对浙江的启示——以美、韩、印三国为例 [J]. 北方经济, 2012 (20): 82 – 83.

[36] 赵英奎. 英美促进海外投资的做法及其启示 [J]. 全球科技经济瞭望, 2002 (9): 12 – 14.

[37] 宋刚. "走出去" 战略国别比较研究 [J]. 经济研究参考, 2002 (73): 11 – 19.

[38] 李敏. 美国、法国、日本鼓励对外投资的税收政策比较 [J]. 涉外税务, 2006 (5): 42 – 45.

[39] 潘伟光. 美国、韩国、新加坡促进企业对外投资政策及启示 [J]. 计划与市场, 2001 (1): 38 – 39.

[40] 蓝庆新, 张雅凌. 印度对外直接投资的经验及对我国实施 "走出去" 战略的启示 [J]. 东南亚纵横, 2009 (3): 96 – 100.

[41] 刘亚. 英国海外投资保险制度 [N]. 国际商报, 2004 – 01 – 12 (008).

[42] 林萱. 英国对外直接投资透视 [N]. 国际商报, 2004 – 01 – 31 (004).

[43] 陈小浔. 上海钢贸商会支持民企 "走出去" [N]. 中国冶金报, 2010 (10) 02B03.

[44] 崔永刚. 创造良好的宏观环境促进山东企业 "走出去" [J]. 科学与管理, 2004 (06): 37 – 38.

[45] 崔贞善. 中韩对外直接投资政策比较研究 [D]. 延吉: 延边大学, 2014.

[46] 丁振辉，翟立强. 美国对外直接投资与贸易选择 [J]. 国际贸易问题，2013 (8)：51 –60.

[47] 董晓岩. 中国对外直接投资的税收制度与管理研究 [D]. 大连：东北财经大学，2012.

[48] 樊颖. 国外政府扶持企业"走出去"政策支持及其启示 [J]. 商业时代，2014 (12)：79 –80.

[49] 黄锦明. 美国政府在对外直接投资中的作用及启示 [J]. 国际经贸探索，2003 (5)：50 –52.

[50] 黄顺武，熊小奇. 韩国海外投资保障制度的研究及对我国的启示 [J]. 亚太经济，2004 (4)：36 –39.

[51] 吉小雨. 美国海外私人投资公司（OPIC）：对外直接投资保护的国内制度 [D]. 上海：上海外国语大学，2012.

[52] 蓝庆新，张雅凌. 印度对外直接投资的经验及对我国实施"走出去"战略的启示 [J]. 东南亚纵横，2009 (3)：96 –100.

[53] 李鸿阶，苟茂兰，张旭华. 福建省对外直接投资发展及其政策选择 [J]. 亚太经济，2014 (6)：114 –118 +147.

[54] 李敏. 美国、法国、日本鼓励对外投资的税收政策比较 [J]. 涉外税务，2006 (5)：42 –45.

[55] 李皖南. 新加坡推动企业海外投资的经验与借鉴 [J]. 国际贸易问题，2011 (8)：48 –57.

[56] 林萱. 英国对外直接投资透视 [N]. 国际商报，2004 (1) 31004.

[57] 林铮凌. 新加坡对外直接投资战略研究 [D]. 昆明：云南财经大学，2014.

[58] 刘亚. 英国海外投资保险制度 [N]. 国际商报，2004 (1) 12008.

[59] 楼芳. 国外政府支持企业"走出去"对浙江的启示——以美、韩、印三国为例 [J]. 北方经济，2012 (20)：82 –83.

[60] 苗露. 日本中小企业对外直接投资的政策支持体系及对中国的启示 [D]. 大连：东北财经大学，2012.

[61] 潘伟光. 美国、韩国、新加坡促进企业对外投资政策及启示 [J]. 计划与市场，2001 (1)：38 –39.

[62] 钱晓婧. 日本对外直接投资的研究及对中国的启示 [D]. 成都：西南财经大学，2008.

[63] 宋刚."走出去"战略国别比较研究 [J]. 经济研究参考,2002 (73):11-19.

[64] 陶斌智,陈丽平. 海外投资风险规避:国际比较与借鉴 [J]. 河南社会科学,2015 (8):16-21.

[65] 王宁. 日本对外直接投资分析 [D]. 长春:吉林大学,2011.

[66] 许海峰. 中国对外直接投资与美国日本的比较 [J]. 黑龙江对外经贸,2005 (4):7-8.

[67] 易瑾超. 法国对外直接投资自由化政策及对中国的启示 [J]. 法国研究,2005 (1):258-265.

[68] 赵建军. 国外扶持企业"走出去"的金融政策及其启示 [J]. 首都经济贸易大学学报,2005 (2):70-73.

[69] 赵英奎. 英美促进海外投资的做法及其启示 [J]. 全球科技经济瞭望,2002 (9):12-14.

[70] 梁星韵."一带一路"背景下我国企业对外直接投资策略 [J]. 生产力研究,2015 (8):139-143.

[71] 辛宪章. 国际投资争端解决机制研究 [M]. 大连:东北财经大学出版社,2014.

[72] 王文森等. 抓住"一带一路"倡议契机助力广东经济发展 [J]. 广东经济,2015 (11):48-56.

[73] 王灿,李丽. 专利贸易壁垒的发展及其对我国的影响 [J].WTO 经济导刊,2013 (4):89-91.

[74] 徐凯,刘向东."十二五"时期中国企业对外投资的战略规划研究 [J]. 国际贸易,2010 (12):13-21.

[75] 肖营. 对外直接投资对广东产业升级的影响 [J]. 广东经济,2016 (6).

[76] 李廉水等. 中国制造业"新型化"及其评价研究 [J]. 中国工业经济,2015 (2):63-75.

[77] 陈薇. 论广东"走出去"战略的理论依据和路径选择 [D]. 广州:中共广东省委党校,2013.

[78] 姚枝仲,李众敏. 中国对外直接投资的发展趋势与政策展望 [J]. 国际经济评论,2011 (2):127-140.

[79] 陈少芳. 我国对外直接投资政策体系研究 [D]. 沈阳:沈阳工业大

学，2009.

[80] 饶华，吴国蔚."走出去"战略下我国行业协会的发展与改革 [J].商业研究，2005 (4)：1-4.

[81] 周五七."一带一路"沿线直接投资分布与挑战应对 [J].改革，2015 (8)：39-47.

[82] 李世杰.自贸区和"一带一路"的看法 [A].中国服务贸易协会专家委员会.

[83] 第五届中国服务贸易年会——直击自贸区报告集 [C].中国服务贸易协会专家委员会，2015：7.

[84] 王灿.专利贸易壁垒及其应对研究 [D].北京：北京邮电大学，2013.

[85] 徐凯，刘向东."十二五"时期中国企业对外投资的战略规划研究 [J].国际贸易，2010 (12)：13-21.

[86] 肖营.对外直接投资对广东产业升级的影响 [J].广东经济，2016 (6).

[87] 李廉水，程中华.刘军.中国制造业"新型化"及其评价研究 [J].中国工业经济，2015 (2)：63-75.

[88] 李思敏.广东自贸试验区金融改革创新若干问题探讨 [J].南方金融，2015 (5)：7-13.

[89] 高翔，吕庆华.名牌战略与我国区域经济发展及其对策研究 [J].宏观经济研究，2012 (10)：84-89.

[90] 丁冰.略论我国"走出去"的发展战略 [J].当代经济研究，2006 (12)：27-30+73.

[91] 李辉.经济增长与对外投资大国地位的形成 [J].经济研究，2007 (2)：38-47.

[92] 刘之杨，蒋文英，卢忠宝.现阶段大力发展我国对外直接投资的必要性、可行性及对策 [J].咸宁学院学报，2007 (4)：7-10.

[93] 彭继民，史月英.国际直接投资理论的发展与我国的对外投资 [J].宏观经济研究，2001 (2)：61-64.

[94] 赵伟.浙江经济"走出去"：必要性和可能性 [J].浙江经济，2001 (1)：25-27.

[95] 周建蕾.中国企业跨国并购绩效研究 [D].杭州：浙江工业大学，

2013.

[96] 于文涛. 我国对外直接投资与产业政策导向分析 [J]. 宏观经济管理, 2005 (6): 31 - 32.

[97] 赵春明, 宋志刚, 郭虹. 我国对外直接投资的成效评价与发展对策 [J]. 国际经济合作, 2005 (11): 9 - 12.

[98] 赵春明. 任重道远: 中国对外直接投资的现状与发展前景 [J]. 世界经济, 2004 (3): 60 - 62.

[99] 罗立立. 论中国对外直接投资产业战略选择 [J]. 特区经济, 2011 (7): 239 - 240.

[100] 张兵. 中国对外直接投资的产业战略选择 [J]. 财政研究, 2012 (12): 37 - 41.

[101] 刘类. 中国对外直接投资产业选择研究 [D]. 济南: 山东师范大学, 2008.

[102] 罗怀宇. 我国对外直接投资发展问题研究 [D]. 长沙: 湖南大学, 2005.

[103] 朴哲范. 我国跨国公司资产结构对企业价值的影响度研究 [J]. 国际贸易问题, 2009 (10): 106 - 111.

[104] 林莎. 对外投资与我国新型工业化关系的实证分析 [J]. 国际贸易问题, 2009 (11): 74 - 79.

[105] 程新章著. 跨国公司直接投资的理论与实践 [M]. 上海: 立信会计出版社, 2003.

[106] 裴长洪主编. 中国对外经贸理论前沿 [M]. 北京: 社会科学文献出版社, 2006.

[107] 罗朝文. 试论我国实施"走出去"战略的必要性 [J]. 消费导刊, 2008 (15): 246.

[108] 刘华. 我国企业全球化经营状况分析及发展思路 [J]. 市场论坛, 2006 (4): 6 - 8.

[109] 胡朝晖. 我国发展对外直接投资的必要性 [J]. 国际商务. 对外经济贸易大学学报, 2006 (2): 64 - 68.

[110] 池方燃. 经济全球化与"走出去"战略 [J]. 经济师, 2008 (3): 282 - 283.

后　记

　　本书是在广东省面临产业转型升级的新常态经济大背景下开展推动广东企业"走出去"的必要性和可行性研究，由李杰老师提供相关素材和拟定写作思路，由王玉婷、刘娇、付利和周嘉裕四位同学承担主要的撰写工作，最后由李杰老师定稿、统稿。报告的结构和内容安排如下。

　　第一章是对本报告整体结构的阐述。第一，对"走出去"这一概念的理解和阐述；第二，分析了广东省企业转型面临的严峻形势，进而总结出本书对推动广东企业"走出去"这一问题的研究意义；第三，对国内外的对外直接投资理论进行梳理，得出其对广东企业"走出去"的启示；第四，介绍了本书的结构、特点、主要论点以及研究方法。第一章是由王玉婷、刘娇、付利和周嘉裕共同撰写。

　　第二章是广东企业"走出去"的必要性和可行性分析，由王玉婷撰写完成。第二章分为五个部分：第一部分重点分析了广东省市外商直接投资发展的必要性和动机；第二部分就中央对广东企业率先"走出去"、为全国探路的期望加以讲述；第三部分从广东企业实施"走出去"战略可行性的角度，分析广东省企业具备的比较优势；第四部分是本章小结。

　　第三章为广东省企业"走出去"的现状研究，由刘娇撰写完成。内容安排如下：第一，从出口贸易和对外直接投资两个层面分析中国企业的"走出去"现状；第二，首先，从对外贸易和对外投资两个方面考察广东省企业的"走出去"现状。其次，在进行现状梳理后，对广东省和江苏省对外贸易和对外投资情况进行对比，并总结了两者之间的相似和不同之处。最后，总结了广东省企业"走出去"的特点和趋势；第三，从政府和企业两个主体层面分析了广东省企业"走出去"面临的主要障碍；第四，梳理了中国和广东省对出口贸易和对外直接投资相关的政策、法规；第五，分析了广东省针对企业对外直接投资构建的税收和融资体系，及其存在的各种问题；第六，分析了广东省针对企业对外投资构建的社会服务体系分析；第七，梳理了中国企业进行对外出口贸易和对外直接投资所面临的贸易壁垒和投资壁垒。

　　第四章是企业"走出去"制度性安排的国际和省际比较，由付利撰写完成。首先，对比和分析了美国、英国、德国和日本等发达国家以及印度等发展中国家促进企业"走出去"的政策措施，总结出中国制定"走出去"政策时应该借鉴和吸收的经验教训；其次，对比了浙江省、江苏省、山东省、福建省、上海市和四川省的推动企业"走出去"的政策措施，为广东省的政策制定提供经验借鉴意义。

　　第五章是广东省促进企业"走出去"的发展战略探讨，由周嘉裕撰写完成。首先，从政府层面上提出了广东省推动企业"走出去"的总体发展思路；其次，从政策支持体系、金融税收体制和社会服务体系方面具体阐述政府为推动企业"走出去"的政策体系；再次，分析了经济新常态背景下政府推动企业"走出去"的战略布局和调整；最后，为政府提出了推动企业"走出去"的引导机制、策略机制和经营机制设计。